普通高校“十二五”规划教材·物流学系列

# 第三方物流管理

傅莉萍 ◎ 编 著

清華大學出版社
北 京

## 内 容 简 介

本书立足于高等教育本科生的特点及未来从业的实际需要，密切结合我国第三方物流企业在管理过程中的实际情况，对第三方物流的基本理论、功能及各个作业环节等进行了系统的阐述。全书以第三方物流作业各环节的管理为主线安排教材内容，同时兼顾理论的完整性。本书在体例设计上力求探索教学改革，每章设有案例引导、学习目标、知识框架、复习思考题和案例分析。全书共 11 章，具体内容为：第三方物流概述、第三方物流发展战略规划、第三方物流服务开发与设计、第三方物流作业管理、第三方物流客户管理、第三方物流电子商务、第三方物流库存控制、第三方物流成本管理、第三方物流项目管理、第三方物流组织以及第三方物流绩效管理与监控。

本书可作为高等院校物流管理类专业的教科书，也可供管理学其他各类专业使用，还可供物流管理人员在职培训和应试参考使用。



**图书在版编目(CIP)数据**

第三方物流管理/傅莉萍编著. --北京：清华大学出版社，2016（2022.7 重印）
（普通高校"十二五"规划教材·物流学系列）
ISBN 978-7-302-41930-3

Ⅰ.①第…　Ⅱ.①傅…　Ⅲ.①物流－物资管理－高等学校－教材　Ⅳ.①F252

中国版本图书馆 CIP 数据核字(2015)第 262486 号

**责任编辑**：陆浥晨
**封面设计**：王新征
**责任校对**：宋玉莲
**责任印制**：曹婉颖

**出版发行**：清华大学出版社
**网　　址**：http://www.tup.com.cn，http://www.wqbook.com
**地　　址**：北京清华大学学研大厦 A 座　　**邮　　编**：100084
**社 总 机**：010-83470000　　**邮　　购**：010-62786544
**投稿与读者服务**：010-62776969，c-service@tup.tsinghua.edu.cn
**质量反馈**：010-62772015，zhiliang@tup.tsinghua.edu.cn
**印 装 者**：北京鑫海金澳胶印有限公司
**经　　销**：全国新华书店
**开　　本**：185mm×260mm　　**印　　张**：22.5　　**字　　数**：517 千字
**版　　次**：2016 年 1 月第 1 版　　**印　　次**：2022 年 7 月第 6 次印刷
**定　　价**：49.00 元

产品编号：065981-02

# 前言

21世纪以来，物流作为经济活动的重要支持要素，已经在世界范围内成为一个充满生机并且蕴含着巨大发展潜力的产业，是构筑企业核心竞争力的基础和"第三利润源泉"。

物流产业的蓬勃发展以及世界经济一体化进程的加快，加剧了对大量高级物流管理人才和物流技术应用型人才的迫切需求。但是，我国物流教育仍然十分滞后，致使物流规划人才、系统运作人才、操作实践人才等物流综合性人才严重匮乏，目前物流专业人才已经被列入12类紧缺人才之一。其中一个重要原因是应用型本科物流专业教材未能有效地结合社会的实际需求。

因此，如何加强物流教材体系的建设、完善应用型本科物流管理专业教学内容体系，已成为各高校物流专业教学普遍关心的问题。推进课程改革、加强教材建设、开发一批精品教材和精品课程已成为新时期物流本科教育教学改革的一项重要内容。在此背景下，就要求教材既能寓基本原理于其中，又能紧跟时代前沿；既紧密结合第三方物流实践的现实，又有助于培养第三方物流思维和个性。这些特点综合在一起，使得我们当前的第三方物流教材内容越来越丰富，篇幅越来越大。以至于对许多初学者来说，既感到望而生畏，又茫然而难领其魅力。然而，要想撰写一本既能体现第三方物流基本原理、思维和实践又不至于太庞杂的第三方物流教材谈何容易。展现在读者面前的这本《第三方物流》斗胆在这方面做一尝试。结合多年的第三方物流管理学课程的教学实践，本书力求以就业为导向，在兼顾理论和实践的同时，避免"全"而"深"的面面俱到。基础理论以应用为目的，以必要、够用为度，尽量体现新知识、新技术、新方法，以利于学生综合素质的形成和科学思维方式与创新能力的培养，使学生能够边学习、边吸收、边掌握。在结构安排上设置了"学习目标"、"小案例"、"资料卡"、"知识小结"、"思考题"、"案例讨论"等板块，使学习更有针对性和趣味性，让学生更好地将理论知识运用于实践，以增强其应用能力。教材力求在为读者打开一扇第三方物流管理之窗，尽显其风采的同时，尽可能追求较强的可读性和易引导性，做到好读易教。

本书力求将现代第三方物流的知识体系进行整合与优化，从第三方物流环节的实际出发，立足企业实际运作模式，基于第三方物流业务流程，对学习内容进行了重新编排，以工作过程为导向进行内容设计，将第三方物流业务过程与工作过程相结合，使第三方物流管理的内容更具有完整性，教学组织更贴近实际工作过程。达到知识点"全面而精准"的效果，从"理论—方法—操作"等维度系统地对知识体系进行设计。本书以培养学生操作能力为主线，以工作过程为导向。在介绍模块知识点时增加难点例释，增强了知识的可读性。实践教学体现在第三方物流作业各环节，每章后面设计了对应的知识技能应用解决工作中实际问题的案例分析，重视技术工具的熟练使用，培养学生的实践动手能力。本书对各章的教学要点和技能要点设计了丰富习题，便于初学者把握学习的精髓；提供了大量不同类型的第三方物流管理案例、丰富的知识资料，以供读者阅读；各章提供了丰富的习题和实际操作训练内容，以供学习者练习和训练使用，教材内容直观简洁，注重理论联系实际，体现行业标准和操作规范，适应高等院校物流管理及相关专业教学需要，便于教师教学和对学生所学知识的巩固和物流实操能力的培养。

本书的具体特色如下。

(1) 强化了实践性与应用性。本书不仅在各章前后分别安排导入案例、分析案例，还在理论讲解过程中穿插了大量阅读或分析案例供学习者研读；正文中提供大量的例题供学习者练习和巩固；每章后附有填空题、判断题、选择题、简答题，以及结合实际考查学生观察与思考能力的案例分析题，以便学生课后复习。

(2) 增加了趣味性。为了便于学生对知识的掌握及扩展，本书不仅在每章前后附有教学目标、关键术语，还通过资料卡、小知识、小贴士、提醒您、难点例释等的形式引入了大量背景资料、常用知识，以丰富学生的知识范围；并在讲解过程中，通过知识拓展的方式来加深或扩展知识，以便于学生对所学知识的掌握与应用。

(3) 确保了准确性、系统性和统一性。本书取材翔实，概念定义确切，推理逻辑严密，数据可靠准确；体系清晰，结构严谨，层次分明，条理清楚，规范统一；全书统一名词、术语前后统一，数字、符号、图、表、公式书写统一，文字与图、表、公式配合统一。

为了便于教师安排教学进度，本书给出了专业必修课与相关专业选修课的课时建议，见下表。

| 章　节 | 必修课 | | 选修课 | |
| --- | --- | --- | --- | --- |
| | 理论课时 | 实验课时 | 理论课时 | 实验课时 |
| 第1章　第三方物流概述 | 2 | | 2 | |
| 第2章　第三方物流发展战略规划 | 4 | 2 | 4 | 2 |
| 第3章　第三方物流服务开发与设计 | 4 | 2 | 4 | 2 |
| 第4章　第三方物流作业管理 | 4 | 2 | 4 | 2 |
| 第5章　第三方物流客户管理 | 4 | 2 | 4 | 2 |
| 第6章　第三方物流电子商务 | 4 | 2 | 2 | |
| 第7章　第三方物流库存控制 | 4 | 2 | 4 | 2 |
| 第8章　第三方物流成本管理 | 4 | 2 | 4 | 2 |
| 第9章　第三方物流项目管理 | 4 | 2 | 2 | 2 |
| 第10章　第三方物流组织 | 4 | 2 | 2 | |
| 第11章　第三方物流绩效管理与监控 | 2 | 2 | 2 | |
| 合　计 | 40 | 20 | 34 | 14 |
| | 60 | | 48 | |

本书共分11章。本书吸收了国内外第三方物流管理理论和技术的最新成果，可作为普通高等院校物流管理、工商管理、工业工程以及相关专业的教材，也可作为企业管理人员及从事物流管理工作专业人员的参考用书。

全书由广州工商学院傅莉萍编著。本书的编写获得广州工商学院领导的大力支持，在此表示感谢！本书在编写过程中得到了出版社编辑的多方面指导和帮助，在此表示感谢！本书参阅了国内外许多同行的学术研究成果，参考和引用了所列参考文献中的某些内容，作者尽可能详尽地在参考文献中列出，谨向这些文献的编著者、专家、学者们致以诚挚的谢意！对可能由于工作疏忽或转载原因没有列出的，在此也表示万分歉意。

由于时间紧迫、编写力量有限，加之第三方物流科学技术日新月异，本书难免存在不足、缺点和问题，恳请同行、读者给予批评和指正，以便再版时改正，联系邮箱：hzne999888@163.com，欢迎与我们联系交流。

编　者

2015 年 10 月

# 目 录

# 第 1 章

# 第三方物流概述

## 学习目标

通过本章的学习，了解第三方物流的发展历程，理解第三方物流的含义与特点，熟悉第三方物流的优势，掌握第三方物流的运作模式，理解第三方物流的运作价值，了解第三方类型与业务范围。

## 关键术语

第三方物流　物流一体化　第三利润源　第三方物流运作　增值服务

### 中集的国内第三方物流服务

某家电企业在国外有着比较长的历史，品牌也有相当的知名度。20 世纪 90 年代初进入国内，在国内投资建立生产厂。其产品种类齐全，质量比较好。但其品牌在国内比较陌生，并且国内同类产品竞争非常激烈。为了打开国内市场，该公司制定了一个长期战略，不依靠那种广告轰炸的方式，而是采取"精耕细作、加强服务"的策略来赢得市场。在全国各地设有多个分公司或办事处，负责销售和售后服务。

该企业原来是自己负责物流业务，总部根据分公司或办事处的申请发货，各分公司(办事处)负责销售和仓储管理，总部只有依靠分公司的报表了解销售和库存情况。这样运行了近两年时间，总部失控：①各分公司物流成本大幅增加(因为既要有人负责仓库，又要有车辆和司机)；②库存大量增长，坏机现象严重(仅石家庄一地就有坏机 3000 台，损失约百万元)；③销售回款逐步下降，呆坏账太多；④总部难以掌握和及时了解各地情况。因此，国外总部及国内总部都下决心运用第三方物流模式，并委托中国集装箱总公司为其完成物流服务。

中集接受该公司委托后，首先根据其情况制定物流方案。针对该公司在国内市场"精耕细作，加强服务"的长期经营策略，中集制定了"配合销售，加强服务，总部控制，透明及时"的物流战略。物流战略确定之后，就要在具体方案操作中贯彻和体现这一战略。由于该公司产品需要在全国各地销售，涉及区域范围广，而且各地市场特点不同。根据该公司要求，中集总公司利用本系统网点多、功能齐全的优势，组织有关公司参与该项目、中集总部及各所属公司成立项目组，中集总部负责管理和协调，提供一体化管理。

资料来源：刘宏伟.现代物流概论[M].北京：中国财富出版社，2012.

思考

1. 某家电企业下决心采用第三方物流的原因是什么？

2. 中国集装箱总公司是怎样为该家电企业提供第三方物流的？

## 1.1 第三方物流的概念、产生与发展

### 1.1.1 第三方物流的概念和特点

1. 第三方物流的含义

第三方物流是指生产企业为集中精力搞好自己的主业，把原来属于自己处理的物流活动，以合同方式委托给专业化物流服务商，同时通过信息技术系统与物流服务商保持密切联系，以达到对物流全程管理控制的一种物流运作与管理方式，因此，第三方物流又称合同制物流。

第三方物流既不同于第一方物流，也不同于第二方物流，而是通过与第一方或第二方的合作来提供专业化物流服务。第三方物流商既不拥有商品，也不参与商品的买卖，而是为客户提供以合同为合作约束、以结盟为合作基础的系统化、个性化、信息化的物流代理服务。最常见的物流代理服务包括设计物流系统、货物集运、选择承运人、货代人、信息管理、仓储、咨询、运费谈判与支付等。

2. 第三方物流的特点

从企业分销渠道中的物流发展实践来看，第三方物流在发展中已逐渐形成了自身鲜明的特点，具体表现在以下几个方面。

1）合同化关系

第三方物流是通过合同形式来规范物流服务商与物流需求者之间的关系。第三方物流商根据合同规定的要求，提供多功能乃至全方位一体化的物流服务，并以合同来约束所有提供的物流服务活动及其过程。在第三方物流基础上发展起来的分销渠道联盟，也是通过合同的形式来约束各物流联盟参与者之间的责权利关系。

2）专业化功能

第三方物流商所提供的物流服务具有相当高的专业水平。从物流设计、物流操作过程、物流技术、物流设施到物流管理都体现了专门化和专业化水平，这既满足了物流需求者的需要，也满足了第三方物流商自身发展的要求。

3）特色化服务

不同的物流需求者存在不同的物流服务功能的要求。第三方物流商根据不同物流需求者在产品特征、业务流程、企业形象、顾客需求特征、竞争需要等方面的不同要求，提供针对性较强的个性化物流服务和增值服务。同时，从事第三方物流的企业会经过物流资源、市场竞争、物流能力的影响形成自身的核心业务，不断强化所提供的特色化和个性化物流服务，以增强物流业务市场竞争能力。

4）网络化信息

信息技术是第三方物流发展的技术基础，在物流服务过程中，信息技术发展实现了物流信息实时共享，强化了第三方物流商与物流需求者之间的信任和合作，促进了物流管理的科学化，大大地提高了物流管理效率和效益。

5）系统化管理

第三方物流商具有系统化的物流功能。这是第三方物流商得以产生和发展的基础，第三方物流商通过建立现代化管理系统来满足日益增长的物流业运行和发展的要求。

### 1.1.2 第三方物流的产生背景、发展原因和推动因素

**1. 第三方物流的产生背景**

随着现代企业生产经营方式的变革和市场外部条件的变化，以及工业型社会向信息型社会的过渡，企业从纵向一体化直接控制资源转向横向一体化，借助其他企业的资源来达到快速响应市场需求的目的。为此，企业将主要精力放在企业的关键业务上，而将非核心业务交给其他专业企业，即专门从事物流服务的第三方物流企业。在这样的背景下，第三方物流就应运而生了。因而可以说，企业物流从发展上看遵循着企业内狭窄的自营物流活动→企业内宽泛的自营物流活动→第三方物流这一历史轨迹，这也与纵向一体化向横向一体化的经营方式转变过程的要求相一致。

最初，对物流的研究仅限于工商企业内部。企业在纵向一体化思维主导下，既搞生产又搞物流。所不同的仅仅是在物流这个概念确切提出前，企业的目光可能仅仅限于运输与仓储两个环节的综合优化，而在物流概念提出后，在信息技术的支持下，物流优化由原来的运输、仓储扩展至运输、仓储、装卸、包装、配送、流通加工、信息等更广阔范围的系统综合优化。

进入20世纪90年代，随着科学技术的进步和全球化市场的形成，企业面对的竞争越来越激烈，纵向一体化的弊端就显露出来了：企业负担过重，除了管理生产外，还要管理原材料的采购、产品销售和物流活动；一体化成员过多，业务链过长，导致物流、信息流经常被扭曲，市场反应迟钝；每个业务环节都面临众多竞争对手，竞争压力人为加大；企业无法集中精力于核心业务，限制了自身竞争力的提高。

在这种情况下，横向一体化模式被提了出来。该模式是在适应全球市场的竞争，对纵向一体化扬弃的基础上形成的。横向一体化强调企业要集中优势于自己的核心业务，通过借助其他企业的资源和优势业务来完成自身的非核心业务，以达到快速响应市场需求、降低运营成本和风险的目的。对于生产企业来说，其核心业务一般地说就是生产，物流业务对于它们来说通常属于非核心业务，这样就具备了第三方物流产生的条件。应该说第三方物流是在企业强调核心业务、横向一体化思想影响下产生的，是社会分工的结果。

**2. 第三方物流的发展原因**

第三方物流发展迅速源于以下原因。

(1) 第三方物流是经济发展和社会化分工的必然趋势。伴随经济发展和科技进步、经济全球化、物流国际化、生产企业的经营理念不断更新，越来越注重社会化分工和专业化协作。企业应把自己的人力、物力和资金集中在本企业的核心业务上，以使企业获得社

会分工协作带来的经济效益；网络时代供应链的运用，使物流系统向更专业化和高水平方向发展，一般水平的物流管理和物流技术已不能适应新经济时代的要求，迫使生产企业不得不将物流业务委托给第三方物流企业。这样做的结果不仅使生产企业能够专心致力于自己的核心业务，发挥本企业的专业优势，而且又减少了其他方面的牵绊，节约了物流成本。

(2) 第三方物流是物流业发展的必然趋势。第三方物流企业在激烈竞争的环境中，因自身生存的需要，不断将自己的物流管理能力、业务水平和技术手段升级，从单一的物流服务发展到系统设计规划，从单一环节的服务发展到全面的物流质量管理，使生产企业满意度不断提高，改变了生产企业对第三方物流企业的传统看法，双方逐渐建立信任和稳定的合作关系，生产企业自然地将物流业务委托给第三方物流企业，从而促进第三方物流业的发展。

(3) 第三方物流是经营环境和客观条件成熟的标志。现代工业经济越发成熟，市场竞争激化，社会分工细化，经营环境越来越严酷，使得生产企业无法支付庞大的费用，没有精力搞大而全、小而全的内部设置，也无暇顾及非核心业务。既然专业物流企业服务已符合要求，既不用自己操心费力，又不增加支出，何必事事自己去做呢？况且企业自己做还不如专业物流企业做得到位。

**第三方物流产生的理论依据**

第三方物流是供应链管理、虚拟经营等创新管理模式从生产领域延伸到流通领域而形成一体化概念后出现的，供应链管理、虚拟经营是第三方物流得以产生的重要理论基础。

(1) 供应链管理。供应链管理是一种集成的管理思想和方法。在供应链管理环境下，企业成功与否不再由“纵向一体化”的程度高低来衡量，而是由企业积聚和使用的知识为产品或服务增值的程度来衡量。企业在集中资源于自身核心业务的同时，通过利用其他企业的资源来弥补自身的不足，从而变得更具竞争优势。

(2) 虚拟经营。虚拟经营原是一种企业管理模式，是企业在组织上突破有形的界限，虽有生产、营销、设计、财会等功能，但企业却没有完整地执行这些功能的组织。就是说，企业在有限的资源下，为了取得竞争中的最大优势，仅保留企业中最关键的功能，而将其他功能虚拟化——通过各种方式借助外力进行整合弥补。

### 3. 第三方物流的发展推动因素

第三方物流是随着物流的理论与实践发展而产生与发展的，因此，第三方物流的发展与物流本身的发展是分不开的。第三方物流的推动因素可以从需求方与供给方共同去寻找。

从第三方物流的需求方角度，推动物流外包给第三方物流的因素一般包括以下几方面。

(1) 物流外包给第三方物流后，所花的管理时间比货主企业自己运作物流要少得多。

(2) 通过将运输与仓储运作外包给第三方物流，货主企业可以减少运输设施的投资、仓库和搬运机械的建设与投资。因此，可以变固定成本为可变成本，并转移财务风险给第三方。

(3) 企业物流由第三方来负责后，提供了克服高峰需求能力不足的机会。

如果对物流运作能力的需求不确定或有波动，采用第三方物流时，货主企业可以容易地把成本调整到物流活动所需的水平。

(4) 第三方物流公司能够把资产运用于多个客户和产品群，因此可以更好地利用资产。

(5) 外部的物流公司可以提供比货主企业自身作业更好的服务。

(6) 第三方物流使用方可以简化日常物流作业，如单证处理、配送计划、存货控制和人事管理。它也有利于实施EDI、条形码及组织或设施之间的人员交换。

(7) 第三方物流服务方比货主企业的运作更易受到技术革新的影响，这使得它们的服务更具有效率。另外，第三方物流比货主企业更具备国际物流的经验。

(8) 当货主企业进入新市场而物流系统不匹配的时候，比如能力不够或市场、产品具有不同的物流特征时，把物流外包给第三方物流一般能够解决问题。

(9) 当开拓新的市场，或运用新的营销渠道时，一般需要做市场试验。这种情况下使用第三方物流可以提供一定的灵活性。

另外，从物流服务的供给方角度也能找到第三方物流的发展动力。传统的以运输、仓储等物流环节服务为主的公司，由于进入门槛较低，在相关市场上的竞争非常激烈，通过提升到提供第三方物流服务，可以稳定客户、取得市场上的优势、获得利润增长等。

## 1.2　第三方物流的优势与作用

### 1.2.1　第三方物流的角色分析

随着物流服务从初级形态向高级形态转化，第三方物流必将扮演越来越重要的角色。

#### 1. 客户的战略投资人和风险承担者

第三方物流公司是以一种投资人的身份为客户服务的，这是它身为战略同盟者的一个典型特点。所以，第三方物流服务本身就是一种长期投资。这种投资的收益很大程度上取决于客户业务量的增长，这就形成了双方利益一体化的基础。同时，随着各国资本市场的发展，法人企业作为战略投资人已经成为一类重要的资本市场投资主体，在业务关系上的紧密性为第三方物流企业与客户在资本市场上的合作创造了条件，双方在股权、资本上的融合将更加紧密，第三方物流战略投资人的性质将更加明显。

#### 2. 客户的战略同盟者

第三方物流的业务深深地触及客户企业销售计划、库存管理、订货计划、生产计划等整个生产经营过程中，远远超越了与客户一般意义上的买卖关系，而是紧密地与客户结合成一体，形成了一种战略合作伙伴关系，在物流领域扮演的是客户的战略同盟者的角色。

在服务内容上，它为客户提供的是一种具有长期契约性质的综合物流服务，最终职能是保证客户物流体系的高效运作和不断优化供应链管理。从长远看，第三方物流的服务领域还将进一步扩展，甚至会成为客户销售体系的一部分。它的生存与发展必将与客户企业的命运紧密联系在一起。在西方的物流理论中强调“关系营销”，也就是说一个企业的迅速发展光靠自身的资源、力量是远远不够的，必须寻找战略合作伙伴，通过同盟的力量获得竞争优势。而第三方物流扮演的就是这种同盟者的角色，与客户形成的是相互依赖的市场共生关系。

### 1.2.2 第三方物流的优势

第三方物流除了有助于缓解交通压力、保护环境等优点外，因其所具有的专业化、规模化等优势在分担企业风险、降低经营成本、提高企业竞争力、加快物流产业的形成和再造等方面发挥了巨大作用，已成为 21 世纪物流业发展的主流。荷兰国际配送协会(HIDC)的调查表明，2/3 的美国、日本、韩国等企业的欧洲配送中心都采用第三方物流的方式。据美国田纳西州大学的一份研究报告称，大多数企业使用专业化物流企业服务可以获得以下好处：核心业务可集中 56％，投资可减少 48％，作业成本可降低 62％，服务水平可提高 62％，雇员可减少 50％。

**1. 集中精力发展核心业务**

企业能够实现资源优化配置，将有限的人力、财力集中于核心业务，如产品研发、市场开拓、技术改进等。有些企业甚至只从事产品研发和市场拓展两项业务，它们通过外包的形式获得物流和其他资源，如著名的耐克(Nike)公司。目前，使用物流企业为生产企业提供服务已成为不可逆转的趋势，国际上各大汽车厂商为集中精力发展核心业务，都把物流业务外包给专业的物流公司。

**2. 减少投资、降低风险**

现代物流领域的设施、设备及信息系统等的投入是相当大的，通过将物流外包，企业可以减少对此类项目的建设与投资，从而变固定成本为可变成本。而且，由于物流需求的不确定性和复杂性，导致投资具有巨大的财务风险，通过外包，企业也可以将这种财务风险转移给第三方。当需求不确定或者有波动的时候，如果采取第三方物流，货主就可以很容易地把成本调整到物流活动所需要的水平，这也克服了需求高峰期企业自身物流能力不足的问题。

**3. 节省费用、降低成本**

通常情况下，物流成本在总成本中占有较高的比例。专业的第三方物流提供商利用规模生产的专业优势和成本优势，通过提高各环节能力的利用率，最大限度地取得整体最佳效果，可实现费用节省，使企业能从中获益。根据对工业用车的调查结果，企业解散自有车队而代之以公共运输服务的主要原因就是为了减少固定费用，这不仅包括购买车辆的投资，还包括与车间仓库、发货设施、包装器械和员工有关的开支。

**4. 减少库存**

企业不能承担多种原料和产品库存的无限增长，尤其是高价值的部件要及时送往装配点才能保证库存的最小量，进而实现零库存。然而，自身配送能力、管理水平有限，企业往往要采取高水平的库存策略来防止缺货和快速交货。第三方物流提供者借助精心策划的物流计划和适时运送手段及强大的信息系统，既可以实现以信息换库存，即通过上下游各环节信息的及时、准确交换，实现精益生产，最大限度地减少库存，缩短库存时间，又能加快库存流转速度，从而最大限度地盘活库存，改善了企业的现金流量，实现了成本优势。

5. **提高物流水平**

由于第三方物流的提供商都是专业的以物流为核心业务的企业，它们所提供的服务具有更高的效率和更高的水平，具体可以表现在以下几个方面。

(1) 运用新技术。随着现代物流管理和技术水平的提高，物流领域的新技术、新设备层出不穷，第三方物流提供商为了提高自己的竞争能力和专业化水平，经常会采用最新的技术和手段。因而，采用第三方物流，可以使企业在不增加投入的情况下，不断地获得最新的技术服务。

(2) 熟悉法规与政策。目前在物流领域存在着一些政府的法规、政策的约束，作为一般的工商企业，对此并不一定应对自如，而利用第三方物流公司的专业优势，就可以帮助企业熟悉和适应政府的相关法规与政策，并与政府保持良好的关系。同时，对于某些物流还处于管制状态的区域，利用第三方物流服务，可以开展企业自身无法从事的物流业务。

(3) 更好的信息处理能力。信息化是当前经济发展的重要趋势，信息的获得以及处理和分析技术已经成为企业提高竞争能力的重要手段。第三方物流企业也将信息的挖掘和处理作为重要的新型增值服务项目。将物流外包给第三方，可以利用第三方物流的信息技术和处理能力，将原始数据转化为可指导工作的有效信息。

6. **提升企业形象**

第三方物流提供商与客户之间是战略伙伴或者联盟的关系，它们从客户的角度出发管理物流业务，通过全球信息网络使客户的供应链管理完全透明化；它们利用完备的设施和训练有素的员工对整个供应链实现完全的控制，减少物流的复杂性；它们通过遍布全球的运送网络大大缩短了客户的交货期，帮助客户改进服务，树立自己的品牌形象；它们为客户定制低成本高效率的物流方案，使其在同行业中脱颖而出，为企业在竞争中取胜创造了有利的条件。

**运输企业向现代物流企业转型的模式**

运输企业向现代物流企业转型过程中常见的模式有以下几种。

(1) 进化型。广州宝供物流企业集团原来从事传统的铁路货物运输代理，在市场竞争日益加剧的情况下，逐渐转型为供应链物流企业。在进行业务转型的过程当中，企业并没有事先制定物流服务发展的方向，而是根据市场的需求不断改进物流服务项目，逐步形成现代物流中的核心竞争力，确定企业的战略服务定位，该模式称为进化型转型模式。

(2) 转基因型。北京双臣一城快运公司定位于快速物流服务，企业首先就确立了战略目标和明确的战略定位，制定了明确的战略方案，并在战略执行中按照预定的目标逐步推进，称为转基因型模式。这种模式比较适用于刚成立的企业。

(3) 嫁接型。中国远洋物流公司原来主营传统海洋运输，现在慢慢向国际物流服务转型。公司在转型过程中，在传统海运业务的基础上开拓了物流增值服务，使自己成为能够提供一体化物流服务的现代物流企业，这种模式称为嫁接型转型模式。它适用于目前具有一定规模并具有一定竞争优势且与公司长期战略相一致的运输企业。

(4) 再生型。日本大和运输公司由传统的道路运输转向快递物流服务，在此转型过程中，原来的道路运输业务服务流程、服务对象发生了很大变化，企业按照新的要求重组了物流服务项目，并成为新的物流服务提供商，该模式称为再生型模式，这种模式适用于目前具有一定规模，但运输服务的项目没有竞争优势的企业。

7. 加速产品和服务投放市场的进程

产品和服务为了在时间上获得竞争力，必须要快速推向市场。采用第三方物流，企业可以根据市场需求的灵活变动与第三方物流服务商进行合作，减少了投资，有助于更快地对市场需求变化做出反应，以适应产品生命周期越来越短的挑战。它通过加强信息交流，提高如仓储、运送等物流活动的速度，加快交货、发送和响应时间，缩短产品生产和交货的日期，迅速将产品送到各个生产基地或市场需求地，从而获得时间竞争的优势。对于季节性生产而言，灵活性显得更为重要。因为需求的季节性，生产往往提前于消费季节，并要求根据市场的反馈能够及时进行生产调整，使生产计划具有很大的灵活性，这样对仓储等物流活动的需求也是季节性的，所以，使用第三方物流可以及时调整企业生产和销售，具有季节方面的灵活性。但是，物流业务外包在具有许多优点的同时也存在着风险和弊端，企业必须充分识别自己的核心能力，考虑自己在供应链中的位置和所处的竞争环境，考虑企业成本和投资的商业损失等经济因素，对自己的境况做一个综合分析，权衡利弊，来确定是否需要第三方物流服务。同时，在选择第三方物流服务商时，要从其物流网络结构和设施、价格、质量、声誉、管理水平(特别是信息化管理水平)、从业人员、业务范围和过去的经验等方面进行衡量和考察。此外，企业的物流外包决策是一个复杂的过程，企业与第三方物流服务商的合作也是一个长期磨合的过程，需要与之形成一种伙伴关系，整合资源，共同参与市场的竞争。

### 1.2.3 第三方物流的作用

社会分工的细化促使专业物流企业的出现，它利用专用物流设施和物流运作的管理经验制订物流需求计划为客户服务。物流业发展到一定阶段必然会出现第三方物流，而且第三方物流的占有率与物流业的发展水平有着密切的关系。第三方物流能够与制造商实行有效的合作，为其提供适时的物流方案、仓储战略、库存战略、市场开发战略和市场营销战略，实现信息资源和数据资源的共享，准确了解客户的订货周期、订货量、订货前置时间等市场动态，为客户提供更完善更优质的服务，提高客户满意度和忠诚度，从而实现制造商、客户和专业物流企业的“三赢”。第三方物流的作用体现在以下几个方面。

1. 提高服务水平

第三方物流不只是单一地完成实际的物流业务，还包括设计、建议如何以最低的费用、最有效的运输、保管货物等客户所需的物流整体系统。即设计如何捆包、在哪里进行仓库保管、采用哪个运输部门、途经哪条运输线路、在哪个恰当时机发送货物等客户货物流动全过程的最佳方案。设计物流业务时，也建议采用怎样的人员体制，所以第三方物流逐渐包含到客户的组织改革方面。第三方物流系统还可以提供其他形式的物流服务功能，如顾客订单处理等。因此，第三方物流可以更好地满足消费者需求，减少缺货率，与营销有效配合，提供更加专业化的物流服务。

2．提供集成运输模式

通过提供集成运输模式，供应链的小批量库存补充变得更为经济。因为在某些情况下，小批量的货物运输（非满载运输）显然是不经济的，多品种小批量生产的供应链环境必须小批量采购、小批量运输，这就提高了货物的运输频率，运输频率的增加就要增加运输费用。第三方物流系统是一种为大多数企业提高运输服务的实体，它为多条供应链提供运输服务。比如，当多家供应商彼此位置相邻时，就可以采用混装运输的办法，把各家供应商的货物依次装在同一辆货车上，实现小批量交货的经济性，这就是第三方物流系统提供联合运输（集成运输模式）的好处。实践表明，通过发展第三方物流降低物流成本的空间很大，经济效益明显。例如，在德国，通过第三方物流，物流成本可以下降到商品总成本的10%。因此，第三方物流不仅可以提供更专业的服务，还可以实现规模经济所带来的低成本和高效率。

3．促进社会经济可持续发展

通过发展第三方物流，可以大大提高运输效率、减少车流量，从而减少运输能源消耗、减轻环境污染，促进社会经济可持续发展。例如，在物流业发达的德国，通过发展第三方物流，运输效率提高了80%，车流量减少了60%。由此可以看出，发展第三方物流，社会经济效益显著。

总之，采用第三方物流系统，可以使企业降低成本，更加集中于核心业务的发展，改进服务质量，快速进入国际市场，获得信息咨询和物流经验，减少风险等。

**第三利润源**

企业追求利润，其第一种来源是“增加销售额”；第二种来源是“降低制造（采购）成本”；第三利润源，就是引人注目的“降低物流成本”。在结束经济高速增长的20世纪70年代，出现了销售额上不去的情况，因而也不可能降低制造成本。这时，被称为“黑暗大陆（未开拓的领域）”的物流开始为人们所关注。

降低物流成本的效果，可以与扩大销售额相媲美。这种第三利润源的理论，具有较充分的说服力，为经营层所认可。

# 1.3　第三方物流的类型和业务范围

## 1.3.1　第三方物流的类型

1．从第三方物流所提供服务的集成度划分

第三方物流的服务商所提供的物流服务从其集成度上来看有高低之分。其服务范围很广，它可以简单到只帮助客户安排一批货物的运输，也可以复杂到设计、实施和运作一个公司的整个分销和物流系统。这一点，取决于第三方物流发挥作用的集成度如何。

1）低集成度的第三方物流

在实施供应链最基本功能的层次上，一个第三方物流公司可以通过确定和安排一批货物的最佳运输方式来增加价值。这只是为货主企业提供运作层的物流服务，是比较初级的物流管理服务，物流企业本身不涉及客户企业内部的物流管理和控制，只是根据客户的要求，整合社会物流资源，完成特定的物流服务而已。这种低集成度的物流服务要求有比较规范的运作机制、快速反应的能力和大量的可供选择和调度的基层资源，如车队、空运代理、海运代理、仓库、报关公司、进出口代理商等。

2）高集成度的第三方物流

在最复杂的层次上，第三方物流公司可以与整个制造企业的供应链完全整合在一起：在这种情况下，物流公司不仅提供管理和运作层面的服务，还参与物流体系的规划和设计，为货主企业设计、协调和实施供应链策略，通过提供增值服务来帮助客户更好地管理其核心能力，利用第三方物流来降低物流费用。这也是物流服务中最高端和最富技术含量的一块领域。但由于专业性太强，目前主要是咨询公司完成这一块业务。

安达信同福特公司在西班牙的合作，可以认为是此类物流服务的经典。1996 年福特公司在西班牙的 Velancia 引进 KA 车辆生产线，由于物流环节屡出问题，福特公司委托安达信公司对该项目零部件供应链进行整合。安达信公司在对项目进行调研的基础上，提出以下具体的方案：引进兰家物流供应商，建立供应商工业园，建立物流中心（由安达信和 CLASA 组织运作），安达信负责管理整个采购物流。安达信不仅规划了物流体系，还参与物流体系的管理，此项合作使 Velancia 工厂的表现大大改善，物流成本每年减少 600 万美元。

**第三方物流企业的分类**

研究第三方物流企业的划分，对认识第三方物流企业的发展和运营规律，正确定位自己的业务范围和客户群体，具有十分重要的意义。

(1) 根据核心能力和历史因素，第三方物流企业可分为两大类型，即资产型和非资产型。

资产型物流公司主要包括以提供运输服务为主的物流公司、以提供仓储服务为主的物流公司和以提供终端服务为主的物流公司三类。

非资产型物流公司大体可分为四类，分别是：以提供货物代理为主的物流公司、以提供信息和系统服务为主的物流公司、以提供物流增值服务为主的物流公司和第四方物流公司。

(2) 按物流范围和服务功能，第三方物流企业可分为综合性和功能性物流公司。

综合性物流公司的特点是规模较大、资金雄厚，并且具有良好的物流服务信誉；功能性物流公司的特点是具备单一功能或仅仅承担和完成某一项或几项物流功能。

(3) 根据服务内容和服务对象的多少，可分为以下四类。

① 针对较少用户提供低集成度物流服务的第三方物流企业。

② 同时为较多用户提供低集成度物流服务的第三方物流企业。

③ 针对较少用户提供高集成度物流服务的第三方物流企业。

④ 同时为较多用户提供高集成度物流服务的第三方物流企业。

**2. 根据第三方物流企业服务内容和服务对象的多少划分**

根据第三方物流企业服务内容和服务对象的多少，可将第三方物流分为四类，如图1-1所示。

1）针对少数客户提供低集成度物流服务的第三方物流

在第Ⅰ象限。存在两种情况，一种是处于成长阶段的第三方物流企业，即在其发展初期，客户资源有限，并且服务能力还处于不完善阶段，能够提供的物流服务集成度有限。另一种情况是物流服务商的市场定位就是这一类的第三方物流企业。这些服务商自身规模和能力有限，不具备提供高集成度物流的能力，同时，由于投入能力的限制，只能为有限的客户提供服务。

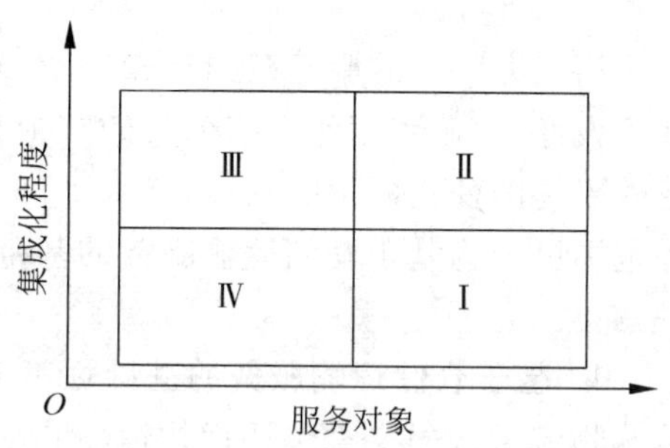


图1-1 第三方物流分类

2）同时为较多客户提供低集成度物流服务的第三方物流

在第Ⅳ象限。这是目前存在比较多的第三方物流企业。从国内物流业的发展和国外的实践看，该类物流模式将是未来物流市场的主流模式。

3）针对较少客户提供高集成度物流服务的第三方物流

在第Ⅱ象限。这也是西方物流服务的一种典型形式。很多大型物流集团在操作具体客户时，采用同客户共同投资新的物流公司的方式，全面管理客户的物流业务，就这个新公司而言，就是专门为特定客户提供高集成度的物流服务的典型。例如，Fedex在欧洲就同某家具公司成立了一家物流公司，专门负责该家具公司全球物流业务的管理和运作。高集成度的物流服务由于个性化强，物流企业参与客户的营运程度深，一般不适合大规模运作，即一家公司同时为很多家企业同时提供高集成度的物流服务困难性极大。

4）同时为较多客户提供高集成度物流服务的第三方物流

在第Ⅲ象限。上文已经提到，一家公司同时为很多家企业提供高集成度的物流服务困难性极大，因而即便是在西方发达国家，同时为很多家企业提供高集成度物流服务的企业，目前还没有出现。

**3. 按固定资产的多寡划分**

第三方物流公司的另一个划分依据是第三方物流服务公司固定资产的多寡。第一类为全资型的第三方物流公司，它拥有完备的仓库和运输工具，以自己的资产提供特定物流服务，能够满足客户的物流需求，如德国的辛克公司、美国的UPS、日本的山九公司和日通公司等，中国的中远集团也是此类型的典型代表；第二类为非全资型的第三方物流公司，它并不拥有完备的物流资产，而只有部分物流设施，有时须把部分业务外包出去。第三类是无资产公司，无资产公司是管理公司，不拥有资产或租赁资产，它们提供人力资源和系统，专业管理顾客的物流功能，如美国的Ryder、Geologistics、AEI公司等。这类公司的发展方向就是第四方物流公司。

4. 从国内外业务角度划分

第三方物流又可分为中国物流和国际物流。中国物流处理的是中国用户委托的物流业务，和客户结成伙伴关系，帮助客户管理供应链功能的很大一部分；国际物流，主要是指那些处理进出口物流业务的公司，比如中国的中外运和中远集团。

## 1.3.2 第三方物流的业务范围

第三方物流的服务范围比较广泛，它可以简单到仅帮助客户安排货物运输，也可以复杂到设计、实施和运作一家公司的整个分销和物流系统。第三方物流所提供的服务范围随着市场的变化而不断发展，导入了许多增值服务内容。一般来说，第三方物流服务的业务范围可分为基于仓储运输服务的基础性第三方物流、物流系统计划与设计、其他增值服务三类。

1. 基于仓储运输服务的基础性第三方物流

物流系统的要素包括货物运输和配送、仓库保管、装卸、工业包装、库存管理、工厂及仓库选址、订货处理、市场预测和客户服务等。通过对第三方物流企业提供的服务内容及客户使用第三方物流服务情况的调查可以发现，大多数第三方物流公司都致力于为客户提供全方位、一站式的服务，能够向客户提供运输、仓储、信息管理、物流策略系统开发、电子数据交换等全方位物流服务，具体如表 1-1 所示。

表 1-1 第三方物流的基础性服务范围

| 序号 | 服务项目 | 服务提供者的百分比(%) |
|---|---|---|
| 1 | 开发物流策略/系统 | 97.3 |
| 2 | 电子数据交换 | 91.9 |
| 3 | 管理表现汇报 | 89.2 |
| 4 | 货物集运 | 86.5 |
| 5 | 选择承运人、货代、海关代理 | 86.5 |
| 6 | 信息管理 | 81.1 |
| 7 | 仓储 | 81.1 |
| 8 | 咨询 | 78.4 |
| 9 | 运费支付 | 75.7 |
| 10 | 运费谈判 | 75.7 |

2. 物流系统计划与设计

物流由诸环节构成，各环节之间存在着相互联系、相互制约的关系。正是通过各环节之间的相互协调和作用，实现了物的高效率、低成本流动这一特定功能。由这些物流环节及其涉及的物品、信息、设施和设备组成的整体就是物流系统。目前，为客户提供物流系统总体规划的服务可以看作是第三方物流企业的一项重要的服务内容。同时，能否具备这种能力也可看作为第三方物流公司主动提升自身专业水平的一种重要手段。

由于竞争对手、供应商与技术的变化，企业的物流环境一直在发生改变。为了适应变化的环境，优化企业的战略，必须对其物流系统进行系统性的计划和设计，以寻求最有利的物流环境。

在计划与设计物流系统时，有许多要考虑的因素，包括物流中心的数量及位置、物流中心的最佳库存与服务水平、运输设备的类型与数量、运输路线、物流管理的技术等。这些问题所牵涉的数据以及相互之间的关联都非常复杂，要综合考虑。

3. **其他增值服务**

增值服务是在核心服务的基础上，增加的便利性服务和支持性服务，增值服务其实是帮助特定的客户实现他们的期望，同时帮助客户尽量降低物流成本，提高销售量与份额，帮助生产企业减员增效。第三方物流最主要的价值就在于提供各种增值服务。实质上，物流功能中最重要的一点就是整个物流过程对产品的增值作用。在第三方物流提供的综合服务中，增值服务做得如何，都直接或间接地影响到企业与客户的战略联盟关系或业务伙伴关系。第三方物流要争取市场份额，就必须将增值服务作为竞争手段，提高服务价值：增值服务包括两大类，即基本的增值服务和特定的增值服务。基本的增值服务包括货物拼拆箱、重新贴签、重新包装、产品退货管理、测试与维修等服务。而特定的增值服务则是更深层次的延伸服务，包括客户增值体验、物流解决方案和IT管理系统服务。

客户增值体验，就是不仅要满足客户的个性化和多样化的需求，还要让客户有物超所值的感觉，即客户认为自己得到的服务价值超过自己支付的服务费用。

物流解决方案的增值服务要求第三方物流企业形成独特的运作模式，开发并形成一系列针对常见物流需求和问题的方案模型，包括物流配送解决方案、物流全程解决方案、物流信息系统解决方案等。国内的物流解决方案的提供商大都是与物流软件供应商合作，比如国内的易络公司、亿康科技等。这些提供商不需要硬件投资(如运输车队、仓库)，只是提供物流运作理念和物流系统管理方案。

提供IT系统管理服务，主要应包括两方面：一是系统应用服务，即利用自身的信息系统资源，为不同的客户提供多样化、个性化的信息系统平台和技术支持。二是信息服务，即与客户之间建立良好的信息沟通渠道，提供增值服务的信息实时查询、浏览等，好比电子物流，实现在线实时跟踪每天发出的每一单货物，联机实现运输路线的规划、物流调度以及货品检查等。第三方物流企业必须在运输供应商与客户之间搭建一个能够及时沟通和共享的服务平台，使他们也能及时了解供需的变化，并根据变化调整服务的内容与相关的业务。

# 1.4 第三方物流运作

## 1.4.1 第三方物流的运作系统及内容

1. **第三方物流的运作系统**

第三方物流运作系统是一个由不同利益主体组织、调度各种软件资源(如规章条例、合同、制度、知识技能等)和硬件资源(如运输设备、搬运装卸机械、仓库、机场、车站、道路、网络设施等)，在一定的外部环境中进行物流活动的“人—机系统”。

企业的物流运作主要包括产品流动、信息流动，对这些流动的速度、成本的控制以及企业内部功能的整合和企业外部协作体系的一体化。第三方物流运作没有统一的标准和固定的运作模式,不同的企业可以根据其特点优化组合,最大限度地发挥自身的资源优势,设计出自己的第三方物流服务产品。

从服务模式来看,第三方物流系统所提供的服务内容范围很广泛,包括执行活动、控制活动、计划活动三个层次,如图 1-2 所示。它可以简单到只是完成一项执行活动,如帮助客户安排一批货物的运输,也可以复杂到设计、实施和运作一个公司的整个分销和物流系统。

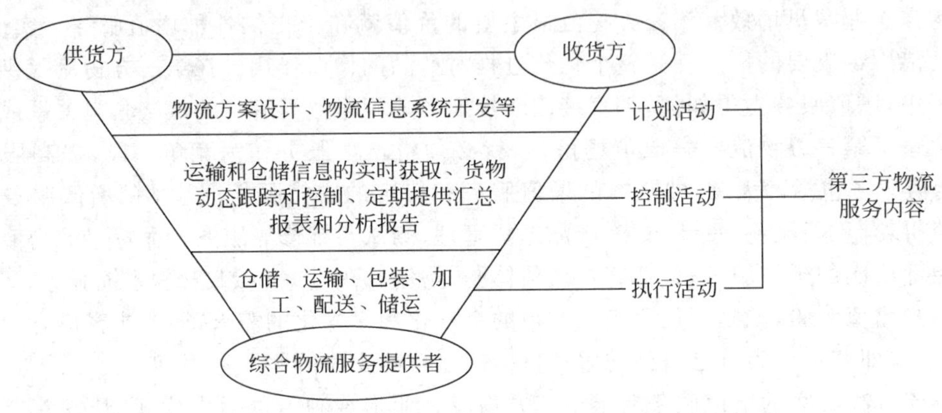


图 1-2 第三方物流运作系统

### 基于供应链的第三方物流运作

基于供应链的第三方物流运作表现为四个"流"和一个平台。

(1) 服务流。第三方物流企业的服务是通过为客户提供物流服务来体现的,这种服务的最终目的就是将正确的货物在正确的时间、正确的地点交给正确的客户。因此,第三方物流供应链的基本流动就是服务流。

(2) 信息流。信息在市场竞争中具有非常重要的作用,在物流行业也不例外。信息流在整个第三方物流供应链中具有十分重要的作用。信息流是双向的,它一方面提供物流服务的需求信息,同时也对服务的情况进行反馈。

(3) 资金流。资金流在供应链中处于核心地位。供应链上的一切活动都是围绕着价值增值进行的。资金流一方面反映出某一阶段物流服务的价值,同时也反映了服务的价值转移过程。它的流动方向往往与服务流的流动方向相反,对应着提供不同物流服务的第三方物流企业。

(4) 工作流。物流、资金流、信息流都是一种客观的基于物的流动。而工作流则是企业的业务活动,是基于人的主观活动。只有工作流的运转才能带动以上三流的运动。因此,它在企业中决定了其他流的速度和流量。在构建第三方物流供应链时,往往需要对企业的工作流进行重组。这样才能使整个供应链体系更加高效地运转,以适应市场的需求。

(5) 协议平台。它是供应链机制形成的基础,是供应链中每个第三方物流企业相互联系的纽带。由于各第三方物流企业原先都是彼此竞争的,因此,它们需要通过各种不同的协议来保持彼此间的合作关系。这样才能使由于信息不对称在市场竞争中产生的问题得以解决。

资料来源：梁颖，程玉. 从新的角度审视物流外包——第三方供应链探讨[J]. 现代商贸工业，2007(8).

**2. 第三方物流的运作内容**

1）开发物流系统及提供物流策略

开发物流系统及提供物流策略包括提供物资管理信息系统的设置以及配送方案、配装方法、运输方式的选择等。对于第三方物流企业来说，为了增强竞争优势，已不能满足于提供"港到港"、"门到门"的服务。一些客户甚至要求提供"货架到货架"的服务，完全达到零库存销售的要求。随着全球经济一体化进程的加快，国际市场竞争将更加激烈，企业是否能立于不败之地将在更大程度上取决于物流费用的高低以及对市场的反应速度。这一切与国内和国际运输方式的选择、货物的集运及配装方式、中转及通关的快慢等有着密切的关系。这些物流活动对于一般的企业来讲，无论是从精力、时间、财力和能力上都是很难达到的。

2）物流信息处理

物流信息系统是指为了推进企业的交易活动，控制从订货、库存到发货的一系列物流活动，以降低物流费用、提高经济效益的信息管理系统。它的目标是提高物流的服务水平，降低物流的总成本费用，即排除与物流活动有关的浪费。

对于第三方物流企业来说，这两个服务目标看似互相矛盾，即高质量的服务水平和全方位的服务内容必然会引发物流成本的攀升。但其实质是通过信息管理系统来控制物流的各个环节，使服务和成本两个目标之间达到最佳的平衡。因此，第三方物流企业的信息处理能力是提供高质量物流服务的一个基本的也是最为关键的服务平台。这一点从广东宝供储运有限公司的成长经历可以看出。"宝供"最初只是一个个体铁路转运站，在短短四年的时间内一跃成为为宝洁、雀巢、格力、麦当劳等大型企业提供物流服务的物流企业，其成功的关键在于能为客户提供完善的信息反馈和数据处理服务。

3）货物的集运

货物的集运能力包括仓储、铁路运输、公路运输及水路运输方面的能力。集运能力的高低还与配送中心的选址、布局、设计、功能设置是否合理密切相关。因此，对于第三方物流企业来说，合理规划、设计配送中心对该项服务水平的提高尤为重要。

4）选择运输商及货代

在社会化大生产的环境下，第三方物流企业很难依靠自身的力量来为客户提供全方位的服务，这时就需要与其他的战略伙伴来协作完成。因此，选择一个优秀的合作伙伴对保证高质量的物流服务水平也是非常重要的。

5）仓储

仓储功能是第三方物流企业的一个基本服务平台。

6）咨询

随着与顾客逐步建立合作伙伴关系，第三方物流企业所提供的服务还应包括物流咨询。例如，利用第三方物流企业在消费者和货主之间的桥梁作用，为货主提供前期的市场调研及预测；根据不同国家的贸易等级要求，建议货主使用不同的包装材料及包装方法等策略咨询。这些服务拉近了企业与货主的关系,符合双方的经济利益。

7) 运费支付

运费支付也称为代垫运费,主要指支付给提供协作的其他方运费,这符合社会化分工和分工细化的经济规律。

综上所述,第三方物流不仅要提供货物的购、运、调、存、管以及加工和配送全过程服务,而且要提供网络设计和商品整个物流过程最优化的解决方案。目前我国大多数物流企业从事的物流服务多半还属于传统运输、仓储等业务基础上拓展性的物流增值服务业务。从物流企业的服务功能上看,我国物流服务商的收益85%来自基础性服务,其中运输管理占53%,仓储管理占32%,增值服务及物流信息服务与支持物流的财务收益只占15%。此外,中国仓储协会组织的"中国工商企业物流任务外包情况调查"表明,当前国内生产企业的外包物流主要集中在干线运输,其次是市内配送和仓储,再次是包装;商业企业的外包物流在市内配送、仓储和干线发运方面比例大致均等。从这些可以看出,中国物流的服务内容大都集中于传统意义上的运输、仓储范畴之内,加工、配送、定制服务等增值服务处在发展完善阶段。

## 1.4.2 供应链环境下的第三方物流运作特点

供应链环境下的第三方物流运作具有其独特性,与传统物流相比,其特点如下。

### 1. 传统第三方物流运作的基本特征

(1) 能够为客户提供全程物流服务。第三方物流企业应当提供客户企业所需的健全的物流网络功能支持,这种网络功能包括仓储网络、信息网络和组织网络,无论构成这些网络的物质基础是否属于物流商所有,能否有效利用与控制这些网络都是物流提供商经营成功的关键因素。

(2) 以最低的成本实现一体化物流价值增值。第三方物流在管理模式方面一定要优化,应尽可能地使用一些新的技术,设计和选择恰当的物流管理的模式,采用更有效的管理方法来满足客户这方面的要求。

(3) 建立强大的物流网络体系。第三方物流只有具有强大的网络化经营及实时资源和状态的控制能力,才能做到准时、快捷、低成本地提供物流服务功能,从而得到客户的长期青睐。

### 2. 供应链管理下的第三方物流运作特点

强有力的核心能力与规模经济效益将成为第三方物流公司生存的一个必需特点。在供应链中,第三方物流企业至少拥有一个关键环节展示出其强大的核心能力,它表明这家公司有超越其他公司为客户增加价值的能力。强大的核心能力可以给物流公司提供一个获利的战略平台,它可以在此之上开发或者收购相关的物流服务能力。供应链管理下的第三方物流出现了一些新的特点,这也反映了供应链管理思想的要求和企业竞争的新策略。

(1) 信息传递纵横交错,共享信息增加。在传统的纵向一体化的物流系统中,需求信息与反馈信息都是逐级传递的。因此,上级供应商不能及时掌握市场信息,对市场信息的反馈速度比较慢,从而导致需求信息的扭曲。而在供应链管理下的物流系统模型中,需求信息与反馈信息不是逐级传递而是网络式传递的，信息流量大大增加，企业通过EDI或者互联网可以很快掌握供应链上不同环节的供求信息和市场信息。由于可以做到共享信息，供应链任何节点上的企业都能及时地掌握到市场的需求信息和整个供应链的运行情况，每个环节的物流信息都能与其他环节进行交流和共享，从而较好地避免需求信息的失真。

(2) 物流网络规划能力增强，物流系统的敏捷性提高。供应链管理下的第三方物流系统、代理运输、联合库存管理等多种形式的管理手段，降低了库存压力和安全库存水平。同时，在供应链管理下作业流程的快速重组能力，极大地提高了供应链物流系统的敏捷性。通过消除不增加价值的过程和时间，使供应链的物流系统进一步降低作业成本，为实现供应链的敏捷性、精细化运作提供了基础。

(3) 物流过程的实时控制。供应链管理下信息跟踪能力的提高，使供应链物流过程更加透明，为实时控制物流过程提供了条件。在传统的物流系统中，许多企业有能力跟踪企业内部的物流过程，但没有能力跟踪企业之外的物流过程，这是因为没有共享的信息系统和信息反馈机制。

(4) 物流系统的无缝连接。合作性与协调性是供应链管理的一个重要特点，但没有物流系统的无缝连接，运输的货物逾期未到，顾客的需要得不到及时满足，采购的物资常常在途受阻，就会使供应链的合作性大打折扣。因此，无缝连接的供应链物流系统是使供应链获得协调运作的前提条件。

(5) 用户的满意度提高。在供应链管理下，通过供应链节点之间的实时信息交换，及时把用户关于包装、运输、装饰等方面的要求反映给相关部门，提高了供应链物流系统对用户个性化需求的响应能力，提高了用户的满意度。

### 1.4.3 第三方物流的运作模式

根据我国政府2005年颁布的《物流企业分类与评估指标》(GB/T 19680—2005)，物流企业是指至少从事运输(含运输代理、货物快递)或仓储中的一种经营业务，并能够按照客户物流需求对运输、储存、装卸、包装、流通加工、配送等基本功能进行组织和管理，具有与自身业务相适应的信息管理系统，实行独立核算、独立承担民事责任的经济组织。信息化是物流服务的重要内容，物流企业要有相对完善的物流网络信息系统作为网络信息服务的支持，能够具备货物信息不同程度的网络化管理、实时监控、信息查询等功能。物流企业的主要业务部门有业务接收部门、信息中心部门、仓储部门、运输和配送部门，其中仓储和运输、配送部门可以虚拟经营，即采用租赁或协作的方式，将传统的运输和仓储通过系统工程和信息技术整合到自己的品牌之下，但控制和管理功能不变。鉴于第三方物流企业有多种类型，作为第三方物流企业可以利用外部资源提升第三方物流运作能力，其运作的基本模型如图1-3所示。

第三方物流企业想要取得成功，其最重要的因素在于整合物流过程以实现其对客户的增值服务。物流服务中的运输服务、仓储服务和其他功能的综合程度决定着产品的增值程度。因此，第三方物流企业要想实现优质、高效的物流服务并取得丰厚的利润，必须具备物流目标系统化、物流组织网络化、物流信息电子化、物流作业规范化、物流业务市场

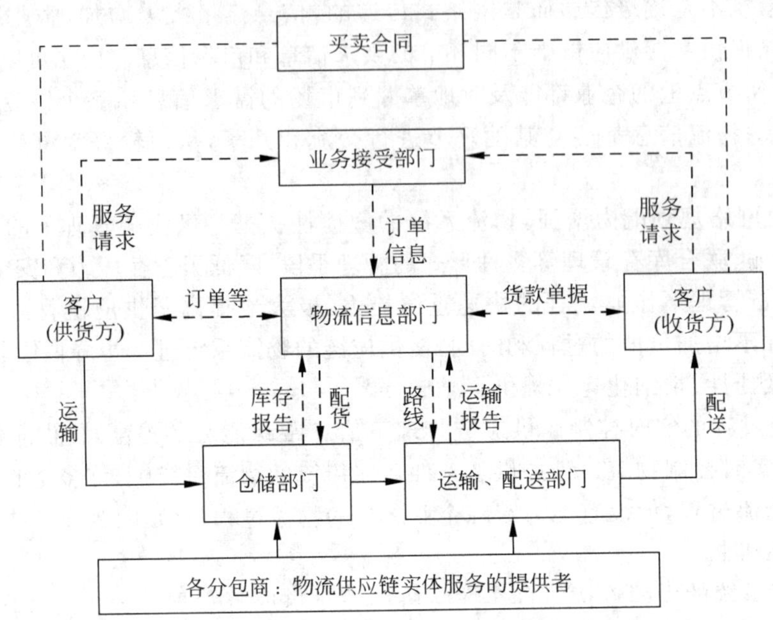


图 1-3　第三方物流运作模式

化等基本条件。从产业分析的角度看，我国第三方物流还处于发展初期，在我国的主要运作模式有：与制造业相结合的物流服务运作模式、与商业零售业相结合的物流服务运作模式和物流一体化运作模式。

**1. 与制造业相结合的物流服务运作模式**

以往我国大多数企业都是自己解决产品的运输问题，包括原材料和产成品的运输，而这一部分恰好是第三方物流企业最大的潜在客户。同制造业相结合的第三方物流服务的最大用户群通常是那些在零售店销售的日常洗涤用品、纸制品、化妆品和食品等产品的制造商。首先，这些组织力图通过物流的力量获得并保持竞争优势；其次，优秀的公司寻求其产品或服务增加价值，并通过一个有效的物流体系来达到此目标；最后，公司通过与服务供应者结成战略联盟来改善它们的资产，这些联盟使公司与其重要客户的关系更为密切。第三方物流企业可以依托生产企业，成为它们，特别是中小企业的物流代理商。

**2. 与商业零售业相结合的物流服务运作模式**

随着我国商业零售业市场的对外开放，卖方市场向买方市场的转变，国内传统的国有大中型商业零售企业受到外资大型超市和小摊贩的双重挤压，经营日益困难。全球电子商务的迅猛发展，货物流(送货到户)和资金流(交易结算)却成为限制其发展的巨大瓶颈。现代物流具有巨大的市场潜力，与零售业相结合的第三方物流末端配送服务为第三方物流企业的发展提供了良好的机遇。同零售业相结合的第三方物流运作的基本思路有以下五个方面。

(1) 第三方物流企业、零售商、供应商利用先进的信息系统连接起来，实现信息共享，保证在要求的时间范围内完成“5R”：适时、适质、适量、适价、适地。

(2) 建立快速反应的运输系统,保证配送系统顺利运转。建立配送网络,形成完整的信息平台、业务流程和管理流程。

(3) 以独特的信息交换处理中心为技术支持,通过现代通信和计算机技术组成网络。

(4) 组织具有实战经验的专家队伍进行市场策划和研发。

(5) 业务请求提出时,由调度中心调度,配送点送货上门。当物流量较小时,实行共同配送。第三方物流末端配送业务为生产厂商和最终消费者提供了信息平台和物流沟通渠道。它可将大型配送中心及量贩店的货物送到百姓家中,也可直接为品牌商提供现成的市场营销网络。

**3. 物流一体化运作模式**

20世纪80年代,西方发达国家(如美国、法国和德国等)提出了物流一体化的现代理论,应用和指导其物流发展并取得了明显的效果。物流一体化就是利用物流管理使产品在有效的供应链上迅速移动,使生产商、供应商和销售商均获得了显著的经济效益。物流一体化是物流运作的更高级阶段,它的根本目的是使不同职能部门之间以及不同企业之间在物流上的合作达到提高物流效率、降低物流成本的效果。这种运作形式分为垂直一体化运作、水平一体化运作和网络化运作。

1) 垂直一体化运作

垂直一体化物流运作是以战略管理为导向的,要求企业物流管理人员从面向企业内部发展转而面向企业同供货商以及用户的业务关系上,这正是第三方物流特征的体现。企业超越了现有的组织机构界限,将提供产品或运输服务等的供货商和用户纳入管理范围,作为物流管理的一项中心内容。这种运作的关键是力求从原材料到用户的每个过程都实现对物流的管理,利用企业的自身条件建立和发展与供货商和用户的合作关系,形成一种联合力量,以赢得竞争优势。垂直一体化物流运作的设想为解决复杂的物流问题提供了方便,而正是第三方物流雄厚的物质技术基础、先进的管理方法和通信技术使这一设想成为现实,并在此基础上继续深化和发展。

随着垂直一体化物流运作的深入发展,对物流研究的范围不断扩大,第三方物流在企业经营集团化和国际化的背景下,形成了比较完整的供应链理论。供应链是涉及将产品或服务提供给最终消费者的所有环节的企业所构成的上、下游企业的一体化体系。供应链管理强调核心企业与相关企业的协作关系,通过信息共享、技术扩散(交流与合作)、资源优化配置和有效的价值链激励机制等方法实现经营一体化。供应链是对垂直一体化物流运作的延伸,是从系统化的观点出发,通过对从原料、半成品和成品的生产、供应、销售直到最终消费者的整个过程中物流与资金流、信息流的协调,以此来满足客户的需要。

社会再生产过程是一个生产、流通和消费相互依存、相互渗透的过程。商品生产者与分销商之间在价值的产生和实现上是相互依存的,而在利益分配上又是相互矛盾的。在买方市场中,最终的竞争并不是表现为企业与企业之间的竞争,而是表现在供应链之间的竞争,于是便出现了跨组织的全面物流合作。垂直一体化物流运作不只是协调好制造商和上游供应商、制造商和下游分销商之间的关系,更重要的是将整个供应链上的所有环节的市场、分销网络、制造过程和采购活动联系起来,以实现较低成本下的高水平客户服务,赢得竞争优势。所以，这种第三方物流运作扩大了原有物流系统，延长了传统垂直一体化物流运作的长度，而且超越了物流本身，充分考虑了整个物流过程及影响此过程的各种环境因素，向着物流、信息流、商流等各个方向同时发展，形成了一套相对独立而完整的体系。

2）水平一体化运作

水平一体化物流运作是通过同一行业中各企业之间物流方面的合作以获得整体上的规模经济，从而提高了物流效率，这是第三方物流的第二种运作方式。实行第三方物流的运作从企业经济效益上看，降低了企业物流成本；从社会效益来看，减少了社会物流过程的重复劳动。例如，不同的企业可以用同样的装运方式进行不同类型商品的共同运输，于是就有了一个企业在根据需要装运本企业商品的同时，也装运其他企业商品，而所产生的经济收益则通过其他方式来结算。因为不同商品的物流过程不仅在空间上是矛盾的，而且在时间上也是有差异的。这些矛盾和差异的解决就要靠掌握大量有关物流需求和物流供应能力的信息来完成。另外，现在开展的协同配送也是这种运作的例证。很明显，这种运作的重要条件就是要有大量的企业参与，并且有大量的商品存在，这时第三方物流与客户企业间的合作才能提高物流效益。这种运作需要的是产品配送方式的集成化和标准化。

3）网络化运作

网络化物流运作模式是第三方物流运作的第三种形式，是垂直一体化物流与水平一体化物流的综合体。物流活动是一个社会化的活动，涉及行业面广，涉及地域范围更广，所以它必须形成一个网络才可能更好地发挥其效用。当一体化物流的某个环节同时又是其他一体化物流系统的组成部分时，以物流为联系的企业关系就会形成物流网络。这是一个开放的系统，企业可自由加入或退出，尤其在业务最忙的季节最有可能利用到这个系统。物流网络能发挥规模经济作用的条件就是一体化、标准化、模块化。

实现物流网络化首先要有一批第三方物流优势企业率先与生产企业结成共享市场的同盟。把过去那种直接分享利润的联合发展成优势联盟，共享市场，进而分享更大份额的利润。同时，第三方物流企业要结成市场开拓的同盟，利用相对稳定和完整的营销体系，帮助生产企业开拓销售市场。这样，竞争对手成了同盟军，网络化物流就可能成为一个生产企业和第三方物流企业多方位、纵横交叉、互相渗透的协作有机体。而且由于现代信息技术和网络技术的应用，当加入物流网络的企业增多时，物流网络的规模效益就会显现出来，这也促使了社会分工的深化，这样第三方物流的发展也就有了动因，从而使整个社会的物流成本大幅度地下降。

## 1.5 第三方物流的利润来源与运作价值分析

### 1.5.1 第三方物流的利润来源

第三方物流以为客户及自己创造利润为发展的推动力。第三方物流公司必须以有吸引力的服务来满足客户需要，同时服务水平须符合客户对第三方物流的期望，使客户在以下几个方面得到满足。

1. 经济利益

为客户提供经济或与财务相关的利益是第三方物流服务存在的基础。一般低成本是由低成本要素和规模经济的经济性创造的,其中包括劳动力要素成本。通过物流外包,可以将不变成本转变成可变成本,又可以避免因盲目投资而将资金用于其他用途,从而降低成本。稳定和可见的成本也是影响第三方物流的积极因素,稳定成本时的规划和预算手续更为简便。

2. 管理利益

第三方物流服务给客户带来的不仅仅是作业的改进及成本的降低,还应该给客户带来如订单的信息化管理、避免作业中断、运作协调一致等与管理相关的利益。单一资源减少了公关等费用,并减轻了公司在几个运输、搬运、仓储等服务商间协调的压力。

3. 作业利益

第三方物流服务首先能够为客户提供“物流作业”改进利益。第三方物流公司可以通过第三方物流服务,提供给客户不能自我提供的物流服务或物流服务所需要的生产要素,这是物流外包产生并获得发展的重要原因。物流作业的改进就是改善企业内部管理的运作表现,增加作业的灵活性,提高质量和服务,使物流作业更具效率。

4. 战略利益

第三方物流服务还可以产生战略意义并具有灵活性,主要包括地理范围的灵活性(设点或撤销)及根据环境变化进行调整的灵活性。共担风险的利益也可以通过第三方物流服务来获得。

## 1.5.2　第三方物流的运作价值

第三方物流服务供应商面临的挑战是能够提供比客户自身物流运作更高的价值。它们不仅要考虑同类服务提供者的竞争,还要考虑到潜在客户的内部运作。第三方物流提供商一般需要在整合客户运作、提高物流运作效率、发展客户运作三方面创造运作价值。

1. 整合客户运作

第三方物流服务带来增值的一个方法是引入多客户运作,或者是在客户中分享资源。第三方物流整合运作的复杂性很高,需要更多的信息技术与技能。该整合增值方式对于单个客户进行内部不经济的运输与仓储网络也适用。因此表现出来的规模经济效益是递增的,如果运作得好,将产生竞争优势及更大的客户基础。

2. 提高物流运作效率

物流运作效率的提高意味着对每一个最终形成物流的单独活动进行开发。仓储的运作效率取决于足够的设施与设备及熟练的运作技能。在作业效率范围内其另一个更先进的作用是协调连续的物流活动。协调与沟通一般是通过信息技术这一工具来实现的,如果存在着有利的成本因素,并且公司的注意力集中在物流方面,那么用较低的成本提供更好的服务是非常有可能的。

3. 发展客户运作

第三方物流公司还可以通过发展客户公司及组织运作为客户创造价值。该服务基本上接近传统意义上的物流咨询公司所做的工作，所不同的是要由物流供应商自己来开发和完成整个解决方案的运作。增值活动中的驱动力在于客户自身的业务过程，所增加的价值可以看作源于供应链管理与整合。

## 1.5.3 第三方物流的运作价值分析

第三方物流之所以在世界范围内受到企业的青睐，根本原因就在于其独特的作用与价值，能够帮助客户获得诸如利润、价格、供应速度、服务、信息的准确性和真实性及新技术的采用等潜在优势。

1. 第三方物流的服务价值

以最小的总成本提供预期的顾客服务已成为企业努力的方向，帮助企业提高顾客服务水平和质量也正是第三方物流所追求的根本目标。

服务水平的提高会提高顾客满意度，增强企业信誉，促进企业产品的销售，提高利润率，进而提高企业市场占有率。物流能力是企业服务的主要内容之一，会影响企业的顾客服务水平。物流服务水平实际上已成为企业实力的一种体现。利用第三方物流企业信息网络和节点网络，能够加快对顾客订货的反应能力，加快订单处理，缩短从订货到交货的时间，进行门对门运输，实现货物的快速交付，提高顾客满意度。

企业对物流的控制和管理，实际上就是成本与服务之间的一种均衡，而且在市场环境下，服务甚至比成本更重要。现代企业必须充分认识到顾客服务的重要性，在考虑是否采用第三方物流时，应处理好成本与服务的均衡问题，不应一味追求物流成本的削减，即使在企业自己从事物流时也应如此。只要企业顾客服务水平的提高所带来的效益大于其成本支出，那么这种决策就是可取的。

2. 第三方物流的成本价值

在竞争激烈的市场上，降低成本、提高利润率往往是企业追求的首选目标。这也是物流在 20 世纪 70 年代石油危机之后其成本价值被挖掘出来作为“第三利润源”受到普遍重视的原因。完整的企业物流成本，应该包括物流设施设备等固定资产的投资、仓储、运输、配送等狭义的物流费用，以及为管理物流活动所需的管理费、人工费和伴随而来的信息传递、处理等所发生的信息费等广义的物流费用。

企业考虑把物流业务运作外包给第三方物流的一大驱动力就是降低成本。事实证明，企业单靠自己的力量降低物流费用存在很大的困难，要想实现新的改善，企业不得不寻求其他途径，选择第三方物流。采用第三方物流能够降低成本，主要表现在以下几点。

(1) 由于拥有强大的购买力和货物配载能力，一家第三方物流公司可以通过其自身广泛的节点网络实施共同配送；或者可以从运输公司及其他物流服务商那里得到比其他客户更为低廉的运输报价；可以从运输商那里大批量购买运输能力，然后集中配载不同客户的货物，大幅度地降低单位运输成本。

(2) 企业将物流业务外包给第三方物流公司，以支付服务费用的形式获得服务，而不需要自己内部维持运输设备、仓库等物流基础设施和人员来满足这些需求，从而可以使得公司的固定成本转化为可变成本。

(3) 第三方物流企业通过利用自身的信息系统和专业技能，可帮助客户提高单证处理效率、加强库存管理控制，从而减少单证处理费用、降低存货水平、削减存储成本等。

这些都是第三方物流能够产生的成本价值。对企业而言，应建立一套完整的物流成本核算体系，以便真实地反映企业实施物流控制或采用第三方物流所带来的效益，促使企业物流活动日趋合理化。

(4) 许多第三方物流公司已在信息技术方面进行了大量的投入，有专业物流管理人员和技术人员，有专业化物流设备、设施和先进的信息系统，还有专业化物流运作的管理经验，可以取得整体最优的效果。企业与之合作不需大量进行物流信息系统方面的投资，就可以最低的投入充分享用更好的信息技术。

### 3. 第三方物流的竞争力提升价值

在专业化分工越来越细的时代，任何企业都要面临自身资源有限的问题。把自己较不擅长的部分，或者说不是自己核心能力的部分让第三方来承担，扬长避短。第三方物流企业可以增强企业的竞争力，从而提升价值，主要表现在以下几个方面。

(1) 随着企业生产经营规模的不断扩大，对物流提出了更高的要求，企业本身已很难满足自身的物流需求，只有寻求专业化的物流服务。

(2) 随着企业业务规模的扩大，交往对象的增多，所要处理的渠道关系变得复杂，容易分散企业的精力，在处理各种关系和提高自身核心能力上，企业的资源分配便会出现矛盾。

(3) 企业既要把更多的精力投入到生产经营当中，又要注重市场的开拓，这样资源容易受到限制。而许多大型第三方物流企业在国内外都有良好的运输和分销网络，因此希望拓展国际或其他地区市场以寻求发展的企业可以借助这些网络进入新的市场。

(4) 作为面向社会众多企业提供物流服务的第三方物流企业，可以站在比单一企业更高的角度来处理物流问题，可以与整个制造企业的供应链完全集成在一起，通过其掌握的物流系统开发设计能力、信息技术能力将原材料供应商、制造商、批发商、零售商等处于供应链上下游的各相关企业的物流活动有机衔接起来，使企业能够形成一种更为强大的供应链竞争优势，这是个别企业所无法实现的工作。

### 4. 第三方物流的风险分散价值

企业如果自己运作物流，要面临投资风险和存货风险。

1) 投资风险

企业自营物流要进行物流设施、设备的投资，如建立或租赁仓库、购买车辆等。这样的投资往往比较大，而如果企业物流管理能力较低，不能将企业拥有的物流资源有效协调、整合起来，尽量发挥其功用，很容易造成企业内部物流资源的闲置浪费，致使物流效率低下，物流设施闲置。那么，企业在物流上的投资就是失败的，这部分在物流固定资产上的投资将面临无法收回的风险。如果将这些用在物流上的巨额投资投入到企业的核心业务上，可能会产出更大的效益，因此企业物流投资有着巨大的机会成本。

2）存货风险

企业由于自身配送、管理能力有限，为了能够对顾客订货及时做出反应，防止缺货和快速交货，往往采取高水平库存的策略，即在总部以及各分散的订货点维持大量的存货。在市场需求高度变化的情况下，安全库存量占到企业平均库存的一半以上，大量的存货对于企业来说有着很大的资金风险。

企业如果通过第三方物流企业的运输、配送网络进行专业化配送，提高配送能力，加快存货的流动速度，可以减少内部的安全库存量，降低企业的资金风险，或者把这种风险分散一部分给第三方物流企业。

**5. 第三方物流的社会效益**

除了独特的经济效益外，第三方物流还具有另一个常为大多数人所忽视的价值，即其社会效益。第三方物流产生的社会效益主要体现在以下几个方面。

1）有助于缓解城市交通压力

通过第三方物流的专业技能，加强运输控制；通过制定合理的运输路线，采用合理的运输方式，组织共同配送、货物配载等，可减少城市车辆运行数量，减少车辆空驶、迂回运输等现象，解决由于货车运输的无序化造成的城市交通混乱、堵塞问题，缓解城市交通压力。

2）有效整合和利用社会闲散物流资源

通过第三方物流企业专业的管理控制能力和强大的信息系统，对计划经济体制下企业原有的仓库、车队等闲散物流资源进行统一管理、运营，组织共同存储、共同配送，将企业物流系统社会化，实现信息、资源的共享，极大地促进社会物流资源的整合和综合利用，提高整体物流效率。

3）有利于推动经济可持续发展

由于城市车辆运行效率的提高，可减少能源消耗，减少废气排放量和噪声污染等，有利于环境的保护与改善，促进经济的可持续发展。

4）调整和优化产业结构

第三方物流的成长和壮大可带动中国物流业的发展，对中国产业结构的调整和优化有着重要的意义。

## 本章小结

第三方物流是指生产企业为集中精力搞好自己的主业，把原来属于自己处理的物流活动，以合同方式委托给专业化物流服务商，同时通过信息技术系统与物流服务商保持密切联系，以达到对物流全程管理控制的一种物流运作与管理方式，因此，第三方物流又称合同制物流。第三方物流有关系契约化、服务个性化、功能专业化、管理系统化和信息网络化的特征。

第三方物流之所以在世界范围内受到企业的青睐，根本原因就在于其独特的作用与价值，能够帮助客户获得诸如利润、价格、供应速度、服务、信息的准确性和真实性及新技术的采用等潜在优势。

# 思考与练习

## 一、名词解释

第三方物流　物流一体化　第三利润源

## 二、填空题

1. 第三方物流在发展中已逐渐形成了自身鲜明的特点，具体表现在以下几个方面：(　　)、(　　)、(　　)、(　　)、(　　)。
2. 由于第三方物流的提供商都是专业的以物流为核心业务的企业，它们所提供的服务具有更高的效率和更高的水平，具体可以表现在以下几个方面：(　　)、(　　)、(　　)。
3. 第三方物流公司是以一种(　　)，这是它身为战略同盟者的一个典型特点。
4. 从服务模式来看，第三方物流系统所提供的服务内容范围很广泛，包括(　　)、(　　)、(　　)三个层次。
5. 第三方物流的利润来源：(　　)、(　　)、(　　)、(　　)、(　　)。

## 三、选择题

1. 第三方物流商既不拥有商品，也不参与商品的买卖，而是为客户提供以(　　)为合作约束、以结盟为合作基础的系统化、个性化、信息化的物流代理服务。

   A. 合同　　B. 运输　　C. 储存　　D. 包装

2. 第三方物流公司是以一种(　　)的身份为客户服务的，这是它身为战略同盟者的一个典型特点。

   A. 投资人　　B. 经营人　　C. 参与人　　D. 客户

3. (　　)国际配送协会(HIDC)的调查表明，2/3的美国、日本、韩国等企业的欧洲配送中心都采用第三方物流的方式。

   A. 日本　　B. 荷兰　　C. 美国　　D. 中国

4. (　　)仓储功能是第三方物流企业的一个基本服务平台。

   A. 配送　　B. 流通加工　　C. 运输　　D. 仓储

5. 第三方物流企业想要取得成功，其最重要的因素在于(　　)过程以实现其对客户的增值服务。

   A. 配送　　B. 流通加工　　C. 整合物流　　D. 仓储

## 四、思考题

1. 简述第三方物流的产生背景及发展过程。
2. 第三方物流的含义与特点是什么？
3. 第三方物流的业务范围有哪些？
4. 第三方物流有何优势？
5. 试析第三方物流的运作模式。
6. 第三方物流有哪些运作价值？
7. 简述第三方物流的利润来源。

8. 试述第三方物流的运作内容。

9. 试述第三方物流的社会效益。

### 冠生园集团选取第三方物流

冠生园集团是国内唯一一家拥有“冠生园”、“大白兔”两个中国驰名商标的老字号食品集团。集团生产大白兔奶糖、蜂制品系列、酒、冷冻微波食品、面制品等食品，总计达到了2000多个品种，其中糖果销售额近4亿元。近几年市场需求增大了，但运输配送跟不上。集团拥有的货运车辆近100辆，要承担上海市3000多家大小超市和门店的配送，还有北京、大原、深圳等地的货物运输。淡季运力空放，旺季忙不过来，每年维持车队运行的成本费用就达上百万元。

产品规格品种多、市场辐射面大，靠自己配送运输成本高、浪费大。为此，2002年年初，冠生园集团下属合资企业达能饼干公司率先做出探索，将公司产品配送运输全部交给第三方物流。物流外包以后，不仅配送准时、准点，而且费用要比自己做节省许多。达能公司把节约下来的资金投入到开发新产品与改进包装上，使企业的业务又上了一个新台阶。为此，集团销售部门专门组织各企业到达能公司去学习，决定在集团系统推广它们的做法。经过选择比较，集团委托上海虹鑫物流有限公司作为第三方物流机构，搞门对门的物流配送。

上海虹鑫物流有限公司与冠生园集团签约后，通过集约化配送，极大地提高了效率。每天一早，他们在计算机上输入冠生园相关的配送数据，制定出货最佳搭配装车作业图，安排准时、合理的车流路线。货物不管多少，就是两三箱也送。此外按照签约要求，遇到货物损坏，按规定赔偿。一次，整整一车糖果在运往河北途中翻入河中，物流公司掏出5万元，将掉入河中损耗的糖果全部“买下”作赔。

据统计，冠生园集团自委托第三方物流以来，产品的流通速度加快，原来铁路运输发往北京的商品途中需要7天，现在上海虹鑫物流有限公司运输只需2～3天，而且实行的是门对门的配送服务。第三方物流配送及时周到、保质保量，使商品的流通速度加快，集团的销售额有了较大的增长。此外，更重要的是，能使企业从非生产性的后道工序，即包装、运输中解脱出来，集中精力开发新产品、提高产品质量、改进包装。

资料来源：宋扬.第三方物流模式与运作[M].北京：中国物资出版社，2006：41-42.

**讨论**

1. 冠生园集团为何放弃自营物流而选取第三方物流？

2. 第三方物流为该集团带来了哪些优势和好处？

# 第2章

# 第三方物流发展战略规划

## 学习目标

通过本章的学习，掌握物流资源、企业核心竞争力的定义；掌握制定第三方物流战略规划的步骤和方法；学会物流市场调查分析的方法和技能；能够正确进行第三方物流企业服务市场定位。

## 关键术语

市场调查　物流市场分析　物流资源　企业核心竞争力　战略规划　物流市场　市场定位

### 美国凯利伯物流公司的战略规划

美国凯利伯物流公司设立的物流中心为客户提供如下服务。

(1) JIT物流计划。该公司通过建立先进的信息系统，为供应商提供培训服务及管理经验，优化了运输路线和运输方式，降低了库存成本，减少了收货人员及成本，并且为货主提供了更多更好的信息支持。

(2) 合同制仓储服务。该公司推出的此项服务减少了货主建设仓库的投资，同时通过在仓储过程中采用CAD技术、执行劳动标准、实行目标管理和作业监控来提高劳动生产率。

(3) 全面运输管理。该公司开发了一套专门用于为客户选择最好的承运人的计算机系统对零星分散的运输作业进行控制，减少回程车辆放空，管理进向运输；可以进行电子运单处理，可以对运输过程进行监控等。

(4) 生产支持服务。该公司可以进行如下加工作业：简单的组装、合并与加固、包装与再包装、JIT配送、贴标签等。

(5) 业务过程重组。该公司使用一套专业化业务重组软件，可以对客户的业务运作过程进行诊断，并提出专业化的业务重组建议。

(6) 专业化合同制运输。提供灵活的运输管理方案，提供从购车到聘请驾驶员直至优化运输路线的一揽子服务，降低运输成本，提供一体化的、灵活的运输方案。

资料来源：谢翠梅. 仓储与配送管理实务[M]. 北京：北京交通大学出版社，2013.

思考

1. 建立物流中心可以提供什么服务？

2. 建立物流中心意义何在？

## 2.1 物流市场调查

### 2.1.1 物流市场环境调查

市场调查与分析是企业经营决策的一个不可缺少的部分，物流企业市场调查的目的是了解经济环境，识别行业发展趋势，洞察客户需求动态、了解竞争格局，从而挖掘市场机会，定位物流服务核心利益点，构建企业竞争优势，制定企业经营战略。

市场环境是各类企业都要面对的环境，大致可归纳为政治环境、经济环境、社会文化环境、技术环境、自然环境等方面。企业经营战略是根据企业经营环境制定的，市场环境的变化决定着企业的发展方向及应采取的措施。

市场环境调查主要是通过各种途径和方法了解国家的经济发展状况、相关的经济政策法规、物流发展趋势、技术更新的前景、政治及生态的趋势问题、金融状况、可资利用的社会资源。

**1. 政治环境**

影响企业经营的政治环境包括三个因素：国家政治体制、政局的稳定性和政策的稳定性；一个国家与其他国家之间的政治关系；国家的法律体系，如宪法、民事诉讼法、刑法、公司法、破产法、劳动法、环境保护法、专利法、合同法、消费者权益保护法等。

**2. 经济环境**

经济环境是指国家经济的总体状况，主要包括以下内容：国民生产总值及其增长速度、市场规模、市场体系和市场运行机制、经济政策及国家的货币和物价总水平的稳定性。

国民生产总值及其增长速度可以反映一个国家的富裕程度和经济发展总水平、经济发展情况；市场规模是一个国家的市场总容量；健全的市场体系包括商品市场、资金市场、劳动力市场、技术市场、房地产市场和信息市场；一个时期内国家的经济政策和产业政策对企业经营会产生巨大的影响。

**3. 社会文化环境**

社会文化环境包括一个国家或地区居民的受教育程度和文化水平、宗教信仰、风俗习惯、审美观点、价值观念等。

**4. 技术环境**

社会的技术进步影响着企业的物质条件，进而影响着企业活动的效率。现代科技促进了企业物流装备的现代化，提高了物流企业的管理水平，给物流企业带来了新的发展机会和发展动力。

**5. 自然环境**

自然环境是指一个国家或地区的客观环境因素。自然资源包括地表资源、地下资源等。

沿海有利于发展外向型经济，内地可充分利用资源；城市基础设施好、市场容量大，乡村工业基础设施差，市场小；离交通干线近有利于原材料、产品的运输。对环境的研究可以提高物流企业决策的正确性、及时性、稳定性。

### 2.1.2　物流资源的含义及物流资源调查的范围

**1. 物流资源的含义**

物流资源是一个广义与狭义相结合的概念。广义的物流资源是指所有一切可用于现代物流生产和经营活动之中的后备手段或支持系统，包括运作资源、客户资源、人力资源、系统资源和合作伙伴（或供应商）资源、分销商资源等。狭义的物流资源是指物流运作的支持系统，如设施设备等。

物流资源及环境调查是企业制定战略规划的基础，第三方物流企业以所处区域或行业为中心，对物流资源进行科学、广泛的调查，有目的地收集相关信息，这是企业一切经济活动的出发点。

**2. 物流资源调查的范围**

物流资源调查的范围包括第三方物流企业内部物流资源调查和第三方物流企业外部物流资源调查。第三方物流企业开展物流业务就是利用各种资源为用户提供服务。企业提供哪些服务、向市场投放什么、向用户销售什么，需以自身资源为基础，拥有和掌握的内部资源越多，可以选择的市场空间越大，机会就越多，企业就越有竞争力；发展第三方物流还要充分利用企业外部物流资源，通过对外部物流资源的调查，收集相关企业信息。建立企业资源信息数据库是企业进行外部资源整合利用的前提条件。

### 2.1.3　物流资源调查的基本内容

物流资源调查的基本内容见表 2-1。

**表 2-1　物流资源调查的基本内容**

| 项　　目 | 基 本 内 容 |
|---|---|
| 物流基础设施装备 | 仓储设施、运输车辆、装卸设备、搬运工具、分拣设备、其他 |
| 企业物流组织机构调查 | 物流管理部门是否存在、物流管理机构的功能 |
| 物流从业人员 | 物流从业人员的数量和素质、物流人才的需求 |
| 客户资源调配 | 主要用户数量、行业分布、区域分布、稳定性和亲合度、主要用户的物流发展计划、未来物流需求、用户资源的离散程度 |
| 物流流量和流向调配 | 库存商品的入库数量、主要运输方式、承运商品的运量、主要仓储方式、商品资源的离散程度、商品的流向、商品流通过程所覆盖的区域 |
| 潜在用户 | 潜在用户对某类物流服务的消费习惯特点，如使用方式、使用频率、使用地点等 |
| 信息技术资源和需求 | 计算机及其辅助设备、软件及系统应用、信息网络及建设、信息技术需求、信息技术计划调配 |
| 无形资产 | 商标、字号、域名、企业形象 |
| 宏观资源 | 政府综合部门计划、产业部门计划、行业大型企业计划 |

续表

| 项目 | 基本内容 |
|---|---|
| 区域内的物流 | 政府物流计划、物流设施建设、物流企业发展状况 |
| 相关企业资源 | 主要承运企业（仓储企业→运输企业）、主要仓储企业（运输企业→仓储企业）、第三方物流企业 |
| 竞争情报 | 竞争者现有物流资源、用户资源、物流计划 |

## 2.2 物流市场分析

### 2.2.1 物流市场分析项目和内容

物流市场分析是指物流公司在对物流市场进行充分调查，取得大量翔实资料、数据的基础上，对其进行全面、科学、有目的的分析、论证，得出正确的结论，为下一步物流战略规划提供依据的过程。物流市场分析的项目和具体内容见表 2-2。

表 2-2 物流市场分析的项目和具体内容

| 项目 | 具体内容 |
|---|---|
| 资源优势/劣势 | 客户资源、物流运作资源的调查分析，得出结论 |
| 业绩/经验 | 对客户量、物流量、营业收入等进行统计比较分析，对企业物流功能、人才结构、国际合作经验、市场开发能力等进行分析 |
| 核心能力 | 主要竞争优势来源、企业主导业务（主要收入来源）、潜在市场优势及企业独有的、不易被其他企业模仿的能力 |
| 竞争分析 | 确定不同行业、不同地区、不同客户的竞争对手，根据调查对竞争对手进行竞争分析 |
| 环境机会和风险（机遇和挑战） | 政策法规、政治、经济等因素分析以及重要事件、技术进展、改革发展、市场潜力的分析 |
| 环境发展预测 | 全球经济发展大趋势、制造业向亚洲转移、电子商务时代到来 |

### 2.2.2 物流运作资源的分析资料

近年来国内一些调查研究资料显示，我国物流资源总体上存在设施、设备落后，布局不合理，利用率低下等普遍性问题，但不同区域、不同行业又表现出一定的差异性。以吉林省长春市为例，现有资源缺乏有效整合和充分利用，一方面，目前有近 40%的仓储面积、80 010 千米的铁路专用线、48%的企业运输能力未得到充分发挥，还有一些企业花费巨资开发的信息平台利用率不高。另一方面，许多物流企业基于自身发展、业务需求等考虑，将大笔资金投入仓储设施、运输队伍、信息平台的兴建。由于企业间缺乏必要的信息沟通，一定程度上形成了资源配置效率低下的局面。对物流运作资源的数量、质量、布局、利用率等做出全面的分析评估，可以对业内环境有清晰的了解和认识，有利于企业做出科学的投资决策。

物流园区(logistics park)又称物流基地，一般是指多家物流企业和物流中心集中布局，并能提供综合物流服务的场所。其根据物流服务内容的范围，可分为综合物流园和专业物流园。物流园区是物流产业发展过程中的重要基础设施，是物流产业走向全球化、社会化、集约化、现代化和专业化的必然产物。

### 2.2.3 客户资源分析

**1. 我国第三方物流市场的主要客户构成**

客户资源包括现有客户和潜在客户两部分。现有的第三方物流客户包括：尚未形成自身物流网络的外资公司、对物流网络建立及运营所需资源投入不足的公司、战略性地对重新构筑的物流体系进行外包的公司等。潜在客户则主要来自以下企业。

(1) 外商投资企业。跨国公司为了最大限度地获得竞争优势，积极实行物流本地化战略，在进入我国以后一般都不建立独立的物流部门，而是选取若干专业的物流提供商，通过合同物流、设施租赁等多种形式获得必要的物流服务，构成了目前物流市场需求的主体。

(2) 高新技术企业、连锁经营企业和电子商务企业。这些企业的产品大多具有小批量、高增值的特点，对物流服务的及时性、准确性的要求较高，面对激烈的市场竞争，为了最大限度地降低成本，对物流服务有迫切需求。

(3) 部分国有大型工业企业。面对激烈的国际国内竞争，这些企业也打破了“大而全、小而全”的传统观念，开始着手对企业传统物流活动进行重新改造，以最大限度地获取竞争优势。

(4) 中小型民营企业。这些企业一般不具备自营物流的能力。

**如何识别第三方物流市场客户？**

答：一是看企业经营理念，二是看企业运作资源。

**2. 我国第三方物流企业客户地域分布特点**

第三方物流发展与经济发展密切相关，我国第三方物流企业的客户主要来自东部沿海经济发达地区；物资高度聚集的交通枢纽地区，如我国内陆中心大城市；物流基础设施比较齐备的邻近港口、铁路、机场、高速公路的地区。

我国物流市场的地域集中度很高，80%集中在长江三角洲和珠江三角洲地区。目前，在珠海保税区从事仓储分拨配送业务的物流企业已增至40多家，经营面积超过20万平方米。珠海保税区物流企业的客户已达80多家，主要分布在珠海、中山、东莞、广州，以及上海、北京等地区，大部分为外商投资的加工企业，因此，物流企业要做好市场定位，合理确定业务重点，配置资源，同时兼顾今后第三方物流需求地域扩大的趋势。

3. 我国第三方物流企业客户行业分布特点

我国第三方物流的需求主要来自市场发育较成熟的几大行业，如汽车、家电、生活日用品，而且不同行业有着不同的个性化物流服务需求。例如，2003 年，由上汽集团与荷兰 TNT 合资的安吉天地汽车物流公司在上海大众、上海通用的进厂物流、整车物流和维修零配件物流服务上接连获得大合同。

## 2.2.4 第三方物流市场供需分析

1. 企业外购服务的可能性

我国大中型工商企业多数拥有物流设施，相当多的企业物流主要靠自己组织，自营物流的比例很大。据调查统计，在工业企业中，原材料的物流由第三方物流完成的占 18%，商品销售物流由第三方物流完成的仅占 16%。第三方物流市场潜力巨大，但有效需求不足。

企业经营的目标是实现经济效益的最大化，从而实现股东价值最大化。其具体表现：一是成长性，主要指销售额的增长；二是盈利能力，主要表现为降低成本或提高价格；三是股东回报。企业的高成长性和盈利性需要不断地进行市场开拓，需要高效的物流运作支持。当企业自己所拥有的物流资源不足以对企业经营目标形成支持时，企业就会到市场上寻求外部资源的支持，即所谓外包物流运作或外购物流服务，因此第三方物流服务的市场就产生了。

2009 年 6 月 2 日，浙江泰仑绝缘子有限公司与湖州华安物流发展有限公司就生产性服务业外包正式签约。通过此次签约，双方将开展辅业外包合作，这意味着浙江泰仑绝缘子有限公司将把成品、半成品等物流、仓储及运输等辅助性业务整体外包给湖州华安物流发展有限公司。

资料来源：罗文丽. 浙江：物流外包政策突围[J]. 中国物流与采购，2012(12)：18-20.

2. 客户物流服务需求特征

一是生产企业与流通企业物流服务需求各有侧重。据中国仓储协会 2001 年的调查，我国制造企业对 3PL 服务内容按需求量大小排列的前三位依次为：干线运输、市内配送和存储保管；销售企业物流需求的前三位依次为：市内配送、存储保管和干线运输。可见，生产企业的物流需求以物流运作为主，受地域跨距和管理幅度的影响，更强调集成化的物流服务。而商业企业对物流的信息服务要求更强烈，物流决策、数据采集等增值信息服务越来越受企业重视。

二是外资企业和中小型民营企业物流服务需求两极化。我国第三方物流市场的需求以外资企业和中小型民营企业为主体。前者由于具有现代化的经营理念，注重企业核心竞争力，一般倾向于把物流业务外包，但对第三方物流企业的服务范围和质量提出了很高的要求；而后者由于自身实力有限，不具备自营物流业务的能力，只能选择把物流业务外包，第三方物流服务的需求层次还很低。大中型工商企业对第三方物流的需求一般还停留在功能外包阶段(如图 2-1 所示)。

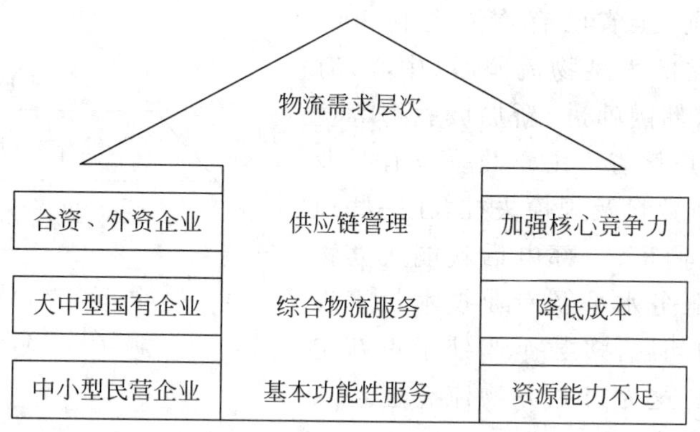


图 2-1　第三方物流需求分析

综上所述，跨国经营的增多，需要快速响应的物流系统和全球化的物流网络来支持。按需生产和零库存等现代生产方式，使越来越多的企业从成本的节约、服务的改进与增加灵活性等方面来考虑物流运作，从第三方物流服务需求方的角度来看，企业物流服务社会化的基本压力已经形成，有待于第三方物流企业进一步主动开发物流市场，挖掘潜在的客户需求。

物流企业业务人员开发和获得市场和客户信息的渠道有哪些？

答：各种媒体、各种会议、人际关系。

中国北车股份有限公司(以下简称中国北车)2010 年 12 月 15 日发布声明称，其与中国外运股份有限公司(以下简称中国外运)签署了物流战略合作框架协议。

中国北车总裁奚国华今日就此向《第一财经日报》表示，根据协议，双方将进行全面、综合的物流业务战略合作。由于中国北车国内业务的急速增长，因此需要快捷高效的物流支撑。通过与中国外运进行战略合作，中国北车将进一步降低北车出口的物流成本，提升物流效率。此外，随着海外出口业务的增多，中国北车对国际物流运输的需求也在增强。

而中国外运总裁张建卫也表示，中国外运将为中国北车提供物流信息和具有竞争力的物流方案。在同等运输需求条件和效益原则下，中国外运及下属企业将成为中国北车首选的物流服务供应商。

资料来源：《中国北车与中国外运签署物流战略合作框架协议》，捷利物流网，http://www.jielee.net/info/deta11/2-110592.html，2010-12-16.

**3. 物流服务的供给分析**

目前我国第三方物流企业间经营水平差距大，低水平运作占多数，整个行业能力呈金字塔结构，如图 2-2 所示。某省经贸委交通处的统计资料显示，目前，全省已有物流企业 3000 多家，已建成和在建的大型物流园区（中心）有 67 个，丹麦马士基、韩国韩进、新加坡胜狮等境外物流企业已经落户该省。由于几乎没有行业进入门槛，物流企业数量及规模失控，在一些地方，三五个人、两三辆车、一部电话就能成立物流企业，面临物流服务水平及专业技术与管理能力等许多方面的问题，多数企业处于重新定位，迅速发展时期。这为第三方物流企业进入市场、参与竞争提供了机会。

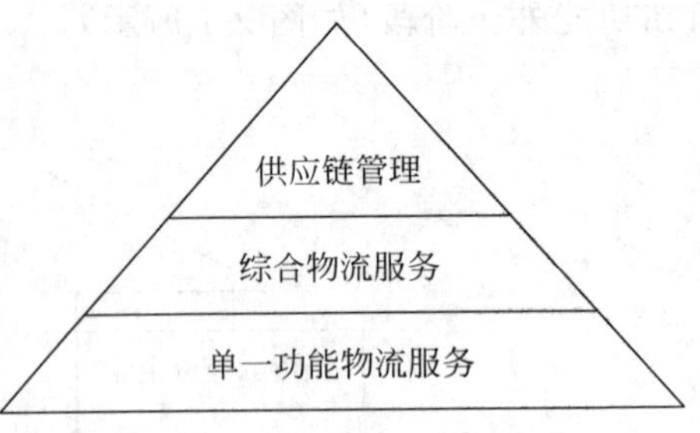


图 2-2 第三方物流服务能力呈现的金字塔结构

## 2.2.5 物流市场竞争分析

战略管理大师麦克尔·波特认为一个公司的高层管理人员要决策是否进入、继续留守或退出一个行业，关键在于该行业能使公司获得的机会和公司将付出的代价，即该行业的竞争强度和获利能力。

一个行业的竞争强度和获利能力是由行业自身和行业环境等诸多因素决定的，这些行业相关因素可归纳为五种竞争力量：①进入行业的障碍力（潜在进入者）；②替代产品的威胁力（替代品生产者）；③客户的还价能力（用户）；④供应商的讨价能力（供应商）；⑤现有竞争者的竞争能力（现有竞争者）。行业的五种竞争力量之间的互相作用关系如图 2-3 所示。

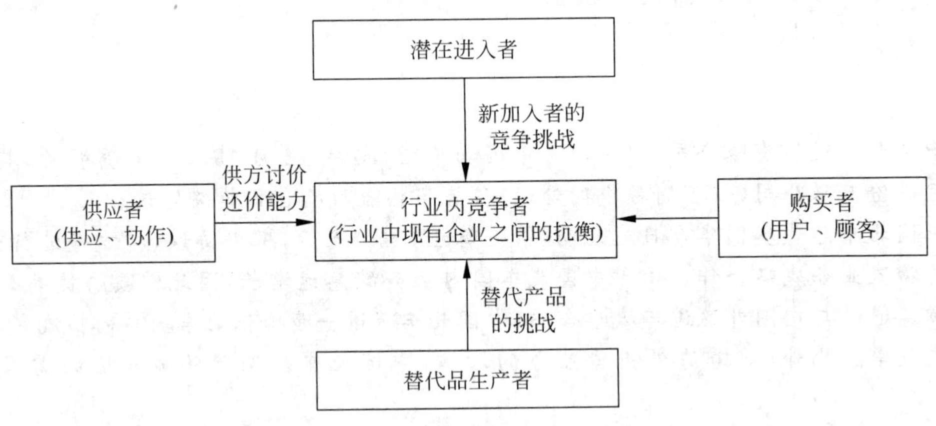


图 2-3 波特五力竞争模型

#### 1. 对现有竞争对手的分析

物流企业面对的市场通常是一个竞争市场。多家物流企业提供相同的服务，企业必然会采取各种措施争夺用户，从而形成市场竞争。对现有竞争对手的分析主要包括以下内容。

1）对现有竞争对手基本情况的分析

竞争对手的数量有多少？它们分布在什么地方？它们在哪些市场上活动？它们各自

的规模、资金、技术力量如何？其中哪些竞争对手对自己的威胁特别大？对现有竞争对手基本情况进行分析的目的是要找到主要竞争对手。

为了在众多的提供同种服务的物流企业中找出主要竞争对手，必须对现有竞争对手的竞争实力及其变化情况进行分析和判断。反映企业竞争实力的指标主要有三类，即销售增长率、市场占有率和产品或服务的获利能力。

销售增长率是指企业当年的销售额与上年销售额相比的增长幅度。

市场占有率是指市场总容量中企业所占的份额，或指在已被满足的市场需求中，有多大比例是由本企业提供的。

产品或服务的获利能力是反映企业竞争能力能否持续的支持性指标，可用销售利润率表示。

2）对主要竞争对手的分析

比较不同企业的竞争实力，找出了主要竞争对手后，还要分析其之所以能对本企业构成威胁的主要原因，包括技术力量、资金、规模等状况。对主要竞争对手进行分析的目的是要找出主要竞争对手的竞争实力的决定因素，以帮助企业制定相应的竞争策略。

3）对竞争对手发展动向的分析

竞争对手的发展动向包括竞争对手的市场发展或转移动向与竞争对手的产品或服务的发展动向。企业应收集有关资料，密切注意竞争对手的发展方向，分析竞争对手可能开辟的新产品或服务以及新市场，从而帮助企业先走一步，争取时间优势，使企业在竞争中占据主动地位。

2010 年 6 月 18 日，从 DHL 传出消息，今年年底前，一座被称为“时装与成衣卓越中心”的项目将在上海落成，这并非是由某个时尚品牌设立，而是 DHL 投资建立的物流基础设施，其目标直指中国时装与成衣物流产业。

据了解，此番 DHL 瞄准的是年产值预计高达 75 亿美元的服装流市场。美国环球通视有限公司及国际商业观察发布的数据显示，在全球时装与成衣出口市场，北亚太区占全球航空货运出口量的 66%，全球海运出口量的 54%。中国仍然是世界最大的纺织品和成衣出口国，并且到 2014 年，中国将保持航空货运出口量及海运出口量 6% 的年复合增长率。

其实，DHL 针对细分市场建立物流中心的尝试早已有之。例如，早在 2009 年，DHL 就在上海成立了中国首个生命科学与医疗保健物流中心。

“现在物流企业有两个发展方向：一个是综合化、大型化；另一个是专业化，即专门针对细分市场。具体向哪个方向发展，其实还是跟企业的实力有关。有些企业的实力不是很强，如中小型企业，它们无法与大型物流企业在多方面竞争，只能走专业化的路子。”安邦咨询一位不愿具名的物流分析师向中国产经新闻记者指出，“像 DHL 这些综合化大型的物流企业，其发力细分市场后，必然会削减那些原本就仅针对某一专业市场的中小型物流企业的市场。”

“通过大规模并购，外资物流企业抢占了我国国际快递、航运物流，以及进入我国的国外制造企业、餐饮企业带来的物流业务，汽车物流、特种钢材物流等物流领域的绝大部分市场甚至形成了短期内难以动摇的垄断地位。”北大纵横管理咨询公司合伙人、孙连才博士向中国产经新闻记者指出，“在国有大型物流企业与外资物流企业的夹缝中生存，对于规模小、服务内容比较单一、网络管理松散、融资困难的中小物流企业来说是一个严峻的挑战”。

资料来源：李会. 本土中小物流企业腹背受敌[EB/OL].[2010-06-28]. http://www.cien.COIIL cn/html/report/16461-1.htm.

2. 对潜在竞争对手的分析

一种产品或服务的开发成功，会引来许多企业的加入。这些新进入者既会给行业注入新的活力，促进市场竞争，也会给原有物流企业造成压力，威胁它们的市场地位。新企业进入行业的可能性的大小，既取决于由行业特点决定的进入的难易程度，又取决于现有企业可能会做出的反应。

进入某个行业的难易程度通常受三个因素影响：经济规模、产品或服务差别、现有企业的综合优势。

3. 对替代服务提供企业的分析

对替代服务提供企业的分析主要包括两个内容：第一，确定哪些服务可以替代本企业提供的物流服务，这实际上是确认具有同类功能服务的过程；第二，判断哪些类型的替代服务可能会对本企业的经营造成威胁。

## 2.2.6 企业资源优势和竞争优势分析

1. 企业资源优势分析

第三方物流企业资源分为客户资源、运作资源和人力资源。

1) 客户资源

客户资源是指第三方物流企业所拥有的一定量的客户及合作类型、关系稳定性、业务量、收益等，客户资源的优劣取决于与客户的合作类型、业务量、收益，而不是绝对数量。

2) 运作资源

运作资源是指企业在物流运作中可资调动的各种物流设施、设备、信息技术等，包括企业自有专用性物流资产和技术以及可整合利用的外部物流设施、设备、信息技术资源。

第三方物流企业自身拥有的耐久性、专用性资产越高(包括信息技术专用性、网络专用性、物质资产和专项资产专用性)，企业越具竞争优势。独特的品牌优势、庞大的规模、先进的仓储运输设备、遍布全国甚至全球的网络体系、先进的信息技术，是对货主企业的全球化经营服务的实力保证，同时也是阻止其他物流企业进入同一经营领域的壁垒。

第三方物流企业立足于自身的管理能力，即在自身资产不足或者不拥有资产的情况下，能以高效率、低成本利用和整合社会物流资源，实现物流服务供给社会资源的共有化，使其在效益方面产生乘数效应，提供综合性物流服务，满足货主企业不断扩大的经济活动需求。

3）人力资源

人力资源主要指第三方物流企业专业物流人才及管理技术能力。人力资源优势是运作的关键优势，企业间对知识和技术的激烈竞争主要体现为对技术创新者和职业经理人的争夺，先驱型第三方物流企业具有业务水平高、经验丰富的物流人才，这是现代物流企业赖以生存的关键资源。

在物流供应链中，任何物流企业都不可能具备所有的物流资源要素，穷尽所有的物流服务项目，因此，物流企业要准确评估自身的资源优势及组织、技术、管理等能力，加强自己的核心竞争力。

**2. 企业核心竞争力**

根据麦肯锡的观点，核心竞争力是企业内部集体学习的能力而不是外在资源的强大。核心竞争力是人的能力而不是资产负债表中的资产。核心竞争力是为客户创造价值的能力而不是相对于竞争对手的比较优势。核心竞争力无法模仿与复制。

企业的技术、专利、品牌、实物资产、管理、质量、营销、网络、信息技术、方案设计等只是核心竞争力的载体。

什么是核心竞争力？企业的核心竞争力是一个多元化的复合能力体系，它主要包括组织的学习能力、研究和开发能力、创新能力和转化实施能力。在现代物流服务中，最核心的竞争能力体现为物流运作能力、物流管理能力和物流体系规划能力，见表 2-3。

**表 2-3　第三方物流企业核心竞争能力**

| 第三方物流企业核心竞争能力 | 具体内容 |
|---|---|
| 物流运作能力 | 订单完成率高、运作成本低、运作时效性好、服务柔性化强、意外处理能力强、适应新业务快 |
| 物流管理能力 | 订单管理、库存管理、运输优化、信息服务、客户关系管理 |
| 物流体系规划能力 | 物流网络规划能力、物流设施的设计能力、物流体系的构建能力 |

企业的核心能力建立在企业的各个层次上，它们的成功之处就在于能够把核心竞争力融入企业的行为之中，一直融入每位员工的具体行为这样基础的层面上，与组织的结构高度复合。居世界 500 强企业首位的沃尔玛在价格比较优势背后的核心竞争力，是其出色的物流配送能力和吸引客户忠诚的经营能力。

核心竞争力是企业确立自己的品牌和竞争优势的关键。核心竞争力的培育是一个长期、复杂的系统工程，建立学习型组织，使企业组织的成员，特别是管理层和运营层的核心成员不断学习新的经济管理理念、物流方法和技术，收集分析市场的各类相关信息，持续、快速地获取信息和知识，才能适应瞬息万变的市场环境，使企业立于不败之地。

因此，物流企业唯有集中资源，通过对市场定位的专注、忠诚和持续投入，苦心经营，精心培育核心竞争力，把它作为企业保持长期竞争优势的根本战略，才能把握客户的需求，做出正确决策。

第三方物流信息的收集、处理，企业资源优势和竞争优势分析，目的在于使企业进行科学、合理的市场定位。界定第三方物流企业市场的范围，需明确以下几个问题：

物流服务面向何种行业？

物流服务面向何种企业?

物流服务面向何种产品?

物流服务面向何种区域?

物流服务面向何种方式?

### 2.2.7 物流服务对象定位

1. 合理界定第三方物流企业的市场范围

我国第三方物流企业的市场范围,必须从地理范围和行业范围两个方面进行考虑。

1) 地理范围

设定企业核心业务的覆盖范围,在这个范围内企业依靠自身的物流网络能够完成相关的物流服务。从地理边界来看,确定市场地理范围要考虑的几个因素是企业的投入能力、管理水平、营运成本和客户需求。

我国地域广阔,经济发展不平衡,在中国发展第三方物流,必须关注地域的限制。这是第三方物流企业生存的根本,同时也是促进第三方物流企业成长壮大的一个先决条件。第三方物流企业必须参照地域的优势指标合理有序地安排业务经营,形成一种战略合作关系的虚拟企业。在兼顾效率和效益的前提下,第三方物流企业需要进行相关物流资源的重新配置,这种配置的前提仍然是立足于地域的优势,构建一种业内的供应链关系。按照地域的优势进行第三方物流企业的市场定位,并不意味着盈利或者说进入的机会多,而是需要综合考虑。

**中外运上海冷链物流有限公司**

中外运上海冷链物流有限公司是中国外运集团控股的外运物流投资控股有限公司投资兴建的专业冷链物流公司,公司拥有现代化的、符合国际标准的多温度分区冷库。

公司物流中心位于上海西北物流园区江桥物流园,总体规划占地约100亩,设计总投资为2.5亿元,一期总造价为1.3亿元,建筑面积为13 000平方米。

中外运上海冷链物流有限公司的中心定位为冷链物流领域的集成商,为客户提供物流方案的设计策划、仓储、包装、库内操作、干线运输、市内配送等专业化的综合冷链物流服务。

资料来源:http://gqs211314.foodqs.com.

2) 行业范围

物流服务专业化是物流企业的发展方向,选准物流服务面向的行业,培养行业服务优势,是我国物流企业须慎重考虑的问题。对于一个成熟的物流市场而言,物流企业一般将主营业务定位在一个或几个行业,因为不同的行业其运作模式是不同的,专注于特定行业可以形成行业优势,增强企业的竞争优势。行业选择的出发点可以是以下几点。

从企业资源优势出发,确定物流服务行业范围。中国远洋物流公司凭借全国性的网络优势,在细分市场的基础上,重点开拓了汽车物流、家电物流、项目物流、展品物流,为客户提供高附加值服务;着力建设铁路运输、驳船运输、城际快运和航空运输四大物流通道。

管理型第三方物流企业应选择附加值较高、对物流要求较高，且相对成熟的行业。

从当地核心产业入手，确定物流服务行业范围。围绕当地支柱产业开展物流服务业务，在中国地方保护主义壁垒还没有完全打破、第三方物流服务尚处于成长阶段的情况下，这是有中国特色的选择方式。

从市场供需角度，确定物流服务行业范围。在经过科学调查研究的基础上，确定物流服务行业范围。随着改革进程的进一步深化，一个个符合新时代精神宗旨的服装批发市场、一家家从粗放型向集约型转变的服装批发物流企业如雨后春笋般在中国这片富饶的土地上百花齐放，像哈尔滨红博广场、沈阳五爱市场、虎门服装物流平台就是最好的典范。

**2. 客户构成**

1) 定向的客户

定向围绕行业客户或某几个甚至个别客户需求开展业务，根据用户的特定要求为其专门设计物流服务模式，如东风日产物流、广东农业物流。比利时有一个港口叫 Zeebrughe，该港在 20 世纪 70 年代是专门为汽车物流建立的港口，现在已经成为唯一一个面向欧洲汽车市场的物流中心，它有最完整的汽车运输储存设施，以及汽车市场信息处理设施。

2) 普遍的客户

这是指对客户本身没有地域、行业、业务的选择限制，如邮政、铁路、公路、航空等物流业。

## 2.2.8 物流服务内容定位

**1. 第三方物流服务产品组合**

在物流服务的内容和方式上，目前的物流企业大都定位于根据客户要求提供一体化物流解决方案，其服务内容十分广泛，归纳起来，包括以下几方面。

(1) 订单履行：包括以运输为特征的运输模式选择与组织、集货、转运、配送等服务，以仓储为特征的存储、分拣、包装、装配、条形码及其他增值服务。

(2) 信息管理：包括订单处理与跟踪查询，库存状态查询与决策、货物在途跟踪、运行绩效(KPI)监测、管理报告等。

(3) 增值服务：包括物流系统设计、清关、支付、费用结算，客户销售预测、客户商品促销等服务，最终客户的退货处理、安装、调试、维修等销售支持服务等。

(4) 相关服务：如呼叫中心(call center)服务、业务咨询。

**2. 物流服务内容的开发**

经济的全球化要求产品和服务在国际上的合理流动，对物流服务的时间性、准确性提出了更高的要求，近年来，物流服务商越来越关注物流规划、管理与咨询层面的服务功能，以实现提升客户经济效益、服务水平及企业竞争力的三大使命。客户使用专业物流公司的绩效体现，也从着重于实体货物的合理流动，转到着重于从物流系统规划、管理和信息服务方面获取利益。此外，UPS、德国邮政(DPWN)等大型物流企业开始为客户提供代收货款等金融服务，从而实现客户供应链实物流、信息流与资金流的“三流合一”。针对客户需求，充分利用企业可以利用的一切资源，力争达到最短路线、最短时间、最优质的服务，这种企业目标的实现，要求企业开发新的物流服务项目。

一个物流企业在进行市场定位时应该考虑以下因素：针对的市场是可衡量的，针对的市场是足量的，针对的市场是可以接近的，针对的市场与其他市场是有差的，针对市场的行动有可实施性。

# 2.3 第三方物流战略规划

## 2.3.1 第三方物流战略规划概述

物流战略管理(logistics strategy management)是指通过物流战略设计、战略实施、战略评价与控制等环节，调节物流资源、组织结构等最终实现物流系统宗旨和战略目标的一系列动态过程的总和。

### 1. 发展战略规划的原则

1）有清晰的战略规划思路

如何制定战略规划？有一个基本的思路是必须遵循的，那就是先有目标，然后根据目标制定实现目标需要采取的战略，最后就是制定实施战略的具体的规划。循着这样的思路来进行管理，会养成一种战略思维的习惯，也会使自己的工作更加有条理。

第三方物流企业在制定战略规划的时候，可以先有一个心理预期的目标，但是这个目标不是确定下来的。然后进行战略分析，在充分认识了行业的发展趋势和市场潜力以及自身的资源能力后，再对心理预期的目标做出调整，最后确定企业的经营目标。因为企业的经营目标一旦确定，在一个经营年度期内是不可以随便进行调整的，除非是遇到了像SARS这样的影响企业经营的重大事件。所以，战略规划应该遵循这样的思路，就是战略分析是整个战略规划的基础。

2）战略规划要具有可操作性

目前很多企业都在做战略规划，但是却流于形式。这主要是因为对战略管理的理解不够，总认为战略规划是很空、很玄的东西，所以导致战略管理不能落到实处。另外还有一个原因，就是下面制定战略规划的部门对战略规划的重视不够，好像做战略规划是给领导看的，而不是为了企业的长远发展，因此这样的结果也使战略规划流于形式。所以战略规划一定要遵循可操作性的原则。

### 2. 制定第三方物流企业战略规划的步骤

第三方物流企业战略规划是物流企业提出的物流目标、任务、方向以及据此制定出用以实现企业自身分阶段目标和总目标的各项政策和措施。

(1) 设立物流战略规划机构和人员。

(2) 物流资源和需求调查。

(3) 物流战略规划资源分析。

(4) 物流战略规划决策咨询。

(5) 物流战略规划制定。

**3. 第三方物流企业战略目标分解和构成**

物流企业战略目标由不同阶段的物流目标构成,具体可分解为经济目标、市场目标、用户数量目标及物流功能目标。

**4. 决策咨询**

21 世纪是知识经济时代,在高度集成的物流行业内,任何人的知识结构、经验能力都会有所不及。作为企业的战略规划,必须以科学的精神、实事求是的态度,集各方智慧而成,邀请企业内外各方面专家对战略规划进行咨询评估是现代物流决策不可缺少的步骤。

专家应是来自于政府部门的官员、科研教育部门的学者、行业资深专家等。其知识结构、能力经验应涵盖下列领域:建筑规划设计、机械工程、工业自动化、物流系统设计、交通运输、仓储管理、企业战略规划、物流管理、信息技术、流通经济等。

**5. 物流战略措施**

物流企业战略措施体现为物流企业为实现总体战略目标而在各个方面制定的方针政策及实施方法,见表 2-4。

**表 2-4 物流战略措施**

| 物流战略 | 措施 |
|---|---|
| 核心业务战略 | 仓储、运输、增值服务等第三方物流业务 |
| 核心企业战略 | 确定拥有核心业务能力的企业 |
| 重点区域战略 | 核心企业所在区域、重点客户所在区域、未来业务拓展区域 |
| 市场开发战略 | 目标区域、目标行业、目标用户 |
| 管理技术战略 | 信息技术应用、管理技术应用 |
| 宏观经济战略 | 西部开发、奥运物流 |
| 内外资源战略 | 资源整合战略、企业并购重组 |
| 国际合作战略 | 寻求国际合作、制订合资合作计划、合作伙伴选择 |
| 人力资源战略 | 人才选拔、培养、引进 |
| 品牌战略 | 企业文化、形象 |
| 组织创新战略 | — |
| 流程再造战略 | — |

**6. 物流发展计划和项目**

第三方物流企业发展计划和项目主要包括物流企业机构设置、环境规划和建设、设施建设、业务开发、规章制度、操作规程、业务流程、人力资源规划、电子商务、质量体系、安全认证、企业形象、公共关系、广告宣传、企业文化等。

**宝供集团在近几年的发展战略规划**

由知名物流企业宝供集团举办的主题为“整合、创新、突破、共赢”的宝供发展战略暨行邮专列“宝供号”启动新闻发布会于2004年5月10日在广州隆重举行……会上，宝供集团刘武董事长介绍了该集团近几年的发展战略规划：网络战略，即宝供集团拟在全国20条主要干线构造一个安全、稳定、准时、可靠的快速通道，从而形成一个快速的干线运输网络和深度覆盖的配送网络；基地战略，宝供集团拟在北京、上海、广州、苏州、天津、南京、沈阳等全国10多个中心城市建立现代综合物流基地，有效地整合客户资源，整合运作资源，整合供应链各个环节；科技战略，宝供集团全国联网的物流信息系统已实现了与客户数据的无缝链接，保证整个物流运作过程的透明化和可视化，在完善和提升宝供集团物流信息系统的基础上，还将引进国外先进的信息系统、物流运作技术和物流运作设备，从而为客户提供实时的物流信息；人才战略，在培养和提升现有人员素质和水平的基础上，加大力度吸引国内外高层次、高素质人才加盟宝供集团。

资料来源：易萍.“宝供号”行邮专列即将启动[J]物流杂志，2004 (5).

### 2.3.2 发展战略规划的层次

第三方物流企业要获得高水平的物流服务绩效，创造客户的买方价值和企业的战略价值，必须在五个重要层次上规划自己的发展战略。

**1. 物流战略层**

第三方物流企业建设物流系统首先是为了实现企业的战略，所以第三方物流企业发展物流必须首先确立物流规划与管理对企业总体战略的协助作用。同时，第三方物流企业现代物流的发展必须建设两大平台和两大系统，即基础设施平台和信息平台、信息网络系统和物流配送系统。在进行企业物流规划管理最初必须进行企业资源能力的分析，充分利用过去和现在的渠道、设施以及其他各种资源来完善企业的总体战略并以最少的成本和最快的方式建设两大平台和两大系统。

**2. 物流经营层——通过客户服务建立战略方向**

物流活动存在的唯一目的是要向内部和外部客户提供及时准确的交货，无论交货是出于何种动机或目的；接受服务的客户始终是形成物流需求的核心与动力。所以，客户服务是制定第三方物流企业发展战略的关键。而且，要执行一项营销战略，必须要考察企业在与争取客户和保持客户有关的过程中的所有活动，而物流活动就是这些关键能力之一，可以被开发成核心战略。在某种程度上，企业一旦将其竞争优势建立在物流能力上，它就具有难以重复再现的特色。

**3. 物流结构层——物流系统的结构部分，包括设施的网络战略**

第三方物流企业物流设施的网络战略要解决的问题有设施的功能、成本、数量、地点、服务对象、存货类型及数量、运输选择、管理运作方式(自营或向第三方外筹)等。网络战略必须与渠道战略以一种给客户价值最大化的方式进行整合。物流网络可能会变得更为复杂，也比传统网络更加灵活，因此，对现有的仓储业务、库存配置方针、运输管理业务、管理程序、人员组织和体系等进行革新是明智之举。在动态、竞争的市场环境中，也需要不断地修正设施网络以适应供求基本结构的变化。

4. 物流职能层

物流战略职能部分，尤其是运输、仓储和物料管理物流战略规划职能部分，主要是对第三方物流企业物流作业管理的分析与优化。

5. 物流执行层——日常的物流管理问题

企业物流战略规划与管理的最后一层次为执行层，包括支持物流的信息系统、指导日常物流运作的方针与程序、设施设备的配置和维护以及组织与人员问题。其中，物流信息系统和组织结构设计是其中最为重要的内容。

### 2.3.3　第三方物流企业发展战略规划的内容

一般来说，第三方物流企业发展战略包括八个部分，即市场细分、目标市场、SWOT分析、市场定位、竞争优势、经营要素组合、目标成果、战略行动。以下简单介绍竞争优势、经营要素组合、目标成果和战略行动四方面的内容。

1. 竞争优势

第三方物流企业在明确自身的市场定位后，要考虑在哪些方面超越竞争对手。例如，是先进的配送技术，还是经营规模上的优势；是服务种类上的优势，还是服务特色上的优势等。事实上，制定战略的目的就是要使第三方物流企业尽可能有效地占有比竞争对手更持久的优势。

2. 经营要素组合

第三方物流市场定位后，要采取与市场定位相适应的经营要素组合。第三方物流企业经营要素组合的要素主要有物流模式、物流选址、物流服务种类、物流技术与作业、物流设备与设施等。

3. 目标成果

目标成果是指物流战略最终应达到的效果。作为战略制定和执行的部门或人员总是希望看到所有活动能够达到预期结果。同时，目标成果也是短期目标及控制手段设计的依据。

4. 战略行动

一般来说，第三方物流企业现有地位及其所谋求的在目标市场上的竞争优势之间总是有差距的；同时，第三方物流企业拥有的人力、物力、财力等资源也是有限的。因此，第三方物流企业要详细考虑战略行动的推进步骤，考虑如何消除差距，同时还要对战略行动的时间做出合理的安排。

### 2.3.4　第三方物流企业发展战略计划的制订与实施

1. 第三方物流企业发展战略计划的制订

战略计划的制订决定企业未来的生存和发展，战略计划的正确与否，直接影响第三方物流企业的前途，必须高度重视。战略计划的制订步骤一般包括确定战略指导思想、战略环境分析、确定战略目标、划分战略阶段、明确战略重点、制定战略对策、评价战略规划，如图 2-4 所示。

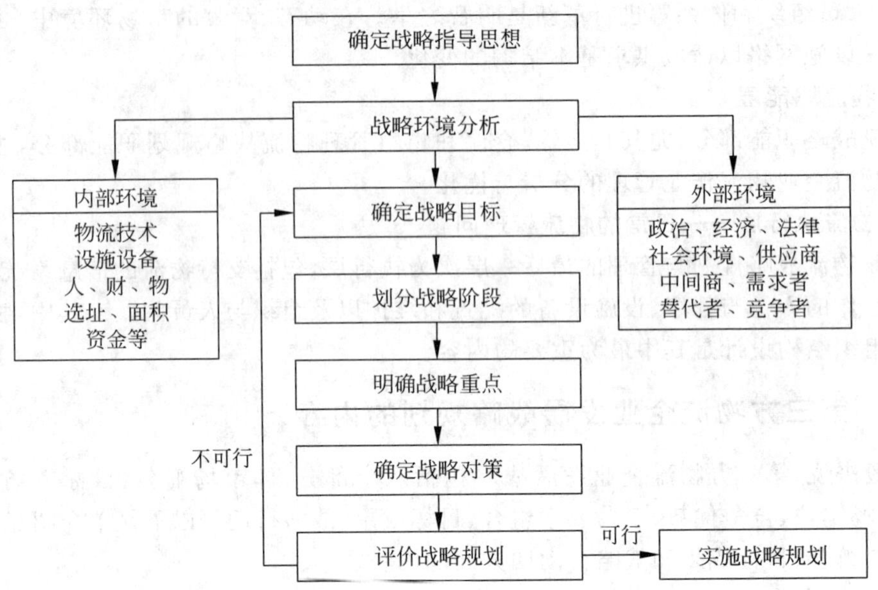


图 2-4 第三方物流发展战略制定的步骤

制定战略的最终结果就是编写一份战略计划书。战略计划书通常包括战略条件的分析与评估、战略指导思想、战略目标、战略重点、战略阶段、战略措施等内容。另外，除了正文外，往往还包含附件，如战略计划中决定投资的重大项目的可行性论证报告、战略计划中马上要上的重大项目的具体实施方案、与战略计划要求相应的企业资源的调整意见或计划等。战略计划写好后，经有关专家进行论证，再由董事会或企业决策层审议通过后即可颁布实施。

**2. 第三方物流企业战略的实施**

第三方物流企业战略的实施步骤大致如下。

(1) 制订详细的实施计划。

(2) 改变人们的行为。

(3) 建立与新战略一致的组织机构。

(4) 合理地选择负责人。

(5) 正确地分配资源。

(6) 有效地进行战略控制。

## 2.4 第三方物流战略设计

### 2.4.1 第三方物流战略设计构思

随着科学技术的发展，第三方物流所服务的企业已在逐步缩短生产纵深的范围，这是导致运输企业生产向纵深延伸的原因。工业企业集中于核心业务，缩短生产纵深；作为参与供应链管理的运输企业也可以参与这一发展过程，并在此过程中使自身得到生存与发展，其中一个核心问题是战略的设计构思。

**1. 战略总体设计构思要突出第三方物流的战略优势**

第三方物流战略对制造商而言，是利用外部资源，此举可以变用户的固定费用为可变费用，可以得到并享用物流专家的经验与物流技术革新成果、物流管理职业化的服务水平，也可为用户提供各类满意的增值服务。

**2. 第三方物流经营要贯彻准时(JIT)和有效客户响应(ECR)的准则**

所谓 ECR，是指物流经营者对用户需求变化能进行迅速、有效的响应，以满足用户需要。贯彻 JIT 和 ECR 需要从全面的、以用户为导向的角度审视有关的物流过程，包括所有加工范围和中间流通过程。

**3. 信息技术支持第三方物流战略的重点**

信息技术支持第三方物流战略的重点在于 JIT 和 ECR 工作区域，主要包括移动通信、电子数据交换(electronic data interchange，EDI)、货物、车辆跟踪与供应链专家指导。最后，要充分发挥市场机制的作用，科学地设计第三方物流战略运行的组织体系。

### 2.4.2 第三方物流发展战略目标和战略框架

**1. 第三方物流发展战略的基本目标**

发展战略目标是物流企业的根本，即在保证物流服务水平的前提下，实现物流成本的最低化。具体而言，可通过以下各个目标的实现来达到。

(1) 维持企业长期物流供应的稳定性、低成本、高效率。

(2) 突出服务的个性，谋求良好的竞争优势。

(3) 针对环境的变化，为企业整体战略提供预警和功能范围内的应变能力。

(4) 以企业整体战略为目标追求与生产销售系统良好的协调性。

**2. 第三方物流发展的战略框架**

根据物流企业的战略目标，专家提出了物流企业管理战略的框架，把物流企业战略划分为四个层次。

1) 全局性的战略

物流管理的最终目标是满足用户需求，因此，用户服务应该成为物流管理的最终目标，即全局性的战略目标。通过良好的用户服务，可以提高企业的信誉，获得第一手市场信息和用户需求信息，增加企业和用户的亲和力并留住顾客，使企业获得更大的利润。

要实现用户服务的战略目标，必须建立用户服务的评价指标体系，如平均响应时间、订货满足率、平均缺货时间、供应率等。虽然目前对于用户服务的指标还没有一个统一的规范，尚无对用户服务的定义满意度的管理体系，但通过实施用户满意工程，可全面提高用户服务水平。

2) 结构性的战略

物流管理战略的第二层次是结构性的战略，包括渠道设计和网络分析。渠道设计是供应链设计的一个重要内容，包括重构物流系统、优化物流渠道等。通过优化渠道，提高物流系统的敏捷性和响应性，使供应链获得最低的物流成本。

网络分析是物流管理中另一项很重要的战略工作，它为物流系统的优化设计提供参考依据。网络分析的内容主要包括以下几个方面。

(1) 库存状况的分析

通过对物流系统不同环节的库存状态分析,找出降低库存成本的改进目标。

(2) 用户服务的调查分析

通过调查和分析,发现用户需求和获得市场信息反馈,找出服务水平与服务成本的关系。

(3) 运输方式和交货状况的分析

通过分析,使运输渠道更加合理化。

(4) 物流信息及信息系统的传递状态分析

通过分析,提高物流信息传递过程的速度,增加信息反馈,提高信息的透明度。

(5) 合作伙伴业绩的评估和考核

用于网络分析的方法有标杆法、调查分析法、多目标综合评价法等。

3) 功能性的战略

物流管理第三层次的战略是功能性的战略,包括物料管理、仓库管理、运输管理三个方面。

(1) 运输工具的使用与调度。

(2) 采购与供应、库存控制的方法与策略。

(3) 仓库的作业管理等。

物料管理与运输管理的主要内容,是必须不断地改进管理方法,使物流管理向零库存这个极限目标努力。降低库存成本和运输费用,优化运输路线,保证准时交货,实现物流过程的适时、适量、适地的高效运作。

4) 基础性的战略

第四层次的战略是基础性的战略,主要作用是为保证物流系统的正常运行提供基础性的保障。

(1) 组织系统管理。

(2) 信息系统管理。

(3) 政策与策略。

(4) 基础设施管理。

信息系统是物流系统中传递物流信息的桥梁,库存管理信息系统、配送分销系统、用户信息系统、EDI/Internet 数据交换与传输系统、电子资金交易系统(EFT)、零售点(POS)等,对提高物流系统的运行效率起着关键作用,因此必须从战略的高度去规划与管理,才能保证物流系统高效运行。

**3. 第三方物流集中经营发展战略**

物流企业战略按相关性可分为集中经营发展战略和多样化经营发展战略两种。集中经营发展战略是指物流企业将全部资源使用在某一特定的市场、服务或技术上。多样化经营又称为多角化经营或多元化经营,它的理性动因是主导业务所在行业的生命周期已处于成熟期或衰退期,物流长期稳定发展潜力有限;主导业务已发展到规模经济,并占有较大的市场份额,市场竞争已处于均衡状态,不易消灭对手,即投资的边际效益递减效应已初步形成，再继续扩大业务规模反而会不经济。这显然与中国现阶段物流发展的状态不符。

因此，建议第三方物流企业应采用集中经营发展战略，这基于以下几点。

(1) 第三方物流企业在现阶段规模小、技术落后，多样化经营只会分散企业提高竞争优势所需的有限资源，虽然遍地开花，结果却是到处亏损。第三方物流企业千万不要单纯为扩大企业规模而采取多样化经营发展战略，更不要随波逐流，不要做其他物流企业在做的事业。

(2) 第三方物流企业现阶段融资能力弱、管理经验不足以及营销渠道少等，应采取区域市场内的集中经营发展战略。在此期间，企业可以通过增加业务量、扩大市场份额以及建立信誉等措施来改变实力弱小、竞争地位低下的局面。

(3) 集中经营发展战略可使第三方物流企业有明确的发展目标，组织结构简明，易于管理。只要有技术和市场优势，就能集中力量，并随着品牌形象的形成而迅速成长。因此，只要第三方物流企业能及时捕捉到市场的有利时机，就有可能通过集中经营在短期内获取较大的发展。

(4) 集中经营发展战略的具体实施可以通过物流企业自身扩大再生产的形式，又可通过资本集中(兼并或联合)的形式实现横向一体化以减少竞争对手、降低成本。兼并和联合，是物流市场整合的主要形式。鉴于中国第三方物流市场目前的小、散、弱的状况，在激烈的市场竞争中，整合将成为第三方物流未来几年内最重要的战略发展思路。

当然，第三方物流企业的集中经营发展战略也存在一定的风险，最主要的就是物流企业完全被行业兴衰所左右。当某一行业由于需求变化等原因出现衰退时，集中经营的物流企业必然受到相当大的冲击。因此，集中经营发展战略适合于在未完全饱和市场中占相对竞争优势的第三方物流企业。

任何商品的市场容量都是有限的。当市场已趋饱和，占有相对竞争优势的物流企业的增长速度肯定会放慢，这会影响物流企业的长期稳定发展。如果这时发现了新的商机，集中经营的物流企业就应向多样化经营方向做战略转移。

### 2.4.3　第三方物流战略实施要点

对于供应链管理的第三方物流的认识与实践，有一个发展过程。在西部大开发中的新建企业也应有一个高起点，即按供应链管理运作。第三方物流经营者必将有强烈的改善、创新愿望，学习技术知识，对用户物流过程进行重新设计。

**1. 全能型企业的物流流程再造**

就中国情况而言，大而全、小而全的企业数量太多，这些企业与其他企业合作的意识极为淡薄，非核心业务负重过大的企业核心能力也不突出，这不利于参与国际竞争。这类企业改造的基本思路是可将现有运输部门业务或资产独立出去，采用社会公开招标等形式，利用外部资源完成基于供应链管理的第三方物流流程再造。

**2. 第三方物流流程重新设计**

第三方物流要真正做到有效响应用户的各种需求。无论是网络或系统物流服务者，一定要改变传统供应链中个别成员不愿与他人分享自己信息的思想弊端。缺乏准确的信息，意味着供应链网络必须保持大量的存货，以应付快速反应的市场变化，也无法将永久性的库存场地和安全库存量减少或减至最少，这样就造成了难以改变物流成本居高不下的现状。

3. 重视顾客需求是流程重新设计的出发点

流程重新设计理论认为，最有效的组织设计是按流程流动进行组织设置，并围绕着流程，实现集中相关方面人员及活动的过程。第三方物流管理流程重组，强调以企业供应链管理过程为基本线索，按物流流程、流向进行组织设计和技术设计。

4. 注重综合集成管理

第三方物流战略与SCM思想的共性，是将关注焦点从物流流程某一职能扩展到跨职能、跨行业的物流流程，以信息技术和组织调整作为整个流程变化的推动器，努力追求物流管理流程绩效获得巨大改善。

5. 重视电子信息技术的综合应用

结合计算机、信息网络和数据库等的综合应用，企业流程和功能应当展现物流各个活动之间的关系，实现分工基础上的集成化管理。明确任务、时间和阶段，界定活动的执行者与接受者的相互关系。采取根本性的改革措施以产生效果，并巩固新流程。

6. 重视联运代理的组织功能

第三方物流经营者打破传统的部门运输、物流管理的界限，利用联运代理或第三方物流服务中的代理功能，能够按供应链管理要求组织联运，包括多式联运。那种不同运输方式分别建站、分别运营的方式急需改变。改善的途径是商谈改变传统流程，实施双赢策略。

7. 第三方物流战略要按市场规律运作

现代供应链管理的第三方物流战略设计的核心是强化创新，需要从意识开始，渗透到技术、组织和运营方式及过程中。新建企业应进行供应链管理，进行第三方物流战略设计。相关物流服务过程，包括物流增值服务的延伸，往往使一些制造生产过程缩短，资源更集中于其核心能力。

供应链管理的第三方物流战略设计，在体制上，要向部门的狭隘意识挑战，将不同行业的活动连成无缝的物流管理系统；在意识上，要强调用户导向的ECR准则，向自我中心挑战，形成协同运作体系；在组织上，要建立和保持团队精神，追求供应链管理系统整体最优；在服务上，要向传统标准模式挑战，以多样化、可变方式满足用户特殊需要；在经营行为上，向协同合作努力，利益上力求实现双赢。

## 2.5 第三方物流战略选择方式

### 2.5.1 第三方物流战略选择范围

对物流服务提供者来说，大部分是从传统的“类物流”公司延伸与改造发展而来的。其发展战略选择之一是拓宽服务的范围，改变或延伸它们当前的服务内容。另外，提供者也可以扩展服务的地理范围。如图2-5所示。

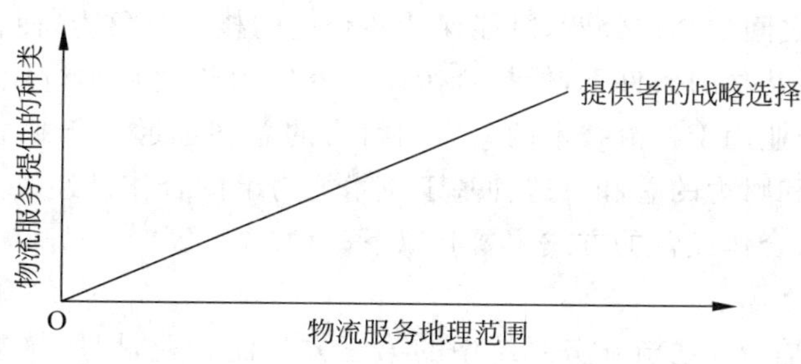


图 2-5　物流服务提供者一般的战略选择

例如，在欧洲可能的发展趋势是越来越多地集中使用一些大型的物流服务提供者，这意味着超级承运人(mega-carrier)时代的到来。正是由于跨国公司对一站式服务的实际需求越来越明显，第三方物流提供者也通过兼并、合资、系统接管、合作、战略联盟、信息技术伙伴关系等来提高他们的地位。因此，超级承运人也许就是从这些战略合作中发展形成的。

## 2.5.2　第三方物流战略选择方式

### 1. 兼并

兼并已经成为取得更大的市场份额和提供更广泛服务种类的方法。两个公司合并和一个公司兼并另一个公司的潜在利益是巨大的，除了潜在的作业合理化与消除重复活动以外，联合起来的公司还可以减少相互间竞争。最突出的兼并案是发生在欧盟 1989—1990 年的 18 家公司联合成立 Internet Forward。

### 2. 合资

合资是兼并以外的另一个重要选择，两个公司可以在同一法律环境下互享经验，同时相对于母公司又有一定的自由度。UPS 和 Federal Express 在东欧建立了合资公司，因为这是西方公司在那里参与管理和控制的唯一方法。另外，有一些生产企业和商业企业更愿意保留配送设施的部分产权，并在物流作业中保持参与。对它们来说，与物流服务提供商的合资提供了注入资本和专业知识的途径。例如，在英国，IBM 与 Tibbett & Britten 组成了 Hi-tech Logistics。

### 3. 系统接管

大型物流服务供应商全盘买进客户公司的物流系统的例子不胜枚举。它们接管并拥有客户车辆、场站、设备和接受原公司员工。接管后，系统仍可单独为原来的企业服务或与其他公司共享，以改进利用率和分担管理成本。

### 4. 合作

1）第三方物流企业的合作经营及其类型

第三方物流是建立在社会信息共享基础上的新产业。信息技术共享不但方便了企业与第三方物流企业进行交流和协作，而且供应链上企业间的协调和合作能在短时间内迅速完成。从目前的第三方物流的运作情况看，单一的第三方物流企业所能接受的加工信息的能力及经营能力，远不如若干个从事不同产业领域的第三方物流企业合作经营的“共赢”体。

由于不同企业之间的合作经营，既能保持各企业的核心竞争力，使合作体具有技术优势，又能在技术资源共享的条件下，保持合作体技术实力长期在本行业处于领先地位，因此，合作体内各个企业用于物流技术的人力和财力的总和远远小于独立经营时各企业用于物流技术的人力和财力的总和。这种基于技术能力上的合作已经成为第三方物流企业经营的趋势。目前，合作经营的方式主要有以下三种。

(1) 纵向合作经营

纵向合作经营是指在物流业务系统中的第三方物流企业，因所从事的物流业务不同而与上游或下游第三方物流企业之间不存在同类市场竞争时的合作经营关系。纵向合作经营最典型的模式是专门从事运输业务的物流企业和专门从事仓储业务的物流企业之间的合作。

纵向合作经营使非资产型和不完全资产型的第三方物流企业的物流业务得以开展。因为，非资产型和不完全资产型的第三方物流企业只能够完成一部分物流业务，所以，这类企业要想完成整个的物流业务，就必须和上游或下游的其他第三方物流企业进行纵向合作。纵向合作经营的结果使社会物流资源得以整合，第三方物流企业的分工更专业化，资金投入更合理化。

(2) 横向合作经营

横向合资经营是指彼此相互独立地从事相同物流业务的第三方物流企业之间的合作经营关系。

横向合作经营的基础是资源共享。一是市场的共享。合作体内每个企业独立开发的市场即是合作体内所有企业的市场。因为合作经营使这部分市场中的自由竞争被市场合理划分所代替，合作体内的企业所获得的利润高于自由竞争的利润。此时，合作体市场规模效应，对想进入合作体市场的其他第三方物流企业起着一定的壁垒和威慑作用。二是技术的共享。合作体内每个第三方物流企业都有自己的技术特点，合作经营的结果使得合作体内各种技术特点相互取长补短，形成了合作体共同的、比较全面的物流技术体系优势，既降低了每个企业的技术开发费用，又增强了企业的技术竞争力，扩大了企业的市场竞争范围。三是业务能力的共享。在合作体内部，当某一企业因为季节性或临时性业务量较大时，可以花费合理而低廉的费用使用合作体内其他第三方物流企业的业务资源，进而使得合作体内部的投资更合理。横向合作经营的有利之处远不止这些，但资源共享是这一合作方式的主要特点。

(3) 网络化合作经营

网络化合作经营方式是指既有纵向合作又有横向合作的全方位合作经营模式。网络化合作经营有着纵向合作和横向合作共同的特点，是最常见的合作经营模式，一般不完全资产型的第三方物流企业都采用这种合作经营的方式。

2) 合作经营的风险及其防范

(1) 合作经营的风险

所谓合作经营的风险，是指由于合作体系统内外部环境的不确定性、复杂性而导致合作体的成员企业发生损失的可能性，如失去竞争优势、被兼并或合作失败等。

首先，第三方物流企业合作经营虽然不十分强调“强强”联合，但强调加盟的第三方物流企业必须具备自身的核心优势,以实现与其他组织成员达到优势互补的目的。当某个第三方物流企业加入合作体后,为了实现共同的目的,在合作过程中有可能无意中将自身的核心技术或市场知识转移给其他成员。而这些核心技术或市场知识正是该企业在合作经营前的竞争优势。加入合作体后,由于自身核心技术或市场知识外泄,其竞争优势也将会弱化甚至消失。而这些优势又恰是合作体形成的必要前提和能与其他成员平等互利的保证。因此,当某个企业的竞争优势完全丧失后,要么该企业退出合作体,合作将可能解体;要么该企业继续留在合作体中,但只能受别人摆布,失去发言权。可以肯定,当合作联盟解体后,已丧失核心竞争优势的企业,在同以前的合作体成员展开新一轮的激烈竞争时必将处于十分不利的位置。

其次,因为合作经营的首要条件是加盟的第三方物流企业必须具有自身核心竞争优势和成员彼此之间必须能达成优势互补,否则不能加入合作经营体,所以某些物流企业急于加盟合作经营,在没有认真审视自身是否具有核心优势、是否具备合作经营条件的情况下,盲目地加入合作经营组织。很显然,如果这些物流企业自身确实并不具备核心竞争优势而是勉强加入的话,那么在合作经营过程中很有可能被其他企业兼并,甚至某些企业即使在合作前的确具备某项核心优势,但加入合作体后由于核心技术或市场知识外泄,最终也可能成为其他物流企业兼并或收购的对象。

最后,合作经营伙伴的文化差异、合作目的差异等都有可能使合作经营失败,使合作体内的第三方物流企业蒙受损失。

(2) 规避风险的对策

第一,在保持合作体成员互惠互利的前提下,尽量保持自己的核心竞争力和市场范围。在纵向合作经营的同时,不能忽视加强自身的横向合作经营;在横向合作经营的同时,还要加强纵向合作经营。这样任何一方的合作失败损失能够在另一合作方式的条件下短时间弥补回来。因此,网络化合作经营是第三方物流企业规避合作风险的良策。

第二,做好合作经营中的沟通协调工作。合作经营失败的原因很多,概括起来有:缺乏全身心投入的精神,彼此间并未尽心尽力维持长期合作关系;文化差异使联盟终止;中期管理不当,沟通工作未做好,导致合作体内部协调性差。为了保持长期合作关系,合作体成员之间应相互信任、相互尊重,碰到问题时要坦诚相待,彼此谅解,尽量减少彼此间的误解,增强合作经营的一致性,营造良好的合作氛围。

第三,在合作经营中保持自己的相对独立性。合作方在合作经营中,必须保存实力以确保与其他物流企业平起平坐,避免被兼并或收购的风险。

合作经营中的竞争是永远存在的,处理好合作和竞争的关系对于自身和合作体的发展以及规避风险都十分重要。

**5. 战略联盟**

战略联盟可以提供不定期市场进入的自由或作业的整合而不需要资金的投入或法律环境的许可。在欧洲,战略联盟的典型例子是瑞典运输和代理公司(ASG)与瑞士运输公司(Danzas AG)。ASG的业务主要集中在斯堪的纳维亚市场,而在欧洲大陆则由Danzas AG负责。新的组织可以通过数据网络的结合和伙伴关系在整个欧洲为顾客提供完整的货物控制。另一个战略联盟的例子是 TEAM(TransEuropean Alliance Member)和 PACT(Pan-Eurpoean Alliance for ComputerTransportation)。实际上,作为法律实体的 PACT 可以被看成是瑞士的 Kuhne & Nagel 和法国公司 SERNAM 的合资公司,双方各占有 50%的股份。PACT 的网络主要是以 Kuhne & Nagel 和 SERNAM 的网络为基础,但可能还包括了终端配送服务的第三方。第三方的整合同时还取决于顾客和 PACT 的努力。该合资企业使合作双方能够为时间敏感的计算机产业的顾客提供一站式服务。

6. **信息技术伙伴**

网络经济下,物流企业的服务较以往发生了很大的变化,服务内容正从单纯的仓储、运输向规模化、网络化现代物流的方向逐步转变。物流信息网络是一个物流企业建立的有关用户需求信息、市场动态、企业内部业务处理情况等信息共享的网络,是依靠现代信息网络技术建立起的运输节点间的信息网络。网络经济学认为,任何网络都具有一个基本的经济特征:连接到一个网络的价值取决于已经连接到该网络其他人的数量。这个基本的价值定理有许多不同的名字:网络效应、网络外部性和需求方规模经济。但它们指的都是同样的含义:在其他条件不变的情况下,连接到一个较大的网络要优于连接到一个较小的网络。如果一个物流企业的用户数量足够多,口碑足够好,信息网络规模足够大,它显然是潜在用户的首选。供应方规模经济与需求方规模经济作用在一起,导致了物流产业内强大的正反馈现象,强者越强,弱者越弱。事实上,并不是弱的企业将不断地变得更弱,最终被淘汰;相反,信息网络强的企业将吸引越来越多的用户加入,而变得更加强大,在竞争中取得明显的优势地位。因此,信息资源的实时共享是十分重要的。所谓信息资源的实时共享,是指企业内部各部门和与企业相关联的外部上下游企业能在第一时间从共享的信息资源上获取各自所需的信息,以便采取相应的运作策略,减少工作过程的不确定性。例如,美国洛杉矶西海报关公司与码头、机场、海关信息联网,当货物从世界各地起运,客户便可以从该公司获得到达的时间、到泊(岸)的准确位置,让收货人与各仓储、运输公司等做好准备,使商品在几乎不停留的情况下快速流动,直达目的地。

从我国物流企业的信息网络的现状来看,我国物流业的电子化起步比较晚,信息化的基础比较薄弱,不像零售业那样有 20 年接触信息技术的经验。物流企业的信息网络技术大都还比较落后。现代物流企业,必须具备物流的各主要功能环节,除此之外,还需要办理各种手续、提供各种增值服务,比如流通加工、信息处理、随时提供可视服务等,这些如果不借助网络管理技术,根本不能实现。中国加入 WTO 后,物流信息技术薄弱的状况必然受到挑战。国外发达物流企业在信息网络的建设中投入了相当大的精力。比如,日本构筑电子物流信息市场,日本的三大综合商事住友、三井和三菱,2001 年正式就共同合作构筑电子物流信息市场达成了合作协议。这一系统的基本思路是将网上的商品电子贸易与物流运输两大项业务同时在互联网上完成,日本凭借本国的先进电子信息技术,捷足先登构筑电子物流信息市场,将对国际物流业产生重大影响,从而在日本国内构筑起第一座最大的电子物流信息市场,以求在日本国内的物流业中发挥主导作用,使日本的物流业电子信息化走在世界前列。

在国内,物流企业宝供也与快步公司(Egistics)达成了信息技术合作伙伴关系。快步公司是我国物流领域声名鹊起的物流电子化信息服务提供商。它推出了电子化物流平台，为宝供提供安全有效的信息交换系统，实现其整个供应链全过程，包括制造商、分销商、第三方物流提供商、零售商和电子零售店在内的各环节参与者之间的无缝隙的物流业务流程的整合；该方案不但支持传统的业务模式，而且也支持新的业务模式和交易方式。这使得宝供的物流业务水平得到极大发展。快步与宝供的合作案例已被 IT 著名企业评为亚太地区 B2B 电子商务最佳案例。

中国物流企业的发展离不开信息技术的合作与开发，对于航运市场的许多承运人来说，信息技术也是相当重要的。对超级承运人来说，建立战略信息技术伙伴是关键之一。物流合作者在很大程度上依赖于信息分享的整合战略。网络的概念是用通信来组织的，许多个体的公司是以一个共同的目的连接起来的一个实体。PACT 模式最重要的方面是在 SERNAM 和 Kuhne & Nagel 之间分享通信和信息设施。

## 本章小结

第三方物流企业的发展战略关键在于物流战略的选择。物流战略就是企业为开展好物流活动而制定的更为具体、操作性更强的行动指南。

制定一个战略要进行物流环境因素分析，进行战略定位。第三方物流战略总体设计构思要突出第三方物流的战略优势，第三方物流经营要贯彻 JIT 和 ECR 准则，信息技术是第三方物流战略的重点。

战略计划的制订决定企业未来的生存和发展，战略计划的正确与否，直接影响第三方物流企业的前途。战略计划的制订步骤一般包括确定战略指导思想、战略环境分析、确定战略目标、划分战略阶段、明确战略重点、制定战略对策、评价战略规划。

第三方物流提供者也通过兼并、合资、系统接管、合作、战略联盟、信息技术伙伴关系等来提高他们的地位。

## 思考与练习

**一、名词解释**

物流资源　物流市场分析　企业的核心竞争力

**二、填空题**

1. 市场环境是各类企业都要面对的环境，大致可归纳为（　　）、（　　）、（　　）、（　　）、（　　）等方面。
2. （　　）是指通过物流战略设计、战略实施、战略评价与控制等环节，调节物流资源、组织结构等最终实现物流系统宗旨和战略目标的一系列动态过程的总和。
3. 客户资源包括（　　）和（　　）两部分。
4. 第三方物流企业发展战略包括八个部分，即（　　）、（　　）、（　　）、（　　）、（　　）、（　　）、（　　）、（　　）。
5. 所谓合作经营的风险，是指由于合作体系统内外部环境的（　　）、（　　）而导致合作体的成员企业发生损失的可能性，如失去竞争优势、被兼并或合作失败等。

**三、选择题**

1. 企业的高(　　)和营利性需要不断地进行市场开拓，需要高效的物流运作支持。
A. 利润　　B. 销售　　C. 成长性　　D. 服务
2. 战略管理大师(　　)认为一个公司的高层管理人员要决策是否进入、继续留守或退出一个行业，关键在于该行业能使公司获得的机会和公司将付出的代价，即该行业的竞争强度和获利能力。
A. 麦克尔·波特　　B. 泰勒　　C. 韦伯　　D. 其他
3. 进入某个行业的难易程度通常受三个因素影响：(　　)、产品或服务差别、现有企业的综合优势。
A. 增长率　　B. 经济规模　　C. 市场份额　　D. 贸易壁垒
4. (　　)：包括以运输为特征的运输模式选择与组织、集货、转运、配送等服务，以仓储为特征的存储、分拣、包装、装配、条形码及其他增值服务。
A. 增值服务　　B. 相关服务　　C. 信息管理　　D. 订单履行
5. (　　)已经成为取得更大的市场份额和提供更广泛服务种类的方法。
A. 兼并　　B. 合作　　C. 系统接管　　D. 战略联盟

**四、思考题**

1. 物流资源调查的基本内容有哪些?
2. 我国第三方物流市场的主要客户构成有哪些?
3. 我国第三方物流企业客户行业分布特点有哪些?
4. 试析企业资源优势。
5. 发展战略规划的原则有哪些?
6. 简述制定第三方物流企业战略规划的步骤。
7. 简述第三方物流企业发展战略规划的内容。
8. 试述第三方物流发展战略的基本目标。
9. 第三方物流战略选择方式有哪些?

### 中国香港邮政"特快专递"

——市场细分、目标市场选择和市场定位

1. 发掘机会巧定位

"特快专递"在中国港人心中一直是个不太成功的品牌，要扭转这一品牌形象，离不开缜密的分析和筹划。中国香港邮政进行了顾客分析、行业分析和竞争对手分析。通过客户调查，他们了解到，顾客选择速递服务时首先考虑的因素是速度与可靠性，其次是价格。同时顾客也希望能够追踪邮件，随时了解运送情况。综合其对市场竞争状况、竞争对手服务情况的掌握，中国香港邮政进行了 SWOT 分析。

(1) 公司优势。特快专递服务推出较早，技术支持较强(如电子追踪服务)；以邮局为服务终端，服务网络覆盖面广，优势无可比拟；公司寻求改变的决心巨大，员工士气高昂,急欲参与。

(2) 公司劣势。"特快专递"过去的形象不太好、认知率不高、可靠性与速度不及私营速递公司。

(3) 市场机会。私营速递公司多以大公司为主要客户,而占绝大多数的中小机构享受不到价格优惠,个别客户更被作为最后处理的对象:中小机构的需求得不到满足,是个被忽视的市场。

(4) 市场威胁。近年中国香港经济不太景气;外部环境不利;速递业竞争对手林立,正面冲突可能招致报复。

通过SWOT分析,中国香港邮政明确了"特快专递"的市场地位,也找到了其可努力的方向,即抓住机会、发挥优势(S-O策略)。由此,中国香港邮政将广大中小商业机构和个别客户定为其"特快专递"的目标顾客,向他们提供价格适宜的邮政服务;即以"补缺者"的身份填补市场空隙,避免了和竞争对手的正面冲突。同时,中国香港邮政将此次推广活动的目标设为:树立品牌形象、提高"特快专递"的认知率、扩大顾客基础、提高市场占有率。

2. 超值服务显优势

中国香港邮政对其速递服务采取低价策略,并不意味着质量水准的降低;相反,中国香港邮政重新推广"特快专递"业务,正是为了扭转其在顾客心目中的形象,所以他们在服务质量上毫不放松,要给顾客以"超值"的感觉,而且尽量照顾到顾客的需要。具体做法如下。

(1) 提供电子追踪服务,让顾客随时掌握邮件运送的情况。

(2) 提供大小不同的特快专递箱,满足顾客不同的需要,且收费低廉。

(3) 消除一切可能造成延误的因素,保证邮件准时发送。

(4) 在推广初期特设营业小组,应对业务查询,替顾客开立账户并兼做宣传。

(5) 整肃工作作风,一线人员礼貌热情,服务细致耐心,富有效率。

中国香港邮政以崭新的形象提供着高质量、高效率的服务,让顾客有更多时间处理需要寄运的物件,甚至可在"最后一分钟"将邮件寄出,令客户的分分秒秒尽显优势。

3. 内部营销示决心

中国香港邮政管理高层特别成立了"特快专递"倡导委员会,并设立了许多工作促进小组,对公司所有职员(包括不直接处理"特快专递"业务的职员)介绍有关产品,强调服务的重要性。

领导的重视与亲临指导给了员工极大的鼓舞,每个员工都愿熟悉"特快专递"业务,以为推广活动的成功效力。公司上下一心,人人都为自己努力和取得的成绩感到骄傲。

4. 市场表现传佳绩

中国香港邮政"特快专递"推广活动取得了显著的成效。

(1) 业务量。尽管香港地区经济不景气,"特快专递"处理的邮件总量仍有所上升。

(2) 客户数。实施推广计划的头五个月内,新开立账户的客户人数上升了60%。

(3) 认知率。对于"特快专递是国际速递服务"的理念,在未开立账户的顾客群体中的认知率从11%上涨到30%,在已设账户的客户群体中从36%上升到了50%。"特快专递”在香港地区已成功建立起品牌。

(4) 满意度。对顾客满意程度的独立研究显示，客户对特快专递服务各程序的满意程度均有所上升。

资料来源：郭东芬.现代物流概论[M].北京：人民邮电出版社，2013.

**分析**

1. 中国香港邮政署对邮政市场进行细分的标准是什么？目标市场在哪里？进行了怎样的市场定位？
2. 对我国邮政服务带来了哪些有益的启示？

# 第 3 章

# 第三方物流服务开发与设计

## 学习目标

通过本章的学习，掌握第三方物流服务需求分析，掌握第三方物流服务内容，掌握客户物流需求层次分析的方法，了解第三方物流服务方案设计的一般程序，了解第三方物流服务系统持续改进的方向与内容。

## 关键术语

物流核心服务　需求分析　客户物流需求持续改进　第三方物流信息服务　客户物流服务方案

## 引导案例

### 中海物流开拓冷藏物流市场

中海集团物流有限公司日前与蒙牛乳业公司签订项目物流合同，蒙牛将其泰安基地的冰淇淋运输任务全包给中海物流承运。经过1个多月的磨合，项目运作良好，这意味着中海物流在进入汽车、电器等物流领域后，正式进入冷藏品物流市场。

蒙牛乳业是国内知名的乳产品生产企业，2004年产值预计达100亿元。蒙牛在迅速扩张过程中，对运输的需求不断提高，欲从社会寻求优秀的第三方物流企业为合作伙伴，而中海物流凭借其遍布全国的服务网络和首家通过ISO认证以及国家重点扶持的物流企业等资质和良好信誉，成为蒙牛的首选。中海物流前期投入30辆冷藏车，利用专业物流技术和设施，以全过程优质服务降低物流成本，促进蒙牛市场竞争力的提高。

资料来源：郭云峰. 中海物流进军冷藏物流市场[N]. 经济日报，2004-06-04.

**思考**

1. 中海集团是如何把握市场机会的？
2. 中海集团的经验给了我们什么启示？

# 3.1 第三方物流服务开发与运作流程

## 3.1.1 第三方物流服务开发流程

1. **商务沟通**

商务沟通是企业与潜在客户联系，获得商业机会的前提。商务沟通以企业主动沟通为主，也有客户主动的情况，具体方式有面谈、打电话以及发送传真、信件、电子邮件、快件等。工作人员应注意沟通语言、时间、频率。

物流企业向客户报价的方式主要有三种：①按物流企业提供的物流服务内容进行分项报价。②按客户产品市场销售额一定的比例报价。③按一定服务费用金额进行总承包报价。

2. **商业洽谈**

(1) 时间、地点和人员选择：应体现出对客户的尊重。

(2) 准备必需的文件：向客户提供企业相关资料，有针对性地展示企业优势和能力。

(3) 记录和观察：记录谈话内容，分析客户心理和需求，并通过认真观察了解客户真实动机。

(4) 语言和行为：规范、礼貌、有涵养，给客户留下好印象。

3. **业务计划**

通过洽谈，客户表示愿意接受企业提供的物流服务时，企业应当向客户提供一个初步的物流业务计划书，内容如下：公司简介、物流资源、技术条件、客户资源、业务设想、其他资料、费用方案。

4. **收集信息**

物流企业应当掌握足够的服务代理商或承包商的资源信息和价格信息，建立物流资源数据库，以满足客户需求；同时，有必要收集竞争对手的信息，以在竞争中取得主动权。

5. **选承包商**

物流企业根据收集的物流资源信息确定承包商的备选方案，每个单项的承包商必须选择两个以上作为备选。

6. **解决方案**

在客户对业务计划书的内容表示认可的条件下，物流企业应当就服务的内容向客户提供更加详尽的报告，也称为解决方案，包括以下内容：业务流程、作业规则、网络建立、费用方案、成本分析、信息管理。

7. **签订合同**

物流合同包括与客户的合同和与代理商或承包商签订的合同。合同签订的步骤为：由业务部门草拟合同的主要内容；由法律部门或法律顾问审核，必要时对合同进行公正。

8. 运行准备

物流企业分别对客户和承包商进行实地考察和确认。

9. 正式运行

物流企业要协调自身与客户和承包商的行为，并及时对出现的问题进行调整。

10. 客户反馈

它包括记录客户日常反馈、通过打电话的方式征求客户的意见、登门拜访、会议交流。

11. 服务改进

它包括优化业务流程、改善作业规则、优化网络结构、选择优质承包商、改进技术装备。

**某物流公司的服务开发**

一家上海的民营物流公司在市区配送方面很有优势，一开始他们的客户都是大型的食品企业，这些企业都有一个特点，天气热的季节，食品销售进入淡季，而随着天气转凉，销售量逐渐回升，因此，物流活动也有明显的季节性，考虑到在天热时物流服务能力的闲置，该物流企业意识到应该选择一些在夏天进入销售旺季的产品，在经过市场调研后，他们确定了啤酒和饮料企业作为营销的主攻方向。由于这些啤酒和饮料企业正在为这种季节性波动造成的成本和管理问题发愁，双方一拍即合，很快签订了合同。

经过客户的合理搭配，该物流公司实现了全年物流业务量的相对稳定，取得了明显的经济效益。

资料来源：郝聚民.第三方物流[M].成都：四川人民出版社，2002：16.

### 3.1.2 第三方物流企业业务运作流程

1. 签订合约

公司市场部与客户谈判成功后签署物流服务合同。在谈判后期需要有运营部、财务部、信息技术部和客户服务部门共同参与相关物流方案及服务承诺和规范的制定工作。

2. 实施合约

以市场部为主签署物流服务合同后，由市场部根据谈判过程中客户的需求和物流公司的承诺，分别向运营部下达该客户的运作指南、向财务部下达结费指南、向信息技术部下达客户系统需求报告。

3. 提交说明书

信息技术部根据市场部下达的客户系统报告，在客户提供的专门IP地址上开通系统接口，设置系统登录口令和密码，并向客户提交系统合作说明书。

4. 制定收费目录

财务部门根据市场部下达的结费指南，制定与客户衔接的收费目录、收费时间和收费标准计算方法，并按照物流服务合同的相应规定向客户收取物流运作服务费。同时财务部有责任在市场部收费方式建议下提高和改进收费技巧。同时，财务部还将根据物流公司租用的运作资源使用结果，在运营部呈报的付费请示和付费清单的基础上，向提供运作资源支持的各个供应商支付资源使用费。由于这部分费用在大多情况下已经合同约定，财务部的工作更多的是对此予以审核，并参照资源成本控制指标进行核算。

5. 制定详细的操作手册

运营部根据市场部下达的运作指南，根据合同规定的物流服务范围和服务方式，制定详细的操作手册，并将操作手册下发各具体执行操作的区域分销中心实施。该操作手册同时抄送资源成本部和客户服务部。

6. 费用结算

资源成本部根据市场部引进客户的情况和运营部的运作需要，向运营部提供后备运作资源（如承运商、仓储业主、包装商等）的支持。资源成本部同时向运营部下达分项的运作各环节的成本控制指标。由于物流运作的流动性较大，此成本控制指标也分地域、时间的不同而由资源成本部适时调整。

运营部应在一定时间（一般为30～45天）内，将运作结果的原始单据交回财务部。财务部根据资源成本部的成本控制指标和运作原始单据，经过审查后向各供应商支付设备使用费或其他物流服务费用。

各区域分销中心统一接受运营部的运作指令，按照操作手册的规定，完成所属区域的物流操作服务。

7. 提供辅助服务

物流公司其他各相关职能部门围绕业务工作需要，分别提供运作所需的后勤支持：人力资源部提供和充实管理人员和现场操作人员，行政部提供办公设施和后勤辅助服务。

### 3.1.3 第三方物流的核心服务与附加服务

1. 核心服务

核心服务就是提供物流的几大基本功能要素，即提供仓储、运输、装卸搬运、包装、配送等服务。它们提供了空间、时间效用以及品种调剂效用。大多是与完成货物交付有关的服务，主要依靠现代物流设施、设备等硬件来完成，是资产和劳动密集型的服务，具有标准化的特征。

2. 附加服务

第三方物流企业可以将各个物流要素有机整合起来，提供系统化、系列化的附加服务。附加服务主要是根据客户的需要，为客户提供核心服务之外的服务，或者是采用超出常规方法提供的服务。创新、超常规、满足客户期望剩余的需要是物流附加服务的本质特征。因此，物流的附加服务主要是借助完善的信息系统和网络，通过发挥专业物流管理人才的经验和技能来实现的，依托的是第三方物流企业的软件基础。因为是技术和知识密集型的服务，可以提供信息效用和风险效用，因此，这样的服务融入了更多的精神劳动，对物流需求者能够创造出新的价值，因而是附加的、增值的物流服务。从附加服务产生的情况来看，又可分为两部分：一是在物流核心服务的基础上延伸出来的相关服务，二是更高级的增值性附加服务。附加服务构成了物流产品线。

1）从仓储、运输等核心服务基础上延伸出来的附加服务链

这种附加服务主要是将物流的各项基本功能进行延伸，伴随着物流运作过程实施，从而将各环节有机衔接起来，实现便利、高效的物流运作。如仓储的延伸服务有原料质检、

库存查询、库存补充以及各种形式的流通加工服务等；运输的延伸服务如选择国际、国内运输方式、运输路线，安排货运计划，为客户选择承运人，确定配载方法，货物运输过程中的监控、跟踪，门到门综合运输、报关、代垫运费、运费谈判、货款回收与结算等；配送服务的延伸有集货、分拣包装、配套装配、条码生成、贴标签、自动补货等。这种附加服务需要有协调和利用其他物流企业的资源的能力，以确保企业所承担的货物交付任务能以最合理的方式、尽可能小的成本来完成。

2）实现一体化物流和供应链集成的附加服务链

第一个层次的附加服务实际上是物流功能的自身延伸，而物流一体化的附加服务则是向客户端延伸的服务。通过参与、介入客户的供应链管理及物流系统来提供服务。这种服务能够帮助客户提高其物流管理水平和控制能力，优化客户自身的物流系统，加快响应速度，为企业提供制造、销售及决策等方面的支持。如库存管理与控制、采购与订单处理、市场调研与预测、产品回收、构建物流信息系统、物流系统的规划与设计、物流系统诊断与优化、物流咨询及教育培训等。这类服务往往是第三方物流企业为了发挥更大的主动性去挖掘客户的潜在需求而开发出来的，需要更多的专业技能及经验，具有更大的创新性和附加性，是高技术、高素质的服务。这种高层次的附加服务需要建立在双方充分合作信任的基础上。

## 3.2　第三方物流服务内容开发

### 3.2.1　第三方物流运作服务

#### 1. 采购订货

采购是指企业在一定的条件下从供应市场获取产品或服务作为企业资源，以保证企业生产及经营活动正常开展的一项企业经营活动。

订货是指企业在采购合同的约束下，向供应商发出订单，支付订金以获取产品或服务的活动。

#### 2. 运输配送

运输就是使货物进行空间的移动。运输克服货物从始发点到终点的空间距离，产生出货物的场所效用。最早的物流活动是从运输开始的，运输是物流的核心。

配送就是根据货物的要求，在配送中心或其他物流节点进行货物配备，把货物在指定的日期和时间以内，安全准确地送达收货人的运输活动。配送是物流体系中由运输派生出来的功能，是短距离的运输，是物流活动的最后一个环节。

#### 3. 仓储保管

仓储是物流供应链中的静态环节。就是在一定的场所内，对货物的暂时存放，实现货物的包装、再加工等增值环节的服务。运输和仓储，构成了物流供应链的基本框架。

货物保管是指仓库根据货物自身的自然属性及货物在储存期间质量变化规律，安排适当的储存场所，采取科学的储存保管方法和积极有效的维护保养措施，以创造适宜的货物保管条件，维护货物在储存期间的安全，保护货物的品质和使用价值，最大限度地降低货物的损耗的工作。

4. 整合分拨

整合就是对货主通过货运站或仓库，将各地运往一地的零担货(即不足一箱的货)或不同发货人向同一收货人交付的零担货进行拼箱或拼车服务，实现运输过程中的规模经济；分拨与整合恰恰相反。

5. 流通加工

流通加工是指在某些产成品从生产领域向消费领域流动的过程中，为了更有效地利用资源、方便用户、提高物流效率和促进销售，在流通领域对产品进行的简单再加工。

6. 客户服务

在售前、售中和售后三个部分，通过和客户联系、收集客户信息，了解客户需求，提供解决方案，解决客户存在的问题，满足客户的需求和喜好，客户在和企业愉快地互动中，认为将从企业获得所需服务并对服务满意，使得客户将继续忠诚地与企业合作。

7. 货代报关

货代就是根据客户的指示和委托，为客户承揽办理运输及其他相关业务的企业，货代可以从事与运输有关的活动，如储货、报关、验收、收款等。

报关是根据我国《中华人民共和国海关法》的规定，凡是进出口国境的货物，在其进出口过程中，必须由设有海关的港口、车站、国际航空站进出，并由货物所有人向海关申报，经海关人员检查、放行后才能提取货物或装船出口。货物在出口报关时，必须填写出口货物报关单，必要时还需要提供出口合同副本、发票、装箱单、商检证书以及其他证件。

8. 逆向物流

逆向物流与正向供应链反向，为价值恢复或有效利用而对有缺陷或废旧的原材料、中间库存、最终产品及相关信息从上游消费地到下游生产地的有效实际流动所进行的计划、管理和控制过程。

**杭州邦达医药物流**

杭州邦达物流有限公司是目前国内较为典型的医药专业物流服务商，从1999年年初涉足小件快运业务开始，致力于“门到门”式的物流配送服务。2000年开始为医药生产、流通企业提供第三方物流服务，一开始合作企业不多(只有一家药厂将部分配送业务外包给邦达物流，商品价值不过2亿元)，2003年8月之前一直处于亏损状态，但之后公司进入盈利期，并呈现出很好的成长性(有数十家医药生产、流通企业与邦达合作，交给邦达配送的商品价值超过60亿元)。

作为一家第三方物流企业，邦达物流十分注重企业的定位、客户需求的细分、社会效益与经济效益之间的平衡。紧紧围绕“3S1L”(safety-speed-surely-low)的物流原则，努力追求物流过程透明化，用品格创造品牌，达到顾客100%满意。销售规模在浙江省医药流通业名列第二的英特药业在与邦达合作了两年之后干脆砍掉了原先的车队，只保留了几辆小车用于杭州市区应急送货。

资料来源：徐慧. 凭借物流中心北京医药股份欲做医院药库[N]. 北京现代商报，2004-06-12.

### 3.2.2　第三方物流信息服务

**1. 订单处理**

订单处理是仓储配送类业务中最常见的第三方物流服务项目。客户企业负责在取得订单后，通过第三方物流企业完成拣货配货和送货的工作。

其具体内容如下。

① 销售订单和库存交互过程。

② 订单信息传递方法。

③ 订购规则。

**2. 信息跟踪**

信息跟踪是另一类信息服务。就目前的市场看，信息跟踪服务主要集中在运输过程的跟踪。而在西方发达国家，通过 GPS/GIS 等跟踪手段，已经做到了运输过程和订单的实时跟踪。如 FedEx、UPS 等快递公司，都为其客户提供全程跟踪服务。

**3. 信息分享(数据交换)**

1) 信息平台服务

客户通过第三方物流的信息平台(EDI、XML)，实现同海关、银行、合作伙伴等的连接，完成物流过程的电子化。我国有些城市目前正在推行电子通关服务，将来大量的第三方物流企业都要实现同海关系统的连接，客户可以借助第三方物流企业的信息系统实现电子通关。

2) 物流业务处理系统

有许多客户使用第三方物流企业的物流业务处理系统，如仓库管理系统和订货处理等，完成物流过程的管理。随着物流复杂性的增加和物流业务管理系统的完善，这方面的信息服务还将进一步加强。

### 3.2.3　增值服务

**1. 延迟处理**

延迟处理是一种先进的物流模式。企业在生产过程中，先完成中间产品或标准化产品的生产，等收到客户订单，明确最终用户对产品的功能、外观、数量等具体要求之后再完成生产和包装的最后环节。在很多情况下，企业将最终的制造或包装活动交由第三方物流企业完成，在时间和地点上都与大规模的标准生产相分离，这样生产企业就能以最快的反应速度来满足客户的需求，并且降低或完全消除不适合市场需求的生产及库存活动。

例如，HP 公司生产的打印机行销世界，由于发往销地的打印机的说明书、电源、包装材料等方面都有特殊要求，如果在生产过程中就完成最终发送到客户的包装，往往会出现某些包装的产品缺货而另一些包装的产品货物积压的情况。为了解决这个问题，HP 采用延迟处理模式，将包装环节放到配送中心进行，即销售部门在收到客户订单后，通知物流中心，物流中心根据客户要求，选择相应的材料、电源和包装材料，完成最终的包装工作。在我国，许多第三方物流企业提供的贴签服务或者在包装箱商上注明发货区域等业务，都属于延迟处理。

"帕累托原理"(或称帕累托法则、帕累托定律)又称20/80法则,是19世纪意大利经济学家维尔弗雷德·帕累托(Vilfredo Pareto)提出的。他对当时的社会财富分配问题进行深入研究后发现,社会财富的80%掌握在20%的人的手中,他把这些人称为"极其重要的少数"。只要知道这20%的人的行动,就可以掌握社会总行动的80%,即从20%的已知变量中,可推知另外80%的结果。"帕累托原理"既简单又能揭示现实,与很多重要的实际问题有着密切的联系。该原理认为,在分析动因过程中,提炼积极和消极的关键因素,实施补救措施,是改进工作的秘诀。在商业世界和人们的日常生活中,到处呈现出20/80法则的现象,这不能不引起人们的重视。

2. 支持JIT制造

JIT制造是指在恰当的时间、恰当的地点以恰当的数量、恰当的质量提供恰当的物品,也就是说,生产、配送制成品直接送到货架甚至消费者手中,零部件、半成品直接送到生产线上。其核心目标是实现零库存或者无库存生产。

支持JIT制造是一种新的第三方物流服务。在JIT生产中,第三方物流服务商提供的服务有及时采购、及时运输以及生产线的及时供货等。

3. 零件成套

零件成套就是将不同的零部件在进入生产线前完成预装配的环节。例如,汽车生产企业,一般委托第三方物流企业管理零配件仓库,在零配件上装配线之前,可以在仓库内完成部分零件的装配。

4. 供应商管理

第三方物流中的"第三",本身就体现了对作为第二方物流的供应商的管理职能。第三方物流提供的供应商管理包括两类,一类是对运输、仓储等提供物流服务的供应商的管理;另一类是由第三方物流企业对客户的原材料和零配件供应商进行管理。供应商管理包括以下内容:①供应商的选择;②供应商的供货;③供应商产品质量的检验;④供应商的结费等。

5. 货运付费

货运付费是指第三方物流企业代替客户支付运费,一般称作代垫代付费用。

6. 咨询服务

第三方物流企业提供的咨询服务有物流相关政策调查分析、流程设计、设施选择和设计、运输线路和运输方式的选择、信息系统选择等。

7. 售后服务

售后服务是第三方物流的一个新的服务领域,一般包括退货管理、维修、保养、产品调查等项目。

### 3.2.4 物流系统的总体策划

目前有一种倾向,就是将物流体系的总体规划内容作为第四方物流的服务范围,成为一个更加专业的独立领域。但在目前的实际运作中，为客户提供物流系统总体规划的服务仍可看作是第三方物流企业一项重要的服务内容。同时，能否具备这种能力也可作为第三方物流公司主动提升自身专业水平的一种重要手段。

实际上，第三方物流的服务内容远不止以上五个方面所列举的内容，很多内容都是在合作过程中新开发出来的。从第三方物流的服务内容在具体的合作中出现的频率来看，在不同的国家也有明显的不同。表 3-1 列出了在欧洲和美国第三方物流企业一般提供的服务项目。

**表 3-1　第三方物流提供的服务项目**

| 物 流 功 能 | 欧洲/% | 美国/% |
|---|---|---|
| 仓库管理 | 74 | 54 |
| 合同配送 | 56 | 49 |
| 车辆管理 | 51 | 30 |
| 订单履行 | 51 | 24 |
| 产品回收 | 39 | 3 |
| 搬运选择 | 26 | 19 |
| 信息系统 | 26 | 30 |
| 运价谈判 | 13 | 16 |
| 物流加工 | 10 | 8 |
| 订单处理 | 10 | 3 |
| 库存管理 | 8 | 5 |
| 零配件供应 | 3 | 3 |

### 3.2.5　逆向物流服务

美国物流管理协会对逆向物流的定义是："计划、实施和控制原料、半成品库存、成品及其相关信息，高效而又经济地从消费地到起始地的过程，从而达到回收价值和适当处置的目的。"

从上述定义中可以看出，所谓"逆向物流"，就是从回收客户手中用过的、过时的、损坏的或者不满意的产品和包装开始，直至最终处理环节的过程。它是相对于传统的正向物流而言的，是正向物流的补充与扩展。现在越来越被普遍接受的观点是：逆向物流是在整个产品生命周期中对产品和物资的完整、有效和高效的利用过程的协调。

一般而言，通过供应链系统，企业完全可以保证产品在正确的时间、正确的地点交付给客户，其后供应链客户经理所想的问题只是怎样将产品的成本逐步回收。然而，实际情况却是在产品生命周期的某个阶段，制造商、分销商或零售商可能需要对产品进行再次全部或部分地负责，这就产生了逆向物流的问题。目前，大多数企业对此问题的态度是消极的，但一些知名企业，如通用汽车、IBM、3M、西尔斯、强生、雅诗兰黛等，已将此问题提至前台。它们通过引进信息化逆向物流管理系统，实施一系列的控制措施，来降低由退货造成的资源损失。对逆向物流问题的关注，使这些企业获得了成本下降、客户满意度提高、遵守环保法规等多方面的经济利益和社会效益。

## 3.3 客户物流需求分析

### 3.3.1 客户物流需求概念及规律

1. 概念

客户物流需求是指一定时期内社会经济活动对生产、流通、消费领域的原材料、成品和半成品、商品以及废旧物品、废旧材料等的配置作用而产生的对物流在空间、时间和费用方面的要求，涉及运输、库存、包装、装卸搬运、流通加工以及与之相关的信息需求等物流活动的诸方面。第三方物流之所以在世界范围内受到企业的青睐，根本原因就在于其独特的作用与价值，能够帮助客户获得诸如利润、价格、供应速度、服务、信息的准确性和真实性及新技术的采用上等潜在优势。

2. 客户物流需求的一般规律性

客户物流的需求产生于其内生要求。从经济学角度分析，需求与效率和效益结合在一起。一般而言，客户物流只有在其外部物流供给的效率和效益超过其内部物流满足时，才会去寻求第三方物流的需求。此外，客户物流希望得到第三方物流服务，还在于取得更迅速的市场先机，即取得企业的竞争力。上述内容构成客户物流需求的一般规律性。

### 3.3.2 物流需求的特性

1. 物流需求的空间和时间特性

物流需求会因时间和空间的变化而异，例如销售的增长或下降，季节性变化的波动等。物流需求的这种空间和时间的维度，要求物流企业必须知道物流需求量在何处发生、何时发生，仓储位置以及平衡运输资源等。

2. 物流需求的不规则和规律性需求

物流企业通过对物流需求的分组，确定不同的服务水平。然而这些不同的产品组和不同种类的产品都会随时间不同形成不同的需求模式。如果需求是“规律性的”，则需求变化只是趋势性的；如果需求是“非规律性的”，则需求变化就是随机的。

3. 物流独立需求和派生需求

就第三方物流企业而言，其物流需求的差异很大。因为在一般情况下，需求会来自许多的不同的客户，他们独立采购，物流量只是物流企业能够满足量很少的一部分。此时，这种需求往往被称作“独立需求”。而有时，物流需求是特定计划下的派生。例如，某汽车制造厂商需“物流”一批新轮胎，其原因是该厂商制造了一种新车型而配套需要。此时，这种需求称之为“派生需求”。如此，根据派生需求的特点及时掌握需求者的计划，就可以做到及早准备，及时满足。

4. 本质需求

客户物流是经济活动中的特殊群体，当他们购买物流服务时，作为“消费者”，希望得到“消费者剩余”；而在出售其产品时，又作为“生产者”，希望得到“生产者剩余”。不同流程导致的客户物流这种双重身份，尤其显得效率与效益对他们需求产生的重要性。经济学原理告诉我们,如果资源配置使总剩余最大化(总剩余=购买者评价−出售者成本),这种资源配置就表现出效率,总剩余将带给企业效益。如果一种配置是无效率的,那么买者和卖者之间交易的一些好处就还没有完全被实现。就物流服务而言,如果一种服务方案不是由最低成本的物流企业提供,则此时客户物流的资源配置就是低效率的。在这种情况下,将物流需求从高成本物流提供者转到低成本物流提供者就会降低客户物流的总成本并增加总剩余。同样,对物流企业来说,如果一种物流服务方案不是被对方评价最高的物流需求者"购买",则资源配置也是低效率的。在这种情况下,使该服务方案的"消费"从出价低的买者转到出价高的买者,就会增加总剩余。而我们知道总剩余的走势将决定市场的运行效率,它们的构成内容又决定了客户的需求。因此,效率和效益承担的是客户物流的本质需求。

### 3.3.3　影响客户物流需求的行业、地域及规模因素

**1. 行业分布与需求**

行业是指经营同类产品或业务的企业集合。行业构成了物流服务的市场细分基础,同一行业的企业有着相同的物流需求和物流的产品,它们比行业之外的企业存在更少差异性,而且对第三方物流企业而言,不可能在企业规模和能力既定的条件下去满足所有物流的需求。满足基本相同的物流需求意味着更低的成本和更好的客户关系。

以流通产业为例,零售行业是一个典型的物流需求者,普遍存在着及时"补货"的要求,但每次"补货"的量却不大。据此,第三方物流企业可以用"量少多批"的服务方案去满足零售行业及时补货的需求。

**2. 地域分布与需求**

地域的分布牵涉不同地理区域的人口、经济收入、生活习惯、城市大小以及文化背景等多种人文因素的差别。就大多数企业而言,所满足的总是一定地理区域内的消费群的消费需求。如此一来,对这些潜在的物流需求者而言,他们的物流需求就与地理区域上的人文因素有关。在人口众多的区域,需求量大,物流的量也就随之而大;在经济收入高的地区,消费力强,物流的量当然也不会低……因此,物流的需求与企业所在地域特点有直接的联系。值得指出的是,地理区域往往还产生"产业集聚效应",例如意大利米兰地区是服装生产和销售地,它们对面料的供给和服装的外运有着共同的需求特征,这种特征就为物流企业设计特殊的运力、包装组合和专业化装卸需求提供了用武之地。又如法国的干邑地区盛产葡萄和酒,这些"产业集聚"的结果,同样为第三方物流企业和专业化服务带来了极佳的机会。

**3. 规模大小与需求**

对于那些提供专业化第三方物流服务的企业来说,接受服务的企业的规模与物流需求量有着直接的联系。企业规模大,意味着投入和产出量大,企业规模小,则反之。那些规模大的物流需求者,往往可以成为第三方物流企业的高端客户。为之服务,可以比较稳定地得到物流业务,也可以据此扩展企业的新客户。但往往这些客户成为物流业内激烈争夺的对象。所以,让此类客户成为固定消费群是第三方物流企业的营销重点。总之,接受物流服务的企业规模与其物流需求量成正比,与其物流需求变更成反比。

### 3.3.4 客户物流需求层次分析法

如果将第三方物流服务看作是一种产品，这个产品最大的特性就是个性化，几乎没有两个完全相同的物流服务项目。物流服务的个性化，源于物流需求的个性化，因此，开发第三方物流产品，最关键的是对客户的物流需求进行分析。好的需求分析是物流服务成功的关键因素之一。

几乎每一个成功的物流企业，都有自己独特的客户物流需求分析方法和技术。这里介绍一种典型的客户物流需求方法——层次分析法。在层次分析法中，将物流外包分为三个层次分别予以分析，这三个层次是：外包动因、外包层面和外包内容。在层次分析法中，需求分析的层次同定制的方案的层次是相对应的，如图 3-1 所示。

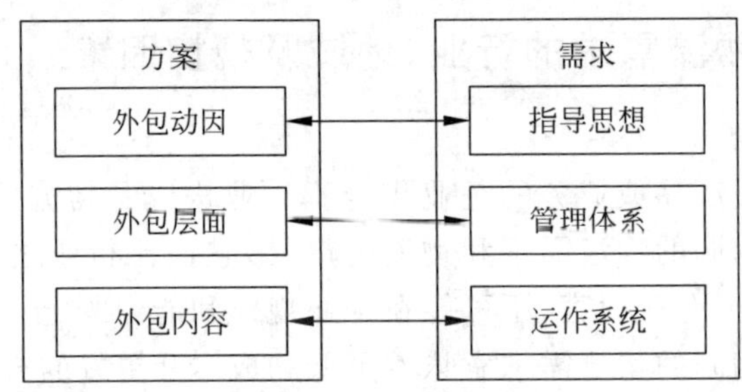


图 3-1 需求分析与物流方案层次对应关系

**1. 外包动因**

了解客户物流业务外包的动因对于定制物流方案、确定物流方案的主题思想非常重要，但这一点往往为第三方物流公司的市场人员所忽视。客户选择第三方物流企业，一般有以下几个关注点。

1）关注成本价值

客户希望通过与第三方物流企业的合作，降低成本。这类客户多是在市场上已经取得一定的市场份额，他们关注的不是大幅提高服务水平的问题，而是在现有的服务水平基础上如何降低成本的问题。事实证明，企业单靠自己的力量降低物流费用存在很大困难。尽管从 20 世纪 70—90 年代，企业在提高物流效率方面已经取得了巨大的进展，但要取得更大的进展还需付出更多努力。要想实现新的改善，企业不得不寻求其他途径，如选择第三方物流。

采用第三方物流能够降低成本，主要表现在以下方面：企业将物流业务外包给第三方物流公司，以支付服务费用的形式获得服务，而不需要自己内部维持运输设备、仓库等物流基础设施和人员来满足这些需求，从而可以使得公司的固定成本转化为可变成本。这种影响对于那些业务量呈现季节性变化的公司更为明显；由于拥有强大的购买力和货物配载能力，一家第三方物流公司可以通过其自身广泛的节点网络实施共同配送，或者可以从运输公司或其他物流服务商那里得到更为低廉的运输报价，从运输商那里大批量购买运输能力，然后集中配载不同客户的货物，大幅度地降低单位运输成本；许多第三方物流已在信息技术方面进行了大量的投入，与合适的第三方物流公司合作，企业不需大量进行物流信息系统方面的投资就可以以最低的投入充分享用更好的信息技术。

2）关注服务能力价值

客户关注的是通过第三方物流企业的能力，提高自身的服务水平。对于附加价值较高的产品，或刚刚进入市场的产品，往往对第三方物流企业的服务能力非常关注。

服务水平的提高会提高客户满意度，增强企业信誉，促进企业的销售，提高利润率，进而提高企业市场占有率。在市场竞争日益激烈的今天，高水平的客户服务可以成为一个企业的竞争优势，帮助企业提高客户服务水平和质量也就成了第三方物流所追求的根本目标。而物流能力是企业服务的一大内容，有时会制约企业的客户服务水平。

3）关注资金价值

有些客户，一般资金不足或较重视资金的使用效率，不愿意自己在物流方面投入过多的人力和物力。针对这种需求，第三方物流企业要充分展现自己在物流方面的能力和投资潜力，提供可垫付货款或延长付款期限的物流服务项目。企业如果自己运作物流，要面临两大风险。一是投资的风险。企业如果自己运作物流，需要进行物流设施、设备及运作等的巨大投资，而非物流企业内部对物流设施的需求往往是有限或波动的，物流管理能力也不强，因此很容易造成企业内部物流资源的闲置浪费，效率低下。如果把这些用在物流上的巨额投资投到企业的核心业务上，可能会产出更大的效益，因此，企业物流投资有着巨大的机会成本。二是存货的风险。企业由于自身配送、管理能力有限，为能对客户订货及时做出反应，防止缺货，快速交货，往往采取高水平库存的策略，即在总部以及各分散的订货点处维持大量的存货。而且一般来说，企业防止缺货的期望越大，所需的安全储存越多，平均存货数量也越多。在市场需求高度变化的情况下，大量的存货对于企业来说有着很大的资金风险。因为存货要挤占大量资金，而且随着时间的推移，变现能力会减弱，有着贬值的风险，所以在存货没有销售出去变现之前，任何企业都要冒着巨大的资金风险。

物流需求企业如果利用第三方物流的运输、配送网络，通过其管理控制能力，可以提高客户响应速度，加快存货的流动周转，从而减少内部的安全库存量，降低企业的资金风险，或者把这种风险分散一部分给第三方物流企业来共同承担。

4）关注复合价值

客户对第三方物流服务的需求是出于多种因素来考虑的。第三方物流企业需要综合考虑多个因素后，取得一个折中方案。在专业化分工越来越细的时代，企业不可能面面俱到，任何企业都要面临自身资源有限的问题。因此，对于那些并非以物流为核心业务的企业而言，将物流运作外包给第三方物流企业来承担，有助于使企业专注于自身的核心业务，提高竞争力。这主要表现在以下几方面。

第一，随着企业生产经营规模的不断扩大，对物流提出了更高的要求，企业本身已很难满足自身的物流需求，只有寻求专业化的物流服务。

第二，企业既要把更多的精力投入到生产经营当中，又要注重市场的开拓，资源容易受到限制。而许多大型第三方物流企业在国内外都有良好的运输和分销网络，因此希望拓展国际或其他地区市场以寻求发展的企业可以借助这些网络进入新的市场。

第三，现代企业要在激烈的竞争环境中立于不败之地，越来越需要与其他企业建立良好的合作与联盟的关系，作为面向社会众多企业提供物流服务的第三方物流企业，可以站在比单一企业更高的角度上来处理物流问题，可以与整个制造企业的供应链完全集成在一起，为其设计、协调和实施供应链策略，通过提供增值信息服务来帮助客户更好地管理其核心业务。而且第三方物流企业的客户可能遍及供应链的上下游，通过它可以将各相关企业的物流活动有机衔接起来，形成一种更为强大的供应链竞争优势，这是个别企业，特别是中小企业所无法实现的工作。

2. 外包层面

一个客户企业完整的物流体系可以分解为不同的层面，如规划层、管理层和作业层。不同的层面解决的问题是不同的，规划层关注的是长期的对物流的绩效有重要影响的问题，包括整个物流网络的设计、运输方式、仓储策略、包装策略的选择问题等方面；管理运作层则侧重于物流过程的组织、计划和协调；包括各作业职能供应商的选择、评估及运输方式选择、运输合同管理、运费谈判、动态运输计划等方面；作业层关注的是具体物流活动的安排、执行。包括搬运装卸、运输、仓储、包装、物流加工、过程跟踪、运输设备管理等方面，大多是由具体的工作人员实施。表 3-2 对各层次的物流活动进行了比较。

表 3-2 不同层面的物流管理活动

| 物流活动 | 物流层面 | | |
|---|---|---|---|
| | 规划层 | 管理层 | 作业层 |
| 选址 | 设施的数量、规模和位置 | 库存定位 | 线路选择、发运、调度 |
| 运输 | 运输方式的选择 | 阶段性服务的内容 | 确定补货数量、时间 |
| 订单处理 | 选择、设计订单录入系统 | 优先处理客户订单原则 | 分配订单 |
| 客户服务 | 设定标准 | 执行标准 | 执行标准 |
| 仓储 | 布局、位置选择 | 阶段性空间选择 | 供应订货 |
| 采购 | 制动政策 | 选择供应商洽谈合同 | 发出订单 |

客户企业在外包物流时，在层面上会有很大的不同。最完整的外包，自然是将三个层面的业务作为一个整体包给物流公司运作，但是，在实际中，这种外包形式并不多见。目前，在我国，比较常见的外包是执行运作和管理层面的外包，其中执行层面的外包占有绝对优势。值得注意的是，在国外发展比较成熟的物流市场中，决策规划层面的外包有从第三方物流业务中独立出来的趋势，如埃哲森的第四方物流就是专门提供物流系统规划和供应链整合方案服务的。

3. 外包内容

外包内容解决物流服务中具体涉及的活动、环节等问题。关于可能的外包内容，在前面的物流活动内容中已经做了介绍。

获取客户外包内容的途径一般有两种，一种是客户将自己的物流需求列出来，对于物流管理比较健全的公司，一般采用这种形式；还有另外一种情况，客户对自己的物流需求没有明确的定义，则需要第三方物流服务企业通过调研获得。

第三方物流企业在调研客户物流需求时，一般应该事先准备好问题，在调研过程中，可以比较全面地了解和记录客户的物流需求。

# 3.4　定制客户物流服务方案

## 3.4.1　定制客户物流服务方案设计的原则

### 1. 适应社会的原则

第三方物流服务是一种企业经营行为，必然会涉及社会的政治、道德风尚、经济利益、法律规范等，所以在企业进行物流服务过程中，应该积极去适应来自社会各方面的要求。物流服务除了要考虑调运物流、企业内部物流、销售物流外，还要认真研究旨在保护环境、节省能源、回收物流，所以，物流服务的内容十分广泛，这是企业社会市场营销的必然结果，即企业的各个方面都必须符合社会伦理和环境的要求。除此以外，为了缓解交通混乱、道路建设不足等问题，如何实施有效的物流服务也是物流企业在与社会系统相结合的过程中必须考虑的重要问题。

### 2. 经济性原则

在物流开始成为企业经营战略重要一环的过程中，物流服务越来越具有经营特征，即物流服务有随市场机制和价格机制变化而变化的倾向；或者说，市场机制和价格机制的变动通过供求关系既决定了物流服务的价值，又决定了一定服务水准下的成本。所以，第三方物流服务的供给应充分考虑投入产出的比例；否则，过高的物流服务费用，势必损害第三方物流企业的经营绩效，不利于企业收益的稳定。

### 3. 可靠性和灵活性相结合的原则

第三方物流服务的灵活性是指处理异常顾客服务的能力，这种能力直接关系到在始料不及的情况下，如何妥善处理问题。企业需要灵活作业的事件有以下几项。

(1) 修改基本服务安排，例如一次性改变装运交付地点。

(2) 支持独特的销售方案。

(3) 产品逐步停产。

(4) 供给中断。

(5) 产品收回。

(6) 特殊市场的定制或客户服务层次，例如定价组合或包装等。

在许多情况下，物流优势的精华就在于灵活应变之中。一般说来，企业的整体物流能力取决于在适当满足关键客户的需求时所拥有的“随机应变”的能力，但这种能力必须有一定的可靠性，没有可靠性的物流灵活性是没有生命力的，因为客户通常讨厌意外事件，如果他们能够在事前收到有关信息的话，就能够对缺货或延迟递送等意外情况进行调整。

### 4. 多样化物流需求

随着客户需求的多样化，对物流服务组合是十分必要的。如今，对客户提供同一服务的企业很多，这不利于物流服务的专业化和效率提高。物流服务对于企业来讲也要考虑有限企业资源的合理配置，也就是说，在决定企业物流服务时，应该根据客户的不同类型，采取相应的物流服务。

一般来讲，应根据客户经营的规模、类型和对本企业贡献度来划分，可以采取支援型、维持型、被动型的物流服务战略。对本企业贡献大的客户，由于直接的利益相关性，应当采取支援型策略，而对本企业贡献小的客户，要根据其规模、类型再进行划分；经营规模小的专业型客户，由于存在进一步发展的潜力，可以采取维持型战略，以维持现有的交易关系，为将来进一步的发展打下基础；经营规模小且属于综合型的客户，将来进一步发展的可能性较小，所以在服务上采取被动型策略，即在客户要求的条件下才开展服务活动。物流服务除考虑客户类型外，还与经营的商品类型和商品的生命周期相关，即一般的商品类型与战略商品的物流服务应当有差异，如处于不同生命周期的商品的物流也应当有差异。

**5. 对比性物流服务战略**

企业在确定物流服务要素和服务水平时，应当保证服务的对比性与其他企业的物流服务对比，具有自己鲜明的特色。这是保证高质量物流服务的基础，也是物流服务战略的重要使命。要实现这一点，就必须具有对比性物流服务的观念，重视了解和收集竞争对手的物流服务信息。

### 李某的物流营销

李某是上海某民营物流公司的市场总监，多年的物流营销实践使他形成了自己独特的风格。2012年6月，该物流公司将国内某著名计算机公司D作为潜在客户，开发客户的任务就落在了李某身上。李某十分了解该公司在业界的地位，以自己公司的规模和市场知名度，很难引起D公司的注意，更难在业务上开展合作。

李某通过认真考虑，决定在拜访该公司前，对当前的计算机市场进行充分调查，尤其对D公司最近的市场信息进行详细了解，并将关键的时间和数据牢记在心里。经过充分的准备，李某来到D公司拜访两位高级物流管理主任。

谈话并没有从物流开始，而是被李某自然地引到了D公司近来不俗的经营业绩，包括各类产品的销售情况及其在亚太地区的排名，同时李某对其最近的业务发展和新的战略思路表示了由衷的赞叹。这一番准确而专业的谈话立刻引起了对方的兴趣。在逐渐融洽的谈话氛围中，李某又巧妙地将话题转到当时给D公司造成很大压力的几家大型家电企业进军计算机领域的问题，并剖析了这些家电企业利用已有的家电物流网络销售计算机可能带来的优势，然后提出在计算机利润越来越小的情况下，物流体系在对于生产企业降低成本和提高竞争力方面所发挥的重要作用。

在事先的调研中，李某了解到计算机类产品当前最大的物流成本实际上是库存持有成本，而库存持有成本同产品的库存水平和库存周转率有很大关系，目前D公司也正在为进一步降低库存、加速周转而努力。由于李某早有准备，因此，他并没有从运输过程和仓储过程中去谈如何降低成本，而是直接提到降低库存对于计算机行业的特殊意义。D公司的两位物流主任此时已被李某的谈话深深吸引。因为在最近接待的物流公司中，李某是唯一能从降低库存和加快周转的角度来考虑为生产企业降低物流成本问题。不知不觉会谈持续了两个小时，大大超过了事先约定。会谈结束时，D公司的两位物流管理主任握着李某的手，真诚地希望双方有继续交流和合作的机会。

资料来源：李会，刘宏伟．现代物流概论[M]．北京：中国财富出版社，2012.

### 3.4.2　第三方物流服务方案设计的一般程序

在设计第三方物流服务方案时，有许多要考虑的因素，包括第三方物流中心的数量及位置、第三方物流中心的最佳库存与服务水平、运输设备的类型与数量、运输线路、第三方物流管理的技术等。这些问题所涉及的数据以及相互间的关联都非常复杂，一般可以有多个备选方案。不同的企业对物流有着不同的要求，没有一个第三方物流服务方案可以适用于所有企业，因此，必须结合实际情况来设计物流方案。

第三方物流方案的设计一般可以包括许多具体的工作与环节，具体来说，可以分为下面三个互相联系的阶段：调研阶段、分析阶段、确定阶段。每一个阶段都有明确的目的，通常情况下都按照这三个阶段进行有序的分析与设计。

**1. 调研阶段**

调研阶段是在对客户需求进行详细分析的基础上，对企业现有的第三方物流系统进行调查与评估，包括以下内容。

1）企业的内部评估

包括对企业现有物流活动的各个环节的调查以及发现的问题。

2）企业的外部评估

包括通过企业与供应商和消费者的外在关系分析市场的趋势、企业现有的能力以及竞争对手的能力。

3）企业的技术分析

主要是对物流各环节中企业现有技术和目前先进技术的差别进行分析。

通过以上评估与分析，第三方物流服务商应该对客户现有的物流系统有一个清晰具体的认识，进而分析存在的问题和不足，确定可改进的方面。

**2. 分析阶段**

这一阶段的分析主要是指对服务方案的目标的确定、分析方法的确定、数据的搜集以及数据的分析。

1）目标的确定

在对客户现有物流系统做出全面的评估之后，第三方物流商就可以有针对性地提出新的服务方案。要提出新的方案，首先就要确定这个方案所应该达到的目标是什么。

第三方物流方案的目标包括物流系统改进的成本与服务期望。目标必须以可度量的方式表示。例如，货物的可得性：A 类产品 90%、B 类产品 95%、C 类产品 90%；订单处理速度：收到订单之后有 90%的货可以在 48 小时内发运等。

另外，也可以以总成本作为约束条件，然后在物流总成本预算内设计使客户服务水平最优化的服务方案。

2）分析方法的确定

在确定了目标之后，服务商就应该选择分析的方法和技术，之后才能够有效地组织整理和分析数据。基本的数据分析方法有数学规划法、计算机仿真法、统计分析法等。每一种具体的方法对数据量的要求以及对数据组织的要求都不一样，在实际应用中，有些方法还要求先建立模型。

3）数据的搜集

在数据的搜集过程中，首先应该确定各类数据发生在什么地方，可以通过哪些途径搜集。对于客户企业自身的销售额、客户分布以及运输量之类的数据，第三方物流商可以通过和企业有关部门合作取得；整个市场的状况、运输线路的分布以及相关政策的技术要求之类的数据则需要通过其他的途径去搜集，比如通过专业的咨询机构或者第三方本身拥有的咨询部门等。

具体的数据搜集过程可能所需的时间较长，而且往往容易出错。在很多情况下，出错是因为忽略了某些次要因素对综合物流的影响，采用在非代表性的时间段内的数据同样也是导致错误的一种原因。因此，搜集的数据应该注意其有效性、代表性和适用性。

4）数据的分析

数据分析的主要任务包括以下几个方面。

（1）定义所分析的问题

确定了一些问题的可接受的范围以后，可以减少数据分析的复杂性，缩短数据分析时间。因此，需先估计出某项决策对综合物流影响的大小，然后再制定可以接受的范围。

（2）基本方案分析

利用各种手段分析数据，然后将结果和过去的数据相比较。对那些有较大变化的数据要注意检查是否存在错误。发现错误后必须检查错误来源、对分析程序加以调整。

（3）方案比较

对分析结果进行评价，其内容包括：检查是否解决了现有系统中存在的问题和缺陷，如果没有，是什么原因造成的？分析方法是否还有改进的余地，提出建议并对各方案做一些调整。

（4）灵敏度分析

完成前面的分析以后，再对提出的几个备选方案进行灵敏度分析，即假设这些数据发生改变，方案是否还成立？如果要做出调整，调整的幅度与这些发生了改变的数据之间的关系是怎样的？

**3. 确定阶段**

根据以上的分析，第三方物流提供商可以确定具体的服务方案向客户提交方案，并提出相关建议。包括以下几点。

第一，将可行性最大的几个备选方案推荐给客户企业的管理层，介绍方案的优势并比较它们之间各自的侧重点，与客户企业的管理者共同决定具体实施哪一个方案。

第二，对推荐的方案进行成本评估，根据客户企业的发展战略和第三方物流目标决定符合企业的成本预算的方案。

第三，进行风险分析，判断市场在未来某一段时间内能产生哪些变化，这些变动对所推荐的方案可能带来什么样的影响。

# 3.5　第三方物流服务持续改进

## 3.5.1　物流服务持续改进的内涵及意义

### 1. 物流服务持续改进的内涵

所谓持续改进管理，就是以不断改进、不断完善的管理理念和企业发展战略为指导，围绕克服企业发展瓶颈的重点工作，通过全员参与生产经营各个领域的目标化、日常化、制度化的改进活动，使企业管理水平渐进地、螺旋式上升，促进企业以较快速度稳健发展。因此，可以说持续改进管理既是一种可操作的管理变革模式，也是一种指导实践的管理哲学。

持续改进管理不是少数领导者的事情，而是企业全体员工共同参与的、旨在实现一定目标的实践活动，通过一系列的实践活动来改变人们的思想观念和行为习惯、改变人们熟悉的工作方法与处理人际关系的方式。强调管理变革，一要讲究现实性，即一定要从现实基础出发，去做现实需要和现实可能办到的事情，而不要脱离实际、好高骛远；二要注重渐进性，即不追求很快就做到尽善尽美，而注重过程中的不断改进，通过设置逐步升级的目标，不断完善实现目标所必须依赖的组织、流程、标准、方法等，使企业管理逐步积累成一个个量变成果，积小胜为大胜，最终发生质的飞跃，跨入新的发展阶段。

### 2. 物流服务持续改进的意义

(1) 建立长久的客户关系。第三方物流企业在同客户的合作过程中，不断地利用自己的专业化优势，为客户改进物流服务，以提高服务的质量，降低成本，客户能够不断地感受到第三方物流企业的专业化水平带来的效益，因此会强化双边的信任关系。

(2) 持续改进能力可以作为重要的竞争手段。同产品创新可以作为重要的竞争手段一样，物流服务的持续改进，也可以不断提出差异化的服务，以区别于竞争对手，形成竞争优势。

## 3.5.2　物流服务持续改进的重点

### 1. 必须建立目标导向的管理循环

一般采用目标管理方法从企业绩效、管理和技术等方面与国内外同行业先进企业进行对比分析，研究和借鉴别人的先进经验，找出差距，明确持续改进目标，制订分年度的改进计划，落实到各个部门与岗位，进而研究具体改进办法，制定改进工作流程与标准。建立考评组织对持续改进状况进行量化考核。根据考核结果，一方面给予奖罚，强化激励，使持续改进具有连续不断的动力；另一方面进行偏差分析，制定进一步改进的目标与措施，同时应用、推广持续改进成果，使得持续改进进入下一个循环。企业实践经验告诉我们，能否建立并且巩固这一循环，是持续改进管理能否取得成功的关键，否则，就谈不上持续改进管理。

### 2. 质量管理改进体系要以量化为基础

在质量管理体系持续改进的过程中，科学的定量目标和指标有着重要的作用，它有利于测量分析和改进工作的开展。在具体实施时，目标和指标的制定与考核有固定的统计分析方法。以目标为导向的实施改进，一是有利于科学地设定量化指标，使整个目标优化；二是有利于根据实践的需要及时调整不合理的指标(如果不合理的指标得不到及时的调整，就会影响体系的有效性)；三是有利于尽量剔除已经过时的、轻而易举就可以达到或不能量化的目标，使目标真正起到激励作用。在具体设定目标时，要从质量、效率、成本和效益4个方面去考虑，各类目标经过综合平衡以后，可以形成一个统一的目标系统。要特别注意解决好管理体系的多个过程的目标设定问题。这些过程的目标往往承上启下，是多方面以及系统目标平衡的基础。

3. 持续改进要关注文件的改进

对于一个追求卓越的企业而言，一套适宜的质量管理体系文件不但能够符合标准的要求，更应当满足自身质量管理的需要。企业要用文件反映企业质量管理的方向和思路，并使其成为企业建立最佳管理秩序的基本规则。质量管理体系文件是质量管理体系建立的组成部分，质量管理体系建立的过程就是企业改进管理的过程。我们要解决的问题是：让文件适用并满足质量管理的要求，而并非单纯满足“认证的需要”。

4. 数据分析是持续改进的重要基础

企业要持续地改进体系、过程或产品质量，数据分析是一项重要的基础工作。数据分析要解决好两个方面的问题：一是针对企业的管理和产品特点，确定需要搜集的数据，要搜集的数据在有关标准里已经有比较清楚的要求，企业只要确定如何根据需要搜集信息即可。二是如何把数据变为有用的改进信息。这需要企业根据自身的实际需要形成相应的数据处理和分析过程，以便有足够的信息了解和掌握质量管理体系在运行过程中有关问题产生的原因、性质和规律，使有关方面采取措施解决问题或防止问题发生，促进持续改进工作。

5. 解决好领导在持续改进工作中的作用

从现场观察和搜集的信息中可以看到，多数质量管理体系运行有效，在产品和相关服务上解决问题、做出权衡。对于需要改进的整个组织而言，一个比较有效的方法就是把那些需要实施而又常常被人为地割断其联系的多个改进方法整合起来，并将之转化为持续的统一活动，即实施持续改进的整合管理。

### 3.5.3 第三方物流服务系统持续改进的方向与内容

第三方物流服务系统持续改进的内容是多种多样的，有局部的完善，也有整体的重组，有设施设备的改进，也有系统的更新。对于一个既有的项目来说，服务的改进既可以是既有项目内部的改善，也可以表现为物流服务项目的延伸。在特殊情况下，物流项目的持续改进还表现为全新的物流服务项目的开发。对应于以上三种情况，我们将第三方物流服务项目的持续改进划分为内涵型、外延型和开发型三种主要的类型。

1. 内涵型持续改进

内涵型持续改进是三种形式中最常见的一种。内涵型持续改进是对现有物流系统的内部完善。根据改变的程度和产生的影响，一般将内涵型持续改进划分为两类。

1) 系统的局部完善

系统局部完善是指对物流的某些环节进行改进，产生的影响一般也是在局部范围内，如包装材料或包装方式的改变、运输跟踪体系的完善、仓库库位管理的科学化等。

2）物流流程的重组

流程重组型改进一般会对物流服务的系统进行重新设计，其影响将是全局性的。

**2. 外延型持续改进**

外延型持续改进是指在原有服务的基础上拓展新的服务内容。根据拓展方式的不同可以将外延型持续改进划分为以下两类。

1）广度延伸

广度延伸是指在物流服务的环节上进行延伸，如由一般的仓储管理向运输、仓储一体化发展，由货代业务向综合物流业务发展等，都体现为物流服务环节的增加。物流服务环节的增加，意味着第三方物流可以整合的内容增多、优化的空间增大，一般会比原来的服务取得更好的效果。

2）深度延伸

深度延伸是指在物流服务的一个项目或环节上进行深化，往往表现为提供一些新的增值服务项目。如在一般仓储管理的基础上，对货物的进出进行统计，提供市场预测和库存计划的依据，就属于深度延伸。

**3. 开发型持续改进**

开发型持续改进是指开发出全新的物流服务项目。开发型持续改进是所有的持续改进中最难的一种，它是针对客户企业物流系统中存在的特殊问题进行物流服务的创新，所以一般没有可以借鉴的经验。

## 3.5.4　第三方物流服务系统持续改进的保障

**1. 树立持续改进的观念**

对于第三方物流企业来说，首先要树立持续改进的经营和管理理念，鼓励员工发现问题和解决问题。有一些物流公司，其技术实力和管理水平并不弱，却很少对自己的服务进行持续改进，原因就在于它们还没有形成这样一种意识和氛围。

**2. 建立服务缺陷反馈机制**

所谓持续改进，主要是针对物流服务中不完善的环节而言的，因而，如何在工作中发现问题就成为持续改进的关键。因此，要实施持续改进的管理模式，就必须建立好服务缺陷反馈机制。

**3. 建立持续改进推进技术小组**

发现问题只是第一步，接下来就是解决问题。对于一般性的问题，通过部门经理就可以解决，但对于比较复杂的技术性问题，解决的难度就很大，一般需要专门的技术小组来解决。以华润物流为例，它们有专门的专家队伍负责物流项目的策划和持续改进工作。

**4. 通过绩效评估持续改进服务**

要彻底地推行持续改进的管理模式，还必须将持续改进纳入到对项目实施的绩效评估中去，从而激发管理人员和实施人员推行持续改进的积极性。

## 本章小结

本章分析了第三方物流服务开发与运作流程及第三方物流服务需求的主要来源以及影响第三方物流服务需求的主要因素，为客户定制第三方物流服务方案。第三方物流服务方案内容包括第三方物流运作服务、第三方物流信息服务以及第三方物流供应链整合服务。也分析了定制第三方物流服务方案设计的流程。探讨了第三方物流服务方案的不断改进的意义以及第三方物流服务持续改进的内容。

## 思考与练习

**一、名词解释**

核心服务　流通加工　逆向物流　延迟处理

**二、填空题**

1. 通过洽谈，客户表示愿意接受企业提供的物流服务时，企业应当向客户提供一个初步的物流业务计划书，内容如下：(　　)、(　　)、(　　)、(　　)、(　　)、(　　)、(　　)。
2. (　　)主要是根据客户的需要，为客户提供核心服务之外的服务，或者是采用超出常规方法提供的服务。(　　)、(　　)、(　　)的需要是物流附加服务的本质特征。
3. (　　)是指企业在采购合同的约束下，向供应商发出订单，支付订金以获取产品或服务的活动。
4. (　　)是仓储配送类业务中最常见的第三方物流服务项目。
5. 客户通过第三方物流的信息平台(EDI、XML)，实现同(　　)、(　　)、(　　)等的连接，完成物流过程的电子化。

**三、选择题**

1. (　　)制造是指在恰当的时间、恰当的地点以恰当的数量、恰当的质量提供恰当的物品，也就是说，生产、配送制成品直接送到货架甚至消费者手中，零部件、半成品直接送到生产线上。

   A. JIT　B. 看板　C. 精益　D. 敏捷
2. (　　)就是将不同的零部件在进入生产线前完成预装配的环节。

   A. 半成品　B. 产成品　C. 零件成套　D. 其他
3. 货运付费是指第三方物流企业代替客户支付运费，一般称作(　　)费用。

   A. 运费　B. 承包费　C. 租赁费　D. 代垫代付
4. (　　)是第三方物流的一个新的服务领域，一般包括退货管理、维修、保养、产品调查等项目。

   A. 增值服务　B. 相关服务　C. 售后服务　D. 订单履行

5. 物流服务的个性化，源于物流需求的个性化，因此，开发第三方物流产品，最关键的是对(　　)进行分析。

A. 供应商　　B. 业务部门

C. 市场需求　　D. 客户的物流需求

**四、思考题**

1. 简述第三方物流服务开发流程。
2. 分析第三方物流增值服务。
3. 分析第三方物流的核心服务与附加服务。
4. 分析影响第三方物流服务的需求的因素。
5. 分析我国第三方物流服务需求的主要来源。
6. 简述第三方物流服务内容。
7. 分析物流服务持续改进的种类。
8. 简述客户物流服务方案定制的流程。
9. 如何在定制客户物流服务方案时将其与供应链管理结合起来？

## 面向工业企业的第三方物流服务

深圳市中海物流有限公司是中国海外集团的全资下属公司，于1993年在深圳市福田保税区注册成立。2002年被中国物流与采购联合会命名为"中国物流实验基地"。

1. 中海物流的现代物流运作

公司于1998年年初开始与IBM合作，为其在国内的生产基地提供全方位JIT配送服务，在全国15家保税区中开了在进口保税、监管环境下从事第三方物流服务的先河。由此开始，公司逐步在珠江三角洲地区与约48家大型生产型电子装配企业合作，开展了电子料件配送业务。其中，与日本美能达合作开展的物流配送业务，规模之大、精度之高、流程之复杂，代表了当今国际精确配送的较高水准。通过几年来的实践，中海物流的配送业务从无到有、从熟悉到成熟，逐步摸索出了一套与国际标准接轨而又符合中国国情的横向四流合一和纵向多对一、多对多的物流运作模式。

简单地说，中海物流构建的是四流合一的物流服务体系。

1）纵横交错的商流网络

中海物流以合同的方式为在国内设厂的外资公司提供第三方物流服务。业务的开展涉及工厂、供应商和物流代理。中海物流与境内外的供应商根据生产厂家提出的需求，按照所需料件的类别、型号、产地、价格、到货地等详细参数，以及同一供应商不同料件的贸易方式(一般贸易、保税贸易等)，分别签署物料采购合同和物流服务合同。符合国际标准的商务合约是中海物流提供第三方物流服务的重要基础。而商务合约的履行、生产厂家与供应商之间的供需商流则是通过中海物流来实现。

2）快捷通畅的物流渠道

公司面对的境内外供应商达160多家，遍布世界各地。中海物流除利用自己的硬件和软件设施以外，还通过与陆路运输公司及海运、空运货代建立稳定的合作伙伴关系，使正向物流和反向物流畅通无阻。世界各地物料在到港后24小时内即可送达珠三角工厂生产线上，保证其在零库存状态下进行正常生产，同时使不合格原料在规定时间内准确无误地送达各境内外指定地点。正向物流的运作程序是：工厂采购中心根据产品订单向其供应商发出料件订单，各供应商发货并通知中海物流。中海物流依据收货指令完成运输、报关和检疫至验货入仓；工厂根据生产线上的需要，向中海物流发出提货单，中海物流经过拣选、配料装车、运输和报关及时送货至工厂。反向物流则是不合格原料从工厂经中海物流返回各供应商或厂家指定地点。反向物流运作程序与正向物流类同，但物料流向相反。

3）高效及时的信息传输

“物流未动，信息先行”。为了保证满足客户的需求和物流项目的顺利进行，中海物流自始至终重视物流信息系统的建设，通过物流软件的开发和应用，逐步实现了物流全流程的信息化管理。经过长期探索，在总结客户需求的基础上，结合第三方物流的特点，开发出一整套既能与国际管理接轨，又能适应国内运作环境的物流管理信息系统。该系统融现代物流企业物流作业管理、行政管理、决策管理和客户服务为一体，初步实现了企业资源管理、规范流程管理和物流作业管理。系统根据物流作业的流程，连续完成货物进出仓、配送、运输、报关、检疫、结算和统计等作业，产生相应的作业指令单，如出入仓单、配送清单、配载清单、运输指令单、报关EDI单、报检单和费用结算单等；同时，管理人员可通过系统监视仓库情况、车辆状况、作业流程，以便及时调度，实时统计，并提供决策支持数据。系统通过EDI系统与海关联机操作，实现了报关的无纸化作业。系统支持客户通过“中海物流网”利用Internet随时查看最新交易状况以及相关货物的当前数量和状态。信息系统的应用，支撑了中海物流数百家客户、数千家供货商和数万种料件的第三方物流服务。

4）准确无误的资金流向

中海物流处于买方和卖方中间，是买卖双方完成商流的节点，同时也扮演了一个结算中心的角色，每个作业完毕，依据物流状况，按照中海物流与工厂以及供应商之间的服务合同，各种费用自动生成，准确无误。在内部财务管理方面，中海物流采用科学的物流成本效益核算方法，使物流成本和效益分摊至各物流环节，通过系统的分析，为改善物流流程提供决策数据，不断分析，不断改善，使物流系统的运作和总体物流效益逐步趋向最优化。

2. 中海物流的经验总结

中海物流的实践是创新的。总结经验，可以简单归纳如下。

(1) 深入研究企业物流战略。

(2) 及时了解物流发展的最新动态。

(3) 参与企业供应链规划，了解企业的个性化需求。

(4) 建立有效的信息系统。

(5) 规范企业管理、物流操作和客户服务。

(6) 加强物流绩效分析和成本控制。

(7) 整合有效的物流资源，发展稳定的伙伴关系。

(8) 注重培养物流有关专业复合型人才。

(9) 树立品牌意识。

作为专业的第三方物流企业，以上有些是企业的基本素质，需要长期的积累和努力，也有些是开展物流活动的基本要素，如信息系统和人才培育。

资料来源：蒋宏武.面向工业企业的第三方物流服务[J].物流技术，2003 (11).

**讨论**

1. 制定第三方物流企业战略的基本要求是什么？
2. 通过本案例你对该企业的物流战略有何评价？
3. 你认为在目前环境因素下应如何进行第三方物流企业的战略定位？

# 第 4 章

# 第三方物流作业管理

## 学习目标

通过本章的学习，理解第三方物流运输管理的内容与特点，理解第三方物流运输管理的基本原理与业务流程，熟悉第三方物流配送作业的流程，掌握第三方物流仓储过程中的储位管理，熟悉第三方物流信息管理系统的构成。

## 关键术语

运输管理　配送作业　仓储　信息管理系统　装卸搬运

### 韩国三星公司运输合理化之路

韩国三星公司长期以来都致力于运输合理化的不断革新。三星根据其产品特性，将配送中心划分为产地配送中心和销地配送中心。前者用于原材料的补充，后者用于存货的调整。在此基础上，对每个职能部门确定了最优工序，从而使得配送中心的数量减少、规模得以最优化，便于向客户提供最佳的服务。

三星公司还通过全球性物流链使产品的供应路线最优化，并设立全球物流网络上的集成订货—交货系统，从原材料采购直至交货给最终客户的整个路径都实现物流和信息流一体化，提供给客户最低的价格、高质量的服务。

为了提高运输装载效率，三星公司将重货和轻货组装在一起；对一些体大笨重、容易致损的货物进行解体运输，使之易于装卸和搬运；根据不同货物的包装形状，采取各种有效的堆码方法。

最终，三星公司在运输合理化方面的不断努力，使其运输效率不断提高，也提升了三星在客户心目中的形象。

资料来源：http://wenku.baidu.com/view/

**思考**

通过三星公司的案例，哪些途径有利于提高运输的合理化程度？

# 4.1 第三方物流运输管理

## 4.1.1 运输管理概述

### 1. 运输管理的含义

运输管理作为第三方物流企业的一项基本业务，主要目的就是以最短的时间、最少的财务和环境资源成本，将产品从原产地转移至规定地点。

运输管理是指对整个运输过程的各个部门、各个环节以及运输计划、发运、接运、中转等活动中的人力、运力、财力和运输设备进行合理组织、统一使用、实时控制、监督执行，达到用同样的劳动消耗，创造更多的运输价值，取得最好的经济效益的目的活动。

### 2. 运输管理的内容

运输是物流的主要功能之一，它改变了物品的时间状态和空间状态，将空间上相隔的供应商和需求者联系起来，并使供应商能在合理的时间内将物品提供给需求者。第三方物流企业运输管理的内容主要包括运输决策、运输过程管理和运输结算管理三个部分。

1）运输决策

运输决策是指在运输作业前所做出的有关运输方式、运输工具、运输线路、运输时间的选择，运输成本的预算，运输人员的配备和运输投保等多种方案及最佳方案的选择过程，还包括决策所必须进行的客户资源、服务项目及运输源的管理。

2）运输过程管理

运输过程即货物或旅客被移动的过程。通过运输过程，货物或旅客被移动了一定距离，即完成了运输工作。运输过程主要包括准备、装载、运送和卸载四个工作环节。运输过程管理是整个运输管理的核心，主要包括对发运、接运、中转和运输安全的管理以及对伴随商品流动而产生的人员流动、资金流动的管理。

3）运输结算管理

运输结算是运输管理的一项主要业务内容，包括运输费用的结算和账务处理、索赔和处理他人索赔、运输设备的维修与回库等内容。工作流程为：工作人员整理好收费票据，做好收费汇总表交至客户，确认后交回结算中心，结算中心开具发票，向客户收取运费。

### 3. 运输管理的特点

最早的物流活动是从运输开始的，运输在物流系统中是最为重要的构成要素，是物流的核心。运输管理活动主要具备以下几个方面的特点。

1）专业化

物流运输服务必须具有专业的组织和人员、专业的设施设备、专业的管理与服务，保证运输任务完成的有效性，才能为企业创造竞争优势，开拓更大的利润空间。

2）系统性

物流运输管理要从系统的高度合理运用运输工具，提高运输效能，并结合现代化电子技术、智能交通技术等对运输源、物流客户、客户需求、服务项目、运输单证等进行综合有效的管理,保证经济效益和社会效益最大化。

3）信息化

运输决策是建立在多个运输任务基础上的,因此必须建立高效的运输管理信息系统,及时把握运输市场信息,从而有效运用运力,制订出最经济、最合理的运输优化方案。

## 4.1.2 运输管理的基本原理

为保证运输过程的合理性,运输管理在执行过程中要遵循以下几个原理。

**1. 距离原理**

距离经济的特点是指每单位的运输成本随距离的增加而减少。运输工具装卸发生的相对固定的费用必须分摊到每单位距离的变动费用。距离越长,可以使固定费用分摊给更多的各单位距离,导致每单位距离支付的总费用更低。

**2. 服务原理**

任何运输经营活动都是为有空间效应需求的消费者提供服务的。运输经营的目标,不仅在于提高装运规模和实现距离最大化,而且更重要的在于满足客户的服务期望。提供怎样的服务、怎样提供服务和为谁提供服务就成为运输经营的核心要求。

**3. 规模原理**

规模经济的特点是指随着装运规模的扩大,每单位质量的运输成本下降,但接收运输订单的行政管理费用、定位运输工具、装卸的时间、开票,以及设备费用等与商品转移有关的固定费用是不随装运的数量而变化的。

**4. 成本原理**

企业开展运输经营必须树立经营成本管理意识,加强运输成本控制,实现运输服务与运输成本的合理统一。

## 4.1.3 运输合理化

运输合理化就是按照货物流通的规律,用最少的劳动消耗来组织货物调运,达到最大的经济效益,即在有利于生产,有利于市场供应,有利于节约流通费用和节约运力、劳动力的前提下,使货物走最短的里程、经最少的环节、用最快的时间、以最小的损耗、花最少的费用,把货物从生产地运到消费地。运输的合理化可以通过以下途径去实现。

**1. 直达直线运输**

直达运输是指越过中间环节,把产品直接运往销售地或主要用户。直线运输是指按商品合理流向,走最短里程。上述两者合称为直达直线运输。

**2. “四就直拨”运输**

“四就直拨”运输是指四种直拨形式：一是就工厂直拨,二是就车站(码头)直拨,三是就仓库直拨,四是就车(船)过载。采取“四就直拨”运输既要注意适用范围,也要强调各方配合,重要的是必须贯彻节约费用和“双方受益”的原则。

**3. 按照一定区域和近产销原则组织运输**

在分区产销平衡基础上按照一定区域和近产销的原则,规划商品基本流向和范围,制定商品合理的流向图，用这种办法把供销关系和合理运输路线固定下来。

**4. 按经济流向组织商品运输**

由于供求关系和消费习惯自然形成一种经济运行形式，并形成一定经济区域，可根据这种流向和范围组织商品运输。必须注意选择工业生产和交通条件发达的城市为中心，同时也要注意打破行政区域的限制。

**5. 考虑输送系统的基本特性**

对城市之间、地区之间的长距离运输，合理化的着眼点要考虑降低运输成本；对于地区内或城市内的短距离运输，以向顾客配送为主要内容，合理化目标应以提高物流的服务质量为主。

**6. 运输网络的合理配置**

运输网络应该区分储存型仓库和流通型仓库，合理配置各物流基地，基地的设置应有利于商品直送比率的提高。

**7. 合理使用运输工具**

合理使用运输工具包括通过改进商品包装及改进装载技术，提高技术装载量，提高整车比重；加速车船周转以及组织双程运输，避免空驶。

**8. 选择最佳的运输方式**

首先要决定使用水运、铁路、汽车还是航空。如用汽车还要考虑车型（大型、轻小型、专用），用自有车还是委托运输公司。应努力提高车辆的运行率、装载率，减少空车行驶，缩短等待时间或装载时间，提高有效的工作时间，降低燃料消耗。

**9. 推进共同运输**

提倡部门、集团、行业间的合作和批发、零售、物流中心之间的配合，提高运输工作效率，降低运输成本。

### 4.1.4 运输环节业务流程分析

运输的作用是将货物进行空间移动，物流系统依靠运输作业，克服货物从发货地到收货地的空间距离，创造货物的空间效益。运输服务是由各种提供者结合提供的，提供运输服务的经营者有单一方式经营人、专门化经营人和多式联运经营人。

运输的一般业务流程主要包括接单、发运、到站和签收四个部分，以及在发运和到站中可能存在的短驳或中转，如图 4-1 所示。

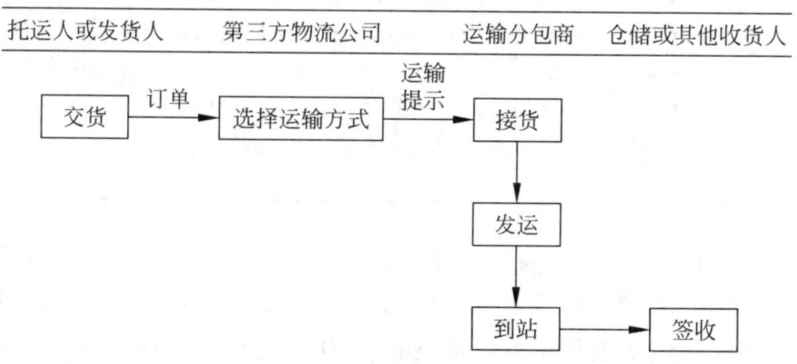


图 4-1　运输业务流程图

1. **接单管理**

在物流的接单环节，除了一般的货运信息外，还应提供货物明细信息，便于发生货损货差事件时的处理。

2. **发运管理**

在货物运输过程中，货损货差等意外情况时有发生，为了便于进行责任管理，在发运环节，除了货物本身的发运信息之外，还要记录运输工具、集装箱箱号和承运人等信息。

3. **到站管理**

除了正常的到站信息外，还应记录异常到站的信息以及原因、造成的经济损失等。

4. **签收管理**

不仅提供正常签收管理，还提供异常签收管理。

### 4.1.5 物流运输管理决策

运输能够创造产品的空间效应和时间效应，有效的运输决策往往能提高企业效益和效率。因此，各类企业都极其注重对物流系统的运输决策。一个企业物流系统运输决策往往通过运输方式的选择、运输路线的确定及运输服务商的选择等方面来实现。

1. **运输方式的选择**

运输方式的选择是物流系统决策中的一个重要环节，是物流合理化的重要内容，所以对于进出货物必须选择最适合的运输方式。在具体运输活动中，可以选择一种运输方式，也可以选择使用联运的方式。

运输方式的选择，需要根据运输环境、运输服务的目标要求，采取定性分析与定量分析的方法进行考虑。影响运输方式选择的因素包括：货物的特性、可选择的运输工具、运输成本、运输时间及运输的安全性等，如表 4-1 所示。对货主来说，运输的安全性和准确性、运输费用的低廉性以及缩短运输总时间等因素是其关注的重点。从业主看，制造业重视运输费用的低廉性，批发和零售业重视运输的安全性和准确性，以及运输总时间的缩短等。

**表 4-1 影响运输方式选择的因素**

| 影 响 因 素 | 详 述 |
|---|---|
| 货物的特性 | 货物的价值、形状、单件质量、容积、危险性、变质性 |
| 可选择的运输方式 | 不仅要考虑运输费用，还要考虑仓储费用以及营运特性等 |
| 运输总成本 | 为两地间的运输所支付的费用以及与运输管理、维持运输中存货有关的总费用 |
| 运输时间 | 指从货源地发货到目的地接收货物之间的时间 |
| 运输的安全性 | 包括所运输货物的安全和运输人员的安全，以及公共安全 |
| 其他因素 | 经济环境或社会环境的变化 |

综上所述，选择运输方式时，通常是在保证运输安全的前提下再衡量运输时间和运输费用，当到货时间得到满足时再考虑费用低的运输方式。当然，计算运输费用不能单凭运输单价的高低，而应对运输过程中发生的各种费用以及对其他环节费用的影响进行综合分析。

### 2. 运输路线的确定

运输路线的确定对于运输设备和人员的利用效率有直接的影响。因此，合理选择运输路径，能够减少运输时间，降低运输费用，提高第三方物流企业的经济效益。因此，运输路线的确定是运输决策的一个重要领域。运输路线的选择问题可分为以下几个基本类型。

1）多起讫点

当有多个供应地服务于多个需求地时，面临的问题是：要指定为各需求地服务的供应地，同时要找到供应地、需求地之间的最佳路径。解决这类问题常常可以运用一类特殊的线性规划方法计算，即运输方法问题求解。

2）起讫点不同

对分离的、单个起始点和终点的网络的运输路线选择问题，最简单和直观的求解方法为最短路径法。运输网络由节点和线组成，节点之间由线连接，线代表节点间的运行成本（距离、时间或时间和距离加权的组合），如图 4-2 所示。

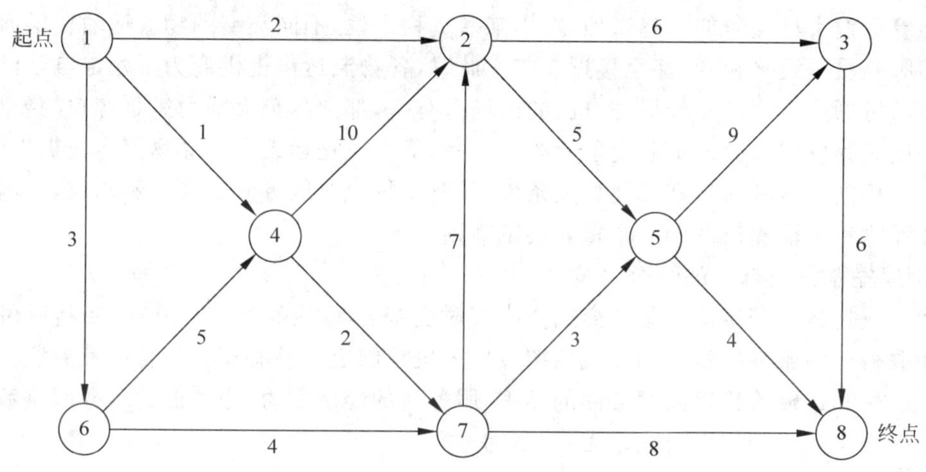


图 4-2　起讫点不同的运输路线选择问题

3）起讫点重合

物流管理人员经常遇到的一个路线选择问题是始发点就是终点的路线选择。这类问题通常在运输工具是同一部门所有的情况下发生。例如，运输车辆从仓库送货到零售点，然后返回仓库，再重新装货的问题。此类问题求解的目标是寻求访问各点的次序，以求运行时间或距离最小化。起始点和终点相重合的路线选择问题通常被称为“旅行推销员”问题，对这类问题应用经验探试法比较有效。图 4-3 就是通过各点的运行路线示意图。

### 3. 运输服务商的选择

在社会主义市场经济的大背景下，对于同一种运输方式，货主或托运人面临选择运输服务商的问题。即货主或托运人甚至是供应商在确定运输方式和运输路线后，就需要做出运输服务商的选择决策，这主要取决于运输服务商的服务质量、运输价格等综合因素。

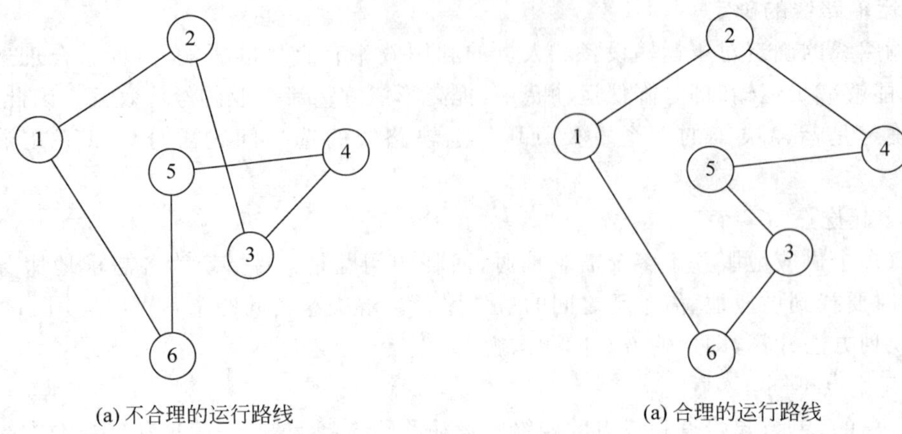

(a) 不合理的运行路线　　(a) 合理的运行路线

图 4-3　运输路线的选择示意图

1）物流运输服务价格

随着运输市场竞争的日趋激烈，对于某些货物来说，不同类型的物流运输提供商所能提供的服务质量近乎相同，甚至接近完美。此时，各物流运输提供商为了稳定自己已经占有的市场份额或希望进一步提高自己的市场占有率，都会尽最大努力满足客户的要求，运输价格便成为各服务商的最后竞争手段。于是，货主或托运人在选择物流运输提供商时，面对几乎相同的服务质量和其他相关条件，或有些货主对服务质量要求不高时，运输价格成为选择物流运输提供商的一个重要决策准则。

2）运输服务商选择的综合决策

货主或托运人制定运输服务商选择决策时会综合考虑多个影响因素，在其所付运输费用和取得运输服务质量之间寻找均衡点成为决策制定的核心点。综合决策方法实现了对服务质量和运输价格以及服务商的品牌、服务商的经济实力、服务商的服务网点数量等因素的综合考虑。如果以公式来表示，则为

$$S = K_1Q/K_2P + K_3B + K_4C + K_5N + K_6O$$

式中，$S$——综合因素；

$K_n$——不同因素的权数，$n=1,2,3,\cdots$；

$Q$——服务质量；

$P$——运输价格；

$B$——运输服务商的品牌；

$C$——运输服务商的总资产状况；

$N$——运输服务商的网点数量；

$O$——其他因素。

在选择运输服务商时，货主或托运人可根据自己的需要和专家的经验，调整不同考虑因素的权重，为最终决策提供参考依据。

3）物流运输服务质量

货主或托运人在付出同等运费的条件下，希望享受较高的服务，因此，服务质量的高低往往成为运输服务商选择决策的首要标准。

(1) 运输服务的过程质量。货主或托运人在选择运输服务商时，往往会将其运输质量作为一个重要的因素来考虑，一般包括以下几个方面。

① 运输工具：包括运输工具的数量、性能和先进程度、技术状况、现代化水平。

② 所提供的装卸服务的质量。

③ 运输参与者：包括责任心、知识技能水平、工作经验、技术熟练程度、对质量意义的认识等。

④ 运行条件和操作方法：包括操作技术水平、安全运行管理以及运输控制流程的科学性和合理性。

⑤ 制度保障：包括运输企业采用的管理制度和服务理念，是否具有运输风险防范机制和措施。

⑥ 企业实力：运输企业的资本和资金实力、服务网络的规模和完善程度。

物流运输质量管理主要控制以上各个因素的变化，掌握这些因素变化与运输质量的内在联系，运用其规律，以此改善各个因素及其组织手段，提高运输服务的过程质量。

(2) 服务的功能质量。随着各服务商运输质量的提高，客户对服务的要求也越来越高，于是货主或托运人在选择不同的运输服务商时还会考虑其他方面的服务水平，如表 4-2 所示。

**表 4-2　运输服务商其他方面的服务水平**

| 考虑因素 | 详细阐述 |
| --- | --- |
| 业务历史和客户口碑 | 运输企业在业界的声誉及口碑对客户的选择有着重要的影响 |
| 运输任务完成的准班率 | 较高的准班率可以方便客户对货物的库存和发运进行控制，也为安排其接运等提供了便利 |
| 运输的时间间隔、发班密度 | 合理的间隔将方便客户选择托运的时间及发货的密度等 |
| 运输服务的可靠性 | 通过查阅其历史业绩，了解运输企业完成运输合同的稳定性和可靠性 |
| 单证处理的准确率 | 包括品种、规格、数量、价格、起止时间、地址等的填写和打印的准确性 |
| 信息查询的方便程度 | 如价格查询、班次查询以及货物跟踪等服务 |
| 货运纠纷的处理 | 发生纠纷后如何及时圆满地处理 |

随着运输技术及运输工具的发展，各运输服务商之间的运输质量差异逐渐缩小。因此，为了吸引更多的客户，运输服务商必须不断更新服务理念，为客户提供高附加值的服务，从而稳定自己的市场份额，增强竞争力。

## 4.2　第三方物流配送管理

### 4.2.1　配送概述

#### 1. 配送的含义

配送是指按用户订货的要求，以现代送货形式，在配送中心或其他物流据点进行货物配备，以合理的方式送交用户，实现资源的最终配置的经济活动。这个概念说明了以下几个方面的内容。

**配送、发送**

“运输”是指物品在物流渠道中，在各网点之间移动的活动。其中，一般把向顾客交货时的近距离、少量的运输，叫作“配送、发送”。用于配送的运输工具，几乎都是卡车。但是，在仓库、物流中心等网点内，物品的移动称为“搬运”，以示与运输相区别。

(1) 明确指出按用户订货的要求。所以，配送是以用户为出发点，用户处于主导地位，配送处于服务地位。因此，配送在观念上必须明确“用户第一、质量第一”。

(2) 配送的实质是现代送货。配送和传统送货的区别在于，一般送货可以是一种偶然的行为，而配送却是一种体制行为；一般送货是完全被动的服务行为，而配送则是一种有组织、有计划、高效率、优质服务的行为；传统送货依靠自发意识，而配送依靠现代生产力和现代物流科技。

(3) 配送是从物流节点至用户的一种特殊送货形式，表现为中转型送货，而不是工厂至用户的直达型。

(4) 配与送有机地结合。“配”是指配用户、配时间、配货品、配车辆、配路线；“送”是指送货运输。

(5) 强调合理的方式送交用户，即配送者必须以用户要求为依据的同时，追求合理性，并指导用户，实现双方都有利可图的商业原则。

(6) 配送是对资源的配置作用，是最终配置。

**现代配送给苏果的发展带来了机遇**

苏果超市有限公司成立于1996年7月，2006年销售规模约达到220亿元，销售网点1700家，覆盖苏、皖、鲁、豫、鄂、冀六个省份，安排就业人员近5万人。苏果坚持经营业态多样化、连锁网络城乡化、物流配送现代化、企业管理科学化和服务内容系列化，不断优化和持久创新。现在已成功开发出具有苏果特色的购物广场、社区店、标准超市、便利店、好的便利店，五种业态资源共享、优势互补。为了支撑外埠门店和下一轮扩张，强大的物流配送体系——苏果马群配送中心于2005年1月正式投入运营，该中心占地250亩，单体仓库建筑面积4.5万平方米，堪称华东地区第一。新物流中心单品2万多种，年配送量达4300多万箱，服务半径约300公里，能够适应苏果的长远发展战略和更大规模的发展。2005年苏果的品牌价值评估达10.32亿元，荣获“2005中国500最具价值品牌”称号，同时，苏果超市又被国家商务部确定为全国重点扶持的15个大型流通企业集团。仅仅10年间在中国零售连锁业的排名就升至第六位，现已成为集批发、配送、物流、加工、零售于一体的大型连锁企业。在南京，苏果超市占据着超市业态50%以上的市场份额，是江苏省超市零售业最大的商贸流通企业。

**2. 配送的构成要素与作用**

(1) 配送的构成要素。集货、分拣、配货、配装、配送运输、送达服务以及配送加工等是配送最基本的构成单元。

① 集货。将各个用户所需要的各种物品，按需要的品种、规格、数量，从仓库的各个货位拣选集中起来，以便进行装车配送的作业。

② 分拣。将集货形成的集中物品按运输车辆分开来，分别堆放到指定地点的作业；按品名、规格、出入库先后顺序进行分门别类的作业；分为订单拣取和批量拣取。

③ 配货。使用各种拣选设备和传输装置，按客户的要求将商品分拣出来，配备齐全，送入指定发货区。

④ 配装。将客户所需的各种货品，按其配送车辆的装载容量进行装载组配。在单个用户配送数量不能达到车辆的有效载运负荷时，就存在如何集中不同用户的配送货物，进行搭配装载以充分利用运能、运力的问题，这就需要配装。

⑤ 配送运输。配送运输属于运输中的末端运输、支线运输，和一般运输形态的主要区别在于：配送运输是较短距离、较小规模、额度较高的运输形式，一般使用汽车做运输工具。

⑥ 送达服务。配好的货物运输到用户还不算配送工作的完结，这是因为送达货物和用户接货往往还会产生不协调，使配送前功尽弃。因此，要圆满地实现运货的移交，并有效地、方便地处理相关手续并完成结算，还应讲究卸货地点、卸货方式等。

⑦ 配送加工。按照配送客户的品种要求所进行的流通加工活动。它可以扩大配送品种的实用度，提高客户的满意程度，提高服务水平，提高配送的吸引力。在配送中，配送加工这一功能要素不具有普遍性，但往往是有重要作用的功能要素。

(2) 配送的作用。配送与运输、仓储、装卸搬运、流通加工、包装和物流信息融为一体，构成了物流系统的功能体系，其作用表现在以下几个方面。

① 配送有利于提高物流效率，降低物流费用。采用配送方式，批量进货、集中发货，以及将多个小批量集中于一起大批量发货，都可以有效地节省运力，实现经济运输，降低成本，提高物流经济效益。

② 配送可以降低整个社会物资的库存水平。发展配送，实行集中库存，整个社会物资的库存总量必然低于各企业分散库存总量。同时，配送有利于灵活调度，有利于发挥物资的作用。此外，集中库存可以发挥规模经济优势，降低库存成本。

③ 配送对于广大用户而言，提高了物流服务水平。配送能够按时按量、品种配套齐全地送货上门，一方面简化了手续，节省了成本，提高了效率；另一方面保障了物资供应，满足了人们生产生活的物资需要和服务享受。

④ 对于生产企业来讲，配送可以实现零库存。一方面，对于产成品而言，可以根据需要多少就生产多少，实现产成品零库存；另一方面，对于原材料而言，需要多少供应商就供应多少，也可以做到零库存，从而大大降低经营成本。

⑤ 配送对于整个社会和生态环境来说，也起着重要的作用。它可以节省运输车辆，缓解交通紧张状况，减少噪声、尾气排放等运输污染。

**3. 配送的种类**

配送作为一种现代流通组织形式，具有集商流、物流、信息流于一身的职能。但由于配送者、主体、配送对象、服务对象以及流通环境的不同等，配送可以按不同的标志进行不同的分类。

(1) 按组织者的不同,配送可分为商店配送、配送中心配送、仓库配送和生产企业配送四种形式。

(2) 按配送时间及数量的不同,配送可分为定时配送、定量配送、定时定量配送、定时定路线配送、即时配送五种形式。

(3) 按配送商品的种类和数量的不同,配送可分为单(少)品种大批量配送、多品种少批量配送、配套成套配送。

(4) 按专业化程度的不同,配送可分为综合配送和专业配送。

(5) 按经营形式不同,配送可分为销售配送、供应配送、销售—供应一体化配送、代存代供配送。

(6) 按加工程度的不同,配送可分为加工配送和集疏配送两类。

(7) 按配送的功能不同,配送可分为转送模式配送、分销模式配送、储存模式配送和加工模式配送。

### 4.2.2 配送中心概述

**1. 配送中心的含义与特点**

所谓配送中心,就是把多品种、大批量物品从供货人那里通过领货、转运、分拣到流通加工、信息处理,按照顾客的订单把货品配齐,迅速、准确而且方便配送的基础设施。

《物流术语》GB/T 18354-2006 是这样定义配送中心的:从事配送业务且具有完善信息网络的场所或组织,应基本符合下列要求。

(1) 主要为特定客户或末端客户提供服务。

(2) 配送功能健全。

(3) 辐射范围小。

(4) 提供高频率、小批量、多批次配送服务。

国内外关于配送中心的定义较多,不管从哪个角度来定义配送中心,有一点是可以肯定的,即配送中心是一种以物流配送活动为核心的经营组织,是配送业务活动的聚集地和发展地,同时也是物流活动的枢纽。其功能目的是按照客户的要求为客户提供高水平的配送服务,这一目的要求其具有现代化的物流设施和经营理念。

**2. 配送中心的功能**

配送中心的功能全面完整,众多配送任务均通过功能完成。具体来说,配送中心有以下功能。

(1) 储存功能。配送中心的服务对象是众多的企业和商业网点(如超级市场和连锁店)。为了顺利而有序地完成向用户配送商品(货物)的任务及更好地发挥保障生产和消费需要的作用,通常配送中心都要兴建现代化的仓库并配备一定数量的仓储设备,储存一定数量的商品,形成对配送的资源保证。

(2) 集货功能。为了能够按照用户要求配送货物,首先必须集中用户需求规模备货,从生产企业取得种类、数量繁多的货物,这是配送中心的基础功能,是配送中心取得规模优势的基础所在,一般来说,集货批量应大于配送批量。

(3) 分拣功能。为了将多种货物向多个用户按不同要求、种类、规格、数量进行配送,配送中心必须有效地将储存货物按用户要求分拣出来，并能在分拣基础上，按配送计划进行理货，这是配送中心的核心职能。为了提高分拣效率，应配备相应的分拣装置，如货物识别装置、传送装置等。

(4) 流通加工功能。经济高效的运输、装卸、保管一般需要大的包装形式。但在配送中心下位的零售商、最终客户，一般需要小的包装。为解决这一矛盾，有的配送中心设有流通加工功能。流通加工与制造加工不同，它对商品不做性能和功能的改变，仅仅是商品尺寸、数量和包装形式的改变。

(5) 信息功能。配送中心在干线物流与末端物流之间起衔接作用，这种衔接不但靠实物的配送，也靠情报信息的衔接。配送中心的信息活动是全物流系统中重要的一环。

(6) 集散功能。在物流实践中，配送中心凭借其特殊的地位和其拥有的各种先进的设施和设备，能够将分散在各个生产企业的产品(即货物)集中到一起，而后，经过分拣、配装，向多家用户发运。与此同时，配送中心也可以做到把各个用户所需要的多种货物有效地组合(或配装)在一起，形成经济、合理的货载批量。配送中心在流通实践中所表现出的这种功能即(货物)集散功能，也有人把它称为"配货、分放"功能。

### 4.2.3　配送管理概述

物流配送是现代流通业的一种经营方式，它是指根据货物要求，在配送中心或其他物流节点进行货物配备，把货物在指定的日期和时间以内，安全准确地送达收货人的运输活动。

#### 1. 配送管理的含义

配送管理是指为了以最低的配送成本达到客户最满意的服务水平，对配送活动进行的计划、组织、协调与控制。按照管理进行的顺序，将配送管理划分为三个阶段：计划阶段、实施阶段和评价阶段。

1) 配送管理计划阶段

配送计划是为了实现配送预想达到的目标所做的准备性工作，其主要包括确定配送所要达到的目标，以及为实现这个目标所进行的各项工作的先后次序；分析研究在配送目标实现的过程中可能发生的任何外界影响，尤其是不利因素，并确定对这些不利因素的对策；做出贯彻和指导实现配送目标的人力、物力、财力的具体措施。

2) 配送管理实施阶段

配送的实施就是对正在进行的各项配送活动进行管理，其主要包括对配送活动的组织和指挥，以便充分发挥配送的每个部门、每个工作者的作用和对各个配送环节、部门机构进行的统一调度；对配送活动的监督和检查，以了解配送的实施情况，揭露配送活动中的矛盾，找出存在的问题，分析问题发生的原因，提出克服的方法。

3) 配送管理评价阶段

在该阶段要对配送活动进行调节。通过配送调节可以解决各部门、各环节之间，上、下级之间，配送内部和外部环境间的矛盾，从而使配送过程协调一致，紧紧围绕配送目标开展活动，从而保证配送计划的最终实现。应当指出的是，无论采取什么评价方法，其评价手段都要借助于具体的评价指标，这种指标通常表现为实物指标和综合指标。

2. 配送管理的内容

从不同的角度来看，配送管理包含以下内容。

1）配送模式管理

配送模式是企业对配送所采取的基本战略和方法。企业选择何种配送模式，主要取决的因素有：配送对企业的重要性、企业的配送能力、市场规模与地理范围、保证的服务及配送成本等。

根据国内外的发展经验及我国的配送理论与实践，目前主要形成了自营配送模式、共同配送模式、共用配送模式等配送模式。

2）配送业务管理

一般情况下，配送组织工作的基本程序和内容主要有以下几个方面。

(1) 选择配送线路。配送路线是否合理，对配送速度、成本、效益影响很大，因此，采用科学合理的方法确定合理的配送路线是非常重要的一项工作。确定配送路线可以采取各种数学方法和在数学方法的基础上发展和演变出来的经验方法进行，主要有方案评价法、数学计算法和节约里程法等。现在已开发出多个软件可以帮助管理者及员工设定配送线路，避免了烦琐的数学计算。

(2) 拟订配送计划。管理者需要拟订配送计划，供具体负责进行配送作业的员工执行。现在一般可采用计算机作为编制配送计划的主要手段。

3）配送作业管理

不同产品的配送可能有独特之处，配送作业流程的管理就是对这个流程之中的各项活动进行计划和组织。

4）对配送系统各要素的管理

从系统的角度看，对配送系统各要素的管理主要包括对人、物、财、设备、方法和信息管理。其中，对人的管理具体指选拔和录用配送从业人员、培训与提高配送专业人才等；对物的管理是指对配送活动的客体即物质资料实体的管理；对财的管理是指计算与控制配送成本、建立配送经济效益指标体系、筹措与运用资金等；对设备的管理包括选型与优化配置各种配送设备、合理使用和更新改造各种设备等；对方法的管理包括研究、推广普及各种配送技术、应用现代管理方法等。

5）信息管理

信息是配送系统的神经中枢，只有做到有效地处理并及时传输物流信息，才能对系统内部的人、财、物、设备和方法五个要素进行有效的管理。

6）对配送活动中具体职能的管理

从职能上划分，配送活动主要包括配送计划管理、配送质量管理、配送技术管理、配送经济管理等。

### 4.2.4 配送作业流程

配送作业是配送企业或部门运作的核心内容。配送中心的作业流程能否均衡、协调地运转，直接关系到企业的运作效益。因此，分析和确认合理的配送作业流程显得尤为重要。

### 1. 配货作业的一般作业流程

配送作业的一般流程可概括为：进货→储存→拣货→配货→送货→送达，如图 4-4 所示。

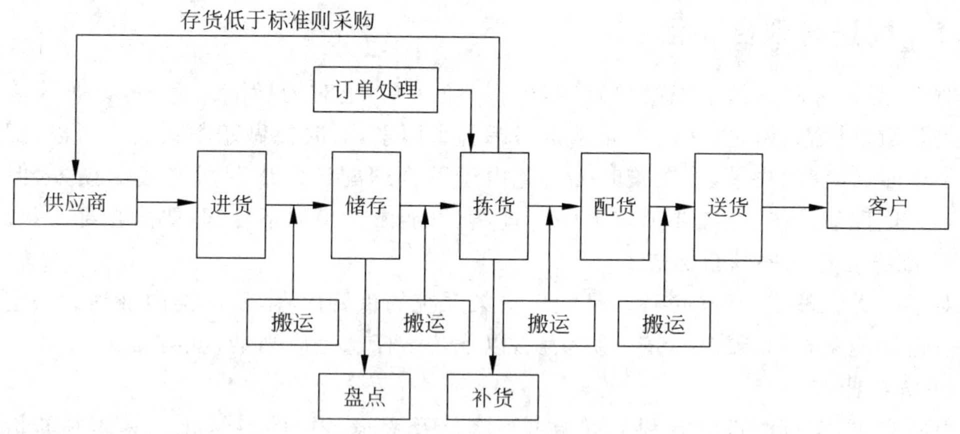


图 4-4　配送作业一般流程示意图

当收到用户订单后，首先将订单按其性质进行“订单处理”，并根据处理后的订单信息，进行从仓库中取出用户所需货品的“拣货”作业。拣货完成，一旦发现拣货区所剩余的存货量过低时，则必须由储存区进行“补货”作业。如果储存区的存货量低于规定标准时，便向供应商采购订货。从仓库拣选出的货品经过整理之后即可准备“发货”，等到一切发货准备就绪，司机便可将货品装在配送车上，向用户进行“送货”作业，如图 4-5 所示。

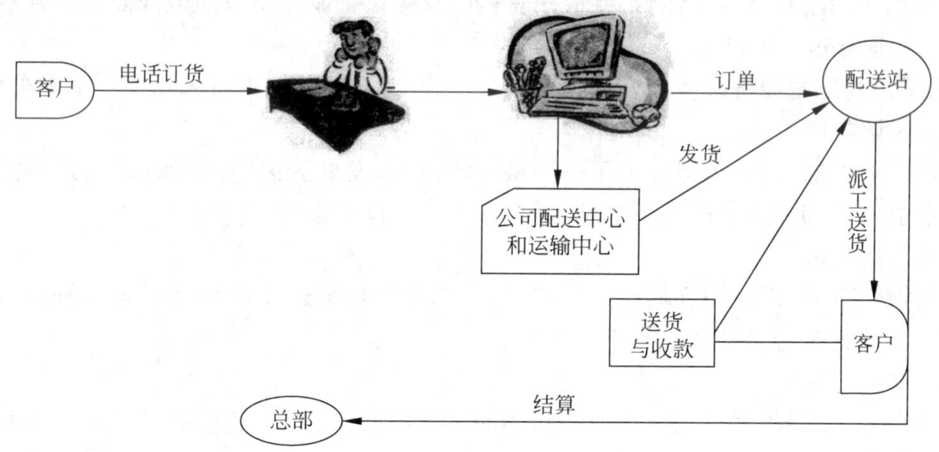


图 4-5　配送作业流程图实例

### 2. 配送作业的特殊作业流程

除以上一般作业流程外，在具体配送作业过程中，还存在以下几种特殊的作业流程。

(1) 进货→储存→送货。

(2) 进货→储存→分拣→送货。

(3) 进货→加工→储存→分拣→配货→配装→送货。

(4) 进货→储存→加工→储存→装配→送货。

上面各个配送流程依次为：各类食品的配送工序；煤炭等散货的配送流程；木材、钢材等原材料配送经常采用的作业工序；机电产品中的散件、配件的配送流程。

### 4.2.5 配送管理合理化

对于配送合理与否，不能简单判定，也很难有一个绝对的标准。例如，企业效益是配送的重要衡量标志，但是，在决策时常常考虑各个因素，有时要做赔本买卖。所以，配送的决策是全面、综合的决策，在决策时要避免由于不合理配送的出现所造成的损失，但有时某些不合理现象是伴生的，要追求大的合理，就可能派生小的不合理，要防止绝对化。

**1. 配送合理化的判断标志**

对于配送合理化与否的判断，是配送决策系统的重要内容，目前国内外尚无一定的技术经济指标体系和判断方法，按一般认识，以下若干标志是应当纳入的。

1）资金标志

总的来讲，实行配送应有利于资金占用降低及资金运用的科学化。具体判断指标包括资金总量、资金周转和资金投向的改变三个方面。

2）库存标志

库存是判断配送合理与否的重要标志，具体指标包括库存总量和库存周转两个方面。

3）成本和效益

总效益、宏观效益、微观效益、资源筹措成本都是判断配送合理化的重要标志。对于不同的配送方式，可以有不同的判断侧重点。由于总效益及宏观效益难以计量，在实际判断时，常以按国家政策进行经营，完成国家税收及配送企业和用户的微观效益来判断。

**2. 配送合理化的措施**

为了提高配送经济效益和合理化程度，根据配送合理化标准可采用以下策略进行。

1）区域配送

配送的区域扩大化趋势突破了一个城市的范围，发展为区间、省间，甚至是跨国的更大范围的配送，即配送范围向周边地区、全国乃至全世界辐射。

2）共同配送

共同配送的实质就是在同一个地区，许多企业在物流运作中相互配合，联合运作，共同进行理货、送货等活动的一种组织形式。

3）即时配送

即时配送是最终解决用户企业所担心的供应间断问题，大幅度提高供应保证能力的重要手段，是配送企业快速反应能力的具体化，可以保证物流系统综合效益的有效发挥。

4）准时配送

准时配送是配送合理化的重要内容。配送做到了准时，用户才有资源把握，可以放心地实施低库存或零库存，可以有效地安排接货的人力、物力，以追求最高效率的工作，同时保证供应能力。

5）产地直接配送

配送产地直送将有效地缩短流通渠道，优化物流过程，大幅度降低物流成本。特别是对于批量大、需求量稳定的货物，产地直送的优势将更加明显。

6）信息化与自动化

配送信息化就是直接利用计算机网络技术重新构筑配送系统。配送作业的自动化突破了体力劳动和手工劳动的传统模式。

7）组合多种配送方式

每一配送方式都有其优点，多种配送方式和手段的最优化组合，将有效地解决配送过程、配送对象、配送手段的复杂问题，使得配送效益最大化。

8）送取结合

送取结合即各企业间相互配合，在将各自生产的产品（或其附近，相同运输路线上的单位生产的产品）送出的同时，带回当地的产品。这种方式，可以使运力得到充分利用，配送功能得到更大发挥。

## 4.3　第三方物流仓储管理

### 4.3.1　仓储概述

**1. 仓储的含义**

仓储是仓库储存和保管的简称，一般是指从接受储存物品开始，经过储存保管作业，直至把物品完好地发放出去的全部活动过程。概括地讲，就是指通过仓库对暂时不用的物品进行收存、保管、交付使用的活动过程。在这个活动过程中包括存货管理和各项作业活动，即静态的物品储存和动态的物品存取。

仓储活动是随着社会化大分工和商品交换而逐步产生和发展的。自从人类社会开始有了剩余产品，物品储存就成为一切社会形态的一种社会经济现象。特别是在社会化大生产占主导地位的现代社会里，具有一定规模的物品储存更是经济发展的客观要求。

仓储管理的内涵随着其在社会经济领域中的作用不断扩大而变化。仓储管理从单纯意义上的对货物存储的管理，已成为物流过程中的中心环节，它的功能已不是单纯的货物存储，而是兼有包装、分拣、整理、简单装配等多种辅助性功能。因此广义的仓储管理应包括对这些工作的管理。

**2. 仓储的功能**

仓储具有储存、保管、加工、整合、分类和转运、提供信用保证、市场信息的传感器等功能。

1）储存功能

现代社会生产的一个重要特征就是专业化和规模化生产，劳动生产率极高，产量巨大，绝大多数产品都不能被及时消费，需要经过仓储手段进行储存，这样才能避免生产过程堵塞，保证生产过程能够继续进行。对于生产过程来说，适当的原材料、半成品的储存，可以防止因缺货造成的生产停顿。而对于销售过程来说，储存尤其是季节性储存可以为企业的市场营销创造良机。适当的储存是市场营销的一种战略，它为市场营销中特别的商品需求提供了缓冲和有力的支持。

2）保管功能

生产出的产品在消费之前必须保持其使用价值，否则将会被废弃。这项任务就需要由仓储来承担，在仓储过程中对产品进行保护、管理，防止损坏而丧失价值。在保管过程中要选择合适的储存场所，采取合适的养护措施。

3）加工功能

保管物在保管期间，保管人根据存货人或客户的要求对保管物的外观、形状、成分构成、尺度等进行加工，使仓储物发生所期望的变化。比如，对保鲜、保质要求较高的水产品、肉产品、蛋产品等食品，可进行冷冻加工、防腐加工、保鲜加工等；对金属材料可进行喷漆、涂防锈油等防锈蚀的加工；对钢材卷板的舒展、剪切加工；对平板玻璃的开片加工；将木材直接加工成各种型材，可使消费者直接使用；对钢材、木材的集中下料，搭配套材，减少边角余料，可节省原材料成本和加工费用。对配送的物品进行各种加工活动，如拆整化零、定量备货。

4）整合功能

整合是仓储活动的一个经济功能。通过这种安排，仓库可以将来自于多个制造企业的产品或原材料整合成一个单元，进行一票装运。其好处是有可能实现最低的运输成本，也可以减少由多个供应商向同一客户进行供货带来的拥挤和不便。

5）分类和转运功能

分类就是将来自制造商的组合订货分类或分割成个别订货，然后安排适当的运力运送到制造商指定的个别客户。

仓库从多个制造商处运来整车的货物，在收到货物后，如果货物有标签，就按客户要求进行分类；如果没有标签，就按地点分类，然后使货物不在仓库停留而直接装到运输车辆上，装满后运往指定的零售店。

6）提供信用保证

在大批量货物的实物交易中，购买方必须检验货物、确定货物的存在和货物的品质，方可成交。购买方可以到仓库查验货物。由仓库保管人出具的货物仓单是实物交易的凭证，可以作为对购买方提供的保证。仓单本身也可以作为融资工具，可以直接使用仓单进行质押。

7）市场信息的传感器

任何产品的生产都必须满足社会的需要，生产者都需要把握市场需求的动向。社会仓储产品的变化是了解市场需求极为重要的途径。仓储量减少、周转量加大，表明社会需求旺盛；反之则需求不足。厂家存货增加，表明其产品需求减少或者竞争力降低，或者生产规模不合适。仓储环节所获得的市场信息虽然比销售信息滞后，但更为准确和集中，且信息成本较低。现代企业生产特别重视仓储环节的信息反馈，将仓储量的变化作为决定生产的依据之一。现代物流管理特别重视仓储信息的收集和反应。

### 4.3.2 仓储管理的原则与任务

仓储管理是物流管理的核心内容之一。它不仅对仓储系统，而且对整个物流系统都起着十分重要的作用。仓储管理的核心目标是提高仓库的运作效率。因此,在物流管理中,必须采用科学的管理方法,以达到降低成本、提高企业经济效益的目的。

### 1. 仓储管理的原则

仓储管理工作应遵循以下几项基本原则。

1) 经济效益原则

厂商的生产经营以追求利润最大化为动机,作为参与市场经济活动主体之一的仓储业,也应围绕着获得最大经济效益的目的进行组织和经营。同时,也需要承担部分社会责任,履行环境保护、维护社会安定的义务,满足社会不断增长的需要等社会义务,实现生产经营的社会效益。

2) 效率原则

仓储管理的效率主要表现在仓容利用率、货物周转率、进出库时间、装卸车时间等技术指标上,物流企业往往追求"快进、快出、多储存、保管好"的高效率仓储。

效率管理是仓储管理的核心。效率是仓储以及其他管理的基础,没有生产的效率,就不会有经营的效益,就无法开展优质的服务。高效率还需要有效管理过程的保证,包括现场的组织、督促,标准化、制度化的操作管理,严格的质量责任制的约束。现场作业混乱、操作随意、作业质量差甚至出现作业事故,显然不可能有效率。

3) 服务质量原则

服务是贯穿在仓储中的一条主线,从仓储的定位、仓储的具体操作、对储存货物的控制都围绕着服务进行。仓储活动本身就是向社会提供服务产品,因此,仓储管理就需要围绕服务定位,如何提供服务、改善服务、提高服务质量等方面开展管理工作,包括直接的服务管理、以服务管理和以服务为原则的生产管理。

我国的仓储业具有以下特点。

(1) 条块分割,具有明显的部门仓储业特征。

(2) 仓库众多,但是布局不合理。

(3) 存量巨大,但管理水平较低。

(4) 仓库分散,技术水平差别极大。

(5) 仓储管理法规不够健全。

### 2. 仓储管理的任务

第三方物流企业仓储管理的主要任务表现为以下几个方面。

1) 以高效率为原则组织管理机构

管理机构是开展有效仓储管理的基本条件,是一切管理活动的保证和依托。仓储组织机构的确定应当以仓储经营的目标为依据,以实现仓储经营的最终目标为原则,建立结构简单、分工明确、互相合作的管理机构和管理队伍。

2) 以不断满足社会需要为原则开展商务活动

仓储商务是经营仓储生存和发展的关键工作,是经营收入和仓储资源充分利用的保证。作为社会主义的仓储管理,必须遵循不断满足社会主义社会生产和人民生活需要的生产原则,最大限度地提供仓储产品,满足市场数量和质量上的需要。同时,仓储管理者还要不断掌握市场的变化发展,不断开展创新,提供适合经济发展的仓储产品。

3）利用市场经济手段获得最大的仓储资源的配置

市场经济最主要的功能是通过市场的价格和供求关系调节经济资源的配置。仓储资源的配置也应以实现资源最大效益为原则。仓储管理可以通过营造本仓储机构的局部效益空间,吸引资源的投入。具体任务包括:根据市场供求关系确定仓储的建设规模、依据竞争优势选择仓储地址、以生产差别产品决定仓储专业化分工和确定仓储功能、以所确定的功能决定仓储布局、根据设备利用率决定设备配置等。

4）以高效率、低成本为原则组织仓储生产

仓储生产包括货物入仓、堆存、出仓的作业,仓储物验收、理货交接,在仓储期间的保管照料、质量维护、安全防护等。仓储生产的组织遵循高效、低耗的原则,充分利用先进的生产技术和手段,实现仓储快进、快出,建立科学的生产作业制度和操作规程,采取有效的员工激励机制,不断提高仓储利用率,降低成本,不发生差、损、错事故,保持连续、稳定的生产。

5）以优质服务、讲信用为原则建立企业形象

企业形象是企业的无形财富,良好的形象促进产品的销售,也为企业的发展提供良好的社会环境。作为产业服务的仓储业,其企业形象所面向的对象主要是生产、流通经营者,可通过服务质量、产品质量、诚信和友好合作等方式树立企业的良好形象,并通过一定的宣传手段在潜在客户中推广。在现代物流管理中,对服务质量的高度要求、对合作伙伴的充分信任促使仓储企业形象的建立极为必要,具有良好形象的仓储经营人才能在物流体系中占一席之地,才能适应现代物流的发展。

**仓储管理“世说新语”**

(1) 维护品质——没有破箱破包,恒温恒湿,倒流区隔(即防止商品倒流,正逆向注意分开,以防碰撞)。

(2) 安全性——高度压力(为了商品安全,注意堆高),走道净空。

(3) 空间的利用——频率与省力。

(4) 节省人力——驾车、打单、盘点多能工。

(5) 降低成本——自修托盘,拆卸下的包装材料转卖处理,临时工。

(6) 库存转嫁供货商——免费存放的 VMI 制度。

### 4.3.3 仓储管理的业务流程

仓储管理的基本业务流程主要包括货物的入库管理、在库管理和出库管理三大块。其中,在库管理是指对库中作业的管理,特指货物包装、拆卸、库中调配、再加工等典型的物流服务;通过对出入库货物数量的计算,可以得出准确的库存结存量;另外,还可以根据物流订单信息进行库存的预测。仓储管理业务流程如图 4-6 所示。

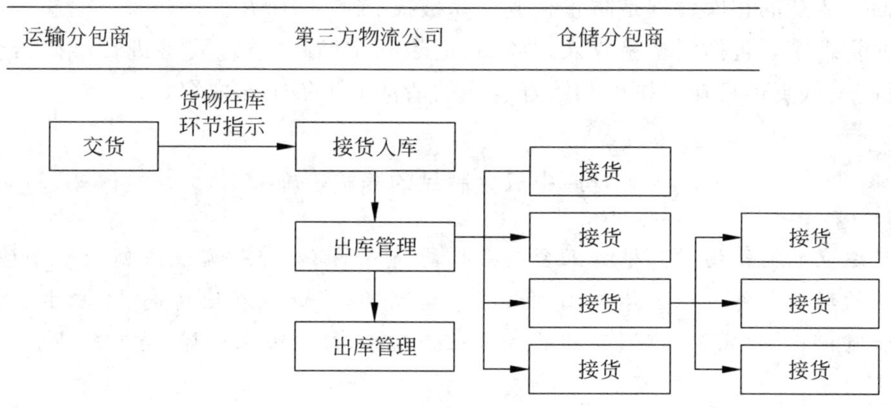


图 4-6　仓储业务流程

1. 入库管理

入库业务是仓储业务的起点，包括物资接运、物资验收和物资入库三个环节。在入库环节，主要是对入库货物的信息进行采集。除一般货物信息外，还应该特别注意异常入库信息，如入库残损、入库拒收等情况。入库基本流程如图 4-7 所示。

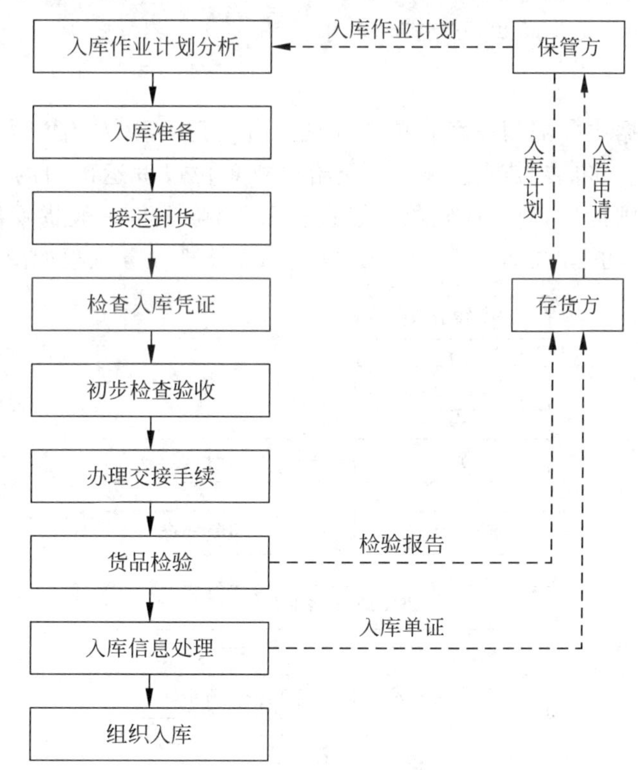


图 4-7　入库业务基本流程

2. 在库管理

在库管理是企业了解市场倾向、进货预测、产品成功与否以及利益计算中不可缺少的一个方面。清楚的在库管理是防止企业产品破损、流失的所在。

在库管理主要包括严格验收入库商品、适当安排储存场所、妥善进行堆码苫垫、控制仓库温湿度、认真进行在库检查和搞好仓库的清洁卫生等工作内容。

仓库中五金制品的养护措施

选择适宜的储藏场所。根据五金制品性能特点的不同要求，设法创造一个适宜五金制品储藏的环境条件。一些体积比较大的金属制品，应储藏在地势高、不积水、比较干燥的货场和货棚，对于比较精密、高档的金属五金制品，应储藏在干燥、地潮较少、便于通风、密封的库内。

严格入库验收和在库检查。五金制品入库和在库储藏期间，均应注意检查五金制品有无水湿、污染和锈蚀现象，并注意包装有无破损、受潮、霉变，特别是雨、露、风、霜发生后，更应认真检查，如发现异状，应查明原因，及时采取有效的防护措施。

加强仓库温、湿度管理。加强温、湿度管理，特别是对湿度要严格控制，采用通风、密封和吸潮相结合的方法，有条件的应酌情配置空气除湿机，要求库内相对湿度控制在五金制品锈蚀的临界相对湿度以下，一般保持在65%～70%。同时也要保持库内温度的稳定，以防因库温的剧烈变化而出现“水淞”现象。

### 3. 出库管理

出库管理是根据业务部门或存货单位开具的出库凭证，从对出库凭证审核开始，进行拣货、分货、发货检查、包装直到把商品点交给要货单位或发运部门的一系列作业过程。一般按先进先出原则提货，对出库货物信息进行采集，除采集一般货物信息外，还应注意异常出库信息、货物的去向、提货人、承运人等。出库管理业务流程如图4-8所示。

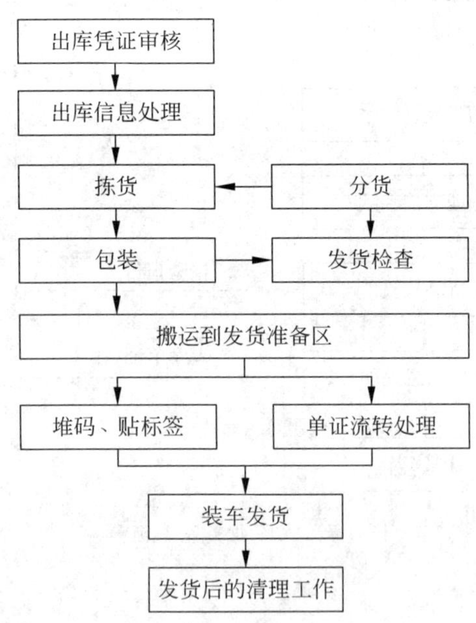


图4-8 出库管理业务流程

### 4.3.4　仓储过程中的储位管理

随着货品流通的快速而复杂，对配送时效及市场少量多样化的需求，在储存作业中会因流动频率及品种的增加而难以掌控。有效掌握货品去向及数量的方法就是利用储位来使货品处于“被保管状态”，而且能够明确地指示储位的位置，货品在储位上的情况都能准确记录。

1．储位管理的原则

储位管理具有以下三个基本原则。

1）有效定位

所谓“有效的”，就是刻意的、经过安排的。依据货品保管区分方式的限制，寻求合适的储存单位、储存策略、指派法则及其他储存考虑因素，把货品有效地配属在先前规划的储位上。

2）储位明确

一般先将储存区域经过详细规划区分，并标示编号，让每一项预备储放的货品均有位置可以储放。此位置必须是很明确的、经过储位编码的，不可是边界含糊不清的位置。

3）记录变动

当货品有效地被配置在规划好的储位上后，后面的工作就是储位的维护了，也就是说货品不管是因拣货取用或是受其他作业的影响，只要货品的位置或数量有了改变，就必须确实地把变动情形加以记录，以使出账与实际数量能够完全吻合，这样才能进行管理。

2．储位管理的储区分类

按作业方式的不同，可将储区分为四类，即保管储区、预备储区、拣货区和移动储区。

1）保管储区

保管储区的货品大多以中长期状态进行保管，一般物流中心均以该区域为最大且最主要的保管区域。货品在此区域均以较大的储存单位进行保管，是整个物流中心的管理重点所在。为了使该区域的储放容量尽可能地大，就要考虑如何将空间充分运用，以提升使用效率。因此，必须采用合适的储位指派方式、储存策略及使用合适的储放设备和搬运设备以提高作业效率。

2）预备储区

预备储区一般是指在进/出货作业时使用的暂存区。其功能在于进出货时，货品被暂时存放并预备进入下个储区。虽然货物停留在此区域的时间并不长，但若不严格管制就特别容易导致管理上的困扰。以物流中心的预备储区而言，常因“只是暂放而已”的心态，导致货品因为缺乏整理整顿的作业概念，致使货品置放零乱，寻找不易，甚至常有损坏的情况发生。正因为如此，预备储区的管理应纳入储位管理的范围，并以标示、隔离、定位等方式加以整理，配合目视管理与颜色管理。

3）拣货区

拣货区是指拣货作业时使用的拣货区域。此区域的货品大多即将被拣取出货，其货品在储位上流动频率很高。由于这个区域的功能在于满足拣货的需求，为了使拣货时间缩短以及降低拣错率，就必须在拣取时能很方便地找到欲拣取的货品所在位置。因此，储存的标示与位置指示就显得非常重要。而要让拣货顺利进行及拣错率降低，还得靠一些拣货设备来完成。

4）移动储区

移动储区是指在配送作业时，配送车上货品的放置区域。此区域货品存放在移动中的车上，故称为移动储区。在配送的过程中并不如想象中那么方便和轻易地依次把货品一一送到顾客手中。由于现在的交通混乱状况，以及大多数顾客都有收货时间的限制，因此常会发生当把货品依配送店顺序由后向前，从配送车上由内到外依次排好后，配送中因塞车而延误了第一家和第二家上午的收货时间，为了争取配送时间就必须先送第三家，下午再回头送第一家及第二家。在这种情况下就得先把第一家及第二家的货搬下车，才可取得第三家的货，搬下车后再把第一家及第二家的货搬回车上，如此搬上搬下浪费时间，这就是货品相对位置布置及配送顺序未能配合好的缘故。假如能预先在车上安排一定的回转空间，就不需把第一家、第二家货品搬下来，只要直接在车上移动第一、二家中一家的货品摆放顺序，就可轻易取得第三家的配送货品。另外，配送车上货品若没有定好摆放管理规则，在出货配送时只是胡乱地把配送货品往车上塞，以增加出车装载率，其结果将使货品的配送顺序混乱，不得不在配送时花很多时间在车上寻找货品，甚至会有货品遗失的情况发生，这些就是移动储区必须加以管理的理由。此外，商品未送达给顾客签收时，仍算是物流中心的存货，故必须有所掌握，库存情况才能确实与账目相符。因此，对移动储区应加以重视及管理。

### 4.3.5 仓储合理化

**1. 仓储合理化的含义与标志**

1）仓储合理化的含义

仓储合理化是指用最经济的办法实现储存的功能。仓储合理化的实质是在保证储存功能实现的前提下尽量减少投入，这也是一个投入产出的关系问题。

2）仓储合理化的主要标志

（1）质量标志。保证被储存物的质量，是完成储存功能的根本要求，只有这样，商品的使用价值才能通过物流得以最终实现。在储存中增加了多少时间价值或是得到了多少利润，都是以保证质量为前提的。所以，储存合理化的主要标志中，为首的应当是反映使用价值的质量。保证储存商品的使用价值是商品储存合理化的主要标志。

（2）数量标志。商品储存合理化的另一个标志在保证功能实现前提下对储存商品的合理数量做出科学的决策。

（3）时间标志。在保证功能实现的前提下，寻求一个合理的储存时间，这是和数量有关的问题。储存量大而消耗速度慢，则储存的时间必然长，因此，在具体衡量时往往用周转速度指标来反映时间标志，如周转天数、周转次数等。

（4）结构标志。结构标志是从被储存不同品种、不同规格、不同花色的储存数量的比例关系对储存进行合理的判断。尤其是相关性很强的各种物资之间的比例关系更能反映储存合理与否。

(5) 分布标志。分布标志指不同地区储存的数量比例关系，以此判断当地需求比，对需求的保障程度，也可以此判断对整个物流的影响。

(6) 费用标志。仓租费、维护费、保管费、损失费、资金占用利息支出等，都能从实际费用上判断仓储的合理与否。

**2. 实现仓储合理化的措施**

为了实现商品储存的合理化，企业可以采取以下十大实施要点。

(1) 储存物品的 ABC 分析法。ABC 分析法是根据事物在技术或经济方面的主要特征进行分类、排列，分清重点和一般，以有区别地实施管理的一种分析方法。ABC 分析法是实施储存合理化的基础，在此基础上可以进一步解决各类结构关系、储存量、重点管理、技术措施等合理化问题。

(2) 实施重点管理。在 ABC 分析法的基础上，分别决定实施各种物品的合理库存储备数量以及经济储备数量的办法，乃至实施零库存。

(3) 适当集中储存。在形成一定规模的前提下，追求规模经济、适度集中储存是合理化的重要内容。适度集中库存是利用储存规模优势，以适度集中储存代替分散的小规模储存来实现合理化。

(4) 加速总的周转，提高单位产出。储存周转速度加快，会带来一系列的合理化好处，如资金周转快、资本效益高、货损少、仓库吞吐能力增加、成本下降等。具体做法有采用单元集装存储、建立快速分拣系统等，都有利于实现快进快出，大进大出。

(5) 采用有效的“先进先出”方式。“先进先出”是保证物品储存期不至于过长的合理化措施，也成为储存管理的准则之一。有效的“先进先出”方式主要有：贯通式货架系统、“双仓法”储存、计算机存取系统。

(6) 增加储存密度，提高仓容利用率。主要目的是减少储存设施的投资，提高单位存储面积的利用率，以降低成本、减少土地占用。

(7) 采用有效的储存定位系统。如果定位系统有效，就不仅能大大减少寻找、存放、取出的时间，而且能防止差错，便于清点及实行订货点等管理方式。储存定位方法有“四号定位”和电子计算机定位等。

(8) 采用有效的监测清点方式。对储存物品数量和质量的监测，既是掌握基本情况所必需的，也是科学库存控制所必需的。在实际工作中稍有差错，就会使账物不符，因而必须及时、准确地掌握实际储存情况，经常与账、卡、物进行核对，这在人工管理或计算机管理中都是必不可少的。此外，经常监测也是掌握被储存商品质量状况的重要工作。仓储管理中常用的监测清点方式有：“五五化”堆码、光电识别系统和电子计算机监控系统。

(9) 采用现代储存保管技术。这是储存合理化的重要方面，主要有气幕隔潮、气调储存、塑料薄膜封闭。

(10) 采用集装箱、集装袋、托盘等运储装备一体化方式。集装箱等集装设施的出现，给储存带来了新观念。采用集装箱后，本身便能起到物品储存的作用，在物流过程中，也就省去了入库、验收、清点、堆垛、保管、出库等一系列储存作业，因而对改变传统储存作业有很重要的意义，是储存合理化的一种有效方式。

# 4.4 第三方物流信息管理

## 4.4.1 物流信息概述

物流系统中的相互衔接是通过信息予以沟通的，而且基本资源的调度也是通过信息的传递来实现的。例如，物流系统和各个物流环节的优化所采取的方法、措施，以及选用合适的设备、设计合理的路线、决定最佳库存量，都要切合系统实际，即依靠能够准确反映物流活动的信息。所以，物流信息对提高经济效益起着非常重要的作用。

**1. 物流信息的含义与特点**

1）物流信息的含义

《物流术语》GB/T 18354—2006 对物流信息的定义是：反映物流各种活动内容的知识、资料、图像、数据、文件的总称。

物流信息首先是反映物流领域各种活动状态、特征的信息，是对物流活动的运动变化、相互作用、相互联系的真实反映，包含知识、资料、情报、图像、数据、文件、语言和声音等各种形式。它随着从生产到消费的物流活动的产生而产生，与物流的各种活动（如运输、保管、装卸、包装及配送等）有机地结合在一起，是整个物流活动顺利进行所不可缺少的条件。

2）物流信息的特点

物流信息具有联系性、多样性、广泛性、复杂性和动态性等特点。

（1）联系性。物流活动是多环节、多因素、多角色共同参与的活动，目的就是实现产品从产地到消费地的顺利移动。因此，在该活动中所产生的各种物流信息必然存在十分密切的联系。这种相互联系的特征是保证物流各子系统、供应链各环节，以及物流内部系统与物流外部系统相互协调运作的重要因素。

（2）多样性。物流信息种类繁多，从其作用的范围来看，该系统内部各个环节有不同种类的信息，如流转信息、作业信息、控制信息、管理信息等，物流系统外也存在各种不同种类的信息，如市场信息、政策信息、区域信息等；从其稳定程度来看，有固定信息、流动信息与偶然信息等；从其加工程度看，有原始信息与加工信息等；从其发生时间来看，又有滞后信息、实时信息和预测信息等。在进行物流系统的研究时，应根据不同种类的信息进行分类收集和整理。

（3）广泛性。由于物流是一个大范围内的活动，物流信息源也分布于一个大范围内，信息源点多、信息量大，涉及从生产到消费、从国民经济到财政信贷的各个方面。物流信息来源的广泛性决定了它的影响也是广泛的，涉及国民经济各个部门、物流活动各环节等。

（4）复杂性。物流信息的广泛性、联系性、多样性和动态性带来了物流信息的复杂性。在物流活动中，企业必须对不同来源、不同种类、不同时间和相互联系的物流信息进行反复研究和处理，才能得到有实际应用价值的信息，去指导物流活动。这是一个非常复杂的过程。

(5) 动态性。多品种、小批量、高频率的配送技术与 POS、EOS、EDI 等技术的不断应用,使得各种物流作业频繁发生,加快了物流信息的价值衰减速度。这就要求物流信息的不断更新。物流信息的及时收集、快速响应、动态处理已成为主宰现代物流经营活动成败的关键。

2. 物流信息的分类

物流信息按不同的分类标准,可以分为以下几种不同的类别。

1) 按信息来源分类

按信息来源的不同,信息可分为物流系统外信息和物流系统内信息两类。

(1) 物流系统外信息。物流系统外信息是在物流活动以外发生的,但提供给物流活动使用的信息,包括供货人信息、顾客信息、订货合同信息、交通运输信息、市场信息、政策信息,还有来自企业内生产、财务等部门的与物流有关的信息。

(2) 物流系统内信息。物流系统内信息是伴随物流活动而发生的信息,包括物料流转信息、物流作业层信息、物流控制层信息和物流管理层信息。

2) 按管理层次划分

按管理层次不同,物流信息可以分为战略管理信息、战术管理信息、操作管理信息、知识管理信息四类。

(1) 战略管理信息。战略管理信息是企业高层管理决策者制定企业年经营目标、企业战略决策所需要的信息。例如,企业全年经营业绩综合报表、消费者收入动向和市场动态、国家有关政策法规等。

(2) 战术管理信息。战术管理信息是部门负责人做关系局部和中期决策所涉及的信息。例如,月销售计划完成情况、单位产品的制造成本、市场商情信息等。

(3) 操作管理信息。操作管理信息产生于操作管理层,反映和控制企业的日常生产和经营工作。例如,每天的产品质量指标,用户订货合同、供应厂商原材料信息等。这类信息通常具有量大且发生频率高等特点。

(4) 知识管理信息。知识管理信息是知识管理部门相关人员对企业自己的知识进行收集、分类、存储和查询,并进行知识分析得到的信息。例如,专家决策知识、物流企业相关知识、工人的技术和经验形成的知识信息等。

## 4.4.2 物流信息化的内涵

1. 物流信息化的含义

物流信息化程度的高低,是衡量第三方物流企业实力的一个重要标志,是第三方物流企业市场核心竞争力的表现。关于物流信息化,目前虽然还没有一个统一的定义,但是现有的各种定义归纳起来基本都是从物流设备信息化和物流管理信息化的角度定义的。

1) 物流设备信息化角度的定义

简单来说,物流设备信息化就是物流的计算机化。它注重的是传统物流环节中现代物流信息技术的应用,借以提高各物流环节的效率。即物流企业运用现代信息技术对物流过程中产生的全部或部分信息进行采集、分类、传递、汇总、识别、跟踪、查询等一系列处理活动，以实现对货物流动过程的控制，从而降低成本、提高效益的管理活动。

2）物流管理信息化角度的定义

这一定义重点强调了信息化的管理本质，物流信息化的目的就是通过现代物流信息技术的应用来实现物流流程重组，实现物流管理上的变革。即物流企业以业务流程重组为基础，广泛使用现代物流信息技术，控制和集成企业物流活动的所有信息，实现企业内外信息资源共享和有效利用，以提高企业的经济效益和核心竞争力。

这两个角度定义的物流信息化是目前比较流行的物流信息化定义。前者是将传统的物流活动用信息技术武装起来，实现传统物流流程的信息化从而降低成本、提高管理绩效；后者对物流信息化的阐述注重传统物流流程的优化，也就是用现代物流信息技术来优化物流流程，从而提高经济效益和核心竞争力。这两个角度的物流信息化的定义都强调了信息技术的应用，追求的最终目标是一致的。但国内外研究物流信息化的学者现在普遍认为，物流信息化的过程的内涵是管理思想的革新，是利用信息技术实现流程再造的过程，因此后一种对物流信息化的定义居主流地位。

**2. 物流信息化的作用**

物流信息化对第三方物流企业所产生的作用可归纳为以下四个方面。

1）降低第三方物流企业运作成本

通过物流活动的信息化管理，第三方物流企业可以实现组织结构的扁平化和大部分物流环节作业的非人工化，从而节约大量的人力资源，提高各物流环节的作业效率，加快企业资金的周转速度，节约运输成本、保管成本和管理成本等物流企业运作成本。

2）减少交易费用

物流信息化的大力发展，可以实现各交易活动环节的电子化，如网上交易、信息查询等。交易电子化大大地节约了交易费用。

3）提高核心竞争力

第三方物流企业通过物流活动的信息化管理可以使大量复杂的物流信息得到高效处理，从而高效、及时、快速、准确地满足客户需求，赢得客户的满意。在快速发展的知识经济和网络化时代，客户满意度是核心竞争力的主要方面，通过物流活动的信息化管理，第三方物流企业可以提高核心竞争力，在市场中立于不败之地。

4）缩短时空距离

物流信息化使第三方物流企业对物流信息的响应加速，从而实现货物在空间和时间上的快速移动。

### 4.4.3 第三方物流信息管理系统

通过物流信息系统的应用，能够实现物流各个环节、各个部门与各个企业之间的完美衔接和合作，实现物流资源的合理调配和使用，保证一体化物流供应链管理的完成，达到“以客户为中心，以市场为基础”的物流服务目标。

**1. 物流信息化管理系统的构成**

物流信息管理系统是现代物流企业生存的必要条件，许多企业选择第三方物流企业首要的条件就是物流企业必须具有物流业务管理信息系统。通常情况下，一个完整的物流信息化管理系统要包括决策层、管理层和业务层三个层次结构。

1）决策层

决策层的功能主要用于建立各种物流系统分析模型，辅助管理人员制订物流战略计划。

2）管理层

管理层的主要功能包括仓库作业计划、最优化线路选择、控制与评价模型的建立、根据运行信息检测物流系统的状况。

3）业务层

这是系统的关键所在，主要业务内容为对合同、票据、报表等业务表现方式进行日常处理。

**2. 物流信息管理系统的内容**

根据第三方物流企业的功能，第三方物流企业信息系统的内容一般包括以下几方面。

1）货物跟踪系统

货物跟踪系统是指企业利用条形码技术和 EDI 技术及时获取有关货物运输状况的信息，以提高物流运输服务的管理系统。货物跟踪系统可大大提高第三方物流企业在运输服务方面的水平。该系统可使顾客随时对货物的状态进行查询，顾客只要输入货物的发票号码，立即可以知道有关货物状态的信息，查询作业简便迅速，信息及时准确。通过该系统所获得的有关物流信息还丰富了供应链的信息源，有关货物运输状态的信息，可便于顾客提前做好接货以及后续工作的准备。货物跟踪系统的主要跟踪内容为：从供应商到客户的成品跟踪、库存动态跟踪，从而有效地对仓库业务进行管理；通过 GPS 等系统对运输过程实时跟踪，从而确保货物按时到达。

2）销售时点信息系统

销售时点信息系统（point of sales，POS）是指通过自动读取设备（如收银机）在销售商品时直接读取商品销售信息，如商品名、单价、销售数量、销售时间、购买顾客等，并通过通信网络和计算机系统传送至有关部门进行分析加工以提高经营效率的系统。POS 系统最早应用于零售业，以后逐渐扩展到其他领域，如金融、旅馆等服务性行业，POS 信息系统的应用范围也从企业内部扩展到整个供应链。

货物的条码化是建立整合供应链的最基本条件，它是实现仓储自动化的第一步，也是作为 POS 系统快速准确收集销售数据的手段。货物的条码化可以是专为公司内部系统使用的，也可以采用国际标准与外部具有通用性。以零售业为例，某公司主机的条码数据和商品价格定期（每天）更新下载至店面微机上。店面微机具有以下两个功能。

（1）管理前台 POS，包括通过扫描器收集数据的 POS 终端。

（2）管理后台 POS，包括分析销售数据、下电子订单、打印产品价格和条码标签。目前，较先进的 POS 系统后台具有很强的功能，可以检验货物、进行存货控制、点数、整理账务与管理供应商。

3）电子自动订货系统

电子自动订货系统（electronic ordering system，EOS）是指企业间利用通信网络和终端设备以在线连接方式进行订货作业和订单信息交换的系统。该系统可以缩短从接到订单到发货的时间,缩短订货商品的交货期,减少商品订单的出错率,节省人力资源;可减少企业的库存,加速资金周转;还可以防止库存积压并有效降低企业的经营风险。

4) 事务处理系统

事务处理系统(transaction processing system,TPS)是第三方物流企业业务可以使用的基础系统。该系统可向管理信息、决策支持系统和其他信息系统及管理工作提供所需要的数据。

TPS 的处理对象是订货单和票据,即将原始的单据录入到计算机系统,对订货单据、购货的订单和结算单据、收据、工资支付单据、账款付出、账款收入等基本业务活动进行记录并随时更新。这个系统可以全面反映日常的活动,为更高层次的信息系统提供基础数据并且直接帮助业务的改善。

5) 资源计划系统

(1) 物料资源计划。物料资源计划包括物料需求计划(material requirement planning,MRP)和制造资源计划(manufacturing resource planning,MRPⅡ)。物料资源计划的基本原理是根据企业生产计划,确定每一种或者主要物料的需求时间、需求数量、品种和节奏,形成一个精细的计划系统。物料资源计划可以规划全部资源或主要资源,按照最恰当的数量、最恰当的品种规格和最恰当的时间到达计划所指定的位置。

(2) 分销资源计划。分销资源计划(distribution resource planning,DRP)适用于流通企业。该系统可以根据企业的需求计划,制订配送中心的进货计划和送货计划。

(3) 企业资源计划。企业资源计划(enterprise resource planning,ERP)是在 MRPⅡ的基础上充分利用物流与反馈的信息流和资金流,把客户需求和企业内部的生产活动以及供应商的制造资源整合在一起,体现在完全按照用户需求制造的一种供应链管理思想的功能网络结构模式。它强调通过企业间的合作,强调对市场需求快速反应、高度柔性的战略管理以及降低风险成本、实现高收益目标等优势,从集成化的角度管理供应链问题。

6) 决策支持系统

决策支持系统(decision support system,DSS)是为管理层提供的信息系统资源,是给决策过程提供所需要的信息、数据支持及方案选择支持。在非常规、非结构化决策时,该系统有很强的决策支持能力。该系统可以向决策者提供有效的方案,灵活地处理问题,进行更深入的信息分析。

7) 智能运输系统

智能运输系统(intelligent transportation system,ITS)是针对地面运输管理的信息系统。智能运输系统将信息技术贯穿于交通运输全过程,形成了集成的地面运输管理体系。该系统可以自动询问和接收各种交通信息,进行合理调度,提供在物流过程中需要了解的特殊公路信息,对运送危险品之类的特种车辆和驾驶员的状况进行全程监视,并在事故情况下自动报警。由于 ITS 是以通信和信息技术为基础的,所以制定 ITS 的标准化具有十分重要的意义。

### 3. 物流信息管理系统的功能

物流系统的不同阶段和不同层次之间通过信息流紧密地联系在一起，因而在物流系统中，总存在着对物流信息进行采集、传输、存储、处理和输出的物流信息系统。它的基本功能可以归纳为以下几个方面，如图 4-9 所示。

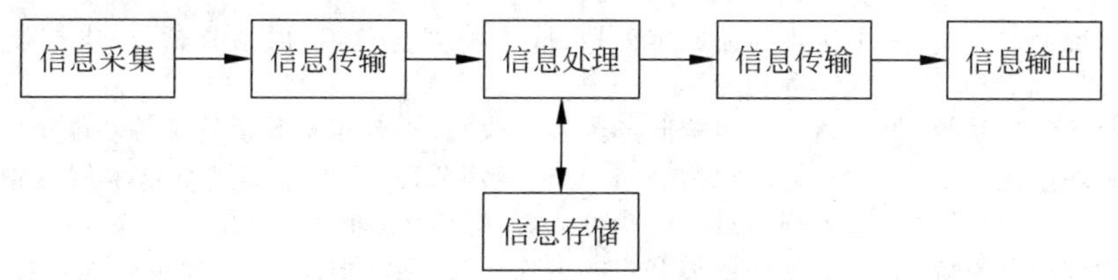


图 4-9　物流信息系统的基本功能

1）信息的采集

物流信息系统首先要以某种方式记录下物流系统内外的有关数据，集中起来并转化为物流信息系统能够接收的形式并输入到系统中。

2）信息的传输

物流信息来自物流系统内外有关单元，又为不同的物流职能所用，因而克服空间障碍的信息传输是物流信息系统的基本功能之一。

3）信息的存储

数据进入系统之后，经过整理和加工，成为支持物流系统运行的物流信息，这些信息需要暂时存储或永久保存，以供使用。

4）信息的处理

物流信息系统的最基本目标，就是将输入数据加工处理成物流信息。信息处理可以是简单的查询、排序，也可以是复杂的模型求解和预测。信息处理能力的强弱是衡量物流信息系统能力的一个重要方面。

5）信息的输出

物流信息系统的目的是为各级物流人员提供信息。为了便于人们的理解，系统输出的形式应力求易读易懂、直观醒目，这是评价物流信息系统的主要标准之一。

### 4. 第三方物流信息管理系统的功能模块设计

第三方物流信息管理系统适应现代物流的需求而产生，主要具备业务管理、库存管理、属地组货配送管理、异地运输管理、调度监控管理等方面的功能。具体功能介绍如表 4-3 所示。

**表 4-3　系统功能模块设计**

| 系统功能模块 | 功 能 介 绍 |
|---|---|
| 业务管理信息系统 | 可实现业务计划、客户订单、物流应收、业务人员业绩测评等功能 |
| 库存管理信息系统 | 可实现仓库与货位、货物的出入库、库存、报损、盘存、统计查询等功能；可替大客户进行库存管理 |
| 属地组货配送管理系统 | 可实现仓库组货拆货、客户现场组货拆货、货物运至运输公司、货物同城运输等管理功能，以及一维、二维条码管理 |

续表

| 系统功能模块 | 功能介绍 |
|---|---|
| 异地运输管理系统 | 可实现异地运输状况、运输任务执行情况、运输交接等管理功能 |
| 调度监控管理系统 | 可实现物流作业的任务下达、信息监控、突发情况调度、生成物流日报表、数据汇总等功能 |
| 成本管理系统 | 可实现物流成本计划、成本测算与分摊、成本分析、成本控制、压缩物流成本等功能 |
| 平台租赁业务管理系统 | 包括平台租赁服务内容及收费、平台租赁系统管理等功能 |
| 渠道信息管理系统 | 可对合作承运公司、异地运输公司、大客户等进行基本信息管理,包括渠道名称、地址、联系方式、分支机构、维修站等信息 |
| 客户关系管理信息系统 | 可实现同各类客户的合作历史、客户信用测评、投诉处理等功能 |
| 货款代收业务管理系统 | 包括货款代收委托订单管理、货款代收业务、代收管理费用等功能 |
| 应收应付管理系统 | 可实现订单应收、运输应收应付、合作承运商的应收应付核算、代收货款、费用监控、催款处理等功能 |
| 财务管理系统 | 可以与其他专业财务软件相衔接 |
| 决策支持系统 | 包括汇总数据处理、汇总数据分析(库存、采购、客户)等管理功能 |
| 系统级管理系统 | 包括基础数据维护(静态和动态数据)、权限设置、平台设置、历史备份处理等功能 |

## 4.5 第三方物流装卸搬运管理

### 4.5.1 装卸搬运的概念与特点

**1. 装卸搬运的概念**

第三方物流的装卸搬运是指在第三方物流服务过程中,在同一地域范围内进行的、以改变物的存放状态和空间位置为主要内容和目的的活动,包括装上、卸下、移送、拣选、分类、堆垛、入库、出库等活动。

**2. 装卸搬运的特点**

装卸搬运是第三方物流服务活动的重要内容。第三方物流装卸搬运的特点主要表现在以下几个方面。

1) 装卸搬运服务作业量大

在整个第三方物流作业中装卸搬运所占的比例最大,在运输、保管、包装、流通加工等环节中都要涉及装卸搬运作业。因此,必须使装卸搬运合理化、机械化,以提高装卸搬运的速度,同时尽量减少装卸搬运的次数,以减少对货物的损坏。

2) 均衡性与波动性

装卸搬运活动必须与物流运作过程的节拍保持一致。从这个意义上讲,装卸搬运基本上是均衡的、连续的、平稳的,具有节奏性。装卸搬运的均衡性主要是针对生产领域而言的,因为生产过程的基本要求是保证生产的均衡。因此,作为生产过程的装卸搬运活动必须与生产过程的节拍一致。从这个意义上讲,第三方物流为生产企业服务的装卸搬运基本上是均衡的、连续的、平稳的,具有节奏性。而在流通领域的装卸搬运,由于车船的到达时间是不连续的、不均衡的,因此,其作业是突击的、波动的、间歇的。装卸搬运作业波动性程度一般可用波动系数进行定量描述。对波动作业的适应能力是第三方物流装卸搬运服务的特点之一。

3）稳定性和多变性

装卸搬运的稳定性主要指生产领域的装卸搬运作业，这是与生产过程的相对稳定相联系的，特别是在大量生产的情况下更是如此。在流通领域里，由于物质产品本身的品种、形状、尺寸、重量、包装、性质等各不相同，输送工具也不相同，再加上流通过程的随机性，所有这些决定了装卸搬运的多变性。因此，在流通领域里，装卸搬运应具有多变作业的能力。

4）装卸搬运的对象和过程复杂

第三方物流企业由于客户的不同，在物流环节中货物也各有不同，使得装卸搬运的货物多种多样，它们在性质、形态、重量、体积以及包装方法上都有很大的区别。即使是同一种货物在装卸搬运前不同的处理方法，也可能产生完全不同的装卸搬运作业，如单件装卸和集装装卸。从装卸搬运的结果来考察，有些货物经过装卸搬运后要进入储存，而有些货物装卸搬运后要进行运输。不同的储存方法、不同的运输方式在装卸搬运设备运用、装卸搬运方式的选择上都提出了不同的要求。

由于装卸搬运与运输、存储紧密衔接，为了安全和输送的经济性，需要同时进行堆码、满载、加固、计量、取样、检验、分拣等作业。因此，装卸搬运作业必须具有适应这种复杂性的能力，才能加快物流的速度。

5）装卸搬运服务的安全性要求高

装卸搬运作业需要人与机械、货物、其他劳动工具相结合，工作量大，情况变化多，很多作业环境复杂，这些都导致了装卸搬运作业中存在着不安全的因素和隐患。创造装卸搬运作业适宜的作业环境，改善和加强劳动保护，对任何可能导致不安全的现象应设法根除，防患于未然。装卸搬运的安全性，一方面直接涉及人身，另一方面又涉及货物。在装卸搬运中，发生机毁人亡的事故已屡见不鲜，造成货物损失的价值也要以亿元计。而装卸搬运同其他物流环节相比安全系数较低，因此，要更加重视装卸搬运的安全生产问题。

### 4.5.2　第三方物流装卸搬运管理

第三方物流企业为了提供客户满意的装卸搬运服务，保证整个物流系统的正常高效运转，必须做好装卸搬运服务的管理工作。第三方物流装卸搬运服务的管理原则主要如下。

**1. 坚持质量第一的原则**

装卸搬运的数量与质量是对立的统一，没有数量当然没有质量，但没有一定质量的数量也是无效的，甚至是有害的。因此，在装卸搬运作业时，必须在确保作业对象完好无损的前提下追求数量。

**2. 实现装卸搬运的合理化原则**

搬运作业必须注重提高效率，充分发挥现有装卸搬运设备和人员的作用，不断提高装卸搬运的机械化水平。为此，必须实现装卸搬运的合理化。

**3. 遵循搬运效率化 18 原则**

搬运效率化 18 原则是指：单位装载化原则、设备应经常使用原则、搬运平衡原则、现场布置原则、机械化原则、标准化原则、安全原则、流程原则、水平直线原则、弹性原则、搬运简单原则、最小操作原则、活性原则、空间活用原则、降低死重率原则、重力利用原则、预防保养原则、废弃原则。

**4. 注意安全原则**

在装卸搬运作业过程中经常存在着一些不安全的因素，只有高度重视安全生产问题，根除任何可能导致不安全的隐患，才能保证装卸搬运作业的安全进行。装卸搬运服务的安全包括将货物的损坏降到最低和劳动安全。装卸搬运是在物流过程中造成货物破损、散失、损耗、混合等损失的主要环节。在装卸搬运过程中最容易造成货物的损毁。在实施装卸搬运服务时，工作人员需要与机械、货物、其他劳动工具相结合，创造装卸搬运作业适宜的作业环境，改善和加强劳动保护，对任何可能导致不安全的现象应设法根除，尽量避免安全事故的发生。

**5. 讲究经济效益原则**

由于装卸搬运工作要占用较多的设备、人员及费用，因此，在组织装卸搬运作业时，要注意人力、物力、财力的节约使用，达到以较少的消耗(包括活劳动和物化劳动)，在规定时间内保质保量地完成装卸搬运。

**6. 系统化原则**

所谓系统化原则，是指将各个装卸搬运活动作为一个有机整体实施系统化管理。也就是说，运用综合系统化的观点，提高装卸搬运活动之间的协调性，提高装卸搬运系统的柔性，以适应多样化的物流需求，提高装卸搬运效率。

### 4.5.3 装卸搬运服务的组织

装卸搬运服务的组织形式大致上可分为两种基本形式，即专业型劳动组织、综合型劳动组织。

**1. 专业型劳动组织形式**

专业型劳动组织形式是按作业内容或工序，将有关人员和设备分别组合成装卸、搬运、计量、堆垛、整理等作业班组，由这些班组组成一条作业线，共同完成各种装卸搬运作业。专业型组织按工种划分班组，作业任务单纯明确，作业专业化，有利于提高作业的熟练程度和装卸搬运的劳动效率，并能促进作业质量的提高。每个班组的作业内容较固定，可配备专用装卸搬运设备，这样既便于设备的管理，又有利于提高设备利用率，还能促进装卸搬运作业机械化。但由于物资的出入库需要几个作业班组协同完成，工序间、环节间的衔接不易密切，容易出现不协调或脱节现象，不利于组织一次性作业。又由于当装卸搬运作业量不均衡时，或当各工序或环节间进度不一致时，不便于开展班组间的合作，装卸搬运作业能力便会因某个薄弱环节的影响而下降。

**2. 综合型劳动组织形式**

综合型劳动组织形式是将分工不同的各种人员和功能不同的设备组合成一个班组，对装卸搬运活动的全过程均由一个班组承包到底，全面负责。综合型组织由于是在一个班组内承担某一项出入库的全过程，故有利于各环节和工序之间的衔接配合，便于组织一次性作业。当出入库任务比较集中时，可集中调配人员和设备，有利于提高装卸搬运的综合作业能力。但由于是在一个作业班组内配备了不同工种的人员和设备，故不便于设备的维护管理，也不易在短期内提高工人的技术熟练程度。又由于每个作业班组的人员和设备是相对固定的，当作业内容变化时，不能及时进行调整，反而影响了作业效率。

一般来说，对于规模比较大的装卸作业部门，由于人员多、设备齐全、任务量大，可采用工序制组织形式（即专业型劳动组织形式），否则，以采取包干制组织形式（即综合型劳动组织形式）为宜。

### 4.5.4 第三方物流装卸搬运合理化

第三方物流企业装卸搬运服务合理化应采取的措施如下。

**1. 消除无效作业**

所谓无效作业，是指在装卸作业活动中超出必要的装卸、搬运量的作业。显然，防止和消除无效作业对装卸作业的经济效益有重要作用。为了有效地防止和消除无效作业，可从以下几个方面入手。

(1) 尽量减少装卸次数。要想使装卸次数降低到最少，尤其要避免没有物流效果的装卸作业。在物流过程中，货损主要发生在装卸环节，而在整个物流过程中，装卸作业又是反复进行的。从发生的频率来讲，装卸作业超过了任何其他活动，过多的装卸次数必然导致货损的增加。从发生的费用来讲，一次装卸的费用相当于几十千米的运输费用，因此，每增加一次装卸，物流费用就会有较大比例的增加。此外，减少装卸次数又是提高物流速度的重要因素。

(2) 提高被装卸物料的纯度。物料的纯度，指物料中含有水分、杂质等与物料本身使用无关的物质的多少。物料的纯度越高，则装卸作业的有效程度越高；反之，则无效作业就会增多。

(3) 包装要适宜。包装是物流中不可缺少的辅助作业手段。包装的轻型化、简单化、实用化会不同程度地减少作用于包装上的无效劳动。

(4) 缩短搬运作业的距离。物料在装卸、搬运当中.要实现水平和垂直两个方向的位移，选择最短的路线完成这一活动，就可避免超越这一最短路线以上的无效劳动。

**2. 提高装卸搬运的灵活性**

物料或货物平时存放的状态是各式各样的，可以是散放在地上，也可以是装箱放在地上或放在托盘上等。由于存放的状态不同，物料的搬运难易程度也不一样。人们把物料或货物从静止的存放状态转变为装卸搬运状态的难易程度称为装卸搬运的灵活性。如果很容易转变为下一步的装卸搬运而不需过多地做装卸前的准备工作，则灵活性就高；如果难以转变为下一步的装卸搬运，则灵活性就低。

**3. 实现装卸作业的省力化**

在装卸作业中，第三方物流企业应尽可能地消除重力的不利影响，在有条件的情况下利用重力进行装卸，可减轻劳动强度和能量的消耗。例如，将设有动力的小型运输带（板）斜放在货车、卡车或站台上进行装卸，使物料在倾斜的输送带（板）上移动，这种装卸就是靠重力的水平分力完成的；在搬运作业中，不用手搬，而是把物资放在车上，由器具承担物体的重量，人只要克服滚动阻力使物料水平移动，这无疑是十分省力的。

4. 推广组合化装卸搬运

在装卸搬运作业过程中，第三方物流企业应根据不同物料的种类、性质、形状、重量的不同来确定不同的装卸作业方式。处理物料装卸搬运的方法有三种：普通包装的物料逐个进行装卸，叫作“分块处理”；将颗粒状物料不加小包装而原样装卸，叫作“散装处理”；将物料以托盘、集装箱、集装袋为单位进行组合后进行装卸，叫作“集装处理”。对于包装的物料，应尽可能进行“集装处理”，实现单元化装卸搬运，可以充分利用机械进行操作组合化装卸。

5. 改进装卸搬运作业方法

装卸搬运是物流过程中重要的一环。合理分解装卸搬运活动，对于改进装卸搬运各项作业、提高装卸搬运效率有着重要的意义。例如，采用直线搬运，减少货物搬运次数，使货物搬运距离最短；避免装卸搬运流程的“对流”、“迂回”现象；防止人力和装卸搬运设备的停滞现象，合理选用装卸机具、设备等。在改进作业方法上，第三方物流企业尽量采用现代化管理方法和手段，如排队论的应用、网络技术的应用、人机系统等，实现装卸搬运的连贯、顺畅、均衡。

6. 尽量做到机械化

装卸搬运机械化是提高装卸效率的重要环节。装卸机械化程度一般分为三个级别：第一级是用简单的装卸器具；第二级是使用专用的高效率机具；第三级是依靠计算机控制实行自动化、无人化操作。第三方物流企业以哪一个级别为目标实现装卸机械化，不仅要考虑经济是否合理，而且还要从加快物流速度、减轻劳动强度和保证人与物的安全等方面来考虑。

第三方物流企业装卸搬运机械的选择必须根据装卸搬运物品的性质来决定，对冠以箱、袋或集合包装的物品可以采用叉车、吊车、货车装卸；散装粉粒体物品可使用传送带装卸；散装液体物可以直接向装运设备或储存设备装取。

7. 创建“复合终端”

近年来，发达国家为了对运输线路的终端进行装卸搬运合理化的改造，创建了所谓的“复合终端”，即对不同运输方式的终端装卸场所，集中建设不同的装卸设施。例如，在复合终端内集中设置水运港、铁路站场、汽车站场等，这样就可以合理配置装卸、搬运机械，使各种运输方式有机地结合起来。第三方物流企业在具备水运港、铁路站场、汽车站场等外部条件时，可以借鉴此做法。

## 本章小结

第三方物流企业运输管理的内容主要包括运输决策、运输过程管理和运输结算管理三个部分。为保证运输过程的合理性，运输管理在执行过程中要遵循距离原理、服务原理、规模原理和成本原理。

配送管理是指为了以最低的配送成本达到客户最满意的服务水平，对配送活动进行的计划、组织、协调与控制。按照管理进行的顺序，将配送管理划分为三个阶段：计划阶段、实施阶段和评价阶段。配送作业的一般流程可概括为：进货→储存→分拣→配货→加工→配装→送货→送达。

仓储管理的基本业务流程主要包括货物的入库管理、在库管理和出库管理三大块。物流信息是指反映物流各种活动内容的知识、资料、图像、数据、文件的总称。物流信息具有联系性、多样性、广泛性、复杂性和动态性等特点。物流信息系统的功能包括数据的采集、信息的传输、信息的存储、信息的处理和信息的输出。

第三方物流企业装卸搬运服务合理化应采取的措施有消除无效作业、提高装卸搬运的灵活性、实现装卸作业的省力化、推广组合化装卸搬运、改进装卸搬运作业方法、尽量做到机械化和创建"复合终端"。

## 思考与练习

**一、名词解释**

运输管理　配送　仓储　物流信息　装卸搬运

**二、填空题**

1. 运输管理的内容：(　　)、(　　)、(　　)。
2. (　　)主要是根据客户的需要，为客户提供核心服务之外的服务，或者是采用超出常规方法提供的服务。(　　)、(　　)、(　　)的需要是物流附加服务的本质特征。
3. "四就直拨"运输是指四种直拨形式：(　　)、(　　)、(　　)、(　　)。
4. 运输服务是由各种提供者结合提供的，提供运输服务的经营者有(　　)、(　　)和(　　)。
5. 配送的构成要素。(　　)、(　　)、(　　)、(　　)、(　　)送达服务以及配送加工等是配送最基本的构成单元。

**三、选择题**

1. 在物流的接单环节，除了一般的货运信息外，还应提供货物(　　)，便于发生货损货差事件时的处理。

   A. 数量　　B. 明细信息　　C. 名称　　D. 产地
2. (　　)将各个用户所需要的各种物品，按需要的品种、规格、数量，从仓库的各个货位拣选集中起来，以便进行装车配送的作业。

   A. 集货　　B. 装配　　C. 分拣　　D. 配送
3. (　　)的功能全面完整，众多配送任务均通过功能完成。

   A. 运费　　B. 承包费　　C. 租赁费　　D. 代垫代付
4. (　　)是随着社会化大分工和商品交换而逐步产生和发展的。

   A. 仓储活动　　B. 运输活动　　C. 配送活动　　D. 加工活动
5. (　　)系统是指企业利用条形码技术和EDI技术及时获取有关货物运输状况的信息，以提高物流运输服务的管理系统。

   A. EDI　　B. GIS　　C. GPS　　D. 货物跟踪

**四、思考题**

1. 第三方物流运输管理包含哪些内容？其有哪些特点？
2. 第三方物流运输管理的基本原理是什么？
3. 第三方物流运输合理化的途径有哪些？
4. 简要分析第三方物流的配送作业流程。
5. 第三方物流仓储过程中的储区是如何分类的？
6. 简述物流信息的含义与特点。
7. 物流信息化对第三方物流企业所产生的作用有哪些？
8. 第三方物流装卸搬运管理原则有哪些？
9. 第三方物流装卸搬运服务合理化应采取的措施有哪些？

### 鲜花的运输

2013 年，昆明国际花卉拍卖中心的数据显示，玫瑰整体拍卖均价为 0.34 元/枝，而在上海市场，非节假日玫瑰花一般是 5 元/枝。在市场的作用下，玫瑰等花卉将从昆明主产地涌入上海市场。这时，就需要运输服务来实现鲜花的空间位移。

玫瑰从昆明运到外地(以上海为例)，主要有三个途径：一是航空，昆明至上海的鲜花空运价为 4.2 元/千克；二是铁路，昆明运花到上海的铁路运价为 2.5 元/千克；三是邮政，昆明到上海的运输费用折合每千克接近 2 元。按 15 枝玫瑰 1 千克折合，每枝玫瑰从昆明到上海的航空运价为 0.28 元，铁路运价为 0.17 元，邮政运价为 0.13 元。可见，运输成本占的比重比较大。另外，鲜花的损耗、包装等也会产生一定的成本。

在上海市场上，非节假日零售的玫瑰花一般是 5 元/枝，而扎好的花束价格更高，以一束中等的 9 朵普通红玫瑰来算成本，大约花朵的进价为 13 元，配花情人草 8 元，而包装纸及相关配件大约 10 元。成本最多不超过 31 元，在情人节这样的花束每束可卖到 128 元，价格翻了好几倍。

资料来源：http://61.153.213.46:81/JGXM/UploadFiles_6315/200907/20090705152538171.doc.

**讨论**

1. 对于拍卖价只有 0.34 元/枝的玫瑰花，为什么花商愿意支付 0.28 元/枝的航空费用呢？
2. 在鲜花的运输活动中，是如何体现运输的“空间效用”和“时间效用”的？
3. 为什么在昆明国际花卉拍卖中心价值 0.34 元/枝的玫瑰，在上海市场上会以 5 元/枝的价格销售呢？(鲜花本身没有变化，还有可能发生损耗)
4. 如果航空运费提升一倍，会对鲜花市场带来怎样的影响？

# 第 5 章

# 第三方物流客户管理

## 学习目标

通过本章的学习，掌握第三方物流客户服务的基本概念及其特征，能够分析实际应用中的客户服务模式，掌握影响客户服务模式的关键因素，能够对第三方物流企业的客户服务做出恰当的价值评估。

## 关键术语

客户服务　客户服务模式　客户满意度　CRM　客户服务水平

### 宝供物流集团公司的客户服务

1. 经营理念

宝供公司就是宝供人为之奋斗、生存和发展，为客户创造价值的一个团体。公司与个人的利益休戚与共，我们相信诚实正直、开拓进取地为公司发展做正确的事情，将为公司和个人带来共同的利益和进步。我们也坚信真诚地为客户提供满意的服务会使我们公司不断发展壮大，这样做更具有价值。

2. 使命

为客户提供优质高效的物流供应链服务的全面解决方案以支持客户的发展，为推动行业发展和员工进步做出不懈的努力。作为回报，我们会得到不断提高的市场占有率和合理的利润。

3. 价值观

客户满意：客户满意是我们存在的基础，是我们业务发展的根本保障。

主人翁精神：是我们企业持续发展的原动力。

诚实正直：是宝供人生存发展之根本。

开拓进取：是适应市场环境、满足客户需要的法宝。

团队协作：是我们力量的源泉，能提供给我们良好的工作环境。

注重效果：良好的工作效果是我们所期望的，能使企业不断发展壮大。

资料来源：http://wenku.baidu.com/view/

思考

1. 宝供物流集团公司的服务营销理念有何意义？

2. 为何要进行服务营销管理？

# 5.1 第三方物流客户服务

## 5.1.1 第三方物流客户服务的界定

**1. 第三方物流客户服务的定义**

物流活动从本质上说是一种服务，是对客户的服务。现代物流管理的实质就是在客户满意的前提下，在权衡服务成本的基础上，向物流需求方——客户高效、迅速地提供物流服务。第三方物流作为物流专业化、社会化的重要形式，在与物流需求方的合作过程中，客户服务的好坏直接影响到双方合作的效率和持久性。第三方物流的客户服务可定义为：第三方物流服务企业向客户提供的贯穿于双方合作过程中的各种活动。

**2. 第三方物流客户服务的特点**

第三方物流服务企业的客户服务包括两个方面，即代替客户企业为客户企业做客户服务和针对客户企业的客户服务。同时，由于第三方物流服务企业在运作过程中几乎都采用外包的方法，通过整合利用社会资源以及其他第三方物流服务企业来满足客户企业的多样化、个性化物流服务需求，所以，第三方物流服务企业的客户服务又包括第三方物流服务分包商代替第三方物流服务企业所做的客户服务。

第三方物流服务企业客户服务的这种特殊性，使第三方物流服务企业客户服务具有以下两个特点。一是第三方物流服务企业及其第三方物流服务分包商需要深刻理解客户企业的客户服务政策，在特殊情况下，甚至需要参与客户企业客户服务政策的制定，以便能较好地代替客户企业为客户企业做好客户服务。二是第三方物流服务企业客户服务水平的高低，不仅取决于客户企业的评价，还取决于客户企业的客户评价；不仅取决于客户企业和其客户对第三方物流服务企业客户服务水平的评价，还取决于客户企业和其客户对第三方物流服务企业利用的第三方物流服务分包商的客户服务水平的评价。

表 5-1 说明，通过各类物流服务活动来满足客户的需求。通过客户服务水平的设定，并将各类物流服务活动的内部指标量化，并转为客户服务水平的外部指标，从而找出实际的客户服务水平和设定的客户服务水平的差距。

例如，设定配送客户服务水平为 95%(外部指标)，

实际达到的配送活动内部指标为：

配送数量准确率 95%，

配送质量准确率 95%，

配送时间准确率 95%，

配送单据准确率 95%，

则实际配送客户服务水平为 81.45%，

比设定配送客户服务水平低 13.55%。

表 5-1　生产或制造类企业的物流活动

| 物流中的关键性活动 | | 物流中的支持性活动 | |
|---|---|---|---|
| 1. 顾客服务 | 确定顾客需求<br>确定顾客对服务的反应<br>设定顾客服务水平 | 1. 仓储 | 库位确定<br>站台布置和设计<br>仓库装备 |
| 2. 运输 | 运输方式和服务的选择<br>拼货<br>运输路径<br>运输车辆调度<br>设备选择<br>索赔处理<br>运费审计 | 2. 物料搬移及处理 | 设备选择<br>设备更新<br>订单拣货<br>货物储存及补货 |
| | | 3. 采购 | 供应商选择<br>采购时间选择<br>采购量 |
| 3. 库存管理 | 原材料及成品的库存政策<br>短期销售预测<br>存货点的货物组合<br>存货点的数量、规模和位置及时制、推动和拉动战略 | 4. 包装 | 搬移保护包装<br>存储保护包装<br>防盗包装 |
| | | 5. 生产和运作协同 | 确定生产批量、产品生产的次序和安排时间 |
| | | 6. 信息维护 | 信息收集和存储<br>信息维护<br>数据分析<br>控制流程 |
| 4. 信息系统和订单处理 | 销售订单和库存交互过程<br>订单信息传递方法<br>订购规则 | | |

## 5.1.2　第三方物流客户服务的层次

**1. 操作层面**

把客户服务看作一种具体的活动和作业。在这一层次上，把客户服务看成公司必须完成的职责和任务。

**2. 衡量层面**

在这一层次上，要以特定的绩效指标来衡量客户服务的表现。

**3. 承诺层面**

在这一层次上，将客户服务提升到公司对客户的一种承诺。它不仅包括前面层次的硬件操作，而且包括客户服务的心理态度和感性认知。

## 5.1.3　第三方物流客户服务管理的目的

第三方物流客户服务管理的目的是以适当的成本来实现高质量的物流客户服务。具体来看，客户服务与成本的关系有四种类型。

**1. 服务不变，成本下降**

即在顾客服务水平一定的情况下，通过改变顾客系统来不断降低成本，进而追求顾客服务系统的改善。

2. 服务提高,成本增加

即为了提高顾客服务水平,不得不牺牲低水平的成本,听任其上升。这是大多数企业所认为的服务与成本的关系,是企业在其特定顾客或特定商品面临竞争时所采取的具有战略意义的方针。

3. 成本不变,服务提高

即在服务成本一定的情况下,实现顾客服务水平的提高。这是一种灵活、有效的利用服务成本性能、追求成本绩效的做法。

4. 成本较低,服务较高

1) 明确客户服务的要求

与客户进行密切沟通,服务要求精确描述,尽可能全面和量化,同时保持一定的弹性。

2) 强化成本控制

在满足客户需求的前提下,首先确定物流服务流程,然后量化物流服务流程中的每个服务环节的成本,最后选择成本最低、控制力最强的服务流程,并使之标准化。

3) 在客户服务水平和物流成本之间保持平衡

在不断提高自身物流服务竞争力的前提下,与客户充分沟通,通过差异化服务策略来追求客户服务水平和物流成本之间的平衡。

### 5.1.4 第三方物流客户服务管理的原则

1. 以市场和客户为导向

第三方物流客户服务水平的确定,不能仅从物流服务供给方的角度出发,而应该充分考虑物流服务需求方的物流服务要求,即从产品导向型客户服务向市场导向型客户服务转变。产品导向型的客户服务由于是根据供给方自身所决定的,一方面难以真正对应客户的需求,容易出现服务水平设定失误;另一方面,也无法根据市场环境的变化和竞争格局及时加以调整。而市场导向型的客户服务正好相反。它是根据经营部门的信息和竞争企业的客户服务水平相应制定的,既避免了过剩服务的出现,又能及时进行控制。在市场导向型的客户服务中,通过与客户面谈、客户需求调查、第三方调查等方法寻求客户最强烈的需求愿望,是决定客户服务的基本方法。

2. 制定多种客户服务组合

随着客户业种和业态多样化的发展,客户的需求不可能千篇一律,这就要求第三方物流企业在客户服务活动中制定多种客户服务组合。如今,对客户提供统一服务的企业很多,这不利于客户服务的效率化。客户服务对于第三方物流企业来讲也要考虑有限经营资源的合理配置。也就是说,在决定客户服务时,第三方物流企业应根据客户的不同类型采取相应的客户服务策略,如表 5-2 所示。

一般来讲,根据客户经营规模、类型和对本企业的贡献度来划分,可以采用支援型、维持型、受动型的客户服务战略。对本企业贡献度大的企业,由于具有直接的利益相关性,应当采取支援型策略;而对本企业贡献度小的企业,要根据其规模、类型再加以区分。经营规模小但属专业型的客户,由于存在进一步发展的潜力,可以采取维持型策略,以维持现有的交易关系,为将来可能开展的战略调整打下基础。相反,经营规模小且属综合型的客户，将来进一步发展的可能性较小，所以在服务上可以采取受动型策略，即在客户要求服务的条件下才开展客户服务活动。

表5-2　按客户类型开展客户服务

| 客户类型＼对本企业贡献度 | | 本企业营业额大 | 本企业营业额小 |
|---|---|---|---|
| 全国型企业 | 专业型<br>综合型 | 积极支援型策略 | 现状维持型策略 |
| 地域型企业 | 专业型<br>综合型 | 准积极支援型策略 | 受动型策略 |

3. **制定差异化服务策略**

第三方物流企业在制定客户服务要素和服务水平的同时，应当保证服务的差别化，即与其他企业相比有鲜明的特色，这是保证高服务质量的基础，也是客户服务战略的重要特征。要实现这一点，就必须具有对比性的客户服务观念，即重视收集和分析竞争对手的客户服务信息。

# 5.2　第三方物流客户服务模式

## 5.2.1　第三方物流客户需求模式

第三方物流企业在进行客户服务模式建立之前，需要对目标客户进行分析和定位，这样才能有针对性地制定出符合各个客户要求的客户服务模式。

企业提供的服务所依赖的基础是客户的需求，因此，第三方物流企业在进行客户服务模式设置之初要进行客户市场细分，也就是进行客户需求细分，这样才能做出有针对性的客户服务。

物流客户的需求模式，通常包括三个阶段的内容。其一是刺激部分，也就是说，物流需求的产生源自内在动机和外部激励；其二是需求思维过程，该过程受思维的各种客观条件的约束；其三是反应过程，经过思维之后，物流需求者做出的对物流的各种要求。该模式如图5-1所示。

图5-1　物流客户需求模式

## 5.1.2　第三方物流企业的目标客户分析

1. **需求刺激**

1）核心需求

这一部分包括物流需求者也就是物流客户对物流的基本要求和发展要求。因为物流需求者不仅要完成自己产品的空间和时间协调统一的转移，更希望物流提供者能够在满足其基本要求的基础上提供更完整、更全面的市场信息。

2）附加需求

这种需求是指物流需求者对第三方物流企业所提供的服务提出的进一步的特殊要求。例如，要求比一般的运输时间缩短一半，或要求必须在特定的时间点进行交货等。

**2. 需求思维**

物流服务的需求者需要在对第三方物流企业所提供产品——服务的认识基础上，结合自己的价值观进行判断，然后形成自己的具体需求认识，通过分析外部信息，来形成自己的最终决策。

**3. 需求反应**

客户需求反应是其决策的结果，主要表明客户是否接受该第三方物流企业的服务，接受的程度有多大，这也是企业搜集有关顾客满意度信息的直接阶段，并能将其用于以后的项目开发和客户市场扩展。

**4. 客户需求的价值种类**

随着世界经济的迅猛发展，第三方物流得到了越来越多的关注，根本原因就在于其独特的作用与价值。它能够帮助客户获得真实准确的关于配送的一系列的信息，如服务速度、后续服务、价格、技术采用等。

客户对第三方物流企业的服务需求，一般分为以下几类。

1）成本价值节约型

此类客户与第三方企业合作的根本目的就是降低成本，至于服务水平是否能够得到大幅度的提高并不在他们的关心之列。因为从 20 世纪 70 年代开始，企业就开始寻找提高物流效率的种种方法，尽管已经取得了巨大的进步，要想取得更大的改善来降低物流费用，单单依靠企业自己的力量恐怕是不可能了。这就迫使这种在市场上已经占有一席之地的企业与各种物流配送公司相联合，其中就包括了第三方物流企业。

利用第三方物流，企业不需要大量进行物流信息系统方面的投资就可以以最低的投入充分享用更好的信息技术；而且企业不需要自己维护内部运输设备、仓库等物流基础设施，可以降低固定成本和管理费用以及节省人力成本。

2）服务能力价值提升型

这种类型的客户主要是想通过第三方物流企业的能力，提高自身的服务水平。对于附加值较高的产品，或者刚刚进入市场的产品，往往是这种对能力的需求。

利用第三方物流，企业可以通过信息网络和节点网络加快对客户订货的反应能力，加快订单处理，缩短从订货到交货的时间，实现货物的快速交付，提高客户满意度，从而增强企业信誉，促进企业销售，提高企业的市场占有率。

3）资金价值控制型

这类客户，一般资金不足或较重视资金的使用效率，不愿意自己在物流方面投入过多的人力和物力。针对这种需求，第三方物流企业要充分展现自己在物流方面的能力和投资潜力，提供可垫付货款或延长付款期限的物流服务项目。

利用第三方物流企业的运输和配送网络，加上企业自己的管理控制能力配合，可以提高对客户的响应速度，加快存货的流动周转，从而减少内部的安全库存量，降低企业的资金风险。

### 5.2.3　第三方物流企业客户服务的模式种类

1．标准化定制服务模式

这一服务模式的主要提供主体是中小型第三方物流企业。对于这类企业来说，实力有限，规模有限，而且资源有限，只是在某些物流服务功能上具有一定的优势。并且公司发展起步比较晚，其服务的市场倾向于中小客户、中短期客户、低端客户市场。那么中小企业在实施定制化服务过程中，可以采取提供标准化定制服务模式，根据自身能提供的物流服务进行功能模块化和标准化，通过对物流产品的各个功能模块进行组合，满足客户的个性化需求特征，在设计具体的客户化定制物流方案时更侧重于服务标准化。我国第三方物流发展明显落后于一些发达国家，因此，这类公司主要是由中小型企业组成，互相之间的竞争比较激烈。而随着第三方物流企业服务品牌的建立、企业信誉的提高，物流企业就可以一边拓展客户，一边铺设物流网络，等到实力达到一定的要求，就可以增加自营功能模块，外购非核心能力的功能模块，以物流服务总效益最大化为指导，实现各功能模块的协调，向着更高层次的物流服务迈进。

2．个性化定制服务模式

这种服务模式的提供者是少数有实力的大型第三方物流企业，其面向或追求的物流服务市场主要是大客户、长期型客户、高端客户。因此在为客户提供定制化服务时，对客户的介入更加深入，个性化服务特征也更鲜明。如为客户提供 VIP 化服务就是第三方物流企业与这类客户保持最紧密联系甚至结成战略联盟的重要手段。根据客户的生产及销售模式，企业全面规划其物流服务模式，优化业务流程，整合物流供应链，为顾客提供“量身定做、一体化运作、个性化服务”的模式。例如，在组织结构、业务流程等多方面上去适应对方，为对方提供专人专项的服务，从客户角度出发为客户设计系统的物流流程，来降低总的物流成本，提高货主企业满意度，尽最大的努力去满足对方的需求。

3．第三方物流公司主导的供应链模式

第三方物流公司（包括资产型、非资产型的第三方物流公司）主导的供应链模式是一种适应新形势并有很大发展前途的供应链新模式。这种模式是有层次性的，也就是说随着环境的变化，第三方物流公司将从完全承担物流到既承担物流又涉足第四方物流的领域再到完全从事第四方物流的职能，因此，这里将第三方物流公司主导的供应链模式分为三个阶段。

1）完全或主要提供物流服务

这种模式可以说是最低级的一种，这种模式中第三方物流公司基本上的业务是物流，也提供少量的供应链整合方案，但这种整合方案是由于别的企业需要而为其专门设计的模式。

2）既提供物流又提供供应链整合方案

在这种主导模式中，第三方物流公司不再处于被动的无意识地位，而是以一种积极的姿态借助于自己特色服务的核心地位优势去组织和管理整个供应链。但是该模式中第三方物流公司的主要业务还是物流服务,也就是说它所从事的供应链管理和组织主要是服务于物流活动的。这种模式的主要特点是物流公司已经将供应链的整合方案与自身的物流优势结合起来并发挥出更大的作用。因为如果没有统一的规划和调配将会出现很多不必要的交易费用,这样可能会削弱或抵消物流所带来的优势。应该说这种模式是真正主导的开始。但是这种模式必须有一个前提条件,那就是各企业(包括物流企业本身)必须首先改变物流企业作为供应链辅助者的观念,而应该将其认为是供应链的主要参与者。但在现实中由于辅助者的观念还处于主要地位,所以这种模式出现可能还需要一定的时间,但是出现的趋势却是必然的。

3) 完全提供供应链整合方案

这种模式实际上也可以称为第四方物流公司主导的供应链模式,因为它所从事的主要是第四方物流的职能。但是由于这种公司是由第三方物流公司转变而来,而且这种模式的品牌也是以原来第三方物流公司的品牌为基础的,所以仍称其为第三方物流公司主导的供应链模式。也正是由于这种原因,它凭借对物流领域的熟悉,再加上具有专业化组织和管理优势,最终能达到单一的第三方物流所达不到的结果。在这种模式中,将拥有强大的品牌力量,这种品牌不再像传统品牌那样,而是一种结合各方优势的供应链品牌,这种品牌预示的不仅是可靠的产品质量,同时还预示着完善的物流配送,所以它是一种全新的品牌。这种供应链模式是一种最高级的模式,在这种模式中处于主导地位的第三方物流公司通过运用各种先进的理论和信息技术真正达到了供应链的无缝连接,最大限度地发挥了供应链的整合优势。

**物流服务成功的关键因素**

Michael F. Corbett & Associates 公司归纳出了物流服务商与客户建立成功关系的十大关键因素。

(1) 沟通(communication):物流服务商应与客户建立良好的沟通机制,增强相互理解,及时发现和解决问题。

(2) 灵活性(flexibility):物流服务商应对客户的需求变化具有灵活性。

(3) 创新(innovation):物流服务商应不断创造新的增值服务项目,改进对客户的服务。

(4) 诚信(integrity):物流服务商应以与客户实现双赢为目标,努力与客户建立相互信任的关系。

(5) 个性化服务(personal service):物流服务商应为客户提供量身定制的个性化服务。

(6) 生产率(productivity):物流服务商应努力提高物流运作效率,降低物流成本,缩短供货周期。

(7) 关系管理(relationship management):物流服务商应从合作关系的建立到维护与发展中自始至终保持与客户的良好合作。

(8) 响应性(responsiveness):物流服务商应对客户的服务要求表现出良好的响

应性。

(9) 技术竞争力(technical competence)：物流服务商应采用先进的物流与信息技术，为改进客户服务提供支撑。

(10) 价值(value)：物流服务商应主动参与客户物流合理化空间的发掘，不断为客户创造新的价值。

资料来源：田学军.国外物流市场运作模式及其启示[J].中外物流快讯，2002(2).

## 5.3　影响第三方物流客户服务的因素

### 5.3.1　时间

时间因素通常以订单周期表示，尤其是从卖方的角度。从买方的角度则是备货时间或补货时间，不管是从什么角度及采用什么术语，影响时间因素有几个基本变量。包括订单处理、订单准备、货物发送，通过对这些活动的有效管理，保证合适的订单周期及一致性，实现了卖方公司对买方的客户服务水平的改进。订单前置时间(订单周期)包括以下几项内容。

**1. 订单传送时间**

订单传送时间包括订单从客户到卖方传递所花的时间，少则用电话只需几秒钟，多则通过信函需几天。卖方若能提高订单传送速度就可减少备货时间，但可能会增加订单传送成本。计算机与互联网使订单传送发生了革命，通过买卖双方的计算机连接，卖方可以登录到买方的计算机，在实时系统中，买方可以知道有关产品的供货的可能性以及可能的装运日期等信息。买方可以通过计算机来挑选所要的商品并通过电子信息交换(EDI)传送给卖方。EDI 自动订货系统已广泛地用于买卖双方。

**2. 订单处理时间**

卖方需要时间来处理客户的订单，使订单准备就绪和发运。这一功能一般包括调查客户的信誉，把信息传送到销售部做记录，传送订单到存货区，准备发送的单证。这里的许多功能可以用电子数据处理同时进行。一般来说，因为当今计算机硬件与软件的成本已大为下降，卖方的作业成本节约比实施现代信息技术的资本投资要大。

**3. 订单准备时间**

订单准备时间包括订单的挑选和包装发运。物料搬运系统可以简单到靠人力操作的系统或复杂到高度自动化的系统，不同种类的物料搬运系统以不同方式影响订单准备工作，使得订单准备时间相差很大。物流经理要根据成本和效益选择不同的系统。

**4. 订单发送时间**

订单发送时间是卖方把指定货物装上运输工具开始计算至买方卸下货物为止的时间。当卖方雇用运输公司时，计算和控制订单发送时间是比较困难的。要减少订单发送时间，买方必须雇用一个能提供快速运输的运输公司，或利用快速的运输方式，这时运输成本会上升。

若对以上四个组成部分进行改进来减少备货时间，其费用可能太高，公司可以在某一项目上进行改进而其他项目保持不变。如投资自动化物料搬运设备可能在财务上不合算,为弥补人工操作带来的较长的订单处理时间,公司可以采用电话订货代替信函订货,以及用公路运输代替铁路运输。这将使公司减少备货时间而不用在自动物料搬运设备上投资。

对备货时间水平的保证是物流管理的一大进步,我们可以发现备货时间对客户的存货成本及卖方物流系统和它在市场中的竞争地位有着重要影响。但时间的概念本身如果没有可靠性,将没有多大意义。

## 5.3.2 可靠性

对有些客户,可靠性比备货时间更重要。如果备货时间一定,客户可以使存货最小化。也就是说,若客户百分之百地保证备货时间是 10 天,则可把存货水平在 10 天中调整到相应的平均需求,并不需要安全存货来防止由于备货时间的波动所造成的缺货(stock out)。

1. 前置时间

因为备货时间的可靠性直接影响客户存货水平和缺货成本,提供可靠的备货时间可以减少客户面临的不确定性。卖方若能提供可靠的备货时间,可使买方尽量减少存货与缺货成本,以及订单处理时间,并优化生产计划。

2. 安全交货

可靠性不仅仅是备货时间上的一致性,还有以安全和质量的均一性等为条件,送达客户所订购的货物。安全交货是所有物流系统的最终目的。如前面所述,物流功能是销售功能的终点。如果货物到达时受损或丢失,客户就不能按期望使用,从而加重客户方面的成本负担。收到受损的货物,就会破坏客户的销售或生产计划,这会产生缺货成本,导致利润或生产损失。因此,不安全的交货使买方发生较高的存货成本或利润和生产损失。这种状况对致力于实施一定程度的零库存计划以尽量减少存货的公司是不能接受的。

除了生产成本,非安全交货还可导致客户提出索赔的成本,或返回受损货物要求修理等的费用。

3. 订单准确性

可靠性还包括订单的准确性,它包括货物品名准确性、货物数量准确性以及单据准确性。正在焦急等待紧急货物的客户,可能发现卖方发错了货。没有收到想要的货物的客户可能面对潜在的销售或生产损失。不正确的送货使客户不得不重新订货,或客户会气愤地从此找另一供应商订货。

## 5.3.3 信息分享

物流企业的信息系统包括沟通系统、执行系统和规划系统。信息分享主要是指合作伙伴之间沟通系统的连接以便双方信息能够相互交流。

供应链上下游合作伙伴的信息的充分沟通使得供应链的透视度达到最佳状态,使得供应链中的合作伙伴能够及时采取措施来应对最终市场的变化,从而使得供应链的总成本降到最低程度。

1. 信息分享的前提和条件

信息分享涉及合作伙伴双方的商业秘密和内部信息，一旦泄露，会对企业造成很大的损失和危害。这类案例不胜枚举。因此，合作伙伴建立互信和长期的合作关系显得尤为重要。合作伙伴的有关工作人员应坚守职业道德，不以自己的私利来损害单位的利益。国家要制定相关法律和法规来惩处违法者，使得信息的传送和使用能够得到法律和法规的保障；同时要培养遵守职业道德的社会氛围，让非法泄密者成为过街老鼠，一旦违规，使其在物流业无法立足，使其因违法违规成本过高而不敢轻易为之。

2. 信息分享的层级和保密

信息系统应重视安全性环节。从内部考虑，需要设置密码才能进入系统，应对不同级别的操作人员授以不同的访问权限，还要对系统管理员的操作进行记录等。从外部考虑，需要在病毒侵害、黑客攻击等事件发生前采取主动措施加以防范或在事后采取补救措施。

3. 信息分享的手段和工具

典型的信息分享的手段和工具包括：条形码、扫描仪、EDI系统、卫星通信、RFID系统和互联网。

4. 信息分享的要求和目标

1）开放性

为实现企业物流管理的一体化以及资源的共享，物流管理信息系统应具备与企业内部其他系统如财务、人事等管理系统相连接的性能。系统不仅要在企业内部实现数据的整合，还应具备与企业外部的供应链的各个环节进行数据交换的能力，实现各方面的无缝连接。为此，系统还需考虑未来与相关标准接口的需要，如条码标准、射频编码标准、EDI标准、ebXML标准、RossettaNet标准等。物流系统应具备可与这些标准相衔接的开放性。

2）可扩展性

物流管理信息系统应具备随着企业发展而发展的能力。在建设物流信息系统时，应充分考虑企业未来的管理及业务发展的需求，适应管理模式和业务流程的变化，以便在原有的系统基础上建立更高层次的管理模块。如企业进行了流程再造，采用了新的流程，原先的系统不能适应新的流程了，如果信息系统具有更新能力，就可以根据新流程灵活地升级和改进，以满足系统用户和客户两方面的需求。

3）可得性

物流信息系统必须具有信息可得性，所需信息包括订货和存货状况。迅速的信息可得性对于客户做出反应以及改进管理决策是必要的，无论是管理者还是客户都需要频繁地更新和读取存货和订货方面的信息。

4）精确性

物流管理信息系统应当精确地反映当前状况和定期活动，以衡量顾客订货和存货水平。精确性可以解释为物流信息系统的报告与实物计数或实际状况相比所达到的程度。

5）及时性

物流信息必须及时地提供快速的管理反馈。及时性是指一种活动发生时与该活动在信息系统内可见时之间的时间差距。即确保管理控制在有时间采取正确的行动或使损失减少到最低程度的时候提供信息。概括地说,及时的信息减少了不确定性并识别了种种问题,于是减少了存货需要量,增加了决策的精确性。

6）完整性

功能的完整性,就是根据企业物流管理的实际需要,系统能完整覆盖物流管理的信息化要求。要保证系统开发的完整性,需要制定相应的管理规范,例如开发文档的管理规范、数据格式规范、报表文件规范等,以保证系统开发和操作的完整性和可持续性。

7）可靠性

系统在正常情况下运行可靠,实际就是要求系统具有准确性和稳定性。一个可靠的物流管理系统要能在正常情况下达到系统设计的预期精度要求,不管输入的数据多么复杂,只要是在系统设计要求的范围内,都能输出可靠结果。

非正常情况下的可靠性,就是指系统的灵活性。也就是指系统在软、硬件环境发生故障的情况下仍能部分使用和运行。一个优秀的系统也是一个灵活的系统,在设计时就必须针对一些紧急情况设计应对措施。

8）安全性

系统应重视安全性环节。从内部考虑,需要设置密码才能进入系统,应对不同级别的操作人员授以不同的访问权限,还要对系统管理员的操作进行记录等。从外部考虑,需要在病毒侵害、黑客攻击等事件发生前采取主动措施加以防范或在发生后采取补救措施。

### 5.3.4 灵活性

方便是物流服务水平必须灵活的另一说法。从物流作业角度,仅有一个或少数几个对所有客户适用的标准服务水平最为理想,但这是基于客户服务需求是均一的假设。事实上,这并不现实。例如某一客户可能要求卖方托盘化并以铁路进行运输,另一客户则只要求非托盘的公路运输,而第三个客户可能要求特殊的交货时间。物流服务要求与客户对包装、运输方式和承运人、线路、交货时间的要求等有关。

“方便”或灵活性认识到了客户的不同要求。卖方一般能根据客户大小、生产线等因素来划分客户,这种划分,使物流经理认识到客户的不同需求,并努力以最经济的方式来满足这些需求。

可以把对物流服务水平上的“方便”看成对不同客户给予不同的服务水平。更具体地说,丧失不同客户群订单的成本是不同的。例如,丧失订购30%公司产量的客户比丧失订购0.01%公司产量的客户损失更大。另外,市场的竞争性也有不同,竞争性强的市场比竞争性弱的市场需要更高的客户服务水平。公司中不同产品的利润率也影响与限制提供服务的水平。也就是说,对低价值的产品,公司可提供较低的服务水平。

**1. 产品的需求特征**

产品库存的需求特征包括以下几项。

（1）需求的波动性：需求是可预知还是不可预知。

（2）需求的模式：需求的稳定性、趋势性和季节性。

(3) 需求的频率：需求的规律性和非规律性。

(4) 需求的水平：需求数量是大还是小。

(5) 需求的来源：需求是自制还是采购。

产品的生命周期包括初始阶段、发展阶段、顶峰阶段、下降阶段和消失阶段。所有这些特征都必须仔细地加以研究。尤其是当产品的生命周期定位发生变化时，产品的需求特征也会随之发生变化。这些都会影响到库存水平，从而对第三方物流客户服务水平产生重大影响。

**2. 客户细分**

第三方物流服务要提供有效的客户化定制方案，满足不同客户的特定需求，因而实现大规模定制物流首先要从物流角度进行市场细分，通过物流细分来识别客户的需求特征，并按照一定的标准划分客户群，从而为物流服务水平的设计打下基础。

物流细分所使用的工具与市场细分相似，主要是进行因素分析，不同之处在于决定分类的因素不同。市场细分主要以客户需求的产品特征为基础，物流细分则主要以客户的物流需求和产品的物流特征为基础，这些因素主要包括购买关系性质、订货和账单送交方式、运送和服务支持、订单内容、运送内容等。

通过物流细分将具有相同需求特征的客户划为一个客户群，并界定不同客户群的需求，以识别物流服务的优先性。如果某种物流服务需求在市场中没有得到充分满足，则与已满足的物流服务需求相比，就具有一定的优先性，企业即可将此作为差异化的市场机会，并提供与需求相适应的物流服务，以创造差异化的竞争优势。对制造厂商来说，市场细分还存在一个从产品角度进行的市场细分与物流细分的平衡问题，这就要求营销部门与物流部门沟通、协调，使市场细分与物流细分的结果相差无几。

**3. 服务水平差异化**

许多企业还在用同一水平的物流服务对待不同的顾客或不同的商品。企业应把服务当作有限的经营资源，可按照对物流服务提供商的重要性，根据 ABC 分类法对客户进行细分，从而将有限的优质物流资源用在对物流服务提供商而言最关键的客户上。在决定资源分配时，要调查顾客的需求，根据对公司销售贡献的大小将顾客分成不同层次，按顾客的不同层次，决定不同的服务和不同的服务水平。

**4. 物流服务策略差异化**

可将第三方物流服务分为基本服务和附加服务。对第三方物流基本服务采取低价有效的服务策略，其物流服务水平能够满足客户的基本需求。而对第三方物流附加服务可采取高价高效服务策略，其物流服务水平能够满足客户的高要求。

物流服务水平也依据市场形势、竞争对手情况、商品特性和季节等时时刻刻都应有变化。过去主要是提供交货日期、库存、再进货、到货日期、脱销等情况和运输中的商品信息与追踪信息，今后为适应特约商店、零售商店简化业务手续的需要，提供传票样式的统一商品接收总计表等信息服务将更为重要。物流部门应有掌握这种变化的情报系统。在美国，物流服务包括在对顾客的服务之中，负责这方面工作的部门和系统十分完备；日本现在也已具备条件建立提高物流服务质量、向顾客提供满意的物流服务的管理机构和负责体制。

### 5.3.5 阻碍实现物流客户服务的因素

1. 不能完全理解客户的需求

虽然对客户所说有所知道，但是并没有从根本上解决客户的需求，只是按照企业自身已有的流程和模式套用到不同的客户身上，不能做到有针对性地对客户服务方案进行调整。

许多供应商不去直接询问顾客，而在很大程度上依赖销售人员的判断获得竞争对手的服务水平或顾客的抱怨。调查表明大约 2/3 的供应商不愿意与顾客直接沟通来了解他们的服务需求，而能直接与顾客联系的供应商，大约也仅有 2/3 的顾客期望值与他们自己的感觉之间是一致的。

2. 不能识别与确定优先的服务目标

这是企业以前未与顾客沟通的直接后果，顾客和供应商经常就什么是组成增值因素问题达不成一致。没有对顾客业务的深层次的了解，供应商缺乏用来鉴明、开发、营销和提供顾客增值服务。问题的复杂性在于价值随顾客和行业以及生产线不断变化。例如，对于像计算机工作站这类不常购买的商品，顾客可能更强调技术支撑、售后服务和顾客服务等，这是最重要的判断尺度。对于一些经常性的采购，其他方面的服务品质会更受重视。当供应重要的部件给生产商，及时送货、第一次订单的准确性和一致性是关键的。

3. 客户服务模式的不现实性

这是由于未能确定精确的服务目标所致。大多数公司在很大程度上以公司内部导向的和竞争对手导向的目标为依据确定它们的顾客服务标准。有 1/3 的公司简单地把往年成绩提高一定百分比或与往年水平持平，或与竞争对手水平持平来确定它们的实施目标。这些方法没有一个能有效地实现顾客价值的最大化——满足和超出顾客期望值。

4. 不能有效地衡量客户服务水平

这是由于顾客与供应商对于实际的服务表现的感知差别造成的。在服务的重要性方面，包括订单周转速度、单位配货率、发票准确性、订单的完整等，有很多的供应商错误地相信他们的服务一直都能满足顾客的需要，并且认为顾客也如此。造成这一障碍的一个原因是供应商和顾客评估同一件事情并不总是相同的。

## 5.4 第三方物流客户关系管理

### 5.4.1 客户关系管理的含义和内容

1. 客户关系管理的含义

随着科学技术的发展和市场竞争越来越激烈，人们越来越强烈地意识到客户资源将是企业获胜最重要的资源之一，为此，客户关系管理(customer relationship management, CRM)系统应运而生，并成为近年来企业管理的热点和物流企业竞争的利器。

客户关系管理是一种致力于实现与客户建立和维持长久、紧密合作伙伴关系，旨在改善企业与客户之间关系的管理模式。

客户关系管理是选择和管理有价值的客户以及与其的关系的一种商业策略，CRM要求用以客户为中心的商业哲学和企业文化来支持有效的市场营销、销售与服务流程。CRM的概念由美国Gartner集团率先提出。我们认为，CRM是辨识、获取、保持和增加“可获利客户”的理论、实践和技术手段的总称。它既是一种国际领先的、以“客户价值”为中心的企业管理理论、商业策略和企业运作实践，也是一种以信息技术为手段，有效提高企业收益、客户满意度、雇员生产力的管理软件。

CRM是一种手段，它的根本目的是通过不断改善客户关系、互动方式、资源调配、业务流程和自动化程度等，达到降低运营成本以及提高企业销售收入、客户满意度和员工生产力的目的。

随着各种现代生产管理和现代生产技术的发展，产品越来越难以区分，产品同质化的趋势越来越明显，因此，通过产品差别来细分市场从而创造企业的竞争优势也就变得越来越困难。CRM是以下两个管理趋势转变的体现：企业从以产品为中心的模式向以客户为中心的模式转移；企业之间的竞争迫使企业管理的视角从“内视型”向“外视型”转换。

**2. 客户关系管理的基础工作**

CRM是一整套的先进理念、方法和解决方案，欲使CRM达到预期的效果，需要做好基础工作，即要确定管理的主要内容、制作客户资料卡、进行客户管理的分析。

1）客户资料收集

（1）基础资料

基础资料主要包括客户的名称、地址、电话、经营管理者、法人代表及其性格、兴趣、爱好、学历、年龄、能力、创业时间以及客户与公司交易的时间等。

（2）客户特征

客户特征主要包括服务区域、销售能力、发展潜力、经销观念、经营方向、经营政策、企业规模、经营特点等。

（3）业务状况

业务状况主要包括销售业绩、经营管理者和业务人员的素质、与其他竞争者的关系等。

（4）交易现状

交易现状主要包括客户的销售活动现状、存在的问题、保持的优势、未来的对策、企业形象、信用状况、交易条件以及出现的信用问题等。

2）客户资料分析

客户资料卡是销售经理了解市场的重要工具之一，通过客户资料卡，销售经理可以连续地了解客户实情，从中看到客户的销售动态，做出分析判断并采取相应的行动。

### 5.4.2 第三方物流企业与客户关系的构成和客户维系的层次

**1. 第三方物流企业与客户关系的构成**

第三方物流企业与客户关系的构成如图5-2所示。

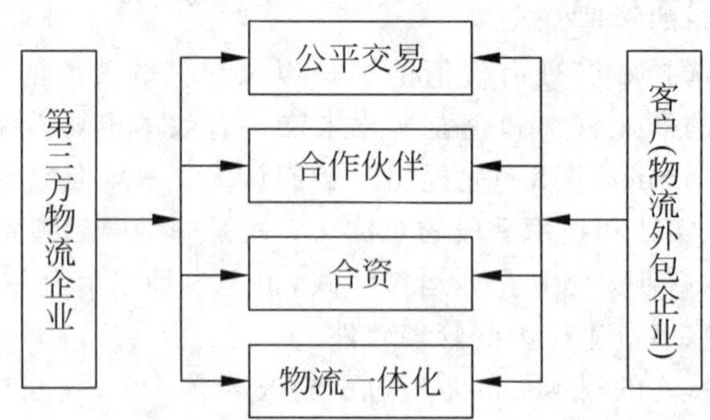


图 5-2 第三方物流企业与客户关系的构成

(1) 公平交易关系。这是物流企业与客户之间最常见的关系，双方根据合同进行业务往来，职责分明，当交易结束后，这种关系也就随之结束。物流企业通常以标准的条款和条件同时为多个客户提供标准化的物流服务。功能性物流服务通常采用与客户"一单一结"的交易服务方式，物流企业与客户之间是短期的买卖关系。

(2) 合作伙伴关系(partnership)。这是在相互信任、公开、资源共享、共担风险、共享利益的基础上建立的一种定制化商业关系。与普通交易关系不同，合作伙伴关系双方职责不再有明确的边界，双方为了共同的利益，将在很大程度上参与对方的经营决策。从单纯传统的商品交易到商品开发、市场战略、销售/促销，从在库计划管理到店铺货架的摆放，建立广泛的合作关系。这种关系会创造竞争优势，产生比单一公司更大的绩效。

(3) 合资关系。这是指股权参与型合资，客户保留配送设施的部分产权，并在物流作业中保持参与。对客户而言，与第三方物流的合资提供了注入资本和专业知识的途径，同时又保持了对物流过程的有效控制。这种形式在汽车、电子等高附加值行业较为普遍，如RYDER物流公司与通用汽车公司(GM)的合作。

(4) 物流一体化。它是以物流系统为核心，由供应商、生产商、分销商组成整体化和系统化的供应链，是对客户物流长期的优化配置。比如存货调整和产品安装等，为供应链下游服务。

佛罗里达州的顾客化运输公司CTI是CSX公司的分公司。CTI不仅为其客户通用汽车公司提供物流管理服务，它还承担原材料供应商的角色。

根据与通用的合作协议，CTI为通用位于堪萨斯州的工厂供应汽车内饰车门板模具，一旦生产线需要，就及时供货。虽然这些供货是由通用选择厂家，但由CTI签发采购单，并从卖方厂家购买原材料，然后CTI作为第三方物流商从卖方厂家得到原材料产品、安装模具、放入包装箱，然后送至通用汽车生产线。通用公司收到CTI签发的含有所有运营费用、销售费用和财务费用在内的发票后，把它们综合成统一的单价。

资料来源：臧建梅.第三方物流——21世纪国际物流发展的新趋势[J].物流技术与应用，1999 (3))

2. **客户维系的三个层次**

在行业形成、发展的不同时期，客户维系的方式表现为由低层次的价格刺激向高层次的以技术为基础的客户化服务演变，如图 5-3 所示。

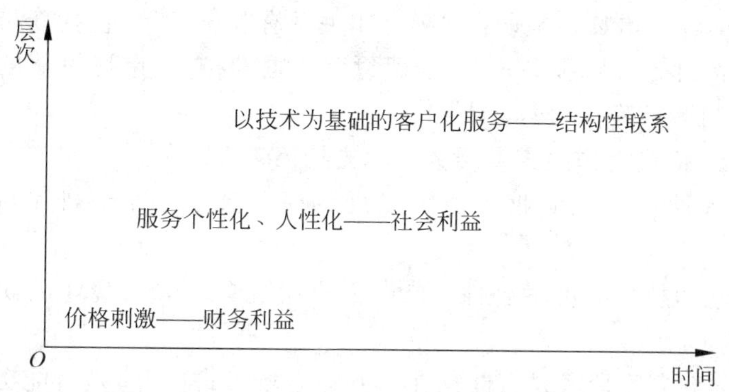


图 5-3　客户维系的三个层次

第一层次，维系客户的手段主要是利用价格刺激来增加客户关系的财务利益。在这一层次，客户乐于和企业建立关系的原因是希望得到优惠或特殊照顾。

第二层次，企业员工可以通过了解单个客户的需求，使服务个性化和人性化，既增加财务利益，又增加社会利益，而社会利益要优先于财务利益。

第三层次，在增加财务利益和社会利益的基础上，附加了更深层次的结构性联系。所谓结构性联系，即提供以技术为基础的客户化服务，从而为客户提高效率。这类服务通常被设计成一个传递系统，而竞争者要开发类似的系统需要花上几年时间，因此不易被模仿。

## 5.4.3　促成合作关系的因素

通常促成合作关系的因素有三个：驱动(driver)因素、促进(facilitator)因素和组成(component)因素，如图 5-4 所示。

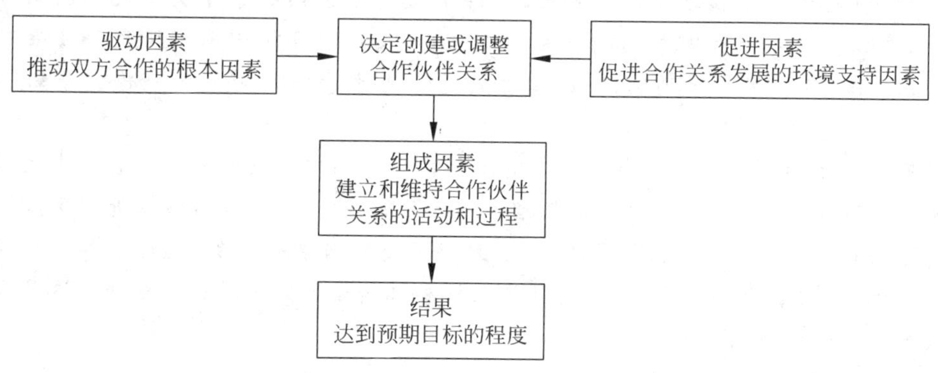


图 5-4　合作伙伴关系建成的因素

1. **驱动因素：推动双方合作的根本因素**

(1) 双方对资产、成本效益的衡量：这种合作关系有利于降低成本或提高资产利用率,包括资产节约、配送、搬运、包装、信息处理等成本的降低和管理效率的提高等。

(2) 服务水平:这种合作关系有利于提高客户服务水平,促进及时性、准确性服务,提高订单满足率等。

(3) 对利润的稳定增长的预期:这种合作关系有利于营销,包括新市场的进入、联合开发新产品和新品牌、产品(服务)销售地理覆盖范围的扩大、市场份额的稳定性、销售规模、供应保证、利润增长等。

**2. 促进因素:促进合作关系发展的环境支持因素**

(1) 文化兼容性:合作企业在稳定发展的价值观、战略计划和目标等方面的一致性。

(2) 管理理念和技术的可融合性:合作企业在组织结构、TQM 的使用情况、激励机制等方面融合的可能性。

(3) 相互性:双方管理者是否能站在对方的立场考虑问题,是否能考虑对方的利益,是否能告知对方自己的目标,是否持有长期合作的观念。

(4) 对称性:实力对等性,包括各自在行业中的市场份额、财务能力、品牌形象、声誉、技术先进性,如联想集团选择伯灵顿全球货运物流有限公司作为第三方物流企业,这家 1994 年就进入中国的美国物流公司目前在上海、厦门为戴尔、惠普等知名 IT 企业提供第三方物流服务。

**3. 组成因素:建立和维持合作伙伴关系的活动和过程**

合作企业共同制定运作规划,共同进行运作控制,保证实时的信息沟通等。

**4. 结果:达到预期目标的程度**

良好的物流合作关系不仅能提高企业物流服务水平,降低物流成本,而且可以加强合作双方企业的市场竞争力,改善经营绩效,实现双赢。

**小天鹅的物流之道**

2001 年 8 月,一个物流联盟的问世,使得小天鹅终于摆脱了传统物流业的束缚。在 2002 年到来的时候,小天鹅集团副总裁徐源表示:“对于目前中国市场竞争最激烈的家电行业,谁最先掌握了先进的物流技术,也就意味着谁最先掌握了下一轮竞争的一个制高点。”

这家物流联盟的名字叫安泰达物流有限公司……由中国最大的物流企业中远集团属下的中远国际货运有限公司、中国香港远洋网络有限公司、广州经济技术开发区建设创业投资有限公司占有 60%股权,科龙集团、小天鹅集团分别占有 20%股权,其经营按照现代化的规范运作,由董事会推荐总经理,具体人员和机构设置完全授权总经理。这是目前全国最大的家电物流平台。

为什么要建安泰达?

……小天鹅公司是国内洗衣机行业的龙头企业,每年销量在 260 万台以上。而安泰达的另一股东科龙集团是国内冰箱行业的领头羊,每年销量都在 200 万台以上,每年这两家公司的物流成本都超过 4 亿元,占生产成本的 4%。

为了提高企业核心业务的竞争力，小天鹅和科龙把非核心部分的业务委托“外包”，就可以集中精力从事自己的核心业务，全力以赴，谋求发展。中远集团(COSCO)是中国运输行业的龙头企业，同时也是新型综合物流企业。它也在积极利用其物流强项寻求与物流资源丰富的企业结成战略联盟。这三家企业有拓展物流的共同愿望，经过认真的商谈，决定组建第三方物流公司。

安泰达是英语“ATTEND”的谐音，它反映参与、专心、照顾、陪伴四层含义，直接反映了安泰达公司的经营理念。业内人士对此评价道，这是目前国内首家由多个著名家电企业和传统的运输业联手成立的现代第三方物流公司，也是继科龙和小天鹅 2000 年 5 月在北京宣布联手成立电子商务网站后的又一次大手笔合作。

资料来源：王伟. 小天鹅的物流之道[N]. 工人日报，2002-01-13.

### 5.4.4　第三方物流企业客户关系管理的模式选择

第三方物流企业的 CRM，以一种“一对多营销”的理论为基础，即一家物流企业通过将人力资源、业务流程与专业技术进行有效的整合，最终帮助企业将涉及多客户的各个领域完美地集成于一体，使得企业可以低成本、高效率地满足客户的需求，从而让企业可以最大程度地提高客户满意度及忠诚度，挽回失去的客户，保留现有的客户，不断发展新的客户，发掘并牢牢地把握住能给企业带来最大价值的客户群。

在当今第三方物流企业面临如此挑战的现实情况下，其 CRM 更应该体现和贴近真正的 CRM 经营理念，并且在传统的 CRM 的基础之上应该增加一项降低成本管理功能，即对现有的客户细分为供方客户、需方客户以及合作伙伴，并将供方、需方客户进行产品种类和地点的相关性组合，将供方、需方和合作伙伴进行地点的相关性组合，通过相关性组合，并通过历史记录决策在某合同期之内有无与之相关组合的出现，如果有，则可以等待组合，实现将同一地点或顺路客户的产品一同运输，充分利用运输设备。

如果供方客户和需方客户在同一地点，交易规模较小时，可以将此业务转交给当地合作伙伴。在交易次数、规模、交易量利润额均可观的情况下，第三方物流企业可以在此地设分公司，来减少运输成本，提高效益。

第三方物流企业可以通过对客户的交易次数、平均交易规模、总交易量、利润额等各种指标进行加权打分，了解现有客户的价值分类，并形成客户价值金字塔。通过客户价值金字塔可以很方便地了解企业最有价值的客户，从而明确投入方向，将有限的服务投入投向更有价值的客户身上。

### 5.4.5　第三方物流企业客户关系管理的策略

第三方物流企业能否为客户提供高效、全面、个性化的物流服务，获得较高的客户满意度和忠诚度，是衡量第三方物流企业是否具有竞争力的重要标准。为了提高服务水平、提高企业竞争力，第三方物流企业应该以客户为中心，从以下几个方面去实现客户关系管理。

1. 客户的选择

第三方物流企业的客户关系管理策略中，首先是客户的选择。在客户的选择方面，除了注意数量之外，还要注意加强客户之间的相关性，这种相关性主要表现为：例如是同一行业、同一地区、同一类物资甚至是同一种产品等，客户间的相关性越强，则互为供需的可能性越大，系统协调的可能性也越大。

2. 客户的参与

通过与客户建立稳定长期的联系，更好地了解客户需求，并提供差异化的产品及服务，从而为企业赢得了更多订单和市场。通过客户的参与及时了解客户的动态，及时调整服务方式，达到客户的最大满意度。

3. 进行客户的相关性组合

相关性因素主要有行业相关、地区相关、同类物资或产品相关；相关对象有供方客户与需方客户、供方客户与供方客户、需方客户与需方客户、供方客户、需方客户与物流企业的战略合作伙伴的相关组合等。

4. 客户的分类管理

物流企业在许多方面提供服务，如物流中心的经营、库存管理、运输管理、信息管理系统、咨询服务等，客户可能购买几种或所有服务，针对不同客户的具体要求，物流企业与客户建立不同的关系。

5. 与同行企业建立战略联盟合作伙伴关系

若某项业务中供方客户、需方客户与本企业的战略合作伙伴具有地区相关性，则可以将此项业务以一定的方式通过战略合作伙伴来合作完成，这样可达到互利互惠。

只有将影响第三方物流企业服务质量的因素应用到与客户关系的建立当中，物流企业才能建立起完善的客户跟踪服务系统，才会有效掌握第一手的客户需求资料，才能确定合适的服务水平，不断提高自己的服务质量。

## 5.4.6 客户关系管理系统

1. 客户关系管理系统的框架

客户关系管理就是为保证服务企业与客户良性互动而设计的有效工具，是物流企业为客户提供增值服务而制作的程序链，是物流企业提高反应能力的先决条件。

客户关系管理在物流企业的应用主要包括市场研究与分析、销售支持、客户服务和客户忠诚度管理。

物流业是服务性行业，物流企业必须以客户为中心，遵循这样的解决程序：接受客户的特殊需求→分析整理→相应应对。因此，建立客户数据库是搞好客户关系管理体系的前提，是实施客户关系管理的基础。建立综合、系统的客户数据库，可以促使企业更加合理地分配、利用各种资源。服务质量是实施客户关系管理的重点，目的是取得竞争优势，留住老客户，争取新客户，保持和提高与客户的合作关系。

有两大支柱支撑 CRM 体系：一是成功的客户关系管理程序；二是企业各部门、所有员工工作上的标准化、程序化。如图 5-5 所示。

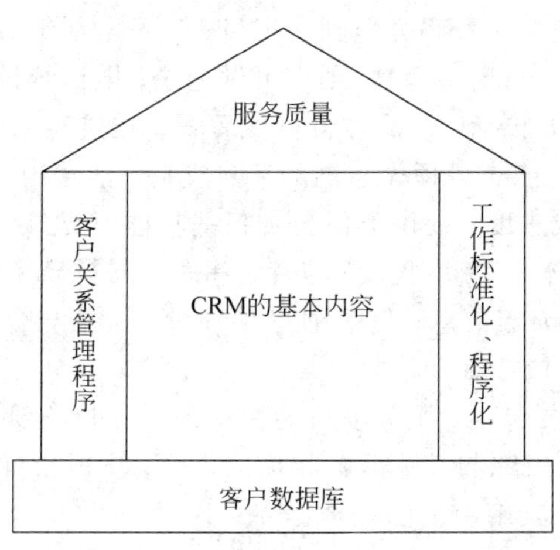


图 5-5　CRM 图示

**为何说建立客户数据库是搞好客户关系管理体系的前提?**

答：通过对客户数据库的研究和分析，可以清晰地勾画出客户现阶段的物流业务需求及发展方向，物流企业可以有针对性、前瞻性地为客户提供合理的物流解决方案，获得现有客户及潜在客户的信赖。

2. CRM 系统的内容和基本功能

(1) 客户管理，其主要包括：客户基本信息、与此客户相关的基本活动和活动历史、联系人的选择、订单的输入和跟踪、建议书和销售合同的生成。

(2) 联系人管理，其主要包括：联系人概况的记录、存储和检索；跟踪同客户的联系，如时间、类型、简单的描述、任务等，并可以把相关的文件作为附件；客户的内部机构的设置概况。

(3) 时间管理，其主要包括：日历；设计约会、活动计划，有冲突时，系统会提示；进行事件安排，如约会、会议、电话、电子邮件、传真；备忘录；进行团队事件安排；查看团队中其他人的安排，以免发生冲突；把事件的安排通知相关的人；任务表；预告/提示；记事本；电子邮件；传真。

(4) 潜在客户管理，其主要包括：业务线索的记录、升级和分配；销售机会的升级和分配；潜在客户的跟踪。

(5) 销售管理，其主要包括：组织和浏览销售信息，如客户、业务描述、联系人、时间、销售阶段、业务额、可能结束的时间等；产生各销售业务的阶段报告，并给出业务所处阶段、还需的时间、成功的可能性、历史销售状况评价等信息；对销售业务给出战术、策略上的支持；对地域(省市、邮编、地区、行业、相关客户、联系人等)进行维护；把销售员归入某一地域并授权；提供类似 BBS 的功能，还可以进行某一方面销售技能的查询；销售费用管理；销售佣金管理。

(6) 电话营销和电话销售，其主要包括：电话本；生成电话列表，并把它们与客户、联系人和业务建立联系；把电话号码分配到销售员；记录电话细节，并安排回电；电话营销内容草稿；电话录音，同时给出书写器，用户可做记录；电话统计和报告；自动拨号。

(7) 营销管理，其主要包括：产品和价格配置器；在进行营销活动(如广告、邮件、研讨会、网站、展览会等)时，能获得预先定制的信息支持；把营销活动与业务、客户、联系人建立联系；显示任务完成进度；提供类似公告板的功能，可张贴、查找、更新营销资料，从而实现营销文件、分析报告等的共享；跟踪特定事件；安排新事件，如研讨会、会议等，并加入合同、客户和销售代表等信息；信函书写、批量邮件，并与合同、客户、联系人、业务等建立关联；邮件合并；生成标签和信封。

(8) 客户服务，其主要包括：服务项目的快速录入；服务项目的安排、调度和重新分配；事件的升级；搜索和跟踪与某一业务相关的事件；生成事件报告；服务协议和合同；订单管理和跟踪；问题及其解决方法的数据库。

(9) 呼叫中心，其主要包括：呼入呼出电话处理；互联网回呼；呼叫中心运行管理；软电话；电话转移；路由选择；报表统计分析；管理分析工具；通过传真、电话、电子邮件、打印机等自动进行资料发送；呼入呼出调度管理。

(10) 伙伴关系管理，其主要包括：对公司数据库信息设置存取权限，合作伙伴通过标准的 Web 浏览器以密码登录的方式对客户信息、公司数据库、与渠道活动相关的文档进行存取和更新；合作伙伴可以方便地存取与销售渠道有关的销售机会信息；合作伙伴通过浏览器使用销售管理工具和销售机会管理工具，如销售方法、销售流程等，并使用预定义和自定义的报告；产品和价格配置器。

(11) 知识管理，其主要包括：在站点上显示个性化信息；把一些文件作为附件贴到联系人、客户、事件概况等上面；文档管理；对竞争对手的 Web 站点进行监测，如果发现变化，会向用户报告；根据用户定义的关键词对 Web 站点的变化进行监视。

(12) 商业智能，其主要包括：预定义查询和报告、用户定制查询和报告、可看到查询和报告的 SQL 代码、以报告或图表形式查看潜在客户和业务可能带来的收入、通过预定义的图表工具进行潜在客户和业务的传递途径分析、将数据转移到第三方的预测和计划工具、柱状图和饼图工具、系统运行状态显示器、能力预警。

(13) 电子商务，其主要包括：个性化界面、服务；网站内容管理；店面；订单和业务处理；销售空间拓展；客户自助服务；网站运行情况的分析和报告。

从长远来看，推广客户关系管理对于物流企业来说是大势所趋，是企业生存发展、取得竞争优势的必备利器。制定完整的客户关系管理战略、细化客户关系管理程序和为客户提供量体裁衣式的服务，已使许多企业获得了应有的回报，赢得了客户、赢得了时间、赢得了效率、赢得了市场、赢得了效益，是未来物流企业生存和发展的必由之路。

## 5.5 第三方物流客户服务评价

### 5.5.1 第三方物流客户服务评价原则

#### 1. 3PL 企业绩效评价体系建立的原则

在建立 3PL 企业绩效评价指标体系时，一般应遵循以下原则。

1）系统性原则

3PL 企业须针对内外的各种情况设立相应的指标，系统科学地反映 3PL 企业的全貌，达到对企业整体的科学评价。

2）层次性原则

指标应分出评价层次，在每一层次的指标选取中应突出重点，要对关键的绩效指标进行重点分析。

3）可比性原则

绩效评价指标体系所涉及的经济内容、时空范围、计算口径和方法都应具有可比性，所以在建立体系的时候要参照国际和国内同行业的物流管理基准。

4）通用性原则

绩效评价指标体系在 3PL 企业应该普遍适用，同时应在理论和实践的发展变化中具有相对的稳定性。

5）经济性原则

评价体系应当考虑到操作时的成本收益，选择具有较强代表性且能综合反映 3PL 企业整体水平的指标，以期既减少工作量和误差，又能降低成本、提高效率。

6）完整性原则

由于涉及企业物流客户服务的因素很多，因此要尽可能地建立完备的绩效评价指标体系，特别是对于一些主要因素，既不要遗漏也不要重复，应该全面、综合地对其进行评价，保证评价结果的合理性和客观性。

7）简洁性原则

指标体系既要完备又要突出主要影响因素，但是如果把影响因素都罗列在绩效评价指标体系中，不但会增加评价的难度，而且会降低评价的准确性，因此指标体系中的因素要简洁、明了。

8）定量与定性相结合的原则

由于第三方物流企业的绩效涉及的客户满意度等方面很难进行量化，所以绩效评价指标体系的建立除了要对物流管理的绩效进行量化外，还应当使用一些定性的指标对定量指标进行修正。

9）动态长期原则

由于选择 3PL 企业后，货主方与物流供应商之间是战略伙伴的关系，所以对 3PL 企业的评价不应该只局限在目前的企业状况，而应考虑 3PL 企业的长远发展潜力和对企业的长期利益，要与企业的发展目标和战略规划相一致。

10）灵活性和可扩展性原则

各企业所处行业不同，企业物流客户服务水平的评价指标及各指标的权重应有所不同，因此，其绩效评价指标体系应具有一定的灵活性和可扩展性，能根据实际情况的变化对绩效评价指标体系进行调整。

11）定性指标和定量指标相结合的原则

影响企业物流客户服务水平的许多因素是无法用定量指标描述的，因此用定性和定量相结合的方法来建立绩效评价指标体系是非常必要的。

### 2. 客户服务评价指标体系的建立

通过对企业物流客户服务水平影响因素的分析，结合绩效评价指标体系的建立原则，建立如表5-3所示的指标体系。

表 5-3 物流客户服务水平综合绩效评价指标体系

| | | |
|---|---|---|
| 业务发生前因素 $U_1$ | 企业关于客户服务的书面陈述 | $u_{11}$ |
| | 应急服务计划 | $u_{12}$ |
| | 客户服务机构组织 | $u_{13}$ |
| 业务发生中因素 $U_2$ | 订货方便性 | $u_{21}$ |
| | 送货时间 | $u_{22}$ |
| | 订单履行的准确性 | $u_{23}$ |
| | 收到货物的完好率 | $u_{24}$ |
| | 存货的可得率 | $u_{25}$ |
| 业务发生后因素 $U_3$ | 产品安装、维修、零件供应的方便性 | $u_{31}$ |
| | 产品跟踪的实时性 | $u_{32}$ |
| | 客户索赔和投诉前有效性 | $u_{33}$ |

1）准确性原则

（1）需要评价的服务要素是什么？

（2）需要评价的对象是谁？

（3）评价的目的是什么？

这包括三个方面。一要明确哪些要素需要评价。许多企业喜欢评价那些最易测定的要素，而不是评价那些客户认为最重要的服务要素。如有的企业不评价整个订货和补充订货周期，而只评价订单处理和货物分拣时间，因为对企业来说这方面的考察较为容易。问题在于，这两个阶段的考察并不能完全表明企业订货周期其他阶段的情况，如订单传递和订单发送情况，而这方面的服务是最难评价，也是客户最为敏感的问题。二要明确评价的对象是什么，例如，是针对客户企业还是客户企业的客户，是针对内部客户还是外部客户，是客户企业或其客户对第三方物流企业的评价还是对第三方物流企业所利用的分供方的评价。三要明确评价的功能目标是什么，是检验改进方案的效果还是发现问题或者其他什么目标。评价的不是客户认为重要的服务要素，评价的对象及目标不明确，肯定达不到应有的效果。

2）过程化评价原则

把第三方物流企业的客户服务放在供应链运行过程中考察，并且把客户服务本身作为一个过程来考察，从环节上、各要素上发现问题，评价考证。即使是某个环节、某个节点上的专项客户服务评价，也应如此。

3）连续性原则

把第三方物流企业的客户服务评价作为一个连续性工作来做，每次评价虽各有侧重，但整个过程、各次评价都应该相互关联。即使对于某一过程的某一环节的客户服务进行评价时，也应该采用不同方式连续进行，避免结论失真。同时，还要将日常评价与专项评价结合起来，使评价连续地进行，减少随意性。

4）内外评价相结合原则

从方式上看，第三方物流企业客户服务可由企业内部评价，也可由专业服务机构评价，但最好是将两者结合起来。从角度上看，自评有利于不断地自我提高，他评有利于发现自评不能发现的问题，因此应将二者结合起来进行。从众多优秀的第三方物流企业的经验来看，现场办公会、协调办公会和专家共评会是将内部与外部评价结合起来的好方式。

### 5.5.2　第三方物流客户服务评价标准

**1. 评价指标分类标准**

以时间为标准，可分为交易前、交易中和交易后，也可分为服务前、服务中和服务后。

**2. 指标的构成体系**

按照客户服务评价标准应反映客户的观点、能为服务业绩提供可操作和有针对性的评价方法及为管理层提供调整业务活动的线索的要求，结合第三方物流企业的主要业务运作，第三方物流企业的客户服务评价指标可做如表 5-4 所示的设计。

**表 5-4　第三方物流企业客户评价指标**

| 指标类型 | 指标名称 |
|---|---|
| 仓库管理和操作评价指标 | 库存准确率、入库准确率、出库准确率、仓库破损率 |
| 运输服务评价指标 | 发货及时率、到货及时率、返单及时率、客户投诉率、客户满意度、破损频率、破损率、订单完成率、急单完成率 |
| 数据录入工作评价指标 | 数据录入及时率、数据录入准确率 |
| 进出口业务评价指标 | 报关及时率、单证处理及时率、订单处理正确率 |
| 费用结算评价指标 | 费用结算及时率、费用结算准确率 |

这些客户服务评价指标既可以用来衡量第三方物流企业客户服务水平的高低，也可以用来作为内部绩效考核和对分供方进行考核的依据。通过将指标与同行业标杆企业或其他行业中领先企业的服务指标进行对比，可以发现自身的不足，并明确改善的方向，不断提高客户服务的水平。

**3. 指标的描述方法**

根据第三方物流客户服务评价原则，本文建立的服务评价体系分为三个大类，经过细化的底层指标都可以直接量化或者容易给出定性评价。

1）功能指标

功能指标反映 3PL 企业各个增值环节的功能实现情况。功能指标具体包括如下几项。

（1）客户服务水平：缺货频率、送货出错率、客户满意度、平均交货期、订单处理时间、准时送货率、交货柔性、订单完成稳定性、客户保持率、每个客户服务成本、信息沟通水平、事后客户满意率。

（2）配送功能：配送安全性、配送成功控制、产品可得性、拣货准确率。

（3）运输功能：运输能力、正点运输率、运输经济性、运输车辆满载率、运力利用率、在途时间、运输准确率、商品损坏率。

（4）库存功能：库存能力、库存周转率、收发货物能力、库存结构合理性、库存准确率、预测准确率。

（5）采购功能：交付期、付款条件、订单处理、与供应商的关系。

（6）流通加工功能：工艺合理性、技术先进性、流通加工程度、对消费的促进作用。

2）经营指标

经营指标反映3PL企业当前的经营状况。经营指标具体包括如下几项。

（1）客户服务水平：缺货频率、送货出错率、客户满意度、平均交货期、订单处理时间、准时送货率、交货柔性、订单完成稳定性、客户保持率、每个客户服务成本、信息沟通、事后客户满意率。

（2）管理水平：产品的残损率、物流系统纠错处理时间、供应计划实现率、设备时间利用率、业务流程规范化、管理人员比重。

（3）企业实力：财务投资能力、信息技术能力、设备先进水平、同行业影响力及业务范围、市场占有率、市场增长率、新用户开发成功率。

（4）信息化水平：硬件配备水平、软件先进程度、信息活动主体的水平、信息共享率、信息利用价值率、实时信息传输量、信息化投资、客户变动提前期、客户变动完成率、网络覆盖率、平均传输延迟、传输错误率。

（5）成本水平：单位产品的物流成本、物流成本占制造成本的比重、物流成本控制水平、每个客户服务成本、订单反应成本、库存单位成本。

（6）盈利水平：净资产利润率、总资产利润率、资金周转率。

3）稳定性指标

稳定性指标反映3PL企业的发展潜力，影响到3PL企业的可长期经营，并且与企业长期合作的可能性。稳定性指标具体包括如下几项。

（1）客户服务水平：缺货频率、送货出错率、客户满意度、平均交货期、订单处理时间、准时送货率、交货柔性、订单完成稳定性、客户保持率、每个客户服务成本、信息沟通、事后客户满意率。

（2）技术实力：技术人员比重、技术开发经费比重、开发创新能力、技术改造资产比重、专利拥有比例、设备技术领先程度、硬件设施稳定性。

（3）盈利能力：净资产利润率、总资产利润率、资金周转率。

（4）应变力：信息化系统水平、预测能力、集成度、外部沟通、流程再造与延迟物流。

（5）企业聚合力：领导层的团结进取力、职工的凝聚力、员工满意度。

4）经验指标

（1）历史背景：行业服务时间、提供服务种类、成本节约比例、人才培养与培训、客户稳定性、供应商稳定性、历史合作情况、利益与风险共享性、核心能力、战略观念兼容性。

（2）企业形象：员工素质、经营理念、市场信誉、社会责任。

### 5.5.3 客户满意度指标体系

营销大师科特勒对客户满意的定义：客户满意是指客户对事前期望和使用可感受效

果判断后所得的评价。它是可感知效果和期望之间的差异函数。客户满意度就是客户满意的量化测评,它与客户的忠诚度有着密切的关系。

1. 客户满意度指标体系

第三方物流企业客户满意度指标体系见表 5-5。

表 5-5　第三方物流企业客户满意度指标体系

| 仓库管理和操作指标体系 | 运输服务指标体系 | 数据录入人工评价指标体系 | 进出口业务评价指标体系 | 费用结算评价指标体系 |
|---|---|---|---|---|
| 库存准确率<br>入库准确率<br>出库准确率<br>仓储破损率 | 发货及时率<br>到货及时率<br>返单及时率<br>客户投诉率<br>客户满意度<br>货物破损频率<br>订单完成率<br>急单完成率 | 数据录入及时率<br>数据录入准确率 | 报关及时性<br>单证处理及时性<br>订单处理正确率 | 费用结算及时率<br>费用结算准确率 |

2. 评价当前的服务和能力与客户要求之间的差距

(1) 检查企业提供的服务与客户需求之间的差距,找出差距产生的原因。

与客户的及时沟通,能及时掌握客户实际接收的服务水平与企业所提供的服务的差距,而且客户的评价有时也会偏离企业的实际运作。同时,通过分析客户需求,企业有可能通过提供给客户其尚未意识到的服务进行某些服务质量的弥补。

(2) 充分考虑竞争对手的客户服务水平,识别潜在的改进方法和机会。

在考虑竞争对手的服务水平,结合更加详尽的客户调查与物流企业自身服务能力的分析之后,企业管理层通过对比能制定更加完善的客户服务策略,提高物流企业的客户服务能力与竞争能力。

作为企业客户服务一部分的物流服务,最终要通过客户的满意度体现出来。客户对于物流服务的评价主要体现在商品的库存保有率、订货周期和配送水平等方面。

3. 同步改进,持续提高服务水平

其具体方法和步骤如下。

1) 原始信息收集

客户需要的变化由众多原因引起,包括新产品、新分销渠道、新竞争对手、新客户的需求。通过信件和电话调查、面谈甚至小组会议进行的周期性接触,了解客户对供应商行动的评价,有助于供应商满足客户需要,决定初步改进,避免在满足程度方面落后。

2) 持续性接触

持续、专门的客户交流对主要客户很重要,客户拜访及其他交流方式的讨论为评估客户满意程度提供了迅速的反馈信息,通常客户满意度如呈现下降趋势则表明客户需要正在变化,即新的需要没有被满足。要使供应商在变化及发生问题前预先觉察,客户和供应商通过执行计划的改进都能受益。

3）周期性调整

一旦供应商明白客户的要求和期望，就必须周期性地检查满足客户要求的能力，做必要的调整。通过持续性接触，了解上次接触后客户要求的变化，再做周期性调整，从而持续提高客户服务水平。

## 5.5.4 客户投诉处理

在第三方物流服务过程中，差错和意外是不可避免的，对这些差错和意外的管理水平，有时比正常的服务更能显示一个公司的能力和素质。为了处理物流服务中的意外情况，一般物流公司都设有专门的客户服务部门，对意外情况进行处理。客户服务部一般负责以下工作：记录、处理和跟踪客户投诉，并提出改进服务的建议；进行客户满意度调查；组织召开客户服务协调会；建立并完善客户服务体系。

客户投诉处理程序如图 5-6 所示。

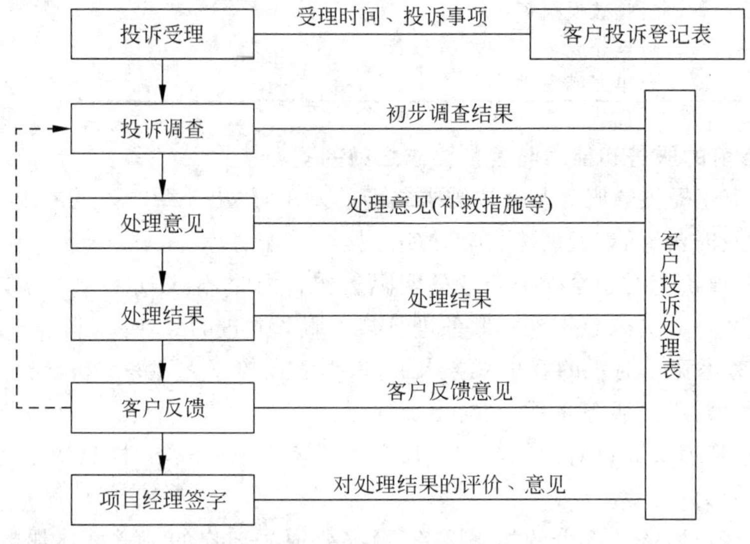


图 5-6 客户投诉处理程序

**1. 投诉受理**

在《客户投诉登记表》上登记受理时间、投诉事项。

**2. 投诉调查**

在客户投诉发生后，即刻对投诉进行调查，填写《客户投诉处理表》，写明客户投诉事项和初步调查结果。

**3. 处理意见**

一般性投诉，由客户服务经理在《客户投诉处理表》上填写处理意见，对于引起严重后果的投诉，将填写好的《客户投诉处理表》交给项目经理，填写处理意见。处理意见一般包括消除影响的各种补救措施。填写完毕后交相关的人员办理。

**4. 处理结果**

在跟踪处理过程的基础上，在《客户投诉处理表》填写事故处理的结果。

5. 客户反馈

客户投诉处理完毕后，通过电话或现场走访的方式，调查客户对处理结果的意见，并如实填写《客户投诉处理表》上的客户反馈栏（如客户对处理结果提出异议，则应视情况重新进行调查，并拿出处理办法）。

6. 项目经理签字

投诉处理完毕，交项目经理审核《客户投诉处理表》，填写对处理结果的意见，意见必须对处理结果是否达到要求做出明确的评价，此意见结合客户的反馈意见，将作为对客户服务经理绩效考核的依据。

在客户投诉处理的每个阶段，都需要在《客户投诉处理表》上登记投诉处理的进程。

## 本章小结

本章主要讨论了第三方物流服务和客户的关系管理，分析了影响第三方物流客户服务的因素以及第三方物流客户服务评价指标。并在此基础上，探讨了建立第三方物流客户服务的战略。

企业的任何业务，其产生和发展的基础都是向客户提供服务并尽力满足其需求。客户服务是任何物流服务管理系统中的最重要的组成部分。事实上，所有其他物流管理活动都必须以支持客户服务的目标为基础和出发点加以构建。

从第三方物流服务的角度看，客户服务水平是衡量第三方物流服务企业为客户创造的时间、地点等效用的尺度。客户服务水平决定了第三方物流服务企业能否留住现有客户及吸引新客户的能力，直接影响其市场份额和物流总成本，并最终影响其盈利能力。而且，在众多第三方物流服务企业都提供了在价格、特性和质量方面雷同的服务时，客户服务的差异性将为第三方物流服务企业提供超越竞争对手的竞争优势。因此，在第三方物流服务的设计和运作中，客户服务是至关重要的环节，是第三方物流服务管理的主要内容。

## 思考与练习

**一、名词解释**

第三方物流的客户服务　客户关系管理　客户满意度

**二、填空题**

1. 第三方物流服务企业的客户服务包括两个方面：(　　)和(　　)。
2. 第三方物流客户服务水平的确定，不能仅从物流服务供给方的角度出发，而应该充分考虑物流服务需求方的物流服务要求，即(　　)。
3. 物流客户的需求模式，通常包括三个阶段的内容：(　　)、(　　)、(　　)。
4. 订单前置时间(订单周期)包括以下几项内容：(　　)、(　　)、(　　)、(　　)。
5. 物流服务水平也依据(　　)、(　　)、(　　)和(　　)等时时刻刻都应有变化。

三、选择题

1. (　　)这一部分包括物流需求者也就是物流客户对物流的基本要求和发展要求。
   A. 核心需求　B. 附加需求　C. 派生需求　D. 独立需求
2. (　　)的供应链模式是一种适应新形势并有很大发展前途的供应链新模式。
   A. 标准化定制　B. 个性化定制　C. 主导　D. 非资产型
3. (　　)时间包括订单的挑选和包装发运。
   A. 订单准备　B. 订单处理　C. 订单发送　D. 订单传送
4. 通过(　　)将具有相同需求特征的客户划为一个客户群,并界定不同客户群的需求,以识别物流服务的优先性。
   A. 客户需求　B. 物流需求　C. 市场细分　D. 物流细分
5. (　　)就是为保证服务企业与客户良性互动而设计的有效工具,是物流企业为客户提供增值服务而制作的程序链,是物流企业提高反应能力的先决条件。
   A. CRM　B. EOS　C. MRP　D. WIM

四、思考题

1. 第三方物流客户服务管理的原则有哪些?
2. 简述客户对第三方物流企业的服务需求。
3. 简述个性化定制服务模式。
4. 影响第三方物流客户服务的因素有哪些?
5. 客户关系管理的基础工作有哪些?
6. 简述第三方物流企业客户关系管理的策略。
7. 第三方物流企业客户评价指标有哪些?
8. 客户满意度指标体系有哪些?
9. 简述客户投诉处理程序。

## 迅杰物流贴身服务韩国星宇

韩国星宇科技有限公司(以下简称星宇)是由东风汽车公司、悦达汽车公司、起亚汽车公司三方联合组建的合资企业,以盐城为生产基地,生产“普莱特”和“千里马”两款经济型家用汽车。

设在无锡高新技术开发园内的韩国星宇是全部从韩国引进最新高科技流水线的配套厂,迅杰物流作为它的第三方物流服务商,在合作之初,首先从提升星宇产品在中国市场的品牌形象和信誉着想,利用自身资源优势、地理环境优势、科学的管理、高质量的服务和安全快捷的网络优势,为星宇公司降低成本、提高产品在市场上的竞争优势、追求利润的最大化,提供了一套切实可行的操作方案。

迅杰物流公司为星宇承担了运输途中的货物保险,免去了星宇公司的货物运输保险费用,节约了资金,使星宇公司的货物处于零风险状态,减少了意外损失。迅杰物流公司在硬件上投入大量资金,设置信息网络平台,开通网站并在全国各主要城市设立分支机构，充分利用物流网络达到车辆往返满载，降低运输成本使企业真正得到实惠，采用最佳运输方案，以最快的速度及时将产品送到目的地，以提高星守公司配套产品的销售信誉。

2002 年 11 月下旬，迅杰物流公司在为盐城东风悦达起亚汽车公司运送配套部件时，由于各方面情况还不熟悉，原以为迅杰物流公司装配件笼架车辆都是按物流需求订购的长宽高矮标准统一的厢式货车，只要把货物笼架一叠装车就可以了，然而星宇的要求很严，每车装多少笼架都有数量设计，若装车搭配不合理，就会造成装车货物无法满足载运数量和重量。当时，星宇公司的叉车工是新手，驾驶员与叉车工心里都急，越急越忙，越忙越出错，待发的货配笼架满场都是。不能将货物准时运达将使东风悦达起亚汽车公司的生产装配流水线整个流程受阻，事关重大，驾驶员把现场操作情况立即告知公司，公司领导知道情况后，副总立即带领市场部及运输部总监赶到现场，了解情况后，由迅杰物流公司人员分三组，一组配合星宇公司到配件生产线，一组到品质科，一组到理货处，迅速把下载件→质检→发货程序理顺，理货组重点协助星宇公司将发到场地的货按编号、送单逐一查核无误，笼架搭配归类后放一边，然后依顺序前后再指挥叉车工叠好装车，这样一环套一环，环环相扣，一边操作一边及时告知对方具体操作人员车厢、体积、每批量每车装载数，把延误的装车时间抢了回来，深夜，四辆车终于装好出发，迅杰物流公司立即把发车信息、预计到达时间告知盐城。

在这一实际运作中，迅杰物流“急客户所急，想客户所想，用真诚的服务打动客户”，最终按客户要求，准时把星宇公司的货物运达目的地，赢得了外商的赞誉。

资料来源：骆温平，谷中华. 第三方物流教程[M]. 上海：复旦大学出版社，2006：96-97.

**讨论**

1. 迅杰物流为韩国星宇提供了哪些贴身物流服务？
2. 结合第三方物流顾客服务管理的原则，说明迅杰物流是如何做到“急客户所急，想客户所想，用真诚的服务打动客户”的？

# 第 6 章

# 第三方物流电子商务

## 学习目标

通过本章的学习，理解电子商务的含义与特点，理解电子商务的组成与功能，了解电子商务与物流的关系，熟悉企业电子商务物流运作系统的基本流程，掌握第三方物流与电子商务企业的整合模式。

## 关键术语

电子商务　电子商务与物流　电子商务物流运作系统　企业自营模式　物流联盟

### 阿里联手邮政推出外贸中小企业“物流保姆”

新华社杭州4月26日电(记者张遥)阿里巴巴B2B公司(1688. HK)与浙江省邮政物流速递有限公司26日联合签署协议，双方将合作为阿里巴巴的中小企业客户提供优质高效的仓储、配送等物流服务，进一步推动阿里巴巴的“大物流”战略。

根据合作协议，双方计划在杭州建立仓储中心，并设计仓储物流系统对接方案。今后在浙江口岸，阿里巴巴“全球速卖通”的中小企业用户在获得海外订单之后，可以将货物寄往仓储中心，之后的物流环节均由阿里巴巴及邮政速递来负责解决。不同卖家的物品还可以进行拼包，以节约国际物流费用。

据了解，2010年以来，阿里巴巴高调宣布投资千亿元打造“大物流”，大力投资建设全国性的仓储网络平台。此次为外贸中小企业推出物流服务也是“大物流”计划中的一步。

据介绍，中国邮政速递物流能通达全球220多个国家和地区的网点，而且全年无休。此外，海关在邮政设有专门的驻邮办事处，凡是设有海关的城市，邮政速递物流都能实现更便利的报关。

“通过与邮政速递物流的合作，国内卖家不仅能够更加便捷、及时、准确地向海外买家快递商品，还能够享受到更实惠的价格。”阿里巴巴B2B公司副总裁刘必佐说。

业内人士认为，随着国内电子商务规模的迅速扩大，物流已经成为限制电子商务发展的最大瓶颈之一。京东商城、卓越亚马逊、当当网等国内知名电子商务平台纷纷自建物流体系，日渐走高的物流成本，以及力不从心的快递运能，使电子商务企业开始自行完善产业链条。

资料来源：张遥．阿里联手邮政推出外贸中小企业“物流保姆”[EB/OL]．[2011-04-26]http://www.zj.xinhuanet_com/newscenter/2011-04/26/content_22624680.htm.

**思考**

如何解决电子商务物流瓶颈？

# 6.1　电子商务与第三方物流关系

## 6.1.1　电子商务概述

**1．电子商务概念**

1997 年 11 月在法国举行的国际商会世界电子商务会议上给出了电子商务最有权威的概念阐述：电子商务，是指整个贸易活动实现电子化。

电子商务的英文名大部分用 electronic commerce，简写为 EC，有的也用 Electronic Business，简写为 EB。

广义上的电子商务 EB(electronic business)：各行各业，包括政府机构和企业、事业单位各种业务的电子化、网络化，可称作电子业务。

狭义的电子商务 EC(electronic commerce)：人们利用电子化手段进行商品交换为中心的各种商务活动，也可称作电子交易。

电子商务涵盖的业务包括：商务信息交换、售前售后服务（提供产品和服务的细节、产品使用技术指南、回答顾客意见）、广告、销售、电子支付（电子资金转账、信用卡、电子支票、电子现金）、运输（包括有形商品的发送管理和运输跟踪，以及可以电子化传送的产品的实际发送）、组建虚拟企业等。

**2．电子商务的模式**

根据电子商务交易双方主体的不同，可将电子商务划分为五种模式。

(1) B to B(business to business)，即商业组织对商业组织的电子商务。这种模式是在企业和企业之间进行的，其中以企业通过专用网或增值网(VAN)采用 EDI 方式进行的商务活动尤为典型。B to B 模式是电子商务活动的主流，也是企业创新和提高竞争力的新途径。

(2) B to C(business to consumer)，即商业组织对消费者的电子商务。这种模式在企业与消费者之间进行，主要是企业借助 Internet 开展在线销售活动，典型的如美国 Amason 在线销售书店。这种模式的电子商务发展很快，拥有巨大潜力。

(3) C to C(customer to customer)，即消费者对消费者的电子商务。这种模式是个人与个人之间的网上交易。采用这种模式的典型代表是淘宝网。

(4) B to A(business to administrations)，即商业组织对政府的电子商务。这种模式主要应用于政府采购、征税、经济行政事务管理等。目前，这种模式尚处于试验阶段。

(5) C to A(consumer to administrations)，即消费者对政府的电子商务。这种模式

应用于社会福利基金的发放及个人报税等。这种模式也处于试验阶段，尚未真正形成。

应当说，上述五种模式只有前三种，即 B to B、B to C 和 C to C 模式才是真正的电子商务，也是当前发展的主流模式。后两种模式很大程度上可归为电子网络技术在行政管理事务中的应用，称为“电子行政”也许更合适一些。

## 6.1.2 电子商务与第三方物流

电子商务是现代物流和信息技术发展的产物。电子商务的推广，需要一个有效的现代物流对实物提供低成本、高效率、适时、适量的转移服务；现代物流的发展，需要电子商务信息平台的支持。电子商务和物流协同发展、相得益彰。

**1. 现代物流是电子商务实现的根本保证**

1）物流是电子商务的一部分。

电子商务下的任何一笔交易，都包含四种基本的流——商流（商品本身所有权的转移过程）、资金流（商品价值的实现过程）、信息流（商品供求、价格、技术、质量、服务相关信息的交流过程）、物流（商品实体的时间和空间的转移过程）。电子商务交易过程的实现，需要这“四种流”的协调和整合。

电子商务通过快捷、高效的信息处理手段可以比较容易地解决商流（所有权转移）、资金流（支付）、信息流（信息交换）的问题，而要将商品及时配送到消费者手中，只有通过现代化的物流系统才能使商品以最快的速度到达，才能完成商品的空间转移（物流），才标志着电子商务活动的最终实现，因此，现代物流是电子商务的一部分。

2）现代物流保证电子商务的实现。

① 物流保证生产

无论是在传统的贸易环境下，还是在电子商务的环境下，生产都是商品流通的开始，而商品生产的顺利进行需要各类物流活动的支持，整个生产过程实际上就是一系列的物流活动过程。

在商品生产的过程中，现代化的物流活动可以降低生产成本、优化库存结构、减少资金占用和缩短生产周期，最终保障生产的高效进行。如果没有现代物流的支持，商品的生产将难以顺利进行，电子商务交易模式将会存在先天不足，优势也不复存在。

② 物流保证供应

商流活动的最终结果是将商品所有权由供方转移到需方，但是实际上在交易合同签订后，商品实体并没有立即被移动。在传统交易环境下，商流的结果必须由相应的物流活动来执行完成，也就是卖方按买方的需求将商品实体以适当的方式和途径转移，而在电子商务的环境下，网络消费者虽然通过上网订购完成了商品所有权的交割过程，即商流过程，但必须通过物流的过程将商品和服务真正转移到消费者手中，电子商务的交易活动才告以终结，因此，物流在电子商务交易的商流中起到了后续者和服务者的作用，没有现代化物流，电子商务的商流活动将是一纸空文。

③ 物流保证服务

物流是一种服务，面临着服务信誉和服务质量的问题。对于电子商务企业来说，货物送达是客户在购物过程中唯一一次与商家面对面的机会，因此物流服务的质量将直接影响商家在客户心中的形象，从而在很大程度上决定了是否还有下一次交易的可能，这也正是企业建立客户忠诚度的关键所在。

(3) 现代物流是实现电子商务的保障，是电子商务运作过程的重要组成部分，是信息流、商流和资金流最终实现的根本保证。

电子商务＝网上信息传递＋网上交易＋网上结算＋物流配送＝鼠标＋车轮。只有通过物流配送，将商品或服务真正转移到消费者手中，商务活动才能结束。物流实际上是以商流的后续者和服务者的姿态出现，而物流配送效率也就成为客户评价电子商务满意程度的重要指标。

(4) 现代物流是电子商务实现“以客户为中心”理念的最终保证，是增强企业竞争力的一个有效途径。

电子商务的出现，在最大程度上方便了最终消费者。他们不必再跑到拥挤的商业街，一家又一家地挑选自己所需的商品，而只要坐在家里，在 Internet 上搜索、查看、挑选，就可以完成他们的购物过程。缺少了现代化的物流技术，电子商务给消费者带来的购物便捷等于零，消费者必然会转向他们认为更为安全的传统购物方式。现代物流的功能应该是把准确数量的准确产品在准确时间内，以最低的费用送到客户手中，它直接影响到从事电子商务的企业在价格、交货期、服务、质量等各方面的竞争力。

(5) 物流是实现电子商务企业赢利的重要环节。

良好的物流管理可以大大降低企业的成本。在传统的商品成本中，物流成本可以占到商品总价值的 30%～50%，这对于电子商务企业也不例外，电子商务节约的只是交易时间和交易成本，它与传统企业一样离不开物流配送，而现代物流可以大大降低企业耗费在该部分的成本。

**2. 电子商务加速物流管理的发展**

没有一个高效、合理、畅通的物流系统，电子商务所具有的优势就难以得到有效的发挥；没有电子商务网络技术支持就没有信息化、专业化、现代化的现代物流体系。电子商务加速了物流的发展。

(1) 电子商务的出现，加速了物流系统的国际化。借助现代信息网络技术，大企业集团全球采购，集中加工，跨国销售，促使物流系统国际化。

(2) 电子商务的出现，加速了物流系统的信息化。在客户、收货人与各仓储、运输公司间建立一个网络化的物流信息系统，既有效果又有效率地进行物流管理。

(3) 电子商务的出现，加速了物流系统的专业化、社会化。电子商务下物流服务需求的多样化，要求第三方物流提供全方位的专业服务，既包括仓储、运输服务，也包括配货、分发和各种客户需要的配套服务，使物流成为连接生产企业与用户的重要环节。

(4) 电子商务的出现，加速了物流组织与管理的实时化与系统化。电子商务将改变物流企业对物流的组织和管理，使物流运作以信息为中心，通过网络上的信息传递，实现物流实时控制，进行物流系统合理规划、统筹协调。

电子商务需要一个全球性的物流系统来保证商品实体的合理流动，这就要求物流企业联合起来，形成一种协同竞争的状态，以实现全社会的物流高效化、合理化。

此外，将企业、银行、海关、税务、物流配送、商检、CA 认证机构和网络服务连成一体化的电子商务系统,提高了企业生产周期的精度,减少了库存,供求关系更趋于合理,使物流成本大幅度降低。

3. 电子商务对物流基础的影响

把电子商务作为商业竞争环境时,它对物流理念的影响,可以从以下几个方面来理解。

(1) 物流系统中的信息变成了整个供应链运营的环境基础。网络是平台,供应链是主体,电子商务是手段。信息环境对供应链的一体化起着控制和主导的作用。

(2) 企业的市场竞争将更多地表现为以互联网所代表的企业联盟的竞争。换句话说,网上竞争的直接参与者将逐步减少。更多的企业将以其商品或服务的专业化比较优势,参加到以核心企业——或有品牌优势,或有知识管理优势——为龙头的分工协作的物流体系中去,在更大的范围内建成一体化的供应链,并作为核心企业组织机构虚拟化的实体支持系统。供应链体系在纵向和横向的无限扩张的可能性,将对企业提出更广泛的联盟化,更深度的专业化。显然,在电子商务的框架内,联盟化和专业化是互为表里并统一在物流一体化的体系之中的。

(3) 市场竞争的优势将不再是企业拥有的物质资源有多少,而在于它能调动、协调、整合多少社会资源来增强自己的市场竞争力。因此,企业的竞争将是以物流系统为依托的信息联盟或知识联盟的竞争。物流系统的管理也从对有形资产存货的管理转为对无形资产信息或知识的管理。

(4) 物流系统面临的基本技术经济问题,是如何在供应链成员企业之间有效地分配信息资源使得全系统的客户服务水平最高,即追求物流总成本最低的同时为客户提供个性化的服务。

(5) 物流系统由供给推动变为需求拉动,当物流系统内的所有方面都得到网络技术的支持时,产品对客户的可得性将极大地提高。同时,将在物流系统的各个功能环节上极大地降低成本。如降低采购成本、减少库存成本、缩短产品开发周期、为客户提供有效的服务、降低销售和营销成本以及增加销售的机会等。

4. 电子商务对物流系统结构的影响

电子商务对物流系统结构的影响,主要表现在以下几个方面。

(1) 由于网上客户可以直接面对制造商并可获得个性化服务,故传统物流渠道中的批发商和零售商等中介将逐步淡出,但是区域销售代理将受制造商委托逐步加强其在渠道和地区性市场中的地位,作为制造商产品营销和服务功能的直接延伸。

(2) 由于网上时空的"零距离"特点与现实世界的反差增大,客户对产品的可得性心理预期加大,以致企业交货速度的压力变大。因此,物流系统中的港、站、库、配送中心、运输线路等设施的布局、结构和任务将面临较大的调整。如尤尼西斯公司在1988年采用了EDI的MRF系统后,将其欧洲区的5个配送中心和14个辅助仓库缩减为1个配送中心。在企业保留若干地区性仓库以后,更多的仓库将改造为配送中心。由于存货的控制能力变强,物流系统中仓库的总数将减少。随着运管政策的逐步放宽,更多的独立承运人将为企业提供更加专业化的配送服务。配送的服务半径也将加大。

(3) 信息共享的即时性,使制造商在全球范围内进行资源配置成为可能,故其组织结构将趋于分散并逐步虚拟化。当然，这主要是那些拥有品牌、产品在技术上已经实现功能模块化和质量标准化的企业。

(4) 大规模的电讯基础设施建设，将使那些能够在网上直接传输的有形产品的物流系统隐形化。这类产品主要包括书报、音乐、软件等，即已经数字化的产品的物流配送管理与实务系统将逐步与网络系统重合，并最终被网络系统所取代。

**5. 电子商务对客户服务的影响**

(1) 要求在客户咨询服务的界面上，能保证企业与客户间的及时互动。网站主页的设计不仅要宣传企业和介绍产品，而且要能够与客户一起就产品的设计、质量、包装、改装、交付条件、售后服务等进行一对一的交流，帮助客户拟订产品的可得性解决方案，帮助客户下订单。这就要求得到物流系统中每一个功能环节的及时的信息支持。

(2) 要求客户服务的个性化。只有当企业对客户需求的响应实现了某种程度的个性化对称时，企业才能获得更多的商机。因此，第一，要求企业网站的主页设计个性化。除了视觉感官的个性化特点外，最主要的是网站主页的结构设计应当是针对特定客户群的。这里要把握一个原则，即"并不是把所有的新衣服都穿上身就一定漂亮"。所以，传统市场营销学的对客户细分和对市场细分的一般性原则和方法仍然是企业设计和变换网站主页的基本依据。第二，要求企业经营的产品或服务的个性化。专业化经营仍然是企业在网络经济环境下竞争发展的第一要求。企业只有专业化经营，方能突出其资源配置的比较优势所在，为向客户提供更细致、更全面，更为个性化的服务提供保证。同样，按照供应链增值服务的一般性原则，把物流服务分成基本的和增值的两类，并根据客户需求的变化进行不同的服务营销组合将是适用的。第三，要求企业对客户追踪服务的个性化。网络时代客户需求的个性化增大了市场预测的离散度，故发现客户个性化服务需求的统计特征将主要依赖对客户资料的收集、统计、分析和追踪。虽然从技术层面讲并没有什么困难，但是要涉及文化、心理、法律等诸多方面，因此建立客户档案并追踪服务本身，就是一项极富挑战性的工作。

**6. 电子商务对物料采购的影响**

企业在网上寻找合适的供应商，从理论上讲具有无限的选择性。这种无限选择的可能性将导致市场竞争的加剧，并带来供货价格降低的好处。但是，所有的企业都知道频繁地更换供应商，将增加资质认证的成本支出，并面临较大的采购风险。所以，从供应商的立场来看，作为应对竞争的必然对策，是积极地寻求与制造商建成稳定的渠道关系，并在技术或管理或服务等方面与制造商结成更深度的战略联盟。同样，制造商也会从物流的理念出发来寻求与合格的供应商建立一体化供应链。作为利益交换条件，制造商和供应商之间将在更大的范围内和更深的层次上实现信息资源共享。如 LOF 公司在建立信息共享机制后，将其产品承运人的数目从 534 位减少到 2 位：一个物流服务公司为其安排所有的货运事项；另一家物流公司则为其提供第三方付款服务，负责用电子手段处理账单信息，这不仅可减少运费 50 万美元，而且消除了 7 万件文案工作。事实上，电子商务对物料采购成本的降低，主要体现在诸如缩短订货周期、减少文案和单证、减少差错和降低价格等方面。因此，虚拟空间的无限选择性将被现实市场的有限物流系统即一体化供应链所覆盖。

7. 电子商务对存货的影响

一般认为，由于电子商务增加了物流系统各环节对市场变化反应的灵敏度，可以减少库存，节约成本。相应的技术手段也由看板管理(JIT)和物料需求计划(MRP)等，转向配送需求计划(DPR)、重新订货计划(ROP)和自动补货计划(ARP)等基于对需求信息做出快速反应的决策系统。但从物流的观点来看，这实际是借助信息分配对存货在供应链中进行了重新安排。存货在供应链中总量是减少的，但结构上将沿供应链向下游企业移动，即经销商的库存向制造商转移，制造商的库存向供应商转移，成品的库存变成零部件的库存，而零部件的库存将变成料的库存等。因存货的价值沿供应链向下游是逐步递减的，将引发一个新的问题：上游企业由于减少存货而带来的相对的经济利益如何与下游企业一起来分享。供应链的一体化不仅要分享信息，而且要分享利益。比如，最著名的虚拟企业耐克公司，准备改用电子数据交换(EDI)方式与其供应商联系，直接将成衣的款式、颜色和数量等条件以 EDI 方式下单，并将交货期缩短至 3～4 个月。它同时要求供应布料的织布厂先到美国总公司上报新开发的布样，由设计师选择合适的布料设计为成衣款式后，再下单给成衣厂商生产；而且成衣厂商所使用的布料也必须是耐克公司认可的织布厂生产的。这样一来，织布厂必须提早规划新产品供耐克公司选购。但由于布料是买主指定，买主给予成衣厂商订布的时间缩短，成衣厂商的交货期也就越来越短，从以往的 180 天缩短为 120 天甚至 90 天。显然，耐克公司的库存压力减轻了，但成衣厂商为了提高产品的可得性就必须对织布厂提出快速交货的要求。这时织布厂将面临要么增加基本原材料的存货，要么投资扩大其新产品的开发能力。

8. 电子商务对运输的影响

在电子商务条件下，速度已上升为最主要的竞争手段。物流系统要提高客户对产品的可得性水平，在仓库等设施布局确定的情况下，运输将是决定性的。由于运输活动的复杂性，运输信息共享的基本要求就是运输单证的格式标准化和传输电子化。由于基本的 EDI 标准难以适应各种不同的运输服务要求，且容易被仿效，以至于不能作为物流的竞争优势所在，所以在物流体系内必须发展专用的 EDI 能力才能获取整合的战略优势。专用的 EDI 能力实际上是要在供应链的基础上发展增值网(VAN)，相当于在供应链内部使用的标准密码，通过管理交易、翻译通信标准和减少通信连接数目来使供应链增值，从而在物流联盟企业之间建立稳定的制度化渠道关系。为了实现运输单证，主要是货运提单、运费清单和货运清单的 EDI-票通，实现货运全程的跟踪监控和回程货运的统筹安排，将要求物流系统在相关通信设施和信息处理系统方面进行先期的开发投资，如电子通关、条形码技术、在线货运信息系统、卫星跟踪系统等。

9. 电子商务对物流环节的影响

首先，电子商务可使物流实现网络的实时控制。传统的物流活动在其运作过程中，不管其是以生产为中心，还是以成本或利润为中心，其实质都是以商流为中心，从属于商流活动，因而物流活动的运动方式是紧紧伴随着商流来运动。而在电子商务下，物流的运作是以信息为中心，信息不仅决定了物流的运动方向，而且也决定着物流的运作方式。在实际运作过程中，通过网络上的信息传递，可以有效地实现对物流的实时控制，实现物流的合理化。比如，在电子商务方案中，可以利用电子商务的信息网络，尽可能地通过信息沟通，将实物库存暂时用信息代替，即将信息作为虚拟库存，建立需求端数据收集系统(automated data collection，ADC)，在供应链的不同环节采用 EDI 交换数据，建立基于 Internet 的 Intranet，为用户提供 Web 服务器，便于数据实时更新和浏览查询。一些生产厂商和下游的经销商、物流服务商共用数据库，共享库存信息等，目的都是尽量减少实物库存水平，但并不降低供货服务水平。

其次，网络对物流的实时控制是以整体物流来进行的。在传统的物流活动中，虽然也有依据计算机对物流实时控制，但这种控制都是以单个的运作方式来进行的。比如，已实施计算机管理的物流中心或仓储企业中，所实施的计算机管理信息系统大都是以企业自身为中心来管理物流的。而在电子商务时代，网络全球化的特点可使物流在全球范围内实施整体的实时控制。

**电子订货系统**

EOS 系统是电子订货系统(electronic ordering system)的简称，是指将批发、零售商场所发生的订货数据输入计算机，即通过计算机通信网络连接的方式将资料传送至总公司、批发商、商品供货商或制造商处。因此，EOS 能处理从新商品资料的说明直到会计结算等所有商品交易过程中的作业，可以说 EOS 涵盖了整个物流。在寸土寸金的情况下，零售业已没有多少空间用于存放货物，在要求供货商及时补足售出商品的数量且不能有缺货的前提下，更必须采用 EOS 系统。EOS 因内涵了许多先进的管理手段，因此在国际上使用非常广泛，并且越来越受到商业界的青睐。

### 6.1.3　电子商务下物流的特点

**1. 信息化**

电子商务时代，物流信息化是电子商务的必然要求。物流信息化表现为物流信息的商品化、物流信息收集的数据库化和代码化、物流信息处理的电子化和计算机化、物流信息传递的标准化和实时化、物流信息存储的数字化等，因此，条码技术(bar code technology)、数据库技术(database technology)、电子数据交换(electronic data interchange，EDI)及电子订货系统(electronic ordering system，EOS)、快速反应(quick response，QR)及有效的客户反应(effective customerresponse，ECR)、企业资源计划(enterprise resource planning，ERP)等信息管理系统与观念在我国的物流中将会得到普遍的应用。信息化是现代物流的基础，没有物流的信息化，任何先进的技术设备都不可能应用于物流领域，信息技术及计算机技术在物流中的应用将会彻底改变世界物流的面貌。

**2. 自动化**

自动化的基础是信息化，自动化的核心是机电一体化，自动化的外在表现是无人化，自动化的效果是省力化，另外自动化还可以扩大物流作业能力、提高劳动生产率、减少物流作业的差错等。使物流自动化的设施非常多，如条码/语音/射频自动识别系统、自动分拣系统、自动存取系统、自动导向车、货物自动跟踪系统等。这些设施在发达国家已被普遍应用于物流作业流程中，而在我国由于物流业起步晚，发展水平低，自动化技术的普及还需要相当长的时间。

3. 智能化

这是物流自动化、信息化的一种高层次应用，物流作业过程大量的运筹和决策，如库存水平的确定、运输(搬运)路径的选择、自动导向车的运行轨迹和作业控制、自动分拣机的运行、物流配送中心经营管理的决策支持等问题都需要借助于大量的知识才能解决。在物流自动化的进程中，物流智能化是不可回避的技术难题。好在专家系统、机器人等相关技术在国际上已经有了比较成熟的研究成果。为了提高物流现代化的水平，物流的智能化已成为电子商务下物流发展的一个新趋势。

4. 网络化

物流领域网络化的基础也是信息化，这里指的网络化有以下两层含义。

(1) 物流信息网络化，包括物流配送中心与供应商或制造商的联系要通过计算机网络，另外与下游顾客之间的联系也要通过计算机网络，比如物流配送中心向供应商提出订单这个过程，就可以使用计算机通信方式，借助于增值网(value-added network，VAN)上的电子订货系统和电子数据交换技术来自动实现，物流配送中心通过计算机网络收集下游客户的订单的过程也可以自动完成。

(2) 物流组织网络化。比如，中国台湾的电脑业在20世纪90年代创造出了"全球运筹式产销模式"，这种模式是按照客户订单组织生产，生产采取分散形式，即将全世界的电脑资源都利用起来，采取外包的形式将一台电脑的所有零部件、元器件、芯片外包给世界各地的制造商去生产，然后通过全球的物流网络将这些零部件、元器件和芯片发往同一个物流配送中心进行组装，由该物流配送中心将组装的电脑迅速发给订户。这一过程需要有高效的物流网络支持。

物流的网络化是物流信息化的必然，Internet等全球网络资源的可用性及网络技术的普及为物流的网络化提供了良好的外部环境。

5. 柔性化

柔性化本来是为实现"以顾客为中心"理念而在生产领域被提出的。柔性化的物流是适应生产、流通与消费的需求而发展起来的一种新型物流模式，这就要求物流配送中心要根据消费需求"多品种、小批量、多批次、短周期"的特点，灵活组织和实施物流作业。

另外，物流设施、商品包装的标准化，物流的社会化、共同化也都是电子商务下物流模式的新特点。

### 6.1.4 第三方物流是电子商务配送的首选

现代物流配送是电子商务全过程的核心环节，对商务网站来说，它们面临三种选择：一是自己组建速递部门，二是利用厂家的固有配送点，三是与第三方物流相配合完成配送。

当前这三者都有成功的范例。例如，中公网与梅林正广和在上海、北京两地的配送就较好地利用了传统的配送点；而8848网则选择了与第三方合作配送的方式，在全国161个城市开通了门到门直接配送。

第三方物流适合大型商业网站的发展，也符合社会分工逐步细化的大趋势。网络时代的第三方物流，在给第一方、第二方带来利润或使商业网站能够正常运作的同时，其自身的利润空间也是相当可观的。1998 年圣诞节期间，在电子商务最为发达的美国，人们在网上订购的书籍、食品等礼物大约有 55%是由 UPS 送去的；全球最大的网上拍卖网站 eBay 现在有超过 1 000 万人提供网上拍卖服务，每天都将产生巨大的成交额，其中大量的货物也是依靠 UPS 和 FedEx 来运送。在我国很多网站都与速递公司有合作，网站的实物配送业务在速递业务中的比例也在逐年加大，接收的单位则相对比较广泛。

## 6.1.5 电子商务下商流与物流的一般流程

电子商务下商流与物流的一般流程如图 6-1 所示。

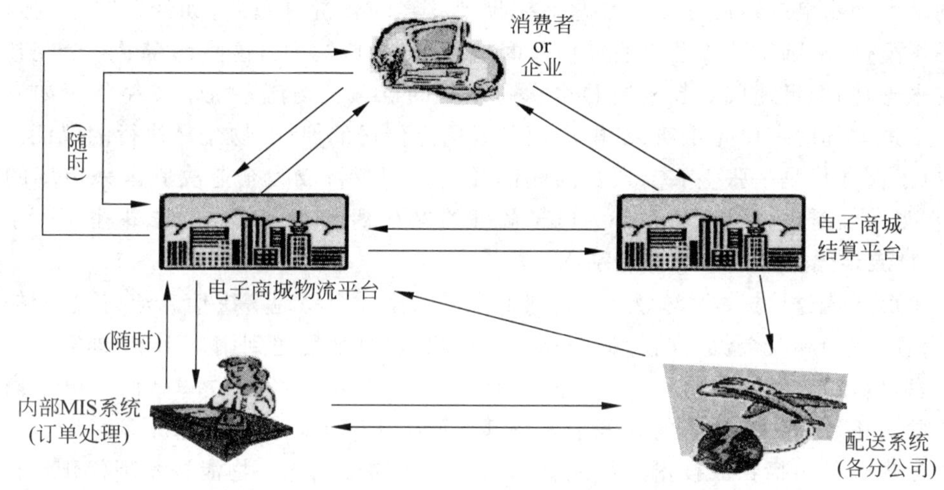


图 6-1 电子商务物流配送流程

(1) 企业将商品信息通过网络展示给客户，客户通过浏览器访问网站，选择需要购买的商品，并填写订单。

(2) 厂方通过订单确认客户，告之收费方法，同时通知自己的应用系统组织货源程序。

(3) 通过电子结算与金融部门交互执行资金转移。

(4) 金融部门通过电子邮件(或其他方式)通知买卖双方资金转移的结果。

(5) 厂方组织货物，并送达到客户手中

## 6.1.6 物流对电子商务的作用

### 1. 物流是电子商务的支点

如果电子商务能够成为 21 世纪的商务工具，它将像杠杆一样撬起传统产业和新兴产业，这一过程中，现代物流产业将成为这个杠杆的支点。

世界上最大的网上书店——亚马逊网上书店可谓是电子商务领域的先锋，然而它也隐隐感到一个强有力对手的存在：零售业巨头沃尔玛也开始涉足网上销售，虽然沃尔玛只把它的网站当作信息浏览的窗口，并未大规模开展网上销售，但亚马逊已看到最大的挑战来自于沃尔玛拥有遍布全球的由卫星通信连起的商品配送体系。尽管沃尔玛网上业务开展的时间比亚马逊晚了三年，但沃尔玛网上商店的送货时间却比亚马逊早了许多。亚马逊意识到这个对手的可怕，立刻奋起直追，一改以零库存著称的商业作风，开始兴建大规模的贮物仓库，并在全球分设配送中心，用物流体系的完善来为自己的网上销售锦上添花。

正是信息技术的进步，才使人们更加意识到物流体系的重要，现代物流产业的发展也才被提到日程上来。当可以实现网上订货、网上支付便利的同时，也为网上订了货、账单被划掉，货却迟迟不来而担忧。为了送货，有的网站动用了EMS、快递公司，甚至打起了居委会老大妈的主意。而这只是电子商务在网上购物过程中遭遇的尴尬。

再看看电子商务在企业供应链上的表现。众所周知的世界直销大王Dell公司，目前面临的最大问题也是物流方面的难题。在收到顾客的要货订单后，如何及时采购到电脑的各种零配件，电脑组装好了以后如何及时地配送到顾客手上，这些都需要一个完整的物流系统来支持，而迅速成长起来的Dell公司缺乏的也正是物流系统的支持。正如海尔集团物流推进本部的一位先生所说，电子商务是信息传送的保证，物流是执行的保证。没有物流，电子商务只是一张空头支票。因此都说电子商务将成为企业决胜未来市场的重要工具，但如果没有现代物流体系作为电子商务的支点，恐怕电子商务什么事也干不了。

**2. 物流现代化是电子商务的基础**

电子商务通过快捷、高效的信息处理手段可以比较容易地解决信息流（信息交换）、商流（所有权转移）和资金流（支付）的问题，而将商品及时地配送到用户手中，即完成商品的空间转移（物流）才标志着电子商务过程的结束，因此物流系统的效率高低是电子商务成功与否的关键。而物流效率的高低很大一部分取决于物流现代化的水平。

物流现代化包括物流技术和物流管理两个方面的现代化。物流技术现代化包括软技术和硬技术两个方面的现代化。在物流软技术方面，现代化内容包括：无损监测和抽样检验技术、商品科学养护技术、条码技术、信息处理技术、安全装载技术等。在物流硬技术方面，现代化内容包括：发展自动化程度高的仓库，运输设备的专用化、大型化，保管设备的多样化、组合化，装卸搬运设备的效率化，信息处理设备的计算机化等。

物流管理现代化就是应用现代经营管理思想、理论和方法，有效地管理物流。在管理人才、管理思想、管理组织、管理方法、管理手段等方面实现现代化，并把这几方面的现代化内容同各项管理职能有机地结合起来，形成现代化物流管理体系。物流管理现代化的目标是实现物流系统的整体优化。

物流现代化中最重要的是物流信息化，物流信息化是电子商务的基本要求，是企业信息化的重要组成部分，表现为物流信息的商品化、物流信息收集的数据化和代码化、物流信息处理的电子化和计算机化、物流信息传递的标准化和实时化、物流信息存储的数字化等。物流信息化能更好地协调生产与销售、运输、储存等环节的联系，对优化供货程序、缩短物流时间及降低库存都具有十分重要的意义。

**3. 物流是实现电子商务的关键**

(1) 物流保障生产。合理化、现代化的物流，通过降低费用从而降低成本、优化库存结构、减少资金占压、缩短生产周期，保障现代化生产的高效进行。相反，缺少了现代化的物流，生产将难以顺利进行，无论电子商务是多么便捷的贸易方式，仍将是无米之炊。

(2) 物流服务于商流。在商流活动中,商品所有权在购销合同签订的那一刻起,便由供方转移给需方,而商品实体并没有因此而移动。在传统的交易过程中,除了非实物交割的期货交易,一般的商流都必须伴随相应的物流活动,即按照需方(购方)的需求将商品实体由供方(卖方)以适当的方式向需方(购方)转移。在电子商务下,消费者通过上网点击购物,完成了商品所有权的交割过程,即商流过程。但电子商务的活动并未结束,只有商品和服务真正转移到消费者手中,商务活动才告以终结。在整个电子商务的交易过程中,物流实际上是以商流的后续者和服务者的姿态出现的。没有现代化的物流,任何情形的商流活动都仍会退化为一纸空文。

(3) 物流是实现"以顾客为中心"理念的根本保证。物流是电子商务中实现"以顾客为中心"理念的最终保证,缺少了现代化的物流技术,电子商务给消费者带来的购物便捷等于零,消费者必然会转向他们认为更为安全的传统购物方式,网上购物便丧失了存在的基础。

由此可见,物流是电子商务重要的组成部分。我们必须摒弃原有的"重信息流、商流和资金流的电子化,而忽视物流电子化"的观念,大力发展现代化物流,以进一步推广电子商务。

## 6.2　电子商务下物流运作系统

### 6.2.1　企业电子商务物流运作系统所需条件

企业电子商务物流运作系统需要具备以下条件。

**1. 高水平的企业物流运作管理**

企业电子商务物流运作系统作为一种全新的流通模式和运送机构,需要科学的管理制度、现代化的管理方法和手段,确保物流运作系统基本功能和作用的发挥,从而保障供应链上各企业和最终消费者整体效益的实现。企业管理高水平的发展为物流渠道管理的现代化、科学化提供了有力的保障,为流通产业的有序发展打下了坚实基础。同时,企业物流管理要以市场的监管和调控为导向,使之有序化和规范化地运作,以管理为保障,以服务为中心,加快科技进步和技术应用是企业物流运作管理的根本出发点。

**2. 高素质的人员配置**

企业电子商务物流系统各种功能和作用的发挥、各项任务的完成,都需要高素质人才的有效配置。人才配置上需要数量合理、具有一定专业知识和较强组织能力、结构合理的决策人员、管理人员、技术人员和操作人员,以确保电子商务下物流运作系统的高效运转。知识经济时代一方面要求专业分工的不断细化,另一方面又要求人的全面发展,以适应瞬息万变的外部环境,所以人才开发和利用是促进知识经济发展的根本。电子商务物流运作系统中需要大量的从事经营管理、科研、配送、流通、通信设备和计算机系统维护等业务的专业化人才,因此必须加大人才培养力度,提高员工的科技创新意识,培养企业对专业化人才的吸纳能力,促进物流运作系统向知识密集型方向发展。

**3. 信息化的物流装备配置**

面对日益激烈的市场竞争和个性化的消费者需求,企业电子商务物流运作系统需要配备现代化的装备和应用管理系统,通过信息技术和网络技术广泛收集信息,采用科学的决策模型,迅速做出正确的决策。同时,配备现代化的配送设施和配送网络,应用电子数据交换技术、人工智能/专家系统、条形码技术、扫描仪技术、信息处理等技术,实现物流技术和物流管理现代化。电子数据交换技术提高了组织间信息交换的能力,降低了运作成本;人工智能/专家系统提高了数据和信息转换成专业知识的能力;条形码技术、扫描仪技术改进了订货处理和存货控制流程,节约了劳动时间和成本。物流技术和管理现代化促进了物流系统的整体优化。

## 6.2.2 企业电子商务物流运作系统的基本流程

企业电子商务物流运作系统的流程设计和操作是物流系统运作方式高质量和运作手段高效益的重要保障。物流运作系统的关键是要充分突出客户服务在整个过程中的核心地位,以提升客户服务水平、满足客户需求为最终目标。物流运作系统的各个流程设计需要以减少作业次数和消除作业间制约为目的,以提高物流运作效率为实施重点。只有完善物流运作的外在表现能力和内在运作效力,才能使物流的运行更加顺畅、有效。企业电子商务物流运作系统的基本流程如图 6-2 所示。

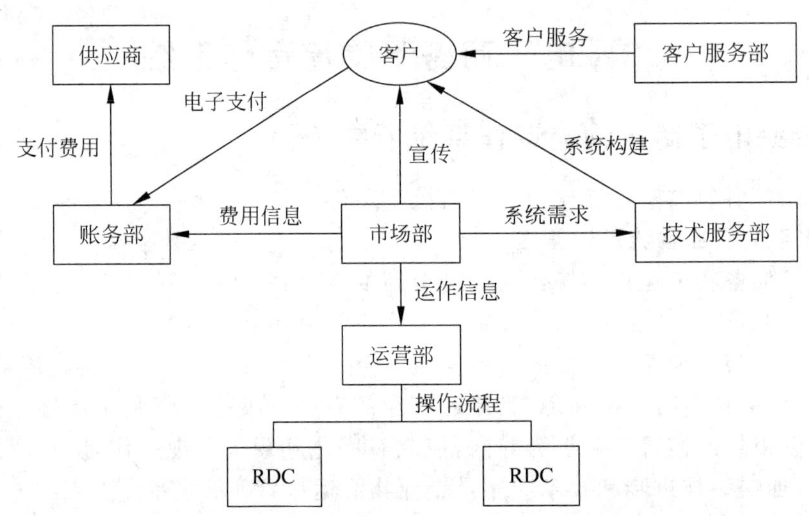


图 6-2 企业电子商务物流运作系统的基本流程

(1) 客户成功选购商品后,市场部负责与客户签署物流服务合同,在商品交易后期需要由运营部、财务部、技术服务部和客户服务部共同提供相关的物流服务。

(2) 以市场部为主签署物流服务合同后,由市场部根据客户的个性化需求和物流流程,分别向运营部传达客户的运作信息,向财务部传递费用信息,向技术服务部发送客户系统需求信息。

(3) 技术服务部根据市场部发送的客户系统需求信息,为客户提供的专门 IP 地址开通系统接口,设置系统登录口令和密码,方便客户及时获取物流信息。

(4) 财务部根据市场部传递的费用信息,制定收费时间和收费标准计算方法,并按照物流合同规定向客户收取相应的物流服务费。财务部也要根据实际情况优化向客户收费的流程，方便客户进行在线支付。如果企业采用的是第三方物流模式，财务部在运营部上报的付费清单基础上，向提供物流支持的各个供应商支付相应费用。这部分费用在大多数情况下已经由合同规定，财务部只需对此进行审核，并参照成本控制指标进行核算。

(5) 运营部根据市场部传达的客户运作信息，根据合同规定的物流服务范围和服务方式，制定详细的操作流程，传达给各具体执行操作的区域分销中心(regional distribution center，RDC)实施。该操作流程同时也传达给客户服务部。

(6) 运营部在一定时间范围内，应将运作结果的原始单据交回财务部。财务部根据成本核算，经过审查后向物流流程中各提供商支付设备使用费或其他物流服务费用。

(7) 各区域分销中心统一接受运营部的操作指令，按照操作流程的规定，完成所属区域的物流任务。

(8) 物流流程中所涉及的其他职能部门围绕业务工作需要，分别提供所需的服务支持：人力资源部提供人员管理和操作、行政部提供后勤辅助服务等。

### 6.2.3　企业电子商务物流作业

企业电子商务物流作业包括采购管理、库存管理、运输管理以及配送管理，是一个范围广泛的结构模式，包含所有节点企业，从原材料采购开始，经过整个物流流程中不同企业的加工、组装、分销等过程直到最终用户。企业电子商务物流作业流程不仅是一条连接供应商到最终用户的物料链、信息链、资金链，也是一条因加工、包装、库存、运输、配送而增值的增值链。

#### 1. 企业电子商务采购管理

企业电子商务采购管理是为了获得质量满足要求、数量符合要求、价格合理的商品或原料，并以准确的时间送达准确的地点。企业电子商务采购要与可靠的、能及时履行其承诺义务的供应商合作，以保证可以获得采购之前和成交之后的服务。

企业电子商务采购管理的内涵。采购是经济主体为满足自身的某种需要，通过支付一定代价的方式向供应商换取商品或劳务的经济行为，目的是以最少的支出获得最大的收益。采购的具体过程是设计采购方案、选择供应商、谈判价格、确定交货及相关事宜，签订合同并按规定收货及付款的过程。采购管理是企业按照实现生产或销售计划，选择合适的供应商，谈妥合适的价格，购买所需数量的物品或劳务所采取的一系列管理活动。

**电子商务采购系统**

在计算机专家和高速局域网的支持下，麻省理工学院建起了世界上最先进的采购系统之一。工作人员可以通过点击网上的产品目录来订购铅笔和试管，这种方式保证任何人都不能超越授权的支出限额。所有的支付都通过美国快递公司(American Express Co.)的采购卡车来进行。麻省理工学院还与两家主要的供应商办公用品仓储式销售有限公司(Office Depot，Inc. s)和 VWR 公司签署了协议，在一到两天内就能将绝大多数货物直接送到购买者的办公桌上，而不仅仅送到办公楼的存货间。

2. 企业电子商务库存管理

企业电子商务物流管理中，库存管理占据了一个重要的地位。在实际中，由于生产和需求的不确定性，缺货和送货延迟的现象普遍存在。从理论上讲，企业可以储存足够多的产品来满足客户的需求，但这样做的风险和成本太高。这些库存必然会反映到成本上，最终会反映在产品价格上，从而会削弱产品的竞争力，降低消费者的满意程度，所以，企业会设计出安全库存来尽量地满足客户的需求。库存管理的目的就是通过对企业库存水平进行控制，力求尽可能降低库存水平，减少资金积压，提高整个系统的效率，增强企业的竞争力，满足客户的需求。

(1) 企业电子商务库存管理内涵。企业电子商务库存管理的基本思想有两种：一种是“拉动式”的，另一种是“推动式”的。“拉动式”的库存管理思想认为，每一个储存点都独立于其他的储存点，预测需求量、决定补货量时都只需考虑本储存点的情况，而无须考虑其他的储存点不同的补货量和补货时间对成本的影响。这种思想是基于每个储存点的需求以一定的订货批量补足库存，该思想可以对本地储存点的库存比较准确地控制。“拉动式”的库存管理思想在供应链的零售环节应用普遍，超过60%的耐用消费品和接近40%的非耐用消费品都是采用这种管理思想。

“推动式”的库存管理思想认为，如果由各个储存点独立地进行决策，那么补货批量和补货的时间与生产批量、经济采购量和最小订货量很难协调起来。所以，企业应根据每个储存点的预测需求量、现有库存量和决定补货量来分配补货。其中，库存量的设定是根据全部储存点的情况统一决定的。一般来讲，当采购或生产的规模经济收益超过了“拉动式”管理方法实现的最低总库存水平带来的收益时，就可以采用“推动式”库存管理方法。

(2) 企业电子商务库存管理策略。电子商务环境下库存管理策略涉及以下几个内容。

① 企业需要了解供应链库存管理流程。传统企业中的库存管理没有与供应商联系起来，多数是静态的、单级的，采用的信息基本上来自企业内部，而电子商务企业所管理的供应链上的各个环节的活动都应是同步进行的。

② 重视信息传递系统。信息共享是供应链协调的最高阶段，也是供应链发展的最终目标，此时企业的实时库存、采购策略、库存策略、客户需求都成为了公共信息，由此确定的供应链最优库存成本要比非完全信息情况下低得多。企业电子商务物流管理要快速地响应用户需求，就需要分布在不同的供应链节点上的企业之间实时传递需求预测、库存状态、生产计划等重要数据。

③ 考虑不确定因素对库存的影响。企业电子商务库存管理中存在诸多不确定性因素，如订货提前期、市场需求变化等，为了应付这些不确定因素，供应链的各个节点企业都需要设有一定的安全库存。电子商务环境下，供应链上企业间缺乏协调与合作，缺乏跟踪不确定性的来源和影响，往往导致错误地估计库存，使得库存量增加或不足。在这种情况下，供应链上各企业需要研究和跟踪各种不确定因素，保持企业拥有一个合理的库存量，减少供应链系统为此付出的额外成本。

### 3. 企业电子商务运输管理

运输是借助运输系统、交通设施和运输工具来实现产品的空间位移的一种经济活动和社会活动。由于产品生产地、销售地和消费地的跨时空性，所以运输在企业电子商务物流管理中发挥着极为重要的作用。运输改变了产品的时间状态和空间状态，所以，运输功能是物流体系中的动态功能。

1）企业电子商务运输优化

物流运输优化是第三利润源泉的一个重点，所谓物流运输优化，是从物流的总体目标出发，运用系统理论和系统工程原理与方法，充分利用各种运输方式的优点，以运筹学数量方法建立模型与图表，选择和规划合理的运输线路和运输工具，以最短的路径、最少的环节、最快的速度和最少的费用，组织好物资产品的运输活动，避免不合理的运输和次优化等情况的出现。

运输优化的内容是避免不合理的运输出现，因为不合理运输会造成运输费用不必要的增加，从而使运输费用及服务失衡。以下是运输优化需要解决的问题。

（1）对流运输。对流运输也称相向运输、交错运输，是指同一种货物，或彼此间可以互相代用而又不影响管理、技术及效益的货物，在同一线路上或平行线路上做相对方向的运送，而与对方运程的全部或一部分发生重叠交错的运输。对流运输不合理的实质在于多占用了运输工具，出现了额外的车辆走行的千米数和货物走行的吨千米数，增加了不必要的运费。

（2）空车无货载行驶。在实际组织运输中，有时候必须调运空车，从管理上不能将其看成不合理运输。但是，因调运不当、货源计划不周、不采用运输社会化而形成的空驶是不合理运输的表现。造成空驶的不合理运输主要有以下几种原因。

① 能利用社会化的运输体系而不利用，却依靠自备车送货提货，这往往出现单程重车、单程空驶的不合理运输。

② 由于工作失误或计划不周造成货源不实，车辆空去空回，形成双程空驶。

③ 由于车辆过分专用，无法搭运回程货，只能单程行车。

（3）迂回运输。迂回运输的原因很多，但多是由于选择运输路径不当引起的。如果因道路施工、事故等因素被迫绕道是允许的，但应当尽快恢复正常，因为它会引起运输能力的浪费和运输费用的超支。迂回运输造成的损失可表示为：

迂回运输浪费的费用＝迂回运输浪费的吨千米数×该种物资每吨千米的平均运费

（4）重复运输。可以直线运输的物资进行不必要的中转，称为重复运输。这不仅浪费装卸劳力，增加作业和负担，而且增加物资损耗和出入库手续，造成物流时间长、费用消耗和占用多等不利情况。

2）企业电子商务运输管理的构成要素

（1）运输方式。运输方式是指将产品从供应链网络的一个位置移动到另一个位置所采用的方式。通常有以下六种基本运输方式可供厂商选择。

① 航空运输：最昂贵、最快捷的运输方式。

② 公路运输：较快速、较廉价、高度灵活的运输方式。

③ 铁路运输：适用于大宗货物的廉价运输方式。

④ 水路运输：最慢的运输方式，通常是大宗海外货运唯一的经济选择。

⑤ 管道运输：主要用于输送石油和天然气。

⑥ 电子运输：一种最新的、电子化的、通过互联网完成的“运输”方式，可输送如音乐等原先只以物态形式流通的商品。

(2) 路径和网络选择。管理者必须做出的一个主要决策是产品运输的路径和网络。路径是指产品运输的路线，网络是指产品运输的地点与路径的总和。例如，厂商需要决定是直接将产品送到顾客手中，还是利用一系列的配送者。厂商在供应链设计阶段便做出运输路径决策，还要做出日常或短期决策。

(3) 内部化或依靠外部资源。传统上，大部分运输职能是在公司内部完成的。今天，许多运输(甚至整个物流体系)职能却是依靠外部提供的。当厂商决策运输体系时，它们不得不在部分运输内部化或依靠外部资源之间做出选择，这引发了另一方面的决策问题。

3) 企业电子商务运输规划

由于物流系统目标功能的影响，运输规划的重点发生了变化。由传统的线网规划为主、运输节点及运输工具为辅，转变为以运输节点为核心来进行规划。规划的主要内容包括三部分：运输节点的规划，即枢纽型物流中心的规划；运输网络的规划，即运输网络在物流条件下的规划；运输工具的规划，包括运力发展方向及运力结构目标的规划。运输工具主要向专业化、标准化、集装箱化方向发展。

物流运输规划应根据区域物流运输需求量的分布、流量流向，并结合物流系统的客观要求以及综合运输系统的实际能力，因地制宜地进行。具体原则包括以下几点。

(1) 枢纽型物流中心的布设应与物流运输网络配合协调。由于物流的运输系统是依托现有的综合运输网络进行的，传统的货运站(场)功能单一，远不能满足物流运输需要。此外，物流运输的重要特征就是通过多式联运、集装箱运输、信息化管理等现代综合运输方式来实现高效率、低成本运输，这一系列功能都要由枢纽型物流中心来完成。所以，枢纽型物流中心规划是物流运输规划的首要内容。

(2) 物流运输系统的运输网络布局应与物流运输需求量的流量流向一致，运输通道的能力应满足相应的运输需求，充分发挥综合运输网络的运输效益，优势互补。

(3) 本着“少花钱，多办事”的原则，规划应尽可能充分利用现有综合运输网络，发挥其潜力，但也要充分意识到地区经济发展的潜在优势以及物流业迅速发展的引导作用，在必要的情况下，对运输网络及相关设施进行适当的超前规划建设。

(4) 充分考虑由于物流运输车辆大型化、专业化、标准化的发展趋势，对运输枢纽及运输线路的需要及相关影响。

**4. 企业电子商务配送管理**

电子商务下物流配送的地位十分重要，并与原材料供应商、产品分销商及最终用户等性质不同、形态各异的企业有着千丝万缕的联系，具有强烈的社会化特征。物流配送本身是一项复杂的系统工程，涉及生产、批发、电子商务、配送和消费者的整体结构等多方面因素。

1) 企业电子商务配送管理的内涵

物流配送是按照客户的订货要求，经过分货、拣选等货物配备工作，并经过装配好的货物送交收货人。配送几乎包括了所有的物流功能要素，是物流的一个缩影或在某一小范围中物流全部活动的体现。一般的配送服务均集装卸、包装、保管、运输于一身，通过这一系列活动将货物送达目的地。少数特殊配送还需要包装加工服务，包括的内容更广。但配送的主体活动与一般物流有明显不同，一般物流以运输及保管为主，而配送则是运输及分拣配货为主，分拣配货是配送的独特要求，也是配送中最有特点的活动。以送货为目的的运输则是最后实现配送的主要手段。

现代配送与普通物流的不同之处在于：物流是商物分离的产物，而配送则是商物合一的产物，配送本身也是一种商业形式。虽然配送实施时，也有以商物分离形式实现的，但从配送的发展趋势看，与物流越来越紧密地结合是配送成功的重要保障。

2）企业电子商务配送的特点

根据物流配送发展的情况，在电子商务时代，信息化、现代化、社会化的物流配送的特点可归纳为以下几个方面。

（1）物流配送功能集成化。物流配送注重将物流与供应链的其他环节进行集成，包括物流渠道与商流渠道的集成、物流渠道之间的集成、物流功能的集成、物流环节与制造环节的集成等。在电子商务环境下，物流配送服务提供者对上游、下游的物流配送需求的反应速度越来越快，前置时间和配送时间越来越短，物流配送速度也越来越快，商品周转次数越来越多。

（2）物流配送服务系列化。物流配送强调物流配送服务功能的恰当定位与完善化、系列化，除了传统的储存、运输、包装、流通加工等服务外，还在外延上扩展至市场调查与预测、采购及订单处理，向下延伸至物流配送咨询、物流配送方案的选择与规划、库存控制策略建议、货款回收与结算、教育培训等增值服务，在内涵上提高了以上服务对决策的支持作用。

（3）物流配送作业规范化。电子商务下的物流配送强调功能作业流程、作业运作的标准化和程序化，使复杂的作业变成简单的易于推广与考核的运作。物流配送从系统角度统筹规划一个公司整体的各种物流配送活动，处理物流配送活动与商流活动及公司目标之间、物流配送活动与物流配送活动之间的关系，不求单个活动的最优化，但求整体活动的最优化。

（4）物流配送组织网络化。为了保证对产品促销提供快速、全方位的物流支持，新型物流配送要有完善、健全的物流配送网络体系，网络上点与点之间的物流配送活动要保持系统性和一致性，这样可以使整个物流配送网络有最优的库存总水平及库存分布，运输与配送快捷、机动，既能铺开又能收拢。电子商务下的物流配送使用先进的技术、设备与管理为销售提供服务，生产、流通、销售规模越大、范围越广，物流配送技术、设备及管理越现代化。

3）企业电子商务配送规划的内容

企业电子商务配送的业务主要是根据客户的订货需求首先组织货源，然后进行储存保管、流通加工、包装、分拣、配货和送达。所以，企业电子商务的配送是以高水平实现商品销售和供应服务的现代物流方式。配送的规划建设是一个复杂的系统工程，应该从物流系统规划、运营管理规划和信息系统规划三个方面着手。

(1) 物流系统规划。物流系统规划从系统的观点出发,通过剖析物流系统各要素之间的内在联系,力求用定量的方法进行物流系统的规划。物流系统规划的基本原则是坚持发挥优势、整合资源的系统性原则,坚持可行性原则,坚持高效率、低成本原则。

(2) 运营管理规划。运营管理规划是建立科学的物流系统运行机制和推进物流系统化的前提,它推动物流运作过程管理和物流管理体系的建设和发展,促进构建电子商务下的现代物流管理体系以及城市物流运作过程管理和城市物流合理化,最终为构建城市物流中心奠定坚实的基础。

(3) 信息系统规划。信息系统规划不仅是物流系统规划的一部分,也是企业战略规划的一部分。物流信息系统规划是系统开发最重要的阶段,服务于企业的长期规划,是长期规划的手段和保证。

## 6.3 电子商务物流基本模式

### 6.3.1 企业自营模式

#### 1. 企业自营模式含义与分类

企业自营模式是指电子商务企业自行组建物流配送系统,经营管理企业的整个物流运作过程。目前,采取自营模式的电子商务企业主要有以下两类。

1) 传统的大型制造企业或批发企业经营的电子商务网站

由于其自身在长期的传统商务中已经建立起初具规模的营销网络和物流配送体系,在开展电子商务时只需将其加以改进、完善,就可满足电子商务条件下对物流配送的要求。

2) 资金实力雄厚且业务规模较大的电子商务公司

电子商务在我国兴起的时候,国内第三方物流的服务水平远不能满足当时电子商务公司的要求。这些公司手中持有大量的外国风险投资,为了抢占市场的制高点,不惜动用大量资金,在一定区域甚至全国范围内建立自己的物流配送系统。

#### 2. 企业自营模式优劣势分析

1) 企业自营模式的优势

自营物流可以使企业对供应链有较强的控制能力,容易与其他业务环节密切配合,全力专门地服务于本企业运营管理,即自营物流可以使企业的供应链更好地保持协调、简洁与稳定。

(1) 协调。供应链的协调包括利益协调和管理协调。利益协调必须在供应链组织结构构建时将链中各企业之间的利益分配加以明确;管理协调则要求适应供应链组织结构要求的计划和控制管理以及信息技术的支持,协调物流、信息流的有效流动,降低整个供应链的运行成本,提高供应链对市场的响应速度。企业自营物流,企业内部的供应链不是不同企业个体之间的集成网链,而是企业内部各个职能部门组成的网络,每个职能部门不是独立的利益个体,有共同的目标,相对于企业与企业之间的供应链更容易协调。

(2) 简洁。供应链是物流链、信息链,也是一条增值链,它的构建并不是任意而为的。

供应链中每一个环节都必须是价值增值的过程，非价值增值过程不仅增加了供应链管理的难度，增加了产品/服务的成本，而且降低了供应链的柔性，影响供应链中企业的竞争实力。因此，自营物流在设计供应链的组织结构时，可以根据公司内部财务资料，严格分析每一环节是否存在真正的价值增值活动，简化供应链。

(3) 稳定。供应链是一种相对稳定的组织结构形式，影响供应链稳定的因素一个是供应链中的各个环节，它必须是具有优势的业务单元，即要有竞争力，如果供应链中的企业不能在竞争中长期存在，必然影响到整个供应链的存在；另一个就是供应链的组织结构，如供应链的长度，供应链的环节过多，信息传导中就会存在信息扭曲的情况，造成整个供应链的波动，稳定性就差。而自营物流使企业对供应链有更多的监控与管理能力，可以更容易地保持供应链的稳定。此外，自营模式可以有效保证信息安全问题。很多企业有不少企业内部的秘密，自营物流可以使企业保证自己的信息安全，避免内部物流与外部物流交叉过多造成企业机密的流失。同时企业物流部门锻炼了一支队伍，人员素质在供应链管理、信息管理、物流管理、团队协作等方面都会有较大的提升。

2) 企业自营模式的劣势

自营物流主要是指企业自己营业的物流，是本公司自己经营物流业务，自己出资购买物流设施、设备，自己投资建设仓库和信息网络等。其前提是有充足的资金投入物流。物流，特别是仓储，投入大，回报慢。因此，自营物流在给企业创造利润的同时，也有其自身的弊端。

(1) 投入巨大。电子商务公司自营物流所需的投入非常大，建成后对规模的要求很高，大规模才能降低成本，否则将会长期处于不盈利的境地，而且投资成本较大、时间较长，对于企业柔性有不利影响。

(2) 物流管理能力较弱。对于这样一个庞大的物流体系，建成之后需要工作人员具有专业化的物流管理能力，否则只是有硬件，也是无法经营的。目前，我国的物流理论与物流教育严重滞后，仅有几所高校设有物流管理的硕士点。我国也未像一些发达国家建立起物流师的资格认证，这都导致了我国物流人才的严重短缺。企业内部从事物流管理的人员的综合素质也不高，面对复杂多样的物流问题，经常是凭借经验或者主观的考虑来解决问题，造成了企业自营物流一大堆亟待解决的问题。

## 6.3.2　外包物流模式

### 1. 外包物流模式的内涵

与自营相对应的是外包。外包物流又称第三方物流或合同物流，它以签订合同的方式，在一定期限内将部分或全部物流活动委托给专业物流企业来完成。社会分工的细化促使这种专业物流企业出现，利用专业设施和物流运作的管理经验，为顾客制订物流需求计划。外包物流是物流专业化的重要形式，是物流社会化、合理化的有效途径。

将物流外包给第三方物流公司是跨国公司管理物流的通行做法。按照供应链的理论，将不是自己核心业务的业务外包给从事该业务的专业公司去做，这样从原材料供应到生产，再到产品的销售等各个环节的各种职能，都是由在某一领域具有专长或核心竞争力的专业公司互相协调和配合来完成，这样所形成的供应链具有很强的竞争力。

2．外包物流模式的优劣势

1）外包物流模式的优势

（1）降低经营成本。一般来说，对于企业来说，不管是否从事电子商务，自营物流会有很多隐形成本，如果把物流的隐形成本核算出来，把外包与自营的物流总成本加以对比，一般来说外包物流的成本是相对低廉的。物流外包可以使企业不必把大批资金投入到物流的基础设施上，而投入到能产生高效益、高资金利润率的业务上去。

（2）增强核心能力。外包物流服务可以使企业集中力量于自己的核心能力，扬长避短，且有利于企业的柔性化。这也符合电子商务企业的"归核经营战略"。所谓归核战略，简单而言，就是要求企业集中资源，培育其核心能力，大力发展核心主业，把主业做大、做强、做精，走集约化道路。

（3）改进客户服务。消费者是企业的上帝，而消费者要求提供消费品的前置时间越短越好。为此，供应链通过生产企业内部、外部及流通企业的整体协作，大大缩短了产品的流通周期，加快了物流配送的速度，并将产品按消费者的需求生产出来，快速送到消费者手中。

宜家家居全球化的外包物流系统

宜家家居(IKEA)以其质量可靠、价格适中、服务周到而享誉全球。从1943年创始，宜家家居发展到如今遍布38个国家和地区，拥有310家宜家商场为宜家集团之外授权特许经营店，成为国际知名的家具公司。

宜家家居目前在全球53个国家拥有约1300家供应商，由这些供货厂商为宜家生产宜家目录册和宜家商场内的所有产品。其中，大部分产品、生产厂商来自于环境工作发展水平较高的国家和地区。同时，宜家也在一些环境工作尚处于起始阶段的国家进行部分产品的采购。近年来，宜家环境工作的一项主要任务就是帮助改善部分供货厂商的生产环境条件。目前，这些厂商的生产活动对于环境造成的影响是最迫切需要降低和得到改善的。具体措施是宜家向它们提供有关基本要求的文件材料，然后对于要求执行情况进行随后的跟踪检查。宜家供货商的数量在不断增加，主要在欧洲，一部分在亚洲。生产厂家对于制作材料和生产工艺的选择在相当大程度上取决于宜家提供的产品规格文件。文件内容包含了所有有关限制性的规定，如对于某种化学成分、金属材料或其他原材料的指定使用。此外，宜家同时对环境管理制度做了简化修订。宜家家居具有鲜明的产品物流特色，如全面采用平板包装和组装分开计价等。

2）外包物流模式的劣势

在我国的具体情况下，把物流外包给第三方物流公司有以下两个劣势。

（1）第三方物流尚未成熟。我国第三方物流尚未成熟，没有达到一定的规模化与专业化，成本节约、服务改进的优势在我国并不明显，而且常常会造成外包物流的失败。

（2）容易受制于人。签订物流服务外购合同后，物流业务交由第三方物流公司打理，双方的力量对比因此发生了变化。就物流公司来说，它们对电子商务企业有依赖，但不强烈，充其量这笔交易是其众多交易中的一单；但对电子商务企业而言，服务质量与效率将对企业的正常生产经营活动产生很大影响。因此，物流公司往往利用这种有利的地位欺诈对方，在必要时会提高价格，并转向那些能满足它们利益的客户，产生种种机会主义行为。例如，不按合同规定的时间配送，装卸搬运过程中故意要挟等。在供应链中，由于第三方物流企业还不成熟，电子商务企业如果过分依赖供应链伙伴，则容易受制于人，在供应链关系中处于被动地位，供应链的控制能力差，与最终顾客失去联系并有被淘汰出局的危险。

3. 外包物流的步骤

作为电子商务企业，外包关系的成功大部分依赖自己的行为。为了使外包物流获得成功，应遵循以下几个步骤。

1）制订外包方案

外包方案应该加以认真的考虑并作为“内部的”解决方案加以评估。这将有利于确认每一项目的优势和劣势。

2）寻找合作者

在开始寻找合作者的时候，首先要了解行业中的其他组织，若是一个很小的行业，交谈是获悉合作者信息的最好方法，也可以参考贸易公布表、年度报表、贸易合作，当然还有互联网。了解供应商以考察物流商是否能满足公司的定位需求，是否拥有关于公司所在行业的经验，它们的高级管理层是谁，它们是否能满足系统整合的需求。

3）明确本企业的期望

许多外包关系都是由于企业不现实的期望而导致失败。通常物流商在投标时，都是根据非充分的运输数量、尺寸、频率、季节性变动等信息来进行的。一些用户公司缺少关于它们本身物流方案的准确具体的认识。另外，提供服务的成本，尤其是在信息技术领域，经常过于低估或错误理解，当有了不充分或不准确的信息，物流商就会做出不现实的成本划定与安排。一旦它们更深入地了解这一合作项目，物流商经常会发现这个项目毫无利润。

4）制定一份好的合同

通过双方共享利润来改善运作方式和刺激生产能力，明确责任、期望和赔偿条件。一旦选中了物流商，双方就要签订合同，合同期限一般是 3～5 年为合适。

5）制定正确的政策和程序

由于合同无法包含每天行动的所有政策和程序，因此有必要由外包物流的企业向物流商提供操作手册。可能的话，由双方共同编制，应该包含所有政策程序和其他高效操作所需要考虑的信息。

6）明确并避免潜在的冲突

双方通常都知道可能会升级的冲突，这些冲突应该提前明确，如果可能，编制解决它们的具体程序。

7）与物流合作伙伴进行有效的交流

贫乏的交流是继拙劣计划之后，造成外包关系失败最主要的原因，双方必须经常面对面地在操作的所有方面进行交流。

8）评估绩效，交流成果

当建立了一种关系，就应该明确同意并交流绩效的标准，而且绩效应该以一贯的方式进行评估。为了促进绩效的评估，先要确保绩效标准是可衡量并可获得的。常犯的错误就是制定的标准很模糊，难以确认。

9）保持与供应链伙伴良好的关系，激励并奖励物流商

就如企业同产品供应商发展紧密互利的关系一样，与物流供应商发展这种关系也同样重要。这类关系中，有相当部分已被建立起来并发展成物流合同的正式条款。这类关系在专一服务于一家客户的情况下，更易建立。当物流公司同时服务于几家客户时，有时会有客户冲突，保持良好的关系是非常必要的。好的绩效应该受到奖励，而不是吹捧。称赞、肯定、奖励、奖品和共同进餐都是很好的激励方式，可以根据特别的环境加以灵活应用。

### 6.3.3 物流联盟模式

**1. 物流联盟的含义**

物流联盟是指为了取得比单独从事物流活动更好的效果，企业间形成的相互信任、共担风险、共享收益的物流伙伴关系。企业之间不完全采取导致自身利益最大化的行为，也不完全采取导致共同利益最大化的行为，只是在物流方面通过契约形成优势互补、要素双向或多向流动的中间组织。联盟是动态的，只要合同结束，双方又变成追求自身利益最大化的单独个体。狭义的物流联盟存在于非物流企业之间，广义的物流联盟包括第三方物流。本文指的是广义的物流联盟。

电子商务企业与物流企业物流的联盟，一方面有助于电子商务企业降低经营风险，提高竞争力，企业还可从物流伙伴处获得物流技术和管理技巧；另一方面也使物流企业有了稳定的货源。当然，物流联盟的长期性、稳定性会使电子商务企业改变物流服务供应商的行为变得困难，电子商务企业必须对今后过度依赖于物流伙伴的局面做周全考虑。

**2. 物流联盟的注意事项**

物流联盟是介于独立的企业与市场交易关系之间的一种组织形态，是企业间由于自身某些方面发展的需要而形成的相对稳定的、长期的契约关系。在现代物流中，是否组建物流联盟，作为企业物流战略的决策之一，其重要性是不言而喻的。在我国，物流水平还处于初级阶段，组建联盟便显得尤为重要。

1）注意联盟伙伴的类型

选择联盟伙伴时，要注意物流服务提供商的种类及其经营策略。一般可以根据物流企业服务的范围大小和物流功能的整合程度这两个标准，确定物流企业的类型。物流服务的范围主要是指业务服务区域的广度、运送方式的多样性、保管和流通加工等附加服务的广度；物流功能的整合程度是指企业自身所拥有的提供物流服务所必要的物流功能的多少。必要的物流功能是指包括基本的运输功能在内的经营管理、集配、配送、流通加工、信息、企划、战术、战略等各种功能。

不同类型的物流企业在市场竞争中所采取的经营策略有很大的区别。比如，有的物

流企业所提供的服务质量很高，但其价格也高，而有的物流服务商靠低廉的价格和一般水平的服务来参与市场竞争，电子商务企业可以根据自己的需要来进行选择。

2）注意保持在联盟中的控制能力

如果电子商务在企业战略中处于关键作用，电子商务销售额占总销售额的绝大部分，而自身物流管理水平却较低，对这类企业来说，寻找物流伙伴组建物流联盟将会在物流设施、运输能力、专业管理技巧上收益极大，但要注意选择和合作的多样性或将一部分物流服务分出去与他人合作，避免物流伙伴掌握顾客资源后在整个供应链中占据支配地位而受制于人，从而保证企业获得长期稳定的利润。对于物流在其战略中不占关键地位，但其物流水平却很高的企业来说，可以寻找伙伴共享物流资源，作为物流联盟关系的领导者，通过增大物流量来获得规模效益，降低成本。

**3. 不同物流模式的比较**

不同的物流模式有着各自的优势与劣势，其比较如表 6-1 所示。

**表 6-1　三种物流模式比较**

| 比较＼模式 | 自营物流 | 外包物流 | 物流联盟 |
|---|---|---|---|
| 优势 | 电子商务企业对物流有较强的控制能力，<br>物流部门与其他职能部门易于协调，<br>企业容易保持供应链的稳定 | 电子商务企业可以将力量与资源集中于自己的核心主业，<br>降低经营成本，<br>改进客户服务 | 可以降低经营风险和不确定性，<br>减少投资，<br>获得物流技术和管理技巧 |
| 劣势 | 物流基础设施需要非常大的投入，<br>需要较强的物流管理能力 | 我国的第三方物流尚未成熟，<br>容易受制于人 | 更换物流伙伴比较困难 |

投身于电子商务的我国企业都根据自己的实际情况选择了不同的物流模式，而各种物流模式也各有利弊。国际上流行的做法是电子商务企业将物流全部交给第三方物流企业，根据是亚当·斯密的分工理论和普拉哈拉德的核心能力理论。

由于我国的第三方物流还不够成熟，加之其本身具有一定的可替代性，对我国的实际情况而言，电子商务企业从事自营物流也有一定的可行性。而物流联盟作为一种节约交易费用的制度安排，在我国也将得到快速的发展。

# 6.4　电子商务配送系统

## 6.4.1　电子商务配送系统概述

**1. 电子商务配送系统的含义**

电子商务配送系统是依据电子商务技术（网络技术、通信技术和计算机技术）把配送活动各要素联系在一起，为实现配送目的、功能和作用所形成的一个有机统一体。

电子商务的发展及电子商务技术的完善，不仅为电子商务配送系统的建立提供了技术基础，而且也为电子商务系统的建立提供了市场基础。

### 2. 电子商务配送系统的功能

电子商务配送系统的功能主要有以下几个方面。

1）物流配送实时性

首先，电子商务技术可使企业对配送实施有效的实时控制。传统的配送活动在运作过程中，其实质都是以商流为中心，从属于商流活动，因而配送的方式是伴随着商流来运动的。在电子商务配送中，配送的运作是以信息为中心的，信息不仅决定着配送的运动方向，而且也决定着配送的运动方式。在实际的配送过程中，可以有效地依靠电子商务技术对配送过程的各个环节和各个层次进行实时监控，实现配送的合理化。其次，电子商务对配送的实时控制是以整体配送为中心来进行的。在传统的配送活动中，虽然也有依据计算机技术对配送进行控制，但这种控制是以单个的运作方式来进行的。例如，在实施计算机管理的配送企业中的控制是以整体运作方式，所实施的计算机管理信息化系统，大都是来进行总体控制的，这不仅包括企业的内部系统配送运作控制，而且也包括企业与外部配送运作的控制。

2）物流配送互动性

配送活动是一种多要素组合的活动。对于一个企业来说，它不仅存在着企业与外部的配送活动，而且也存在着企业内部的配送组织活动。如何将这些复杂的要素连接在一起，并使其能有序运动，将是企业面临的一个重要问题。电子商务配送系统的建立和完善，将企业与外部（客户）的联系、企业内部各要素之间的联系有效地结合在了一起，使其信息的交流具有多层次、全方位的互动性，并通过电子商务技术使内部与外部的协调，内部各层次、各环节的协调达到一致，实现配送的合理化。此外，互动性的特点也为配送活动的个性化服务提供了有利的条件，将为企业赢得更多的客户和市场。

3）物流配送标准化

要进行电子商务配送，实现配送的标准化不仅是十分必要的，而且也是非常重要的。配送的标准化主要包括配送货物信息的标准化和配送作业流程的标准化。

配送货物的信息标准化实质是将货物的各种特征和属性信息化，即用一组数据，如大类、品名、规格、型号、单位、厂家、品牌、使用说明期限等来描述货物，还可以用图像、声音等多种媒体形式来描述货物。信息标准化不仅有利于发、送双方对货物的理解和认可，便于货物的使用、统计和配送及管理。配送作业流程的标准化是指配送的各个环节，各个层次应按照统一规定的流程来进行标准化执行，以保证各作业环节的合理衔接和有序协调，如果不规范地进行作业，势必会产生网络信息系统与作业系统之间的脱节与不一致，给企业带来不应有的损失。

此外，电子商务配送的标准化还包括配送技术标准化和配送管理标准化等。

4）物流配送低成本化

电子商务不仅使配送双方节约了成本，而且也降低了整个社会的配送成本。

首先，电子商务配送节约了配送双方的库存成本。在电子商务配送的情况下，配送双方可以有效地利用电子商务技术及交易等优势，减少配送双方的库存规模。同时，对于整个社会来说，库存水平也得到了降低，使库存管理的成本和费用相对下降。

其次，电子商务配送降低了配送双方的营销成本。提供配送的一方可实现促销成本及送货成本的降低，需要配送服务的一方可实现信息采集成本等的降低，节约自建配送系统的投资及相应的管理费用。

再次，电子商务配送可使配送双方通过网上结算进行单证传输，实现了配送双方的结算成本及单证传输成本的降低。

最后，电子商务配送降低了租金成本。一是它可使企业合理地确定配送场地的面积和地点，提高配送场所的利用率，降低配送场所的使用成本；二是它可使企业相应地减小办公场地的面积，因为在电子技术和电子工具高度发达的今天，企业可以充分地利用网络管理的方法与技术对配送活动进行管理，所以，需要的面积远远小于传统配送管理的面积。

## 6.4.2　电子商务配送系统目标

电子商务配送系统的目标主要体现在以下几个方面。

### 1. 服务性目标

服务性目标是电子商务配送系统所要达到的一个主要目标，是指电子商务配送系统能向用户提供各种服务。服务性目标主要有：能向用户提供多种信息服务；能向企业的不同部门、不同层次和不同环节提供多种信息服务；具有信息的及时反馈功能。

### 2. 快捷性目标

电子商务配送系统要能依据客户的要求，把货物按质按量准时地送到用户所指定的地点。这就要求企业在配送系统中设立快捷反应系统，以实现快捷目标。快捷目标的构成主要包括：快捷的配发货系统；快捷灵活的运输系统；自动化的库存管理系统；自动化的分拣、理货系统；快捷、灵活的进货系统，包括订、收货系统；方便、灵活、及时的信息服务系统。

### 3. 低成本性目标

要有效地利用配送面积和空间，要科学合理地选择运送工具和线路，要保持合理的库存规模和结构，要选择合适的系统软件，要坚持科学的管理。

### 4. 安全性目标

Internet 的开放性同时也带来安全性问题，根据中国互联网络信息中心(CNNIC)2000 年 1 月 18 日发布的《中国互联网络发展状况统计报告》，目前用户最关心的问题就是网上交易的安全问题。这说明了要进行电子商务配送，一个重要的前提就是必须保证电子商务配送系统的安全性，保证用户的商业机密不受到侵犯。电子商务系统的安全性目标主要包括以下几个方面：操作系统的安全性目标；防火墙系统的安全性目标，主要包括防火墙产品是否安全、功能是否完善、设置是否错误等；操作人员以及内部人员的安全性目标；内部用户的安全性目标；程序的安全性目标；数据库的安全性目标等。

## 6.4.3　电子商务配送系统的构成

一般来说，电子商务配送系统主要由管理系统、作业系统、网络系统以及输入、输出环境系统几部分组成。

1. 管理系统

管理系统是由配送系统的计划、控制、协调和指挥等所组成的系统，它是整个配送系统的支柱。管理系统包括配送系统的战略目标、能力及配送需求预测、创造以及配送过程管理及网络管理等。

第一，战略目标。系统战略目标主要包括服务的对象、顾客的性质与地理位置以及所提供的与此相适应的配送服务。第二，功能目标。主要确定配送系统所达到的目标，配送能力的大小主要取决于企业投入人、财、物的数量及管理水平等。第三，配送需求预测与创造。管理系统的另一个主要职能是对市场进行预测分析，以掌握和了解未来客户配送需求的规模及提供相应的服务。另一方面，要通过网络广泛收集用户的需求及要求的服务，开展促销业务，以系统的高效率、低成本和高质量的服务创造配送要求。第四，存货管理。通过预测、创造需求以及网络的特点，管理系统要合理地确立存货的规模和结构。一方面，存货的规模与结构要与客户的要求保持一致；另一方面，存货的规模结构要与作业能力保持一致。第五，作业过程管理。第六，网络管理。

2. 作业系统

作业系统是配送实物作业过程所构成的系统。在电子商务时代，配送实物作业应接受管理系统下达的信息指令来进行。作业系统主要包括货物的接收、装卸、存货、分拣、配装及送货和交货等。

3. 网络系统

网络系统是由接受、处理信息以及订货等所组成的系统。目前在配送应用较多的电子商务网络系统主要有以下几种。

第一，POS系统（销售试点管理系统）。企业收集、处理和管理配送试点上的各种配送信息和用户信息的系统。

第二，VAN系统（增值网）。利用电信的通信线路将不同企业的不同类型的计算机连接在一起，构成共同的信息交流中心。

第三，EOS系统（电子订货系统）。利用企业内终端计算机按货架或台账输入欲订购的货物，经网络传递到总部配送中心或供应商，完成订购手续，并验收货物。

第四，MIS系统（管理信息系统）。负责货物的进、存及配送管理，并进行配送经营的辅助决策工作，如货物的自动补给系统等。

第五，EDI系统（电子数据交换系统）。即在不同的计算机应用系统之间依据标准文件格式交换商业单证信息。对于配送企业以及需要进行配送的企业来说，在Internet上进行配送单证信息的传输不仅可以节约大量的通信费用，而且也可以有效地提高工作效率。

4. 输入、输出环境系统

电子商务配送系统通过资源，能源，机具，劳动力的输入对系统发生作用，即称为外部环境对物流系统的输入功能。

电子商务配送系统通过输入功能，将各种原材料，协作件制品，产品，商品，生产或销售计划，需求订货计划，资源，资金，合同信息等输入系统，并将它们有效地组织起来，进行有关或必要的处理或转换，以增值后的产品，商品或位移性效能，时间性效能，方便性效能及其他服务形式表现出来,即为系统的输出功能。

输入、输出环境系统,即电子商务配送系统环境的适应性。凡处于研究对象的电子商务配送系统之外的各层外部因素及关系,均可看成是与电子商务配送系统相互作用,相互依存关系的外界环境,所形成的电子商务配送系统只有适应外界环境的条件,才能生存、运作和发展。因此,社会经济的发展需要是电子商务配送系统形成与发展的一项重要制约因素。另一方面,国家政府的方针政策,经济管理职能对电子商务配送系统的形成,运作与发展,也起着至关重要的作用。

### 6.4.4　电子商务配送系统分析

#### 1. 配送中心物流管理系统需求分析

(1) 实时跟踪商品在物流中心的相关信息,包括商品名称、商品编号、所在容器、库存数量、是否缺货、缺货原因、供货商信息等。

(2) 实时跟踪商品在物流中心流动的信息,包括入库、移位、并板、拆板、出库等。

(3) 需满足商品先入先出的原则。

(4) 实时跟踪并记录什么人在什么时候开机,做过一些什么操作,并在什么时候关机。

(5) 等操作人员的管理信息。

(6) 对日常业务要求手持终端机操作简单,对数据处理要求反应快。

(7) 对 RF 手持终端的程序开发要求简单,并方便维护。

(8) 对 RF 网络要求稳定,并便于安装和维护。

(9) 需连接配送中心数据库。

(10) 为减少工作强度,要求手持终端轻便,易于手握,并坚固耐用。

#### 2. 配送中心物流管理系统设计思想

根据配送中心的实际情况,应本着准确、高效、高性能和低成本的设计原则和人性化的设计理念,设计如下管理系统方案。

(1) 通过采用 RF 高速无线网络系统来提高整个配送中心的数据传输的实时性。

(2) 通过使用手持式条码数据终端来减少人工干预、提高系统数据的准确性。

(3) 通过运用最先进的统一建模语言来提供人性化的交互界面和生成简洁的程序代码。

#### 3. 配送中心物流管理系统方案

(1) 建立条码管理体系,所有商品、容器均对应唯一的条码编号。这样就可以通过使用条码对整个配送过程进行全面跟踪。

(2) 规范配送中间环节,使之标准化、合理化,使公司更加适合规模化发展。

(3) 规范配送中心数据流,使之能更加准确、实时地反映出配送中心各环节的现状。

(4) 规范配送中心储位安排,使之更加合理、更加适合新流程的运作。

(5) 建立一个覆盖整个配送中心的无线网络,使配送中心变为一个实时在线的数据中心。

(6) 建立一套员工作业监管体系,可以记录下作业员工所有的操作,以方便以后的流程改进。

以上几种电子商务方案中的物流方案各有不同，但物流与配送的基本流程相近，不同的是制造商、销售商、网站经营者及物流、配送企业之间的配合及衡量物流、配送业绩的标准等，为了使电子商务方案得以顺利实施，需要对物流、配送系统进行认真的设计。

# 6.5 第三方物流网上商务活动

## 6.5.1 第三方物流的电子商务网站功能

利用电子商务环境的有利条件，增强电子商务网站的功能，是物流企业获得最大效益的有效途径。物流企业的电子商务网站应当具有以下客户服务功能，如图 6-3 所示。

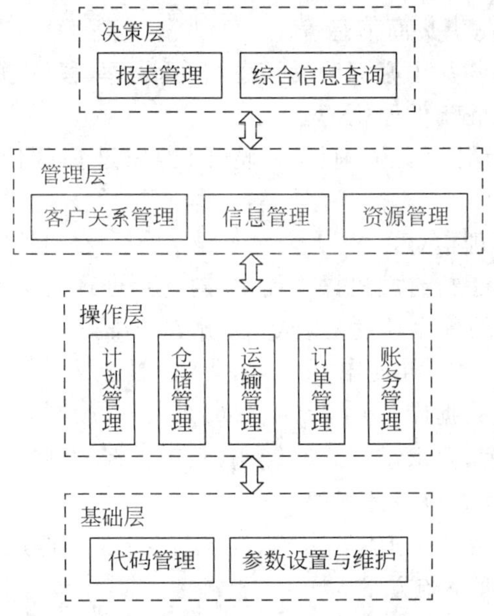


图 6-3 物流信息系统的功能结构层次

### 1. 客户登录功能

电子商务网站首先应当具有客户登录功能。登录网站的基本方式有以下两种。

(1) 任何一个客户都可以点击企业的网站地址，进入网站进行一般浏览和输入信息。这种登录不能打开业务系统页面，不能获取业务信息。这种方式适用于一般客户和新客户。

(2) 为用户设立权限和密码认证，他们登录网站后输入用户名和密码，获得系统认可后可以直接进入企业业务系统的某些功能模块，获取有关的业务信息。这种登录只适用于那些企业认可的老客户和与企业有业务联系的客户。企业通常用所谓的会员制来管理他们。

所谓会员制，就是那些已经被列入企业的客户名册、具有详细可靠的信息、已经进入企业客户管理范围、因而有一定的权利和义务的客户集合。一般客户在登录企业网站后，填写客户信息调查表、输入真实详细的信息后，经过企业认可就可以成为会员客户。一般客户如果想和企业发生业务关系，如想委托物流配送中心为自己仓储、运输和配送货物，就必须要详细真实地填写客户信息表，因而自然就会成为企业的会员客户。

因为对于企业来说，客观上总是存在一般客户和会员客户，因此企业网站上的这两种登录方式都是必要的。

**2. 客户信息调查和客户留言功能**

客户信息调查和客户留言功能，主要是为新客户和一般客户设置的。这些客户可以登录网站，但是不能进入业务系统，如果他们想获取业务信息，可能的途径只有两条：一是填写客户信息表，说明自己的意向，等待企业的答复；二是填写客户留言，说明自己的情况和意向，等待企业的答复。这两个功能是企业收集新客户和一般客户信息的重要途径，对于企业增加会员客户、了解市场信息、扩大客户市场，都有重要的意义，因此这两个功能也是必需的。

**3. 客户呼叫和客户沟通功能**

这是一个内容更广泛、更实用，也更复杂的功能。客户呼叫和客户沟通，除了包括登录网站、填写信息的单向文字操作功能外，还包括打电话以及发送传真、E-mail 等双向交互语音和文字操作功能，由于电话、传真的普遍使用，所以这种功能更加具有普遍性和实用性。

客户呼叫，包括客户呼叫企业和企业呼叫客户两个方向，在呼叫形式上包括电话、传真、E-mail 和信件等基本形式。客户沟通也叫信息交互，包括信息往来和当面交谈两种形式，信息往来可以采取发送信件、传真、E-mail 以及客户留言和答复等形式，这些形式的信息交互在时间上不连续，可以相互错开，交互双方不需要同时在场；当面交谈则可以通过电话、聊天工具进行，这种形式的信息交互在时间上是连续的、交互双方同时在场。

这两个功能，有的需要进入业务系统，留下记录或者执行业务系统的某些功能。例如，客户通过传真、信件、E-mail 等传来的订货合同与汇款信息等，通过电话等传来的客户信息等都要在业务系统中留下记录。又如，企业呼叫客户传送有关的业务信息，需要执行业务系统的有关功能，提取信息发给客户，因此，企业的网站应当具有多媒体转换功能，把语音信息转换成文字信息，把非格式化信息转换为格式化信息，这样才能够留下记录。

**4. 广告宣传功能**

网站的广告宣传功能，主要是为宣传企业、宣传产品以扩大影响和增加吸引力，招徕一般客户、开发新客户而设置的。有人称，网上经济是一种“注意力经济”，谁的网站最引人注意，招徕的人多，谁就能够获得更多客户，因此广告宣传功能的核心，就是要增大注意力和吸引力。这可以采取多种措施，例如以下几种。

(1) 网站名字设计得有特色、容易引起人们的兴趣、简洁易记。

(2) 页面设计得新颖别致、精美漂亮，点击方便迅速。

(3) 采用醒目、简洁的文字说明、动画、艺术字体、旗帜广告等宣传企业、宣传产品。

(4) 配合音乐、颜色、多媒体等建立一个良好的氛围。

(5) 可能的话还可以设计一些趣味娱乐项目、新闻、小说阅读、科普知识和技术咨询、培训项目等,以增大网站的吸引力。

**5. 客户信息存储和处理分析功能**

网站的客户服务模式中,一个最重要的功能就是客户管理。客户管理的基本内容,一是要开发新客户,二是要管好会员客户。管好会员客户,首先要管好会员名册信息,要妥善收集、存储、维护好客户信息,包括客户基本信息和客户业务往来信息。管好客户基本信息,就是要维护好客户基本信息表;管好客户业务往来信息,就是要维护好业务往来表,要对业务往来表进行统计,统计出各个客户的业务量、业务的信誉程度。如果客户很多、管不过来,要根据客户的业务量和业务的信誉程度将客户分成A、B、C三类,进行分类管理,防范客户风险,要根据客户的地区分布情况进行统计,制定企业的客户市场的开发策略,开发新客户、开发新市场。

**6. 客户业务处理和信息反馈功能**

企业电子商务网站的一个重要功能就是企业的业务处理功能。这是一个最基础的功能,企业的业务处理不好,则一切都谈不上。物流配送中心最基本的业务就是为客户储运配送物资。储运配送的效果如何,是客户最关心的事情,因此要根据企业的业务处理流程,追踪每一笔业务,留下记录,这些记录可以供客户查询。客户看到了自己的业务的处理进度和处理质量,就能够放心。如果业务处理得好,就可以提高客户满意度,培养忠诚客户。忠诚客户的宣传,最容易吸引新客户,扩大客户市场,形成良性循环。当然,如果业务处理得不好,就会形成恶性循环,丧失客户。这就要求我们既要搞好同上的业务运作,也要搞好同下的业务运作。

有了现代信息技术和网络平台,物流公司就可以提供电子化的物流服务。进入物流公司的网站内,客户就可以同时进行存货控制(inventor control),可以看到尚有多少货物在货仓。例如,客户有一批货在三日后到港,即可预约货仓。又如,三日后客户有货柜到达码头,需要有货车运输,否则放在码头的费用很高,这时候,物流公司可以在互联网上预订车队,去码头取货。网上营销必须拥有完善的库存和送货管理系统,这些系统便是电子物流(e-Logistics)管理。物流企业还可以通过电子数据交换系统,直接连接客户的数据系统及仓库管理系统,让管理层能在网上及时监管和规划存货的流转及补充,因此,网上物流管理系统不只可以降低成本,更重要的是让管理层能有效率地管理其供应链资料,具有及时了解、掌握最新信息的优势,通过计算机条形码扫描、电子数据交换系统、桌上计算机货物追踪、仓库管理系统,以及互联网等物流管理工具,充分掌握货物在供应链上的流转状况。

FedEx 主要以第三方物流、配送企业的身份参与电子商务事宜。FedEx 1997 年年初开始就像一家纯粹的电子商务公司一样从事电子商务业务,但不同的是,该公司在物流网络和信息网络以及客户资源上远比一般的电子商务公司具有优越性。该公司认为,既然公司已经具备了从信息、销售到配送所需的全部资源和经验,公司必须拓展电子商务业务。FedEx 参与的电子商务业务及其物流流程如图 6-4 所示。

电子商务环境要把网上运作和网下运作结合起来,充分发挥各自的优势,互相补充地共同实现企业的运作、获取最大的效益。

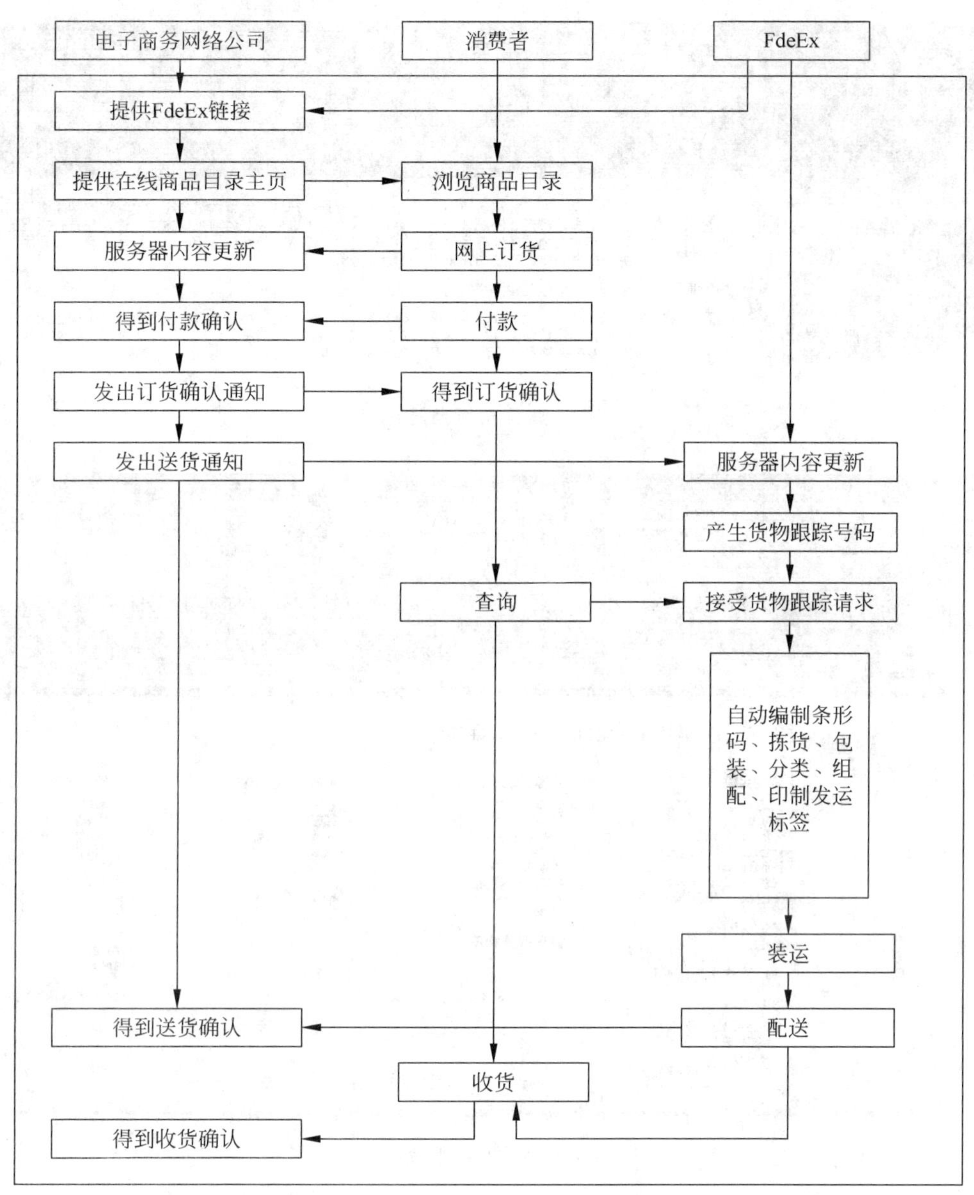


图 6-4　FedEx 参与的电子商务业务及其物流流程

## 6.5.2　网上物流商务活动

基于物流企业网站的上述功能，物流企业可以利用网站开展下列业务活动。

(1) 展示企业形象，如图 6-5 所示，网站内容可以包括企业简介、财务状况、合作伙伴、以往业绩。对主要客户的列示是树立企业经营形象的重要手段。

(2) 企业业务介绍，如图 6-6 所示，服务内容说明、设施设备拥有状况、新服务项目的开发、设备的更新都要及时在网页上公布，使客户能随时查到企业的最新信息。

(3) 服务安全、质量等保证措施：介绍企业在商品储运、交通安全、环保等方面所采

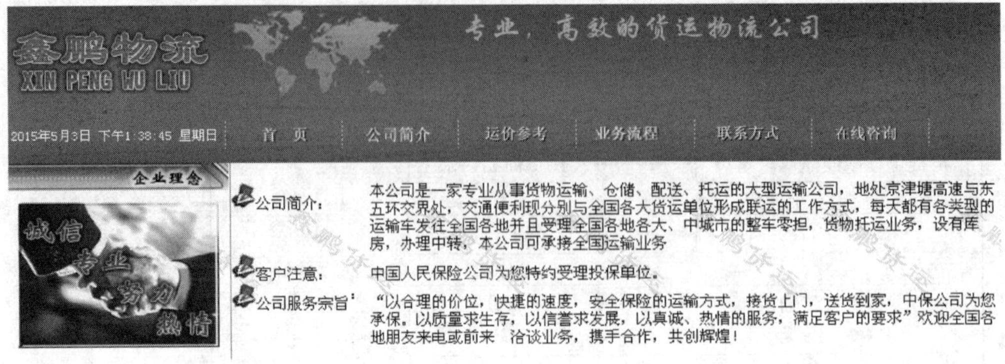


图 6-5 鑫鹏物流概述网站

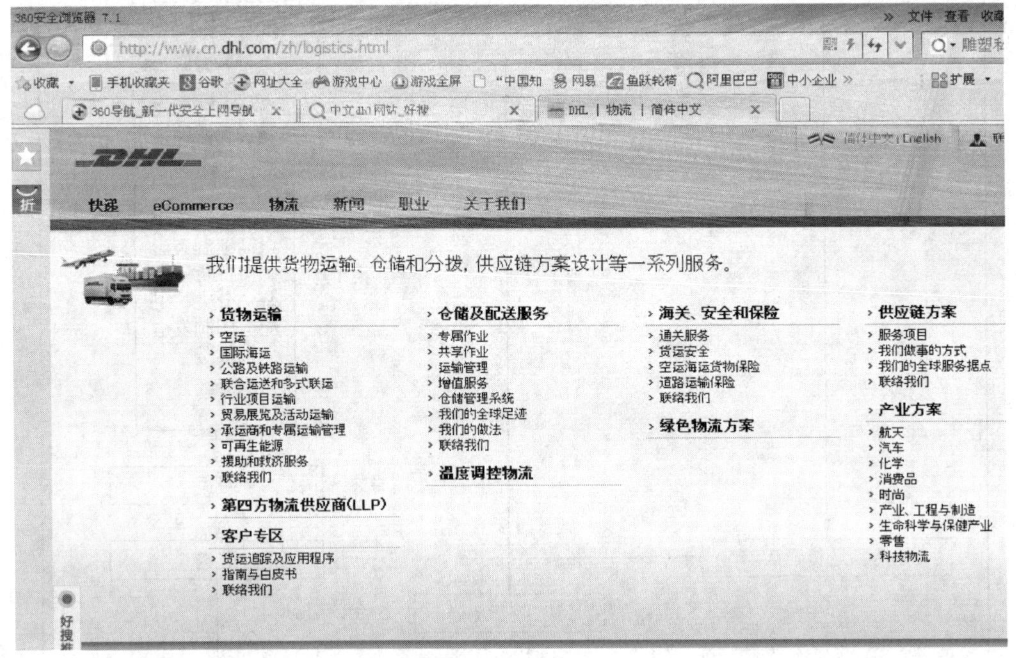


图 6-6 DHL 网站

取的应对措施，以及日常经营情况等方面的信息。

(4) 商品追踪服务：让客户随时都能方便、快捷地了解到物品运送信息，是提高客户满意度的重要手段，如只需输入票据号码，就可查询到货物现在的位置；输入货物重量及到货地点，就可知道运费是多少。

## 本章小结

电子商务是指交易当事人或参与人利用计算机技术和网络技术等现代信息技术所进行的各类商务活动，包括货物贸易、服务贸易和知识产权贸易之间(主要是企业与企业之间、企业与消费者之间)利用现代信息技术和计算机网络按照一定的标准所进行的各种商务活动。

电子商务与传统商务方式相比具有明显的特点,具体包括方便性、安全性、高效性、集成性、全球性和可扩展性。一个完善的电子商务系统应该由电子商务用户、网络、认证中心、配送中心、网上银行和商务活动的管理机构等部分组成。

企业电子商务物流运作系统模式有企业自营模式、外包物流模式和物流联盟模式三种常见模式。第三方物流与电子商务企业的整合模式主要有综合物流代理模式、邮政物流模式、电子商务企业和第三方物流企业互相参股模式、电子商务与第三方物流联盟模式、建立信息共享平台模式。

## 思考与练习

**一、名词解释**

电子商务　企业自营模式　物流联盟

**二、填空题**

1. 电子商务涵盖的业务包括:(　　)、(　　)、(　　)、(　　)、(　　)、(　　)、(　　)企业等。
2. 自动化的基础是(　　),自动化的核心是(　　),自动化的外在表现是(　　),自动化的效果是(　　),另外自动化还可以扩大物流作业能力、提高劳动生产率、减少物流作业的差错等。
3. 柔性化本来是为实现(　　　　)理念而在生产领域被提出的。
4. 企业自营模式的优势:(　　)、(　　)、(　　)。
5. 选择联盟伙伴时,要注意(　　　　　　)及其(　　)。

**三、选择题**

1. 电子商务时代,(　　)是电子商务的必然要求。

   A. 物流信息化　B. 物流网络化　C. 物流柔性化　D. 物流虚拟化
2. 物流是实现(　　)理念的根本保证。

   A. 电子商务　B. 个性化定制

   C. 高效率　D. 以顾客为中心
3. (　　)的库存管理思想在供应链的零售环节应用普遍,超过 60%的耐用消费品和接近 40%的非耐用消费品都是采用这种管理思想。

   A. 推动式　B. 拉动式　C. 配送式　D. A 与 B 式
4. (　　)的库存管理思想认为,如果由各个储存点独立地进行决策,那么补货批量和补货的时间与生产批量、经济采购量和最小订货量很难协调起来。

   A. 推动式　B. 拉动式　C. 配送式　D. A 与 B 式
5. 目前在配送应用较多的电子商务网络系统主要有:(　　)。

   A. CRM　B. EOS　C. POS　D. JIT

### 四、思考题

1. 电子商务的模式有哪些?
2. 电子商务下物流的特点有哪些?
3. 简述电子商务对物流系统结构的影响。
4. 企业电子商务物流运作系统所需条件有哪些?
5. 企业电子商务物流作业包括哪些?
6. 企业电子商务配送的特点有哪些?
7. 电子商务物流基本模式有哪些?
8. 分析外包物流模式的优劣势。
9. 第三方物流的电子商务网站功能有哪些?

### 电子商务之物流配送解决方案

1. 设计思路

针对目前电子商务配送方面面临的问题,自建物流中心与第三方物流公司、配送公司相结合,加强内部管理与整合社会资源并举是本方案的设计思路。

2. 方案功能

方案分成三个层次:策略规划、系统功能、流程管理。

1) 策略规划

(1) 建物流体系与物流外包的各自优劣不必细说,但是针对电子商务的特殊性,目前国内难以找到专门为电子商务公司量身定作的完整物流配送服务商,所以就难以得到满意的服务和价格比。

(2) 整合社会资源的具体方案。通常的物流外包方法是将需要外包的业务和区域内容交给一家物流公司,由物流公司去策划,原来物流公司有的业务和区域可能各方面协调起来比较容易,相反原来没有的业务和区域往往会有服务、费用等各方面的问题。

(3) 管理第三方物流资源。面对如此众多又层次不一的第三方物流资源,如何管理是个难题。

2) 系统功能

系统方面的总体特征是整个系统基于 Internet,这样既方便登录,又突破了 ERP 类软件的局域界限,使跨区域系统管理的成本降低,并为其进一步发展创造了条件。

(1) Web 系统

即电子商务网站的网页系统。

(2) 订单系统

订单系统是进行订单接收、检查、处理、反馈等业务活动的软件系统。此系统是一个后台处理系统,它的前面是 Web 系统,后面是库存管理系统。

(3) 库存系统

库存管理系统是对库存商品进行全面管理的系统。包括商品管理、入库管理、出库管理、库存盘点、条码管理等部分。

(4) 配货系统

配货系统是对客户的订单进行系统处理，是介于订单系统和库存系统之间的一个处理系统。系统根据客户订单的情况进行相应的处理，然后对每一种处理结果进行相应的传递。

(5) 运输系统

运输系统是配货系统的后续，是对运输相关业务进行处理的系统。包括运输安排、车辆调度、运输方式比较分析、运输结算等内容。

(6) 追踪系统

追踪系统是一个全程追踪系统，对客户从提交订单到客户收到货的每一个环节，系统都进行了相应的记录，而且客户可以通过 Internet 进行登录查询。

(7) 第三方系统

第三方系统是指第三方配送公司或第三方物流公司的系统，由于部分物流业务需要由物流公司处理，所以与合作方的系统进行连接实现资源共享是必需的。

3) 流程管理

流程是根据实际业务过程进行了策划，将整个业务过程分解成若干子流程，现在分别描述如下。

(1) 提交订单

客户通过 Web 系统提交订单，然后依据系统中设定的流程逐步确认订购的品种、数量、付款方式、运输方式、无货处理方式等项目，提交订单成功以后，系统会自动生成一个流水订单号码，同时通过公司的服务器向客户发送一封电子信件确认订单提交成功。

(2) 订单处理

通过订单系统进行订单处理。

(3) 配货处理

通过自动配货系统完成配货处理。订单进入配货系统以后，根据库存情况对货物进行自动分配。

(4) 库房管理

通过进销存系统实现库房管理。

(5) 运输安排

根据运输系统实现对运输方式进行选择和安排。

(6) 全程跟踪

从客户提交订单→订单确认→财务确认→订单处理→库房配货→客户收货等各个环节，系统会记录操作时间并进行自动计算，可以调出进行运作分析。

(7) 第三方管理

目前是通过系统方面的互联和相应的管理体系实现对第三方配送公司或物流公司的监控和管理。

资料来源：朱殿辉.配送管理商务[M].北京：科学出版社，2013.

**讨论**

1. 案例中电子商务方案功能有哪些?

2. 试分析方案中的流程管理。

# 第 7 章

# 第三方物流库存控制

## 学习目标

通过本章的学习，掌握企业库存定义、分类；了解企业库存理论；熟悉企业库存的作用和意义；掌握 ABC 法、经济批量订购法、先进先出法、后进先出等库存成本的控制方法；了解企业库存控制策略；熟悉库存记录管理的内容和方法。

## 关键术语

库存　库存控制　ABC 法　经济批量订购法　订货点　盘点　存货管理

### 戴尔库存战略

"IT 企业应是物流管理效率最高的整体。但迄今，戴尔以外的 IT 企业客户，除了在我们这里存放有托管原料外，还要在自己的工厂中存放 2～4 天的安全库存，"作为戴尔原料的提供商，柏灵顿公司的孙炳坤经理说，"唯有戴尔，在工厂中没有安全库存，完全是真正的零库存概念，这是近 30 年来在全球 123 个国家遇到的第一个真正的零库存的企业。"

如果计算从工厂生产和发货到客户桌面之前的时间，戴尔的平均库存周期是 4 天，传统企业的库存周期维持在 30～60 天是很正常的，4 天的库存周期已经等于零库存的底线。

当产品最终投放市场时，物流配送优势（物流效率）就可转变成 2%～3%的产品优势，竞争力的强弱不言而喻。

戴尔产品 90%的零部件是通过网络采购的。在最近的几年里，生产流程中的工艺已经削减了一半，以信息代替存货，即要求供应商提供准确、充分、迅速的信息，从而努力减少存货。

资料来源：http://kuaiji.5lyanxiu.com/changshi/gaoji/zhanlue/kuaiji_457273.html.

**思考**

1. 简述戴尔的库存战略。
2. 戴尔如何实现零库存？

# 7.1 库存理论

## 7.1.1 库存概述

1. 库存定义

库存是指企业中所储备的所有物料和资源。库存管理系统是指用来监测库存水平、确定应维持的库存水平、决定何时补充库存以及订货量的大小的一整套管理政策和机制。

广义的库存包括运营系统的投入要素和资源，人力、资金、能源、设备以及原材料等；也包括运营系统的产出品，如零部件、组件和产成品等，同时还包括运营过程中的半成品和在制品(work-in-proce，WIP)。

2. 企业库存原因

企业的库存构成因企业不同而不同：一个制造型企业的库存可能主要由劳动力、机器设备、运营资金以及原材料、在制品和产成品构成；而一个工程设计公司的库存可能主要由工程设计方案和图纸构成。无论是制造业还是服务业，库存分析的基本目的是确定以下两个问题。

(1) 订货量应该为多少？

库存管理中最基本的问题是订货量的多少，针对这一问题，我们就不同的库存实践提出了订货数量模型。

(2) 何时补充订货？

另外一个库存管理问题是何时进行订货(也称再订货点)。由于需求的不确定性，这一问题变得较为复杂，因此需要安全库存作为保障以应付库存的短缺。连续检查系统和定期检查系统就是这一决策的体现。

3. 库存的作用

1) 获得大量购买的价格折扣

企业大量采购可以得到价格折扣，因增购的部分不是立即用于生产，所以就会增加库存。只要库存成本的增加低于购买价格的节约，企业就愿意增加原材料库存。

2) 大量运输降低运输成本

许多企业整车皮、整卡车甚至整船运输原材料，大批量采购导致了大批量装运。整车运输的运费率比零担运输低许多，从而减少运输成本。运输成本通常是原材料最终售价的一个重要组成部分，运输费率的降低对企业是非常重要的。

3) 避免由于紧急情况而出现停产

企业通常保持一定数量的库存作为缓冲，即保险库存，以防在运输或订货方面出现问题而影响生产。许多企业不愿意因为原材料缺货而关闭生产、装配线，因为这种成本是相当高的。保险库存的数量将根据延迟交货的概率以及原材料的使用数量来确定。

4) 防止涨价、政策的改变以及延迟交货等情况的发生

一些企业会面临原材料供应的不确定性，例如，当黄金有涨价征兆时，珠宝制造商就会提前购买和存储黄金：对于从国外进口原材料的企业来说，如果供应国发生政变或经

济危机，那么供应就会被中断，从而导致缺货。

5）调整供需之间的季节差异

农产品一般具有季节性，如小麦或其他谷物只在一年中的某些时期生产，因此需要储存这些产品以满足全年的需求。在一些情况下，运输方式也可能造成供给的季节性差异，如在冬季一些航道和港口封冻，使得货物的供应受阻。在这种情况下，企业需要增加库存以维持生产的连续进行。

6）保持供应来源

大型制造企业利用小供应商制造本企业也能制造的装配件或半成品是非常有利的，当它们没有足够的生产能力满足高峰需求时，可以从小供应商处购买。如果大制造商在一年中的某个时期不从小供应商那里购买产品，小制造商可能就会关闭工厂并辞掉所有员工。当大制造商再次需要从小供应商处进货时，小制造商就要重新招聘员工。这样不仅会提高成本，还会降低产品质量。因此，大制造商在淡季给小供应商一些订单使其维持生产或部分生产能力是有必要的。这样做对于大型企业来说，虽然会增加库存，但比改变供应商或使小供应商重新生产的成本更低。

7）节省运费

保持产成品库存的一个原因与前面提到的原材料库存原因类似，即运输的经济性。整车运输比零担运输的运费率低，只要运费低于仓储成本，那么大批量运输就对企业有利。许多企业在产品销售地附近建立面向市场的仓库，将产品由工厂大批量运送到仓库，然后将产品以零担方式短距离运送给客户。这样企业不仅可以缩短运货时间，提高服务水平，而且可以降低运输成本、在途存货成本及销售机会成本。

8）获得生产的节约

长期连续生产会降低产品的生产成本，但这意味着生产先于需求，产品不能马上全部销售出去，企业需要权衡考虑降低的生产成本与增加的库存成本之间的关系，对于技术含量高、生命周期短的产品尤其要慎重考虑。

9）调整季节差异

对于任何企业来说，根据季节性高峰需求设计生产能力是没有效率的，而且风险极大，较好的方法是全年有规律地小规模生产，当然，这也就形成在高峰需求期间的产成品库存。

10）提高客户服务水平

由于市场竞争的日益加剧，企业必须不断提高服务水平，才能保持和提高竞争力。许多企业采取的一个策略就是将产成品库存靠近客户以利于及时交货，尤其对于可替代性很高的产品，这种策略更为重要。

11）产品系列化、多样化，使得企业的库存水平上升。如果某个企业只生产一种产品，那么企业根据预计销售量，就可以确定相应的周转库存和保险库存：如果该企业要增加产品的花色品种，那么它在决定库存数量时，就必须为每一种产品保持相应的库存，其库存总数就会大大增加。

12）存货由零售商转向供应商，加大了企业库存管理的难度。买方市场的形成使零售业、制造业的竞争日益激烈，零售商往往采用减少存货的方法来压缩成本，这样做的结果使供应商不得不增加库存来满足零售商的随时订货。

## 7.1.2　库存的分类

### 1. 按库存的用途进行分类

按库存的用途，企业持有的库存可分为以下几种。

(1) 原材料库存。原材料库存是指企业通过采购和其他方式取得的，用于制造产品并构成产品实体的物品，以及供生产耗用但不构成产品实体的辅助材料、修理用备件、燃料以及外购半成品等，是用于支持企业内制造或装配过程的库存。

(2) 在制品库存。在制品库存是指已经过一定生产过程但尚未全部完工，在销售以前还要进一步加工的中间产品和正在加工中的产品。在制品库存之所以存在，是因为生产一件产品需要生产期间(称为循环时间)。

(3) 维护/维修/作业用品库存。维护/维修/作业用品库存是指用于维护和维修设备而储存的配件、零件、材料等。这类库存的存在是因为维护和维修某些设备的需求和所花的时间有不确定性，必要的维护、维修和作业用品库存是维护计划的一个内容。

(4) 包装物和低值易耗品库存。包装物和低值易耗品库存是指企业为了包装本企业产品而储备的各种包装容器，以及由于价值低、易损耗等原因而不能作为固定资产的各种生产资料的储备。

(5) 产成品库存。产成品库存就是已经制造完成并等待装运，可以对外销售的制成产品的库存。产成品必须以存货的形式存在的原因是用户在某一特定时期的需求是未知的。

### 2. 按照库存的目的进行分类

(1) 周转库存。周转库存是指用于经常周转的货物储备，即在前后两批货物正常到达期之间，提供生产经营需要的储备。

(2) 保险库存。保险库存又称安全库存，是指用于防止和减少因订货期间需求率增长或到货期延误所引起的缺货而设置的储备。保险储备对作业失误和发生随机事件起着预防和缓冲作用，它是一项以备不时之需的存货。在正常情况下一般不动用，一旦动用，必须在下批订货到达时进行补充。

(3) 季节性储备。季节性储备是指企业为减少原材料季节性生产和季节性销售的影响而储存的原材料或产成品。

## 7.1.3　库存理论内容

库存理论包括商品库存和供给的各个方面，其中包括：库存在制造业中扮演的角色，各种库存系统的特性和维持库存的成本等。

### 1. 库存在制造业中扮演的角色

最近几年，有关库存管理的研究视角发生了很大变化。原先，管理者认为库存是企业的资产，因为其出现在企业的财务报告中。然而，情况并非如此. 产品生命周期正日趋缩短，产品被市场淘汰的可能性正日趋增大。同时也可以看到，在制造企业生产现场的过量库存掩盖了许多管理问题。而且，库存的维持成本通常是很高的。因此，如今的企业管理者则把库存看作企业的负债。这些问题只要有可能，就必须减少或消除。现在的企业运营管理者讨论得最多的就是库存管理问题。他们认为库存非常重要，但要降低各种库存品，就要控制好从原材料、采购件、在制品，到最终的成品的库存成本。

**2. 库存系统的特征**

为了设计、实施各管理库存系统，我们必须考虑存货的特性并了解各种库存系统的特征。

(1) 顾客的需求类型：当估计需求类型时，我们首先想到了趋势、周期性和季节性。例如，在以一个月为周期的循环中，有时月初是需求的高潮，月末需求则降到最低点。其他的需求因素也应该予以考虑。需求可能发生在离散的个体中，如每天售出的球拍数目。有时需求的对象是连续的，如用加仑或美元所表示的水的消费量。如果最终需求可以用概率分布来描述，则表示的是独立型需求，并且我们可以据此预测未来的需求量。在某些情况下，一种库存物品的需求与另一种物品的需求相关联。例如，麦当劳店中番茄酱的需求量取决于汉堡和炸薯条的售出量。这种类型的需求称为依赖型需求。

(2) 计划期限：管理层必须决定一种特殊物品的存货是否具有长期性，或是临时性。例如医院对氧气瓶的需求具有随时性和永久性，但是一个运动衫零售商不会永远供应亚特兰大在奥运会牌的运动衫。

(3) 补充订货的提前期(LT)：这一时间对库存量有显著的影响。如果从订货到交货这段时间相对较长，则我们必须储存更多的货品，特别是关键的重要物品。如果 LT 服从一定的概率分布，则我们就可以相应地决定这一期间的库存量。

**3. 库存限制和相关成本**

许多限制是显而易见的，如储存空间的大小决定存货量多少，而且许多易腐物品的保质期也限制了其库存量。另外一些限制因素比较复杂，如维持库存的成本以及其他一些明显的成本，如仓库的建设投入成本及库存设施(如冰箱)的投入成本等。库存物品的成本也代表着一定的资本消耗，也可将它看成是一种机会成本的投入。其他的成本有：人员费用、维持管理费用以及对库存资产的保险费和税费等。

通常用年平均成本来衡量一个库存系统的绩效。这些相关成本包括：订购成本、缺货成本及订购货品的成本。

库存维持成本直接与库存物品的数量相关联，与库存资本相联系的机会成本是维持成本中的主要组成部分。其他部分包括：保险费、损耗费和直接处理费用。

订购成本与订单数量多少有关，它主要发生于订货准备、运输、接收与收货检查之中。缺货成本与缺货的数量直接相关，其中包括已经丧失的销售利润和将会丧失的销售利润。

**4. 库存成本分类**

库存成本主要包括以下方面：库存持有成本、订货或生产准备成本、缺货成本和在途库存持有成本。

1) 库存持有成本

库存持有成本是指为保持库存而发生的成本，它可以分为固定成本和变动成本。固定成本与库存数量的多少无关，如仓库折旧、仓库人员的固定工资等；变动成本与库存数量的多少有关，如库存占用资金的应计利息、破损和变质损失、保险费用等。库存持有成本主要包括以下四项成本：资金占用成本、储存空间成本、库存服务成本和库存风险成本。

（1）资金占用成本。资金占用成本有时也称利息成本或机会成本，是库存资本的隐含价值。资金占用成本反映的是盈利机会的损失，如果资金投入其他方面，就会要求取得投资回报，因此资金占用成本就是这种尚未获得回报的费用。

（2）储存空间成本。这项成本包括与产品运入、运出仓库有关的搬运成本以及储存成本如租赁、取暖、照明费用等，即实物储存与搬运成本。这项成本将随情况不同而有很大变化，例如，原材料经常是直接从火车卸货并露天储存，而产成品则要求更安全的搬运设备及更复杂的储存设备。

储存空间成本仅随库存水平的提高或降低而增加或减少。如果利用公共仓库，有关搬运及储存的所有成本将直接随库存的数量而变化，在做库存决策时，这些成本都要考虑。如果利用自有仓库，大部分储存空间成本是固定的，例如建筑物的折旧。

（3）库存服务成本。库存服务成本主要指保险及税金。根据产品的价值和类型，产品丢失或损坏的风险有高有低，就需要相同水平的风险金。另外，许多国家将库存列入应税的财产，高水平库存导致高税费。保险及税金将随产品不同而有很大变化，但在计算存货储存成本时，必须要考虑它们。

（4）库存风险成本。作为库存持有成本的最后一个主要组成部分的库存风险成本，反映了一种非常现实的可能性，即由于企业无法控制的市场原因，造成的库存贬值。

由于库存持有成本中的固定成本是相对固定的，与库存数量无直接关系，它不影响库存控制的决策。

2）订货或生产准备成本

订货或生产准备成本是指企业向外部的供应商发出采购订单的成本或指企业内部的生产准备成本。

（1）订购成本。订购成本是指企业为了实现一次订货而进行的各种活动的费用，包括处理订货的差旅费、邮资、电报电话费、文书等支出。订购成本中有一部分与订货次数无关，如常设采购机构的基本开支等，称为订货的固定成本；另一部分与订货的次数有关，如差旅费、邮资等，称为订货的变动成本。具体来讲，订购成本包括与下列活动相关的费用：检查存货水平；编制并提出订货申请；对多个供应商进行调查比较，选择最合适的供货商；填写并发出订货单；填写、核对收货单；验收发来的货物；筹备资金并进行付款。这些成本很容易被忽视，但在考虑涉及订货、收货的全部活动时，这些成本很重要。

（2）生产准备成本。生产准备成本是指当库存的某些产品不由外部供应而是企业自己生产时，企业为生产一批货物而进行改线准备的成本。其中更换模、夹具需要的工时或添置某些专用设备等属于固定成本，与生产产品的数量有关的费用如材料费、加工费等属于变动成本。

（3）库存持有成本与订货成本的关系。订货成本和持有成本随着订货次数或订货规模的变化而呈反方向变化，起初随着订货批量的增加，订货成本的下降比库存持有成本的增加要快，即订货成本的边际节约额比库存持有成本的边际增加额要多，使得总成本下降。当订货批量增加到某一点时，订货成本的边际节约额与库存持有成本的边际增加额相等,这时总成本最小。此后,随着订货批量的不断增加,订货成本的边际节约额比库存持有成本的边际增加额要小,导致总成本不断增加。

总之,随着订货规模(或生产数量)的增加,库存持有成本增加,而订货(或生产准备)成本降低,总成本线呈 U 形。其关系如图 7-1 所示。

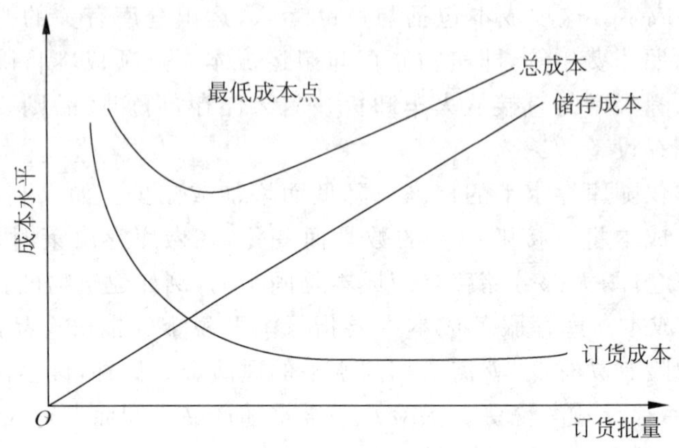


图 7-1 存货成本与订货规模的关系

3)缺货成本

库存决策中另一项主要成本是缺货成本,是指由于库存供应中断而造成的损失,包括原材料供应中断造成的停工损失、产成品库存缺货造成的延迟发货损失和丧失销售机会的损失(还应包括商誉损失)。如果生产企业以紧急采购代用材料来解决库存材料的中断之急,那么缺货成本表现为紧急额外购入成本(紧急采购成本大于正常采购成本的部分)。当一种产品缺货时,客户就会购买竞争对手的产品,那么就会对企业产生直接利润损失,如果失去客户,还可能为企业造成间接或长期成本。在供应物流方面,原材料或半成品或零配件的缺货,意味着机器空闲甚至关闭全部生产设备。

(1)保险库存的持有成本。许多企业都会考虑保持一定数量的保险库存,即缓冲库存,以防在需求或生产提前期方面的不确定性。但是困难在于确定在任何时候需要保持多少保险库存,保险库存太多意味着多余的库存,而保险库存不足则意味着缺货或销售损失。

保险库存每一追加的单位增量都造成效益的递减。超过期望需求量的第一个单位的保险库存所提供的防止缺货的预防效能的增值最大,第二个单位所提供的预防效能比第一个单位稍小,依次类推。如果保险库存量增加,那么缺货概率就会减少。在某一保险存货水平,储存额外数量的成本会有一个最小值,这个水平就是最优水平。高于或低于这个水平,都将产生净损失。

零售业保持保险库存可以在用户的需求率不规则或不可预测的情况下,有能力持续供应生产企业。保持产成品保险库存可以在零售和中转仓库的需求量超过平均值时有能力补充它们的库存,半成品的额外库存可以在工作负荷不平衡的情况下,使各制造部门间的生产正常化。准备这些追加库存是要不失时机地为客户及内部需要服务,以保证企业的长期效益。

(2) 缺货成本计算。缺货成本是由于外部和内部中断供应所产生的。当企业的客户得不到全部订货时,叫作外部短缺;而当企业内部某个部门得不到全部订货时,叫作内部短缺。如果发生外部短缺,将导致以下情况发生。

① 延期交货。延期交货可以有两种形式,或者缺货商品可以在下次规则订货中得到补充或者利用快速延期交货。如果客户愿意等到下一个规则订货,那么企业实际上没有什么损失。但如果经常缺货,客户可能就会转向其他供货商。

如果缺货商品延期交货,那么就会发生特殊订单处理和运输费用,延期交货的特殊订单处理费用要比普通处理费用高。由于延期交货经常是小规模装运,运输费用相对要高,而且,延期交货的商品可能需要从另一地区的一个工厂仓库供货,进行长距离运输。另外,可能需要利用速度快、收费高的运输方式运送延期交货商品。因此,延期交货成本可根据额外订单处理费用和额外运费来计算。

② 销售损失。尽管一些客户可以允许延期交货,但是仍有一些客户会转向其他供货商,许多企业都有生产替代产品的竞争者,当一个供货商没有客户所需的产品时,客户就会从其他供货商那里订货,在这种情况下,缺货导致销售损失。对于卖方的直接损失是这种产品的利润损失。这样,可以通过计算这种产品的利润乘上客户的订货数量来确定直接损失。

③ 失去客户。第三种可能发生的情况是由于缺货而失去客户,客户永远转向另一个供货商。如果失去了客户,企业也就失去了未来一系列收入,这种缺货造成的损失很难估计,需要用管理科学的技术以及市场营销的研究方法来分析和计算。除了利润损失,还有由于缺货造成的信誉损失。信誉很难度量,在库存决策中常被忽略,但它对未来销售及企业经营活动非常重要。

为了确定需要保持多少库存,有必要确定如果发生缺货将造成的损失,分析发生缺货可能产生的后果。其次,计算与可能结果相关的成本,即利润损失。最后,计算一次缺货的损失。如果增加库存的成本少于一次缺货的损失,那么就应增加库存以避免缺货。如果发生内部缺货,则可能导致生产损失(人员和机器的闲置)和完工期的延误。如果由于某项物品短缺而引起整个生产线停工,这时的缺货成本可能非常高。尤其对于实施JIT管理的企业来说更是如此。为了对保险库存量做出最好的决策,制造企业应该对由于原材料或零配件缺货造成停产的成本有全面的理解。应先确定每小时或每天的生产率,然后计算停产造成的产量减少,最后得出利润的损失量。

4) 在途库存持有成本

如果企业以目的地交货价出售产品,就意味着企业要负责将产品运达客户,当客户收到订货产品时,产品的所有权才转移。从财务观点来看,产品在实际交付前仍是卖方的库存,因为这种在途库存直到交给客户之前仍然属企业所有,运货方式及所需的时间是储存成本的一部分,企业应该对运输成本与在途库存持有成本进行分析。

(1) 在途库存的资金占用成本一般等于仓库中库存的资金占用成本,如果在运输过程中卖方对库存具有所有权,那么相应的资金占用成本就要考虑。

(2) 储存空间成本一般与在途库存不相关,因为运输服务部门提供设备进行必要的装载及搬运活动,其费用已计入运价。

（3）对于库存服务成本，一般不对在途货物征税，但对保险的要求还要分别分析。例如，当使用承运人时，承运的责任相当明确，没有必要考虑附加保险，当使用自有车队或使用出租运输工具时，那么就需要上保险。

（4）由于运输服务具有短暂性，货物贬值或变质的风险要小一些，因此库存风险成本可以忽略不计。

一般来说，在途库存持有成本要比仓库中的库存持有成本小。在实际中，需要对每项成本进行仔细分析，才能准确计算出实际成本。

## 7.2 第三方企业库存控制策略

### 7.2.1 库存控制系统

库存控制系统是物流大系统中重要的子系统，是物流管理活动中的一个重要领域。把库存量控制到最佳数量，尽量少用人力、物力、财力把库存管理好，获取最大的供给保障，是企业追求的目标，甚至是企业之间竞争生存的重要一环。

库存控制系统是以控制库存为共同目的的相关方法、手段、技术、管理及操作过程的集合，这个系统贯穿于从物资的选择、规划、订货、进货、入库、储存乃至最后出库的一个长过程，这些过程的作用结果，最后实现了按企业目标控制库存的目的。

**1. 库存控制要素**

在一般的库存控制系统中，起决定作用或较大作用的要素主要是以下几项。

（1）企业的选地和选产。这是库存控制系统中决定库存控制结果的最基础的要素。在规划一个企业时，企业的选地对未来控制库存水平的关系极大，如果这个企业远离原材料产地而运输条件又差，则库存水平便很难控制到低水平，库存的稳定性也很难控制。

同样，企业产品的决策本身便已是库存控制的一个影响因素，有的产品决策脱离了该地库存控制的能力，这可能导致产品在市场销售上的失败。

企业选地和选产一定意义上是库存对象物的供应条件的选择，即该供应条件是否能保证或满足某种方式的控制。

（2）订货。订货批次和订货数量是决定库存水平的非常重要的因素。对于一个企业而言，库存控制是建立在一定要求的输出前提下，因此，需要调整的是输入，而输入的调整依赖于订货，所以，订货与库存控制关系十分密切，乃至不少企业的库存控制转化为订货控制，以此解决库存问题。

（3）运输。订货只是商流问题，是否能按订货意图的批量和批次以实现控制，这便取决于运输的保障。运输是库存控制的一个外部影响要素，有时候库存控制不能达到预期目标并不是控制本身或订货的问题，而是运输的提前或延误，提前则一下子增大了库存水平，延误则使库存水平下降甚至会出现失控状态。

（4）信息。在库存控制中信息要素的作用尤其重要。在库存控制系统中，监控信息的采集、传递、反馈是控制的一个关键，这可以说是信息要素在这个系统中的突出点。

（5）管理。管理和信息一样，也是一般要素，库存控制系统并不靠一条流水线、一种新技术工艺等硬件系统支持，而是靠管理，因此，管理要素的作用可能更大一些。

2. 影响库存控制的因素

库存控制是受许多环境条件制约的，库存控制系统内部也存在“交替损益”现象，这些制约因素可以影响控制效果，乃至决定控制的成败。主要制约因素如下。

(1) 需求的不确定性。在许多因素影响下，需求可能是不确定的，如突发的热销造成的突增等会使控制受到制约。

(2) 订货周期。通信、差旅或其他自然、生理的因素使订货周期不确定，会制约库存控制。

(3) 资金。资金的暂缺、资金周转不灵等会使预想的控制方法落空，因而也是一个制约因素。

(4) 管理水平。管理水平达不到控制的要求，则必然使控制无法实现。

(5) 价格和成本的制约等。

### 7.2.2 库存合理化

库存合理化是用最经济的办法实现库存的功能。库存的功能集中体现为对需要的满足，实现被储物的“时间价值”，这是库存合理化的前提或本质。如果不能保证库存功能的实现，其他问题便无从谈起。但是，库存的不合理又往往表现在对库存功能实现的过分强调，因而是过分投入储存力量和其他储存劳动所造成的。所以，合理库存的实质是，在保证库存功能实现前提下的尽量少的投入，也是一个投入产出的关系问题。

库存合理化的主要标志包括以下几项。

1. 质量标志

保证被储存物的质量是完成库存功能的基本要求，只有这样，商品的使用价值才能通过物流之后得以最终实现。在库存中增加了多少时间价值或是得到了多少利润，都是以保证质量为前提的。所以，库存合理化的主要标志中，为首的应当是反映使用价值的质量。

现代物流系统已经拥有很有效的维护物资质量、保证物资价值的技术手段和管理手段，许多企业也正在探索物流系统的全面质量管理问题，即通过物流过程的控制，通过工作质量来保证储存物的质量。

2. 数量标志

在保证库存功能实现前提下要有一个合理的数量范围约束条件的情况下，目前管理科学的方法已能在各种约束条件下对库存合理的数量范围做出决策。

3. 时间标志

在保证库存功能实现前提下寻求一个合理的储存时间，这是和数量有关的问题，库存量越大而消耗速率越慢，则储存的时间必然长，相反则必然短。在具体衡量时往往用周转速度指标来反映时间标志，如周转天数、周转次数等。

在总时间一定的前提下，个别被储物的储存时间也能反映库存合理程度。如果少量被储物长期储存，成了呆滞物或储存期过长，虽反映不到总周转指标中去，但也能说明库存管理存在不合理。

4. 结构标志

结构标志是从被储物不同品种、不同规格、不同花色的储存数量的比例关系对库存合理与否的判断。尤其是相关性很强的各种物品之间的比例关系更能反映库存合理与否，由于物品之间相关性很强，只要有一种物品出现耗尽，即使其他物品仍有一定数量，也会无法投入使用。所以，不合理的结构影响面并不仅局限在某一种库存物品上，而是有扩展性的，结构标志的重要性也可由此确定。

5. 分布标志

分布标志指不同地区库存数量的比例关系，以此判断对需求的保障程度，也可以此判断对整个物流的影响。

6. 费用标志

仓租费、维护费、保管费、损失费、资金占用利息支出等，都能从实际费用上判断储存的合理与否。

### 7.2.3 库存管理的策略目标

第三方物流战略管理目标要求以尽可能最低的金融资产维持存货。库存管理的基本目的是要在满足对顾客所承担的交付货物义务的同时实现最大限度的流通量。良好的存货管理政策是基于五项选择性的策略之上的，即顾客细分化、产品要求、运输一体化、时间要求及竞争表现。

1. 顾客细分化

第三方物流企业为顾客提供服务时，企业都会面临一定范围的交易收益率。从有些顾客中可以获得高额利润并有发展潜力，而从另外一些顾客那里却不一定能得到收益。与顾客做生意的收益率取决于顾客所购买的产品、销售量、价格、所需的增值服务，以及为发展和维持一种正在进展的关系而必须追加的活动。而库存管理就需要把精力集中在满足这类核心顾客的需求上，有效的物流细分化的关键就在于优先安排支持这些核心顾客的存货。

2. 产品要求

绝大多数的企业都在其生产线上经历着产量和收益率的重大变化。如果不加限制的话，也许企业会发现，全部的上市产品中不足20%的产品占全部利润的80%以上。虽然这种所谓的80/20规则或帕累托原则(Pareto principle)的现象很普通，但管理者可以避免为执行物流战略和维持良好品种的生产线而产生的过度成本。避免过度成本的关键是要对产品进行现实的评估，区分出哪些产品可获得利润但却是低产量的。显然，一个企业会想方设法地对更有利可图的产品提供高度可得性和一致性的货物交付。然而，对于低盈利性产品给予高水平支持，以便向核心顾客提供全方位的服务也是必要的。在此要避免的是对于那些由次要的或非核心顾客购买的低盈利性产品承担高水平的服务责任。因此，在展开一项选择性的库存管理策略时，必须考虑生产线的利润率。

3. 运输一体化

在特定的设施中选择哪些种类的产品进行储备，会直接影响到运输表现。绝大多数的运输费率是以具体的装运数量和规模为基础的。因此，在一个仓库里储备充足的产品，以便向某个顾客或地理区域安排统一的装运也许是良好的策略。这是因为，运输中相应节省的费用往往会抵消，甚至超过为维持存货而增加的费用。

许多企业认为，在中心配送仓库里维持慢运输或低利润的产品项目是比较经济的，而实际的交付表现则可以在收到订单时再根据顾客的重要性程度做出适当的安排。对于核心顾客，可以通过可靠的航空运输提供快速服务，而对于其他的次要顾客的订单，则可以通过较便宜的地面运输交付货物。

4. 时间要求

承担快速交付产品的义务以满足顾客的需要，是第三方物流服务的重要驱动力。按时间的需要做出的安排，是想通过提高针对制造或零售顾客的明确需求迅速做出反应的能力来减少总的存货。如果产品和材料能够迅速交付，就没有必要在制造工厂维持存货。同样地，如果零售店能够迅速得到补给，那么就可以减少在供应链中必须维持的安全储备量。维持安全储备的方法是要在需要时获悉存货的准确数量，虽然这种按时间要求做出的规划可以将为满足顾客需求而储备的货物减少到绝对小的程度，但是必须将这种节省的费用与其他在对时间敏感的物流过程中所发生的各种费用进行平衡。例如，如果按时间的需求做出的规划趋向于缩小装运的规模，将会使装运的次数、频率和费用增加。相应地，这会导致更高的运输成本。因此，要有效和高效地做出物流安排，就必须实现交易平衡，在最低的总成本条件下提供所期望的顾客服务。

5. 竞争表现

在一个与市场竞争隔绝的空间里是无法产生存货管理策略的。实际上，企业更期望去做的业务是它能否承诺和履行迅速而又一致的交付。因此，即使这种承担将增加总成本，它也有必要在一个特定的仓库中进行存货定位，以提供物流服务。良好的存货管理策略可以获得顾客服务优势或抵消其竞争对手当前所形成的压力。不过，在物流系统中存在材料和零部件存货的理由与制成品存货不同。因此，每一种存货以及所承担的水平必须从总成本的角度来观察。对设施、网络、运输以及存货等决策之间关系的理解，是库存管理所应遵循的基本思想方法。

## 7.3　第三方物流业库存管理方法

### 7.3.1　选择库存管理方法的原则和目标

库存管理要遵循经济性原则，管理成本不能超过由此带来的库存成本节约。库存管理需要在库存成本和客户服务水平之间寻找平衡点，100％的客户服务水平往往不是最佳选择，企业总是寻找维持系统完整运行所需的最小库存或达到满意的客户服务水平基础上的最低库存。

选择库存管理方法要考虑以下因素。

1. 需求性态

这一要素对于选择合适的库存管理方法非常重要。对于制造业来说，原材料、零部件的需求量是由最终产品的需求量决定的，是一种从属需求，多数最终产品则是独立需求。

在对独立需求的产品进行管理时,应该依据准确的需求预测;对于从属需求的产品,则不需进行专门的需求预测,只要依据对它产生影响的产品需求预测即可。

2. 企业运作反应方式

1) 拉动方式

拉动方式是以客户需求为动力,通过整个分销系统逐级拉动,直至生产者。生产者和分销商的库存以既定的订货量为基础,有时也会随现有库存量、额定最大库存的变化而变化。在这种方式下,每次的订货量是预先确定的,但直到客户需要时才进行订货。

2) 推动方式

推动方式则是预先对库存水平进行计划。使用这种方式必须对最终用户的需求情况有清楚的了解,并估计各个时期的需求量,制订一个总体计划,及时向分销系统推出产品,直到最终用户。

3) 两者区别

两者的根本区别在于,拉动方式中生产企业对现实客户需求做出反应,而推动方式中生产企业是根据需求预测和计划来安排生产的。在拉动方式中,企业必须对客户的突发需求做出迅速而准确的反应。推动方式的优势在于,企业对市场进行准确的预测以后,统筹考虑,制订详细计划,稳定地满足客户需求,它可以将各种相似的需求统一考虑来降低成本,拉动方式则很难做到这一点。一般来说,拉动方式对于独立需求的产品比较有效,推动方式适用于从属需求的产品。拉动方式注重由需求者向供应者的信息流通,推动方式需要双向的交流。

当产品的需求水平、订货周期不稳定且难以预测,仓库和分销中心容量有限时,使用拉动方式比较合适。当产品利润较高、需求是从属需求、存在规模经济性、供给不稳定或供应能力有限、存在季节性供应时,推动方式可以降低成本。许多企业把这两种方式结合起来使用,例如,企业不仅预先制订系统化的计划,也可以对需求的突发变化做出快速反应。企业也可以在不同时期使用不同方式,在销售旺季使用拉动方式,在销售淡季使用推动方式。

3. 按订单存货和按仓库存货

按订单存货方式是指当对库存产生现实需求时才补充存货,所以它的储存成本较低,订货成本和货物价格较高。按仓库存货方式保持比较稳定的存货,储存成本比较高,但它的订货成本和货物价格较低。

存货的价值高低和需求的稳定性是影响这两种方式的因素。对于特定用户特殊订货且价值较高的物资,应使用按订单存货方式。对于需求稳定且可以预测、价值较低的物资,制定合适的库存水平,采用按仓库存货方式比较合理。

4. 单独管理和系统化管理

单独管理是指只对一个孤立的仓库、分销中心进行管理;系统化管理是指运用系统的方法达到总体的最优。这两种方式各有利弊,系统化方法需要花费很多时间和费用对整个系统的运行进行研究,需要较高的员工素质,对单个仓库进行管理则要简单得多、廉价得多。在准备使用系统化管理方法以前,一定要对它能够真正达到预想目标的可能性进行分析,不能盲目推行。对单个仓库进行管理,往往会达到本仓库的最优,却不是整个系统的最优。

通过以上分析可以看出，不同的库存管理方式适用于不同的情况，从而产生不同的效果。因此，企业在选择库存管理方式之前，一定要结合本企业特点，获得足够的信息，分析各种方式的优缺点。

### 7.3.2 库存管理方法的评价

库存管理方法的评价指标主要有以下几个方面。

**1. 客户满意度**

客户满意度就是指客户对于销售者现在的服务水平的满意程度。这个指标涉及许多内容，如客户忠诚度、取消订货的频率、不能按时供货的次数、与销售渠道中经销商的密切关系等。

**2. 延期交货**

如果一个企业经常延期交货，不得不使用加班生产、加急运输的方法来弥补库存的不足，那么可以说，这个企业的库存管理系统运行效率很低。它的库存水平和再订货点不能保证供应紧急生产和运输的成本很高，远远超过了正常成本。但并不是要求企业一定不能有延期交货，如果降低库存水平引起的延期交货成本低于节约的库存成本，那么这种方案是可取的，它可以实现企业总成本最低的目标。

**3. 库存周转次数**

计算整个生产线、单个产品、某系列产品的周转次数可以反映企业的库存管理水平。可以通过对各个时期、销售渠道中各个环节的库存周转次数进行比较，看看周转次数的变化趋势是上升还是下降，周转的“瓶颈”是在销售渠道的哪个环节。

库存周转次数在不同行业的企业里变化幅度很大，即使同一行业的不同规模的企业也有很大差异。总体来说，库存周转次数越大表明企业的库存控制越有效，但有时客户订货时却不能马上得到货物，这就降低了客户服务水平。企业要想增大库存周转次数并维持原有的客户服务水平，就必须使用快速、可靠的运输方式，优化订单处理程序，来降低保险库存，达到增大库存周转次数的目的。对企业各环节、各种产品的库存周转次数进行分析评价，就可以发现企业物流系统存在的问题。

### 7.3.3 库存管理方法

**1. ABC 分析法**

1）ABC 分析法概念

ABC 分析法源出于 ABC 曲线分析，ABC 曲线又叫帕累托曲线。在企业的生产中，少数几种产品的产值却占了企业总产值的大部分；在零售商的许多种商品销售中，为数不多的一些商品销售额却占总销售额的大部分。以制造企业为例，将全部产品按不同的产值依次排序，形成帕累托曲线，再按照一定的标准将它们分成三类，对这三类不同的产品按不同的要求加以管理，这就是 ABC 分析法。

将 ABC 分类法引入库存管理就形成了 ABC 库存分类管理法。在库存品种中，一般只有少数几种物品的需求量大，因而占用较多的流动资金；从用户方面来看，只有少数几种物品对用户的需求起着举足轻重的作用,种类数比较多的其他物品的需求量却较小,或者对于用户的重要性较小。由此,可以将库存物品分为A、B、C三类。一般来说,A类物品种类数占全部库存物品种类总数的10%左右,而其需求量却占全部物品总需求量的70%左右;B类物品种类数占20%左右,其需求量大致也为总需求量的20%左右;C类物品种类数占70%左右,而需求量只占10%左右。

ABC分析法是库存管理中常用的分析方法,也是经济工作中一种基本工作和认识方法。ABC分析的应用在库存管理中比较容易取得以下成效:压缩总库存量、用活流动资金、使库存结构合理化、节约管理力量。

2) ABC分类的标准

ABC分类的标准是库存中各品种物资每年消耗的金额,即该品种的年消耗量乘上它的单价,即为每年消耗的金额。将年消耗金额高的划归A级,次高的划归B级,低的划归C级。具体划分标准及各级物资在总消耗金额中应占的比重并没有统一的标准,要根据各企业、各仓库库存品种的具体情况和企业管理者的意图来确定。但是,根据众多企业多年运用ABC分级的经验,一般可按各级物资在总消耗金额中所占的比重来划分,参考数字如表7-1所示。

**表7-1 库存物资ABC分级比重** %

| 级别 | 年消耗金额 | 品种数 |
|---|---|---|
| A | 60～80 | 10～20 |
| B | 15～40 | 20～30 |
| C | 5～15 | 50～70 |

占用大部分消耗金额的A级物资,其数量所占的百分比却极小。因此,经过ABC分级,可以使企业管理者弄清楚所管理物资的消耗的基本情况,可以分清哪些品种是A级,哪些是B级,哪些是C级,从而采取不同的策略进行管理。对A级物资,必须集中力量进行重点管理。对B级物资,按常规进行管理。对C级物资,则进行一般管理。

制定ABC三类物资的区分标准的基本方法如下。

(1) 先计算每种库存物资在一定期间,例如一年内的供应金额。其计算方法是用品种单价乘以供应物资的数量。

(2) 按供应金额的大小顺序,排出各个品种序列。供应金额最大的品种为顺序的第一位,以此类推。然后再计算各品种的供应金额占总供应金额的百分比。

(3) 按供应金额大小的品种序列计算供应金额的累计百分比,把占供应总金额累计70%左右的各种物资作为A区,占余下的累计20%左右的各种物资分为B区,除了以上两区外余下的各种物资分为C区。

3) ABC分析的一般步骤

一般说来,企业的库存反映着企业的管理水平,调查企业的库存,可以大体搞清该企业的经营状况。虽然ABC分析法已经形成了企业中的基础管理方法,有广泛的适用性,但目前应用较广的还是在库存分析中。ABC分析的一般步骤如下。

(1) 收集数据。按分析对象和分析内容,收集有关数据。如果对库存物品的平均资金占用额进行分析，以了解哪些物品占用资金多，以便实行重点管理，应收集的数据为：每种库存物资的平均库存量、每种物资的单价等。

（2）处理数据。对收集来的数据资料进行整理，按要求计算和汇总。例如，以平均库存乘以单价，求算各种物品的平均资金占用额。

（3）制作 ABC 分析表。ABC 分析表构成如表 7-2。

**表 7-2　库存 ABC 分析表**

| 品种名称 | 序号 | 品目累计/% | 单价 | 平均库存 | 资金平均占用额 | 平均资金累计占用额 | 平均资金累计占用/% | 分类 |
|---|---|---|---|---|---|---|---|---|
| | | | | | | | | |
| | | | | | | | | |
| | | | | | | | | |
| | | | | | | | | |
| | | | | | | | | |

（4）根据 ABC 分析表确定分类。按 ABC 分析表，观察第三栏累计品目百分数和第八栏平均资金占用额累计百分数，将累计品目百分数为 5%～15%而平均资金占用额累计百分数为 60%～80%的前几个物品，确定为 A 类；将累计品目百分数为 20%～30%，而平均资金占用额累计百分数也为 20%～30%的物品，确定为 B 类；其余为 C 类，C 类情况正好和 A 类相反，其累计品目百分数为 60%～80%，而平均资金占用额累计百分数仅为 5%～15%。

（5）绘 ABC 分析图。以累计品目百分数为横坐标，以累计资金占用额百分数为纵坐标，按 ABC 分析表第三栏和第八栏所提供的数据，在坐标图上取点，并连接各点曲线，则绘成如图 7-2 所示的 ABC 曲线。

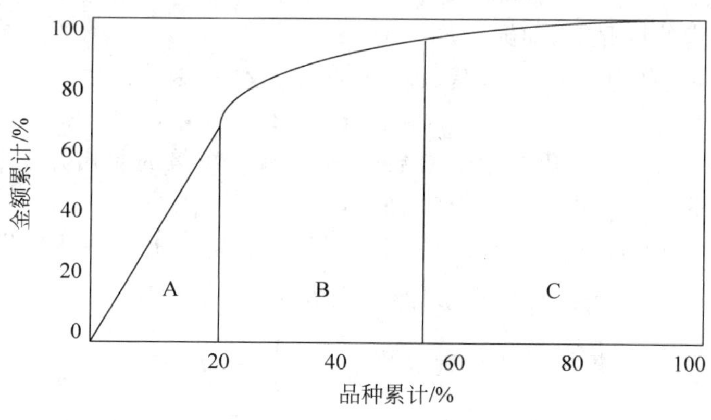


图 7-2　ABC 分析图

按 ABC 分析曲线对应的数据，按 ABC 分析表确定 A、B、C 三个类别的方法，在图上标明 A、B、C 三类，则制成 ABC 分析图。在管理时，如果认为 ABC 分析图直观性仍不强，也可绘成直方图。

4）ABC分类管理准则

(1) A类库存。A类物资在品种数量上仅占15%左右，但如能管好它们，就等于管好了70%左右消耗金额的物资。对A类物资的管理：勤进货、勤发货、与用户勤联系，了解需求的动向。

(2) C类库存。C类库存与A类库存相反，品种数众多，而所占的消耗金额却甚少。对C类库存不应投入过多的管理力量，多储备一些不会增加多少占用金额。

(3) B类库存。B类库存的状况处于A、C类之间，因此，其管理方法也介乎A、C类库存管理方法之间，采用通常的方法管理，或称常规方法管理。

在对库存物资进行ABC分类之后，便应根据企业的经营策略对不同级别的库存物资进行不同的管理，以便有选择性地对库存进行控制，减轻库存管理的压力。

至于长期不发生消耗的物品，已不属于C类，而应视作积压库存。这部分库存，除其中某些品种因其特殊作用仍必须保留的以外，应该清仓处理，避免积压损失的扩大。

**2. 经济批量法**

1）经济批量的确定

经济批量又称经济订货量，是指使得购进的存货总成本最低的采购批量。它回答了两个基本问题：最经济订货量应该是多少？应何时发出订单？存货总成本包括三部分，即订货成本、储存成本和缺货成本。通过经济批量的基本模型可计算出经济订货量。

设存货全年的需求量为$A$，订货单价为$P$，则全年购置成本为$A\times P$；企业每次的订购量为$Q$，则全年的订货次数就为$A/Q$；每次订货成本为$B$，则订货的变动成本为$A/Q\times B$；订货的固定性支出，如采购地办事机构的固定开支为$F_1$；则

$$订货成本 = A\times P + A/Q\times B + F_1 \tag{7-1}$$

企业全年的平均储存量就为$Q/2$，假设每单位存货量的年储存成本为$C$，则储存变动成本为$Q/2\times C$；储存固定成本，如仓库的折旧费、仓库管理人员的工资等为$F_2$；则

$$储存成本 = Q/2\times C + F_2 \tag{7-2}$$

在不允许缺货的情况下，即缺货成本为0；

$$\begin{aligned}全年存货的总成本 &= 订货成本 + 储存成本 + 缺货成本\\ &= A\times P + A/Q\times B + F1 + Q/2\times C + F2 + 0\end{aligned} \tag{7-3}$$

因为$A$、$P$、$B$、$F_1$、$C$、$F_2$等要素为常数项，往往属于决策的非相关成本，所以决策的相关成本只是订货的变动成本、储存的变动成本。

式中，以$Q$为因变量，对上式求导数，即求极小值，得到下面一系列公式：

$$每次订货批量(经济批量)Q = \sqrt{2AB/C} \tag{7-4}$$

$$每年最佳订货次数 N = \frac{A}{Q} = \sqrt{\frac{AC}{2B}} \tag{7-5}$$

$$经济进货批量成本 = \sqrt{2ABC} \tag{7-6}$$

$$最佳订货周期 t = \frac{1}{N} = \frac{1}{\sqrt{\frac{AC}{2B}}} \tag{7-7}$$

$$经济批量占用资金 I = \frac{Q}{2}\times P \tag{7-8}$$

**【难点例释 7-1】** 某公司物品的年需求量为 3000 单位，订购成本为每次 20 元，单位成本 12 元，库存持有成本百分比为 25%。当该物品的保存地点为 1 个仓库和 2 个仓库的情况下，其经济订货批量、年总成本各为多少？

**解**：首先，当保存在 1 个仓库时，经济订货批量、库存总费用分别为

$$Q_0 = \sqrt{\frac{2 \times 20 \times 3000}{12 \times 0.25}} \text{ 单位} = 200 \text{ 单位} \tag{7-9}$$

平均库存 = 200/2 单位 = 100 单位

订货频率 = 3000/200 次 = 15 次

库存总费用 = (300 + 300) 元 = 600 元

另外，当保存在 2 个仓库时，经济订货批量、库存总费用分别为

$$Q_0 = \sqrt{\frac{2 \times 20 \times 1500}{12 \times 0.25}} \text{ 单位} = 141 \text{ 单位} \tag{7-10}$$

每个地点的平均库存＝141/2 单位＝70 单位

总的平均库存＝70×2 单位＝140 单位(比原来 1 个地点的平均库存 100 多了 40%)

每个地点的订货频率＝1500/141 次＝10.6 次(原来为 15 次)

每个地点的订货费用＝10.6×20 元＝212 元

每个地点的库存持有成本＝ 70×12×25%元＝210 元

每个地点的库存总费用＝(212＋210)元＝422 元

库存总费用＝422×2 元＝844 元

将上述的计算结果在表 7-3 中进行比较。

表 7-3 计算结果的比较表

| 库存地点 | 经济订货批量/单位 | 订货次数/次(每个地点) | 库存总成本/元 |
|---|---|---|---|
| 1 个 | 200 | 15 | 600 |
| 2 个 | 141 | 10.6 | 844 |

从计算结果可以看出，在年需求总量不变的情况下，随着存货地点的增加，库存总成本在随之增加。这也是为什么企业会采用集中库存的一个原因。

2) 经济订货点的确定

经济订货点又称再订货点，就是订购下一批存货时本批存货的尚储存存量。经济订货批量有助于企业在采购时树立成本效益观念，重视资金的时间价值，合理安排采购计划，减少不必要的资金占用。

确定经济订货批量，为管理者选择合适的订货批量及订货间隔期、做出正确的库存控制决策提供了辅助决策信息。下一步工作是在确定订货批量及订货间隔期的基础上，确定何时发出订货指令，即确定订货点。

确定订货点必须考虑成本的节约，订货点过长，年储存成本增加；订货点过短，一旦供货延期或销量增加将会造成停工待料。最理想的订货点应该是当下批材料运达仓库时，仓库库存正好用完，这一储存量是在正常情况下的最低储备量，又称正常储备量。当发生延期到货或使用量增加时，为防止缺货而增加的储备称为安全储备量。

假设需求稳定，单位时间内的系统需求 $d$ 恒定已知，且假定从发出订货指令到交货的时间间隔，即订货提前期 $L$ 一定，因此，订货点处的库存储备量 $R$ 可以通过 $d$、$L$ 计算确定经济订货点：

$$R = dL \tag{7-11}$$

式中，$d$ 为单位时间内的系统需求，常用日需求量；$L$ 为订货提前期，常用日为单位。

**【难点例释 7-2】** 假定每年有 250 个工作日，订货提前期为 10 天。求其订货点的库存储备量。

**解**：订货点的库存储备量为

$$R = dl = \frac{1000}{250} \times 10\text{ 件} = 40\text{ 件}$$

任何可以节省费用的手段都应该是采购过程值得考虑的对象，但必须是合情、合理，更要合法，有利于与供货商的伙伴互动关系。至于上述几种方法应该优先使用哪种，哪种方法较好，则有赖于采购人员依照不同状况进行专业判断后确定。

**3. 定量订购与定期订购方法**

1）定量订购方法

定量订购是指预先规定一个订购点，当实际储备量降到订购点时，就按固定的订购数量（每次订购数量一般用经济批量法确定）提出订购。运用这种方法，每次订购的数量不变，而订购时间由材料物资需要量来决定。

定量库存控制的关键是正确确定订购点，即提出订购时的储备量标准。如果订购点偏高，将会增加材料物资储备及其储存费用；如果订购点偏低，则容易发生供应中断。确定订购点时需要考虑四个因素：一是经济订购批量的大小，二是订货提前量，三是超常耗用量，四是保险储备量。

计算公式如下：

订购点量＝订购时间×平均每日耗用量＋保险储备量

保险储备量＝（预计日最大耗用量－每天正常耗用量）×订购提前期日数

上式的订购时间是指提出订购到物资进厂所需的时间。

**【难点例释 7-3】** 某企业乙种物资的经济订购批量为 950 吨，订购间隔期为 30 天，订购时间为 10 天，平均每日正常需用量为 50 吨，预计日最大耗用量为 70 吨，订购日的实际库存量为 800 吨，保险储备量为 200 吨，订货余额为零。则

$$\text{订购点库存量} = 10 \times 50 + (70 - 50) \times 10 = 700\text{（吨）}$$

也就是说，当实际库存量超过 700 吨时，不考虑订购；而降低到 700 吨时，就应及时按规定的订购批量 950 吨提出订购。

这种方法的优点是手续简单、管理方便，缺点是物资储备控制不够严格。因此它一般适用于企业耗用量较少、用途固定、价值较低、订购时间较短的物资。

2）定期订购方法

定期订购是指预先定一个订购时间，按照固定的时间间隔检查储备量，并随即提出订购，补充至一定数量。所以，这种方法订购时间固定，而每次订购数量不确定，按照实际储备量情况而定。计算公式如下：

订购量＝平均每日需用量×(订购时间＋订购间隔)
＋保险储备量－实际库存量－订购余额

订购时间间隔是指相邻两次订购日之间的时间间隔，实际库存量为订购日的实际库存数量，订货余额是过去已经订购但尚未到货的数量。

在上例中，订购量＝50×(10＋30)＋200－800＝1400(吨)

这种订货方式的优点是对物资储备量控制严格，它既能保证生产需要，又能避免货物超储。缺点是手续麻烦，每次订货都得去检查库存量和订货合同，并计算出订货量，它一般适用于企业必须严格管理的重要货物。

## 7.4　企业库存记录管理

库存记录管理包括实物记录和财务记录两方面。准确的库存记录是财务会计核算的一个重要方面，也是库存管理的基础。任何库存管理系统的基础就是在记录中所获得的信息，决策都是以其为依据而做出的。没有记录的准确性，设计得再好的系统即使不失败，也肯定问题繁多。

### 7.4.1　库存实物记录

1. 库存记录的重要性

库存系统如果没有记录便不能有效地工作。如果夸大了库存余额，便会有缺货的危险，如果缩小了库存余额，就会造成超储，所有有关订货时间和订购数量的决策都是以各该项物品的库存余额为依据的，错误的库存记录会引起许多问题的连锁反应，使物流计划落空，造成生产率低下，交货延误，大量支付交货费用和保险运输费，这些必定导致订货超过需要，并造成大量的超储和库存陈旧、贬值。

库存的物品都应加以分类和严格地加以标记，以便在核对时能判明它们的位置和数量。整个库存控制中包括保管和堆放的方法，库存管理要保证无差错(盘点不准)、无盗失、无损坏变质。库存控制是根据提供有关库存消耗量、余额和到货量等一系列库存记录信息来进行的，恰当的库存管理需要定期核对物品并加以记录。记录核对和实物盘点最好是由与其自身的经营利益无关的独立机构来进行。

2. 库存记录的内容

需要保持的有意义和有用的基本库存记录包括：①物品的标记和分类；②物品的位置：③单位成本和实价；④可互换或代用的物品；⑤储存年限；⑥最终物品(它做何用)：⑦物品入库的日期：⑧发出日期；⑨供应来源：⑩每种物品的余额等。

所有库存系统都必然与库存记录的准确性有关。如果不能保持资料的完整性，库存系统就注定要失败。无论是用人工或用计算机，记录的准确性对于经营都是至关重要的。对于准确库存记录的两项基本要求是：有记录全部货物收发的合理指标；有检查记录准确性的良好系统，该系统能显示和纠正造成误差的原因。

实物控制的一个重要方面是限制和控制仓库的收发。每当物品入库或出库时，这项业务便应记入相应的记录中。未经批准和无凭证的业务不得办理，否则控制在实际上就是不可能的。只有经过批准的人员方可进入仓库，这样才能更好地控制无凭证的业务。最好是对所有物品按物品编号及其在仓库的地区位置做出标志。存货区明显和井然有序就能减少物品的损失和错置。

有效利用仓容的一条重要途径是采用定位系统。仓库要用适当编码系统区划成若干个地段和二级地段。物品要存放在同一位置或适当的地段，并在收货卡片上注明位置及物品的号码。当需要发出物品时，仓管人员便直接到物品的预定位置。设计良好的定位系统对资料的完整性大有益处。

为检查库存记录的完整程度和准确程度，便需要对物品进行实物盘点。账面（记录）与实际库存间的差额必须查明，任何差额（偏离值）都必须予以纠正，并正确地算出其盘盈或盘亏的数额。对于所有物品可采取存货的定期实物盘点法，或者也可实行循环盘点法。全部物品的实物盘点通常都需要在限定的时间内停止生产或营业，核实所有物品的数量和修改记录。循环盘点法就是在全年内对存货进行有顺序的盘点。

库存记录的状况受有关人员、实物控制系统的影响。有关人员是指实际从事收发和保管物品的人员，以及管理这些人员的第一线人员。仓库主管人员在保持记录的准确性方面必须负责。对员工必须进行仓库作业方法方面的培训，以使他们认识准确性的重要意义。最好是规定准确程度的目标，测定准确程度，并将实际记录与目标进行比较。

#### 3. 定期盘点记录法

定期盘点记录法就是定期地检查库存的存货余额，以核对和保持准确的库存记录的方法。库存记录可以以人工过账、机器过账，或者保存在计算机内。定期盘点法要求在一个短暂的时期内对各种存货进行全面盘点。对大多数企业而言，一年或半年核查一次便足够了。假若一年只做一次实物盘点，则通常安排在每年生产和库存水平处于最低点时进行。

在盘点日，应停止仓库区的作业，指定一个储存场所来存放盘点期间内到达的所有物品，因为它们不在盘点之列。在这整个非常时期内，除非紧急情况，所有内部的移动和搬运均应暂停。如果实物盘点将需数日，则应把停产的日期通知用户。

使用较普遍的记录库存水平的方法是标签法。盘点人员要负责盘点，填好标签，并将标签放在物品上。标签既适用于人工系统，也适用于计算机系统。当某个盘点人员完成一个区域时，应对其进行检查，以保证所有物品都加有标签（检查放的位置是否正确），然后再将标签收集在一起。分布在装卸码头、出口货物储存区、退回货物区、展销会等的物品也应包括在盘点之列。

库存记录和实物盘点应与存货标签相符，来自标签的资料均要整理成存货统计表。在物品重新开始流动之前，检查人员应该检查任何重大的变异和调整误差。对库存记录和总账应进行相应的修正，以使记录上的余额同实际存货数量相一致。

实物盘点的次数通常是根据物品价值的大小和物品在公开市场上处理的难易程度来确定。贵重或值钱的物品与一般库存物品相比，其盘点次数就可能要更多些。

#### 4. 循环盘点记录法

循环盘点记录法是有顺序地而不是定期地进行的一种实物盘点的库存记录法，是控制库存记录的准确性和将其保持在高水准的一种基本方法。通过有效的循环盘点，由于能减少生产停工，减少存货消耗，故可达到增进收益的目的。同中断生产的定期盘点法相比，通常循环盘点法所需费用较少。

这种方法就是在全年内对存货顺次地加以盘点。对有限的少数物品则每天，或按某一间隔期进行核查，要核查的存货项目可随机地或根据预定的计划来选择。循环盘点能检查库存记录的状况和得出记录准确程度的高低。记录准确程度可由有误差物品的百分比和误差的相对值来度量，误差的显著性与物品的相对价值有关，如贵重物品的误差是显著的，而对廉价物品而言，或许上下2%的误差就是可接受的。

循环盘点法为许多企业所广泛地运用，它可以由专业人员或固定指派的仓库管理人员来进行实物盘点。当由固定指派的仓库管理人员来进行时，他们可根据各自的职责在工作间隙时间内完成循环盘点；当由专业人员来进行时，由于专业人员熟悉物品的存放次序、保管制度和可能发生的各种特殊事项，所以盘点的工作效率较高。

## 7.4.2 库存财务记录管理概述

### 1. 库存实物和财务的属性

库存具有实物和财务的属性，实物属性是指货物的流动，财务属性是指成本的变化。在一个企业中，库存的实物和财务属性通常都是既相互分离又相互联系的问题领域。库存财务核算的重点放在与成本变化有关的物流活动方面。

存货在财务上属于流动资产，其作用体现在作为一种资源，形成某一特定时期的经营实绩或期间收入，某一时期内消耗物品的计价将用来确定实绩或收入。存货之所以影响实绩，还在于非最优化的存货策略会增加不必要的费用而减少收入。

### 2. 存货成本和费用的核算

存货的成本和费用将取决于所采用的核算方法。核算方法决定着如何判定自有资产改变的时间和方式，以及资产转换为成本和费用的时间和方式，核算方法支配着那些影响期间收入确定的会计事项的判定。比如，在通货膨胀时期，期初存有的货物通常都以高于购入它们时所预期的价格售出。增加的这种收入将反映在该时期的所得之内；但是，如果库存仍要维持在同一数量水准，那么，已获得的这种额外收入就将以大致相同的数量花费在购进补充库存物品上。这样，收入的增加便是幻觉。它通常称作“存货利润”。

存货核算的主要基础是成本。在会计核算上有多种用来确定存货成本的方法，选择核算方法的主要目标是要能清晰地反映期间实绩。为确定任一给定时刻的存货金额，则必须掌握各种现有库存物品的数量，并确定出其数量和价值。现有库存物品的数量要通过盘点或计量来获得，确定各项物品的价值的方法要以符合企业实际为依据。

对于库存的财务核算，所采用的核算方法非常重要，因为它会显著地影响存货的总金额和有关销售商品的成本。在会计上的权责发生制原则下，存货计算方法可分为估价法和存货流动法。在大多数情况下，估价法是以物品的原始成本与市价中的较低者为依据。如果单价过去一直不变，就不存在什么问题，但在一个时期内，各种物品往往都是按不同单价购入或制得的。由于销售物品在利润表中必须作价（商品销售成本）以及未销售的物品在资产负债表中必须估价（库存量），这就存在计价问题。

### 7.4.3 库存财务记录内容

1. 库存取得的计价

按现行会计准则，企业的各类库存(存货)应以其历史成本入账。存货的历史成本是指采购成本或加工成本或采购成本加上加工成本。

企业存货的取得主要有外购、自制和委托加工等途径。从理论上讲，企业无论以何种途径取得的存货，凡与存货形成有关的支出，均应计入存货的历史成本。实际工作中，从不同途径取得的存货其历史成本的构成内容有所不同。

(1) 外购存货。外购存货的历史成本是指采购成本，采购成本是在采购货物过程中发生的支出，包括买价和与其直接有关的采购费用及税金。

(2) 自制存货。自制存货的历史成本是指耗用的外购存货和加工成本之和，包括在制造过程中发生的直接材料费用、直接人工费用、其他直接费用和应分摊的间接费用。直接材料费用是指生产过程中直接用于产品生产并成为产品主要部分的材料成本；直接人工费用是指生产过程中直接从事产品生产所发生的人工成本；其他直接费用是指生产过程中发生的直接材料、直接人工以外的应直接归属于某项产品的费用；间接费用是指生产过程中有助于产品形成并需要分配计入产品成本的费用。

(3) 委托加工存货。委托外单位加工完成的存货的历史成本包括加工过程中耗用的材料或半成品的实际成本、加工费用和往返的运杂费及应缴的税金。

2. 库存出库的计价

库存流动方法与物品的出库方式有关。会计上假定的出库流动可以不同于货物的真实实物流动。

(1) 先入先出法。先入先出法是运用最为广泛的存货流动方法，它主张“先入者先出”。它假设各种物品都是由仓库中最早的存货供给的，并且供给的物品都按记载在存货分类账中的最初的成本计价，任何时候库存的物品都是最后购入的。按照先入先出法，存货成本是根据关于已销售或已消耗货物都是储存时间最长的货物和仓库中仍储存货物都是最后购入或产出的货物的假设来计算的。

(2) 后入先出法。后入先出法假设货物最近期的成本应计入销售商品的成本。按照后入先出法，仓库中物品的成本是最早获得的物品的成本，发出物品均按最近获得的物品的成本计价。在某时期内销售或消耗的存货都是最近获得或产出的，正保持的存货均是最早获得或产出的。后入先出法是用接近本期的补充供应品的成本金额来计算本期的收入金额。

后入先出法的根本目的是本期收入与本期成本相匹配。但是，后入先出法可能导致资产负债表中的存货价值不真实，而使流动比率和其他流动资产的关系失真。在价格上涨时期，它使收入减少，而在价格下跌时期使收入增加。由于在价格上涨的时期它可减少所得税，所以它往往是有利的。同先入先出法一样，后入先出法既可用于连续系统又可用于定期系统。

(3) 平均成本法。平均成本法的意义是既想得出真实的期末存货值，又要得出真实的销售商品成本。这种方法并不试图说明哪个单位存货先出或后出，而是为了确定每项物品在某一时期内的平均成本。平均成本法可以使用的平均数有算术平均数、加权平均数、移动平均数。所有三种平均数都可在定期库存系统中使用，但只有移动平均数才最适合于连续库存。算术平均数用生产或采购的单位成本之和除以产量或订购次数来确定，算术平均数忽略批量的大小(物品数量)，给予每批单位生产成本或购入成本以相等的权数，而不管物品数量的不同。加权平均数除考虑单位成本外，还考虑数量，故排除了算术平均数的失真，用该期间可用物品的总数去除可用来销售或使用的货物成本即为加权平均数。移动平均数就是计算每次采购或追加库存后的平均单位成本，它最适合于计算机管理的库存作业。

(4) 特定成本法。这种方法是在每项物品入库时对它进行标记或编码，通常用于为用户定做的产品。在这种方法下，成本变化和实物流动是完全一致的，所以，库存成本易于确定。在所有存货流动假设中，特定成本法所提供的期末存货价值和销售商品成本最为真实，保持着记录的库存成本能很快地就测定出来，所以，它最适合于数量少而价值大的货物。它的运用范围通常局限于加工数量小的大型、贵重的物品。但这种存货计价方法执行起来需要较高的费用。

## 7.5 现代库存控制技术

### 7.5.1 JIT 技术

企业间的竞争已逐渐转变为企业物流供应链之间的竞争，尤其是企业的仓库管理与库存控制，成为企业降低成本、寻求改善的切入点。然而，随着市场竞争加剧，越来越多的企业面临客户需求多变、订单提前期短、采购周期长、库存控制困难等问题。为了适应现代物流技术的发展，实现更有效率的库存管理，掌握现代库存管理技术就显得更加必要。

**1. 零库存技术**

“零库存”概念可以追溯到 20 世纪 60 年代，日本丰田汽车公司实施全新的生产模式——JIT 生产制。此后“零库存”的概念逐渐延伸到更广的领域，成为企业降低库存成本的最佳策略。如今，网络市场销售下零库存管理已从最初的一种减少库存水平的方法发展成为内涵丰富，包括特定知识、技术、方法的管理哲学。

零库存技术就是在生产与流通领域按照准时制组织物资供应，使整个过程中库存最小化的技术的总称。零库存技术并非单纯地在数量上使得库存为零。由于物流系统中广泛存在着“二律背反”现象，单纯降低企业的库存，可能会引起企业运输成本的大幅增加，二者不可能同时降低到最小值。但是物流对于企业的意义，并不是某一方面或环节的成本压缩，而是整体资源的最优化，因此明智的做法是在运输成本和库存成本间找到一个平衡点，而非盲目地压缩库存。所以，零库存技术只是一种理念，并不是把企业库存绝对地降低为零，而是相对尽可能地降低。零库存技术也不是把企业的库存推到企业之外去完成，其最终目的是在整个供应链中实现零库存。这样才能使企业在现代竞争中的总成本最低。

**2. 实施零库存技术的方法**

有了零库存理念，零库存的技术就能容易掌握。企业可以根据自身实际，采取有效降低库存的方法。

1）借助JIT生产的零库存技术

来源于丰田汽车公司的JIT生产，由于使用了需求拉动的思想，采用“看板供应”技术，使企业的供应链上一环节的物资数量、品种和时间由下一环节的物资数量、品种和时间决定，保证在供应链的每一环节不会出现物资的过多生产和库存。

看板一般分为取货看板与生产看板两种，分别如图7-3和图7-4所示。

<table>
<tr><td rowspan="3">前工序<br>____车间<br>工位</td><td colspan="2">零件号　　零件名称</td><td rowspan="3">前工序<br>____车间<br>工位</td></tr>
<tr><td>数量</td><td>发行张数</td></tr>
<tr><td>件</td><td>3/5</td></tr>
</table>

说明：①前工序位取货地点；②发行张数：3/5指共有5张看板，此为第3张。

图7-3　取货看板

生产看板

| 送： | 零件号 |
|---|---|
| ____车间 | 零件名称 |
| ____机床 | 生产数量 |

图7-4　生产看板

生产企业推行准时制(JIT)生产方式，实行精细管理，在库存控制方面，就要降低甚至取消前置缓冲量。要求物流部门加强与供应商的协调与联系，准确把握生产现场的物流时间与物流量的变化趋势，准确、及时地将物品送到生产现场。

实际上，把需求拉动的思想应用于企业的生产和库存管理中，就可以使库存尽可能地降低。DELL公司就是一个很好的范例。DELL根据客户的订单进行生产，使企业的零部件、产成品在各个环节都降到尽可能低的程度，企业在低成本下运作，提高了企业的竞争力。

2）虚拟库存

虚拟库存不是实实在在的库存，而是充分利用信息系统，掌握市场动态和社会生产与物流状况，把握形势，把外界可利用的生产能力及库存物品当成企业的库存。利用这种库存方法，可以使企业避免库存风险，降低物流成本，提高企业效益和效率。

例如，“鸡西矿业集团虚拟库存管理”就是这样。鸡西矿业集团的信息化建设使企业得到了实实在在的好处，在原材料管理中，借助信息化建设，2003年鸡西矿业集团物资供应公司完成了与12个煤矿材料科的联网，形成了鸡西矿业集团物资供应系统的局域网，实现了物资供应业务数据的共享。鸡西矿业集团号称“百里矿区”，最远的煤矿离鸡西市有三四十千米,局域网建成后,大量的报表、申请单都在网上传递,备受矿工欢迎。2004年,物资供应公司又实施了信息化二期工程,按照寻价、采购、签订合同、审核、入库、质检、付款、出库等物流路径设计信息平台程序,并根据工作流进行串联与分解,环环相扣,实现了物品采购、仓储、供应、管理现代物流的全程监督,变“买了再用”为“用了再买”,彻底改变了传统的煤矿物资供应管理模式。

3) 越库供应

传统仓库进行物资供应时,一般经历的过程是:采购进货→入库储存→分拣备货→配装送货,物资必须在本企业的仓库中转,才能实现供应目标。越库供应是一套高效的供应运作体系,它打破了这一传统的运作方式,所采购的物资不经过本企业的仓库,直接供应给下一个环节,即采购→送货。这样,供应环节减少了,仓库面积减少了,提高了仓库的运作效率,减少了储存、分拣次数,加快了库存周转率。如果物资每日进出量很大,越库作业对于库存成本的降低是很可观的。

越库作业就是实现物资从收到发的直接转移,通过很少或几乎没有的库存占用实现物资交付。越库作业最明显的特征就是非常短的运输仓储提前期,将物资的收货环节和发货环节高度整合到一起,体现的是配送环节的 JIT。而快速消费品因其周转快、批量大、物资价值低和对物资新鲜度要求高等特性,使得越库作业技术在快速消费品行业中被广泛应用。

当然,要实施大批量越库作业,必须满足特定的集装箱化要求,还必须进行足够的信息沟通。首先,每个集装箱和每件产品都必须配有条形码或射频标签,以便被自动识别出来。其次,供应商必须将装货时间预先通知仓库,以便物资被自动分配到卸货地点。最后,用于越库处理的入库货盘或容器应该只包含一个单独的存货单位,或者根据目的地的情况进行预先装配,从而将分类的需求降到最小。

越库作业并不是所有物资都 100%不经过仓库,而是把能够直接发运的物资越库供应,其他物资仍然按常规入库供应。

## 7.5.2　MRP 技术

MRP 即物料需求计划,是库存控制方法中在库存管理的订货点基础上提出来的,一种工业制造企业内的物资计划管理模式。它根据产品结构层次、产品的从属和数量关系,以每个产品为计划对象,以完工日期为时间基准倒排计划,按提前期长短区别各个产品下达计划时间的先后顺序,以此来减少库存量、降低劳动力成本、提高按时发货率。

### 1. MRP 系统的组成

MRP 系统由 MRP 的输入与 MRP 的输出两大部分组成。

1) MRP 的输入

(1) 主生产进度计划(MPS):主生产计划确定最终产品在每一个具体时间生产的产品数量,在一般情况下具体时间的单位为周,也可以是日、旬、月。主生产计划一般处理的是最终物料,优先处理的是主要的部件。

(2) 主产品结构文件(BOM):也称产品结构表,表示产品组成结构和组成单位产品的原物料和零部件的数量,反映一个完整的生产产品的描述,这一描述一般用产品结构树来反映。

(3) 库存文件(ISR)：也称库存状态文件，反映的是企业有什么，是对企业的原材料、零部件、在制品等库存状态的一种反映，主要包含总需求量、预计入库量、现有库存量、净需求量、已分配量、计划订货量、计划下达量等内容。

2) MRP的输出

MRP的输出包含三个方面。

(1) 净需求量：指系统需要外界在给定的时间内提供的给定的物资的数量。

(2) 计划接受订货量：指为满足净需求量的要求，应该计划从外界接受订货的数量和时间。一般情况下，计划接受订货量等于净需求量。

(3) 计划发出订货量：指发出采购订货单进行采购或发出生产任务单进行生产的数量和时间，在数量上等于计划接受订货量，在时间上比计划接受订货量提前一个提前期。

**2. MRP系统的实施步骤**

(1) 根据市场预测、客户订单及企业生产规模，编制完整、准确的主生产计划、生产作业计划和物料清单，详细记录每个时间段上的各种材料的总需求数量和时间。

(2) 准确掌握各种物料和零部件的实际库存量。

(3) 编制流水线工作指示图表和各种物料、零部件的用料明细表，确定各工序所需的时间、订货批量及指令发出时间。

(4) 根据各种物料和零部件的订货提前期确定订货的时间、订货的周期及收货时间，确定物料需求计划。

(5) 根据物料需求计划发出订货生产指令。

MRP系统的实施步骤如图7-5所示。

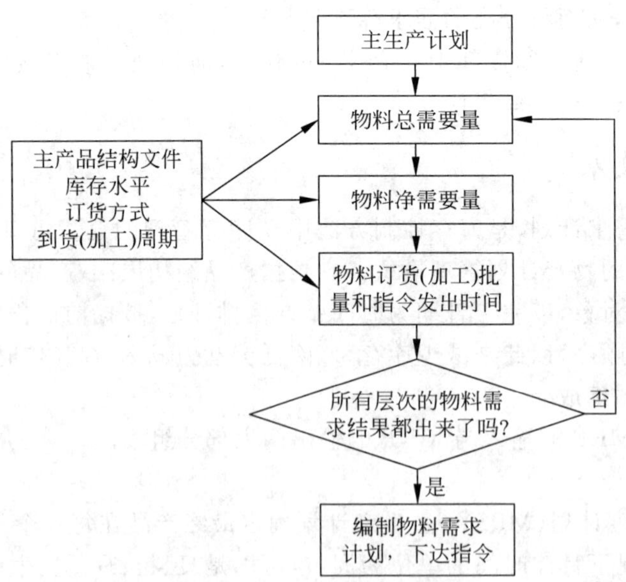


图7-5 MRP系统的实施步骤

MRPⅡ是从整体最优的角度出发，运用科学的方法，对企业的各种制度资源和企业生产经营各环节实行合理、有效的计划、组织、控制和协调，达到既能连续均衡生产又能最大限度地降低各种物资的库存量的目的，进而提高企业经济效益的管理方法。

### 3. MRP 的计算方法

1) 产品结构与零件分解

(1) 产品结构：将组成最终产品的组件、部件、零件，按组装成品顺序合理地分解为若干个等级层次，从而构成产品的完整系统。

(2) 零件分解：根据企业在规定时期内应生产的产品种类和数量，分析计算这些产品所需各种零部件的种类和数量，并计算出每一种零部件所需的准备、加工及采购的全部时间。

2) 零部件需要量的计算方法

已知 U 为最终产品，属于独立需求。若已知其需求量为 100 个，而其他零部件都属于相关需求，其需求量受 U 产品的数量影响，根据所有产品及零部件的库存量，可以计算出实际需求量。产品 U 的结构树状关系图如图 7-6 所示。

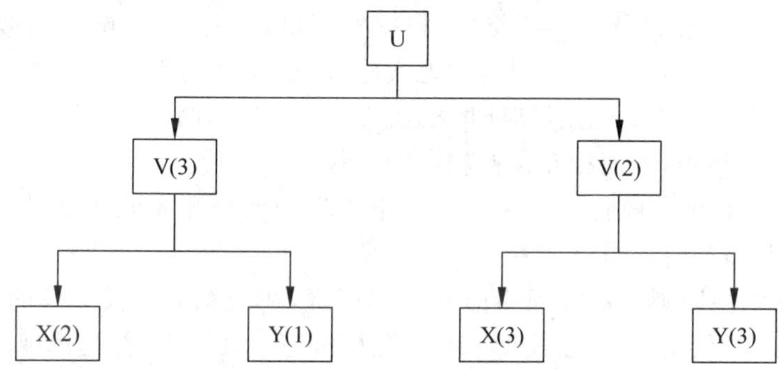


图 7-6　产品 U 的结构树状关系

计算结果如下所示。

(1) 部件 V：3×U 的数目＝3×100＝300(个)。

(2) 部件 W：2×U 的数目＝2×100＝200(个)。

(3) 部件 X：2×V 的数目＋3×W 的数目＝2×300＋3×200＝1200(个)。

(4) 部件 Y：I×V 的数目＝1×300＝300(个)。

(5) 部件 Z：3×W 的数目＝3×200＝600(个)。

### 4. MRP 的适用性

MRP 适用于加工装配型企业，尤其是生产由成千上万个零部件组成的结构复杂的产品的企业。

(1) 产品装配提前期较长。

(2) 原材料、零部件的备货提前期较长。

(3) 原材料、零部件的备货提前期是可靠的，而不是臆测的。

(4) 有一个稳定的生产主进度表。

(5) 批量的大小变动较小。

### 7.5.3 VMI技术

VMI即供应商管理库存,指供应商等上游企业基于其下游客户的生产经营、库存信息,对下游客户的库存进行管理与控制。这是一种用户和供应商之间的合作性策略,以对双方来说都是最低的成本优化产品的可获性,在一个双方同意的目标框架下由供应商管理库存,这样的目标框架被经常性地监督和修正,以产生一种连续改进的环境。

**卖方主导型的库存管理**

在CRP系统中,厂家和批发商编制产品的补充计划,对零售商的库存进行管理。像这样由卖方对顾客的库存进行管理的方法称为卖方主导型的库存管理。

与CRP系统相似的库存管理有VMI(vendor managed inventory,供应商的库存管理)。两者的区别:一般前者是指零售业物流中心的库存管理,后者是指零售企业的库存管理。

#### 1. 实施的原则

VMI力求最大限度地优化供应结构,根据实际供应关系和影响运行效率的环节,寻求解决问题的办法。一般来说,要想成功地实施VMI,必须遵循以下基本原则。

(1) 合作性原则。在实施该策略时,相互信任和信息透明是很重要的,供应商和用户都要有较好的合作精神,才能相互保持较好的合作。

(2) 互惠原则。供应商管理库存不是关于成本如何分配或谁来支付的问题,而是关于降低成本的问题,通过该策略使双方成本最低。

(3) 目标一致性原则。双方都明白各自的职责,在观念上达成一致的目标。如库存存放在哪里、什么时候支付、是否需要管理费用等问题都要回答,并且体现在框架协议中。

(4) 持续改进原则。使得供求双方能够共享利益和消除浪费。

#### 2. VMI的优点

与传统库存相比,VMI具有以下优点。

(1) 缩减成本。供应商通过网络共享用户信息,削弱了"牛鞭效应",缓和了需求的不确定性,降低了用户的库存管理成本,供应商也可根据用户信息编制补货计划,减少了非增值活动和浪费。

(2) 提高服务水平。在VMI中,多用户补货订单、递送间的协调大大改善了服务水平,可以优先完成重要的递送业务,更有利于产品的更新。

#### 3. 实施VMI的内容

采用VMI管理策略,要求建立企业战略联盟,并从组织上促进企业间的信息共享,在信息、物流和库存等方面进行系统管理。实施VMI的主要内容包括如下几项。

(1) 建立供应方和需求方合作协议。供应方和需求方本着节约资源的原则共同实施VMI策略。为了保证VMI实施的正常运行,双方应共同协商制定合作协议,确定订单的业务流程及库存控制的有关参数,如最低库存水平、安全库存水平、货物所有权、付款方式、信息传递方式等。

(2) 权力转让和机构调整。在制定好合作协议之后,供需双方都要进行一定的机构调整以适应VMI的实施。供应商要扩大管理范围,或者说将库存管理流程延伸到需求方,对本企业的库存和需求方的库存进行集成管理。需求方可撤销库存管理机构,并将库存管理权转让给供应商。在具体的实施中,根据双方制定的合作协议,需求方库存中的货物所有权可能归属于供应方,也可能归属于需求方。

(3) 构建信息系统。充分利用信息技术实现供应链上的信息集成,共享订货、库存状态、缺货状况、生产计划、运输安排、在途库存、资金结算等信息。按照所商定的协议将订单、提单、送货单、入库单等商业文件标准化和格式化,在贸易伙伴的计算机网络系统间进行数据交换和自动处理。

(4) 建立完备的物流系统。建立完备的物流系统,实现对仓储、分销和运输货物的综合管理,使自动化系统、分销系统、仓储系统和运输系统同步实现数字化管理。迅速反馈各个环节的信息,组织进货,指导仓储,为经营决策提供信息依据,有效地降低物流成本。

(5) 为最终客户建档。为了有效地对库存进行管理,必须能够获得最终客户的有关信息。通过建立客户的信息库,跟踪客户购货行为,可掌握不同地区、不同时段、不同年龄、不同职业的客户需求变化的有关情况。供需双方应共建、共享最终客户信息并共同对市场需求进行预测。

(6) 建立监督机制。VMI是一个动态发展的过程,不同的伙伴在VMI处理策略实施中会遇到不同的问题。统一合作伙伴间的VMI在不同的时期也会遇到不同的挑战。为了保证VMI实施的顺利展开,有必要建立一个监督机制,对VMI的实施进行监督。例如,在顺境中,监督机构对供应商缺乏责任心或从本身利益出发滥用权力等行为进行监督,并按规定实施处罚;在逆境中,监督机构促进需求方和供应方一起出谋划策,共渡难关。监督机制能使VMI在发展中不断得到完善。

**4. VMI的方式**

VMI的方式主要有四种,如图7-7所示。

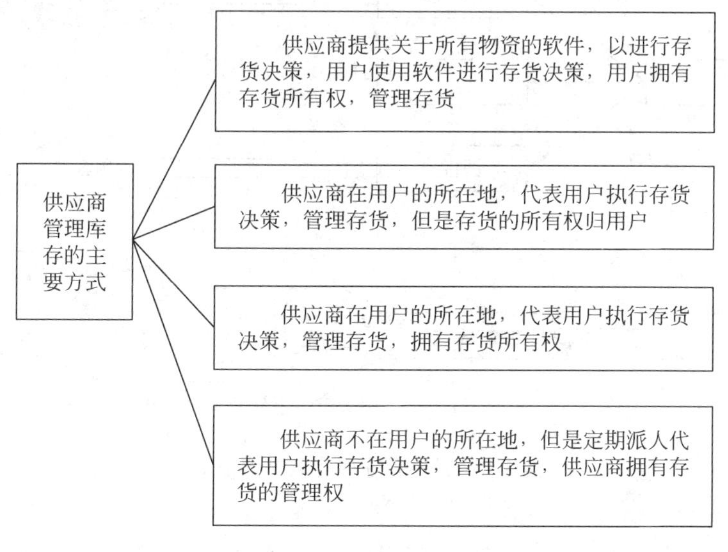


图7-7　VMI的主要方式

5. 实施 VMI 的难点

实施 VMI 的难点主要表现在以下几方面。

(1) 必须做好仓储人员的工作。

(2) 拟订一份粗略的存货品种和补充计划。

(3) 供应商使用什么样的工具交货?在哪里建立仓库?其面积能否保证产品的进出和不断增长的产品需求?

(4) 谁将代表供应商管理存货?

(5) 供应商将如何满足所有参与者的送货要求?供应商送货时交接细节和有关文件如何处理?

(6) 单位库存量、规格、存货进出流程,如何从 VMI 中剔除产品或改变单位送货规格,单位库存产品的所有权归谁?

(7) 建立适合评价 VMI 的评估体系。

(8) 参与 VMI 的供应商资格标准,潜在的符合条件的供应商列表,供应商培训和退出计划。

(9) 退货条款的拟订。

(10) 例外条款的拟订。

(11) 付款条款的拟订。

(12) 罚款条款的拟订。

### 7.5.4 JMI 技术

JMI 技术即联合管理库存,是为了规避传统库存控制中的"牛鞭效应",在 VMI 的基础上发展起来的上游企业和下游企业权力责任平衡和风险共担的库存管理模式,其基本思想如图 7-8 所示。

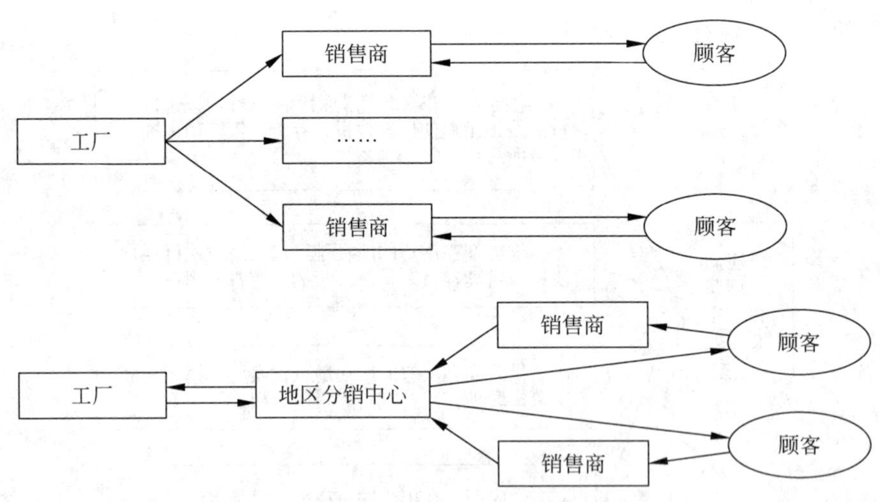


图 7-8 联合管理库存的基本思想

1. JMI有效运作的前提

(1) 建立清晰而有效的责任与风险分摊机制,明确各个企业、各级供应商的库存责任并达成具体的风险承担条款,建立公平的利益分配制度,增加协作性和协调性。

(2) 建立有效的沟通机制或系统,提高整个供应链需求信息的一致性。

2. JMI的实施策略

1) 建立供应链协调管理机制

建立供应链协调管理机制,需从以下四方面着手。

(1) 建立联合管理库存模式的共同合作目标。首先供需双方必须本着互惠互利的原则,建立共同的合作目标。为此,要理解供需双方在市场目标中的共同之处和冲突点,通过协商达到共同的目标,如用户满意度、利润的共同增长和风险的减少等。

(2) 建立联合管理库存的协调控制方法。联合管理库存中心担负着协调供需双方利益的角色,起协调控制器的作用,因此需要对库存优化的方法进行明确确定。这些内容包括库存如何在多个用户之间调节与分配,库存的最大量和最低库存水平、安全库存的确定,需求的预测等。

(3) 建立一种信息沟通的渠道或系统信息共享。为了提高整个供应链的需求信息的一致性和稳定性,减少由多重预测导致的需求信息扭曲,应增加合作各方对需求信息获得的及时性和透明性。为此应建立一种信息沟通的渠道或系统,以保证需求信息在合作各方中的畅通和准确性。要将条形码技术、扫描技术、POS系统和EDI集成起来,并且要充分利用互联网的优势,在供需双方之间建立一个畅通的信息沟通桥梁和联系纽带。

(4) 建立利益的分配、激励机制。要有效运行基于协调中心的库存管理,必须建立一种公平的利益分配制度,并对参与协调管理库存中心的各个企业(供应商、制造商、分销商或批发商)进行有效的激励,防止机会主义行为,增加协作性和协调性。

2) 发挥两种资源计划系统的作用

(1) 为了发挥联合管理库存的作用,在供应链库存管理中应充分利用目前比较成熟的两种资源管理系统:MRPⅡ和DRP。

(2) 原材料库存协调管理中应用制造资源计划系统MRPⅡ,在产品联合库存协调管理中则应用物资资源配送计划DRP。

**分销资源计划(DRP)**

分销资源计划是管理企业的分销网络的系统,目的是使企业对订单和供货具有快速反应和持续补充库存的能力。

通过互联网将供应商与经销商有机地联系在一起,DRP为企业的业务经营及与贸易伙伴的合作提供了一种全新的模式。供应商和经销商之间可以实时提交订单、查询产品供应和库存状况、并获得市场、销售信息及客户支持,实现了供应商与经销商之间端到端的供应链管理,有效地缩短了供应链。

3) 建立快速响应系统

快速响应系统是一种有效的供应链管理策略,目的是最大限度地提高供应链的运作效率。实施快速响应系统后，JMI的效率大有提高：缺货大大减少，通过供应商与零售商的联合协作保证24h供货；库存周转速度提高1～2倍；通过敏捷制造技术，企业的产品中有20%～30%是根据用户的需求制造的。快速响应系统需要供需双方的密切合作，因此联合库存管理中心的建立为快速响应系统发挥更大的作用创造了有利条件。

4）发挥第三方物流公司的作用

第三方物流公司(3PL)是供应链集成的一种技术手段，它也被称为物流服务提供者，可以为委托物流服务的企业提供各种服务，如产品运输、订单选择、库存管理等。第三方物流公司是由一些大的公共仓储公司通过提供更多的附加服务演变而来的，或由一些制造企业的运输和分销部门演变而来。把库存管理的部分功能代理给第三方物流企业管理，可使委托企业获得诸多好处。

**3. JMI的优点**

JMI的优点主要表现在以下四方面。

(1) 由于JMI将传统的多级别、多库存点的库存管理模式转化成对核心制造企业的库存管理，核心企业通过对各种原材料和产成品实施有效控制，就能达到对整个供应链库存的优化管理，简化了供应链库存管理运作程序。

(2) JMI在减少物流环节、降低物流成本的同时，提高了供应链的整体工作效率。联合库存可使供应链库存层次简化并使运输路线得到优化。

(3) 联合库存管理系统把供应链系统管理进一步集成为上游和下游两个协调管理中心，从而部分消除了由供应链环节之间的不确定性和需求信息扭曲现象导致的库存波动。通过协调管理中心，供需双方共享需求信息，因而增强了供应链的稳定性。

从供应链整体来看，联合库存管理减少了库存点和相应的库存设立费及仓储作业费，从而降低了供应链系统总的库存费用。

(4) 联合库存管理系统也为其他科学的供应链物流管理(如连续补充货物、快速反应、准时化供货等)创造了条件。

## 7.5.5 库存管理模式的比较

传统库存管理、VMI库存管理、JIM库存管理有各自的优点、缺点、适用范围、适用技术、实施策略，其比较见表7-4。

**表7-4 传统库存管理、VMI库存管理、JMI库存管理的比较**

| 类别 | 传统库存管理 | VMI库存管理 | JMI库存管理 |
| --- | --- | --- | --- |
| 管理实体 | 各节点企业 | 供应商 | 核心企业 |
| 主要思想 | 各企业独立管理自有库存，寻求减小自身的缺货、需求不确定等风险的方法 | 各节点共同帮助供应商制订库存计划，要求供应商参与管理客户的库存 | 各节点共同参与库存计划管理，共同制订统一的生产计划与销售计划 |
| 主要优点 | 减小缺货、需求不确定性等风险及对外部交易商的依赖 | 减少库存、降低成本，改善缺货、提高服务水平，提高需求预测的精确度，配送佳 | 共享库存信息，改善供应链的运作效率、降低成本与风险，改善客户服务水平 |

续表

| 类别 | 传统库存管理 | VMI 库存管理 | JMI 库存管理 |
|---|---|---|---|
| 主要缺点 | 库存量过高，存在严重的牛鞭效应，库存管理各自为政 | 缺乏系统集成、对供应商依存度较高、决策缺乏足够协商 | 建立和协调成本较高、企业合作联盟的建立较困难 |
| 适用范围 | 传统的库存各自分离，协作信任程度较弱，对风险较保守 | 上游厂商实力雄厚、下游企业没有实力有效管理库存 | 供应链节点企业有良好的沟通与信任基础 |
| 支持技术 | MRP/MRP Ⅱ、订货点技术 | EDI、条码技术、连续补货系统、企业信息系统 | 企业内部大型 ERP、SCM、CRM 系统，网络技术 |
| 实施策略 | 确定独立需求库存、订货库存策略、安全库存量 | 建立顾客信息和销售网络系统，建立合作框架协议 | 建立供需协调机制，建立快速响应系统，利用第三方物流 |

## 本章小结

库存管理的目的是在满足顾客服务要求的基础上通过对企业库存水平进行控制，力求尽可能降低库存，提高物流系统的效率，以强化企业的竞争力。

库存成本是指取得与库存有关的一切成本的总和。它是物流作业成本中的一个主要成分。对于一般的制造企业来说，库存成本占物流总成本的比例接近 37%。库存成本一般是由维持成本、采购成本及缺货成本所构成的，不同性质的企业其库存成本中各组成部分的比例也有所不同。物流管理人员需要根据企业的具体情况来选择合适的库存管理方法以提高企业物流系统的效率，无论企业选择什么样的库存管理方法，总成本最小永远是库存物流管理的关键目标。

## 思考与练习

**一、名词解释**

库存　ABC 法　经济批量法

**二、填空题**

1. 库存成本主要包括以下方面：(　　)、(　　)、(　　)和(　　　　　　)。
2. (　　)一般等于仓库中库存的资金占用成本，如果在运输过程中卖方对库存具有所有权，那么相应的资金占用成本就要考虑。
3. 影响库存控制的因素：(　　)、(　　)、(　　)、(　　)、(　　)。
4. 良好的存货管理政策是基于五项选择性的策略之上的，即(　　)、(　　)、(　　)、(　　)及竞争表现。
5. 库存管理方法的评价指标主要有以下几个方面：(　　)、(　　)、(　　)。

**三、选择题**

1. 存货由(　　)转向供应商，加大了企业库存管理的难度。

A. 销售商　　B. 零售商　　C. 顾客　　D. 生产商

2. (　　)库存是指已经过一定生产过程但尚未全部完工，在销售以前还要进一步加工的中间产品和正在加工中的产品。

A. 原材料　　B. 产成品　　C. 在制品　　D. 在途

3. (　　)储备是指企业为减少原材料季节性生产和季节性销售的影响而储存的原材料或产成品。

A. 季节性　　B. 保险　　C. 安全　　D. 在途

4. (　　)成本有时也称为利息成本或机会成本，是库存资本的隐含价值。

A. 服务　　B. 订货　　C. 风险　　D. 资金占用

5. (　　)方式是以客户需求为动力，通过整个分销系统逐级拉动，直至生产者。

A. 拉动　　B. 推动　　C. JIT　　D. 看板

**四、思考题**

1. 说明库存的含义与作用。
2. 简述库存成本的分类方法。
3. 库存要素有哪些?
4. 什么是拉动式库存管理?
5. 简述库存 ABC 分类管理法的核心思想、分类标准以及管理原则。
6. 库存记录内容有哪些?
7. 什么是定期盘点记录法? 什么是循环盘点记录法?
8. 什么是先进先出法? 什么是后进先出法?
9. 简述 JMI 的优点。

## 安科公司的库存管理

安科公司是一家专门经营进口医疗用品的贸易公司，因为进口产品交货期较长，库存占用资金大，因此，库存管理显得尤为重要。

安科公司按销售额的大小，将其经营的 26 个产品排序，划分为 ABC 三类。排序在前三位的产品占到总销售额的 97%，因此归为 A 类产品；第 4～7 种产品每种产品的销售额在 0.1%～0.5%，归为 B 类；其余的 21 种产品(共占总销售额的 1%)，将其归为 C 类。

对于 A 类的三种产品，安科公司实行了连续性检查策略，每天检查库存情况，随时掌握准确的库存信息，进行严格的控制，在满足客户需要的前提下维持尽可能低的经常量和安全库存量，通过与国外供应商协商，并且对运输时间做认真分析，算出了该类产品的订货前置期为两个月(也就是从下订单到货物从安科公司的仓库发运出去，需要两个月的时间)。由于该公司产品的月销售量不稳定，因此，每次订货的数量就不同，要按照实际的预测数量进行订货。为了预防预测的不准确和工厂交货的不准确，还要保持一定的安全库存，安全库存是下一个月预测销售数量的 1/3。如果实际的存货数量加上在途的产品数量等于下两个月的销售预测数量加上安全库存，就下订单订货，订货数量为第三个月的预测数量。因其实际的销售量可能大于或小于预测值，所以每次订货的间隔时间也不相同。这样进行管理后，这三种A类产品库存的状况基本达到了预期的效果。

对于B类产品的库存管理，该公司采用周期性检查策略。每个月检查库存并订货一次，目标是每月检查时应有以后两个月的销售数量在库里(其中一个月的用量视为安全库存)，另外在途中还有一个月的预测量。每月订货时，根据当时剩余的实际库存数量决定需订货的数量。这样就会使B类产品的库存周转率低于A类。

对于C类产品，该公司采用了定量订货的方式。根据历史销售数据，得到产品的半年销售量为该产品的最大库存量，并将其两个月的销售量作为最小库存量。一旦库存达到最低就订货，将其补充到最大库存量，这种方法比前两种更省时间，但库存周转率更低。

该公司实行了产品库存的ABC管理以后，虽然A类产品占用了最多的时间、精力，但得到了满意的库存周转率。而B类和C类产品，虽然库存的周转率较低，但相对于其很低的资金占用和很少的人力支出来说，这种管理也是个好方法。

资料来源：http://www.doc88.com/p-042804545674.html，资料引用经笔者整理.

**讨论**

1. 安科公司将产品分为哪几类进行管理？
2. 安科公司怎样对A、B、C三类产品进行库存控制？

# 第8章

# 第三方物流成本管理

## 学习目标

通过本章的学习，掌握了解物流成本的结构、特点和管理原则；熟悉企业物流总成本的构成；掌握企业物流成本管理的原则；掌握物流成本的基本控制方法；了解企业成本控制策略；掌握企业物流成本核算方法；掌握企业物流作业成本管理。

## 关键术语

物流成本　成本管理　成本控制　成本核算　成本动因　作业成本法

**索尼公司拼箱降成本**

为了进一步降低物流运输成本，索尼集团公司常常根据实际需要，办理集装箱货物的多国拼箱。例如，索尼公司把半箱货物的集装箱从某产地发往新加坡，在那里把另外一种产品补充装入箱子，变成满箱货物的集装箱，然后继续运输，直至北美或者欧洲某目的港。这种物流运输方法的最大好处是：减少了等候时间，因为集装箱运输时间本身就是用金钱买来的，降低成本的同时也大幅度减少了通关时间。现在索尼集团已经把新加坡和中国台湾高雄作为索尼产品多国拼箱的集装箱枢纽港。其他方法还有满箱货物的"工厂直接装箱"，或者在一个国家内的几家索尼子公司的产品进行拼箱。索尼集团目前把这些物流运输服务委托给中国香港东方海外集运公司和马士基海陆船务公司。

选自：万联网.

**思考**

试设想从哪些方面可以降低物流运输成本？

## 8.1　第三方物流成本管理模式

### 8.1.1　第三方物流成本概述

**1. 物流成本概念**

物流成本是指企业产品空间位移(包括静止)过程中所耗费的各种资源的货币表现，

是物品在实物运动过程中，如包装、装卸搬运、运输、储存、流通加工、物流信息等各个环节所支出的人力、物力、财力的总和。

第三方物流成本包括从采购供应开始一直到将商品送达消费者所发生的全部物流费用。然而在传统上，物流成本在企业会计核算上并没有统一的科目，物流成本的计算总是被分解为各个独立的部分，制造企业习惯将物流费用计入产品成本，商业企业则把物流费用与商品流通费用混在一起。因此，无论是制造企业还是商业企业，都难以按照物流成本的内涵完整地核算出物流成本，物流成本之所以难以计算，主要是由于物流成本具有隐含性特征。在物流成本中，有不少是物流作业部门无法控制的，如保管费中就包括了由于过多进货或过多生产而造成积压的库存费用，以及紧急运输等例外发货的费用。从销售方面看，物流成本并没有区分多余的服务和标准服务的不同，如物流成本中包含过多的促销费用。

**2. 第三方物流成本的构成**

第三方物流成本涵盖了企业的生产、销售全过程的物品实体与价值变化而发生全部费用。包括了物品从生产源点的采购开始到最终顾客手中的仓储、搬运、装卸、包装、运输以及在消费领域发生的验收、分类、保管、配送、废品回收等过程发生的所有成本。具体由以下几部分构成。

(1) 物流活动中的人力成本，包括职工工资、奖金、津贴及福利等。

(2) 运输成本，包括人工费用、运营费用、其他费用。

(3) 流通加工成本，包括设备费用、加工材料费用、流通加工劳务费、其他费用。

(4) 配送成本，包括配送中心进行分拨、配货、送货过程中所发生的各项费用。

(5) 包装成本，包括包装材料费用、包装机械费用、包装技术费用、包装辅助费用、包装人工费用。

(6) 装卸与搬运成本，包括人工费用、运营费用、装卸搬运合理损耗费用、其他费用。

(7) 仓储成本，包括仓储持有成本、订货或生产准备成本、缺货成本、在途库存持有成本。

## 8.1.2 第三方物流成本分类

物流成本之间存在此消彼长的特点，在物流功能之间，一种功能成本的削减会使另一种功能的成本增多。因为各种费用互相关联，必须考虑整体物流系统的最低成本。

物流成本管理目标是要将存在于会计科目中的物流成本全部抽取出来，使人们能够清晰地认识到潜藏的物流成本，以便挖掘降低成本的潜力。

**1. 按成本性质划分**

1) 可控成本与不可控成本

成本从是否可以控制的角度，可以划分为高度可控成本、低度可控成本和不可控成本，这样划分使管理者可以针对功能范围内的可以控制的成本做出有效决策。一般来讲，可控成本是指在会计期间内责任单位可以采取措施进行调整的成本。可控成本与不可控成本的划分有利于区分成本控制责任。

2) 固定成本与变动成本

成本的变动通常是由业务量的变动引起的，因此，分析物流成本的性态首先需要理解成本和相应业务活动之间的关系。变动成本很大程度上随业务量而变化,固定成本则不受业务量变化的影响。变动成本如搬运装卸费等,固定成本如运输、仓储部门管理人员工资等。

3）实际成本与机会成本

实际成本是由实际发生的交易产生的成本。机会成本是指在备选方案中做出具体选择时,因放弃其他交易而牺牲的可能获取的价值量,机会成本并非一般意义上的成本,它并不构成企业的实际支出,也无须记入账册,在利润表中不体现机会成本,但它却是正确进行决策时必须予以考虑的现实因素。为此,会计的稳健性、保守性要求运用当期实际成本,或使历史成本分摊,对管理决策的制定而言,必须考察实际成本和机会成本。

4）相关成本与沉没成本

相关成本指企业进行决策时应当充分考虑的各种形式的未来成本,它包括任何受决策影响的成本。相对于管理决策,不发生变动的成本是沉没成本。如起重机在购买后其入账价格即成为沉没成本,在决定出售该起重机时,引致的有关税费为相关成本,而最初购买价与售价及所得税差额为"沉没"掉的成本,无法挽回。沉没成本不等同于固定成本。

**2. 第三方物流总成本的结构**

一般来说,第三方物流总成本包括生产采购、运输成本、存货成本、仓储成本、订单处理成本、批量成本和信息成本,即:物流总成本＝采购＋生产＋运输成本＋存货成本＋仓储成本＋订单处理成本＋信息成本＋批量成本,其中的各种物流成本存在相互作用、相互制约的关系。企业物流成本管理不是降低某一环节局部成本费用,而是应当在满足一定顾客服务水平的基础上追求物流总成本最低,实现利润最大化。

1）生产采购物流成本

生产采购物流成本可分为向外部的供应商发出采购订单成本或内部的生产准备成本。

（1）采购订单成本是指为发出一次采购订单而花费的各种费用。采购订单成本中有一部分与采购次数无关,如常设采购机构的基本开支等,称为采购的固定成本;另一部分与采购的次数有关,如差旅费、邮资等,称为采购的变动成本。

（2）生产准备成本是指当某些原材料或库存商品不由外部供应而是企业自己生产时,企业为生产货物而发生的前期准备性成本。

2）运输成本

在所有物流成本中,所占比率最高的是运输费。通常运输成本占物流总成本的40%以上,因此,在总成本分析中,最为重要的是严格控制在运输方面的开支,加强对运输的经济核算。

运输成本可以根据运费单来确定,也可以从企业自备车队运输的有关会计账目来核定。

3）仓储成本

仓储成本包括由于仓储设施数量变化而发生的所有费用。有时仓储成本被很不合理地划归到存货成本中,应该分清仓储成本和存货成本,大多数仓储成本不随存货水平变动而变动,而是随储存地点的多少而变。划分仓储成本和存货成本可以更好地辨清成本状态，有利于企业做出正确决策。

一家生产销售成品药同时兼营包装物的公司，有若干由公司自行管理的温控仓库，温控仓库是专为成品药所设计建造的，其安全性和库房管理作业的准确性远远超出另一项包装物产品的需要。为充分利用仓库设施，公司鼓励非药品部门将其产品存放于这些仓库中。尽管搬运产品的数量增加时需要额外雇员和支付额外的加班费，但由于仓库运营成本基本固定，因此可以按使用的各部门在仓库中使用的空间比重分摊成本。用于储存成品药的仓库其高昂的成本，使公司成本分摊远超过为一般商品提供仓储的公共仓库收取的费率。如果使用公共仓库，可以以更低廉的成本达到相当的服务水平。有鉴于此，公司的一些部门将产品从本公司仓库中运出，存入了该地区的公共仓库中。尽管公司配送中心搬运和储存的产品量明显减少，但是由于固定成本占据极大比重，结果，几近相等的成本分摊给了更少的其他使用公司仓库的部门。这引发其他部门也同样换用公共仓库以寻求各自较低的成本。其结果是公司仓储成本相对更高了。公司仓储成本基本固定，不管仓库空间利用如何，该成本都不会有太大变动。非成品药部门转而利用公共仓库时，公司还得继续为自营的仓库支付大致相等的总费用，而且还要支付额外的公共仓库使用费。事实上，物流成本核算体系使得各部门是以一种有损公司利益、增加公司成本的方式来工作。这一例子进一步说明了理解物体性态的重要性。要区分开仓储成本和存货成本，这有助于公司做出正确决策。

4）订单处理和信息成本

订单处理和信息成本包括发出订单和结算订单的成本、相关处理成本、相关信息交流成本，这不仅包括随决策变动发生变化的成本，在订单处理和信息成本中，固定成本所占比重较大，相对于一些先进的信息通信系统而言，人工环节越多，信息传递速度就越慢，也缺乏稳定性。对这些成本进行估计的较好方法是将总成本在过去期间中的变动部分（调整通货膨胀）与订单处理数量的变动值进行比较；其他方法还有机械型时间与动作研究、回归分析等。在衡量各种订单处理方法的成本时，必须联系固定成本和可变成本来分析。

5）批量成本

批量成本通常包括以下部分或全部成本：生产准备成本；转产导致生产能力丧失的成本；物料搬运、计划安排和加速作业等成本。

6）存货储存成本

存货成本只包括那些随存货量变动的成本。由于有些概念区分模糊，难以对其准确确定，可以把存货成本具体分为以下四类进行分析。

（1）存货投资的资金成本。企业持有存货关系到用于其他类型投资的资金，因而，公司的资金机会成本应当确切反映真正实际发生的成本。现行会计核算中使用以下几种方法计算存货成本：先进先出法、后进先出法、加权平均法、移动平均法、计划成本法、毛利率法、零售价法等。不论企业采用哪种方法计算存货成本，有一点是肯定的，即存货越多，全部存货的资金成本也就越高。企业在存货上的投资影响到决策制定。

(2) 存货服务成本。存货服务成本包括为持有存货而支付的税收与保险费。保险一般是用来担保特定时段一定产品的价值的。持有存货所缴税费直接与保险费率、存货水平之间存在严格的比例变动关系。

(3) 储存仓位空间成本。一般要考虑四种仓库设施：工厂仓库、公共仓库、租用仓库和公司自有仓库。不论采用哪种设施，大部分成本，如租赁费、管理人员工资、安全保卫费和维修费用等是固定的。固定费用和已摊成本与确定存货策略无关，不随存货量变动的成本不应归入存货成本中，而是在成本分析中计入仓储成本里。

(4) 存货风险成本。存货风险成本可分为四种。

① 跌价成本。这一成本是无法再按原价销售、不得不削价处理的单位成本之和。如果降价出售产品以免过时，跌价成本就是产品的初始成本与其残值之差，或初始售价与降价后的售价之差。

② 损坏成本。损坏成本仅包括随存货量变动的损坏部分，运输期间发生的损失不包含在内，因为该损失的发生与存货无关。通常无法明确确定与存货量相关的损坏成本到底占多大比重，所以有必要用数学方法确定这些成本与存货量之间的关系，可以用回归分析或绘制数据图来确定。

③ 窃损成本。很多企业认为存货失窃比现金资产更难以管理与控制，这一成本更大程度上同企业的安全保卫措施相关。因此，最好是把失窃成本的大部分或全部记入到仓储成本账户下。

④ 易地成本。易地成本是企业为避免产品陈旧过时，将其从一处仓储地运到另一仓储地所花费的成本。通常，这笔成本不单独列出，而是包括在运输成本当中。在此情况下，可以用运费单上载明的有关数字来计算。易地成本是运输成本、仓储成本、存货成本等之间互相权衡后所做决策产生的。

## 8.1.3 第三方物流成本管理的基本原则

### 1. 从流通全过程来降低物流成本

对于一个企业来讲，控制物流成本不单是本企业的事，即追求本企业物流的效率化，而应该考虑从产品制成到最终用户整个供应链过程的物流成本效率化，比如，物流设施的投资或扩建与否要视整个流通渠道的发展和要求而定。

在控制企业物流成本时，值得注意的是针对每个用户成本削减的幅度有多大。特别是当今零售业的价格竞争异常激烈时，零售业纷纷要求发货方降低商品的价格，因此，作为发货方的厂商或批发商都在努力提高针对不同用户的物流活动绩效，如果厂商或批发商不能明确测定出这种个别成本削减幅度有多大，进而以价格下降的形式转化成对用户的利益，势必会影响最终用户对厂商和批发商的依赖。

### 2. 从营销策略角度管理物流成本

随着价格竞争的激化，顾客快速反应(ECR)等新型供应链物流管理体制不断得到发展与普及。这种新型的物流管理体制使得用户除了对价格提出较高的要求外，更要求企业能有效地缩短商品周转时间，真正做到迅速、准确、高效的物流管理。要实现上述目标，仅仅本企业的物流系统具有效率是不够的，它需要企业协调与其他企业以及顾客、运输业者之间的关系，实现整个供应链活动的效率化。也正因为如此，追求成本的效率化不仅仅是企业物流部门的事，同时也是生产部门、销售部门的事，亦即将降低物流成本的目标贯彻到企业所有职能部门之中。

提高对顾客的物流服务是企业确保市场营销目标实现的最重要的手段，从某种意义上说，提高顾客的物流服务水平是降低物流成本的有效方法之一。但是，超过必要量的物流服务不仅不能带领物流成本下降，反而有碍于物流效益的实现。为了既保证提高对顾客的物流服务，又防止出现过剩的物流服务，企业应在考虑用户的产业特点和运送商品的特性的基础上，与顾客充分沟通、协调，共同实施降低物流成本的方法，由此产生的利益与顾客分享，从而使物流成本的管理直接为市场营销目标服务。

**3. 从信息系统角度管理物流成本**

企业内部的物流效率化仍然难以使企业在不断激化的竞争中取得成本上的竞争优势，为此企业必须与其他交易企业之间形成一种效率化的交易关系，即借助于现代信息系统的构筑，一方面使各种物流作业或业务处理能准确、迅速地进行；另一方面，能由此建立起物流战略系统，具体地讲，通过将企业订购的意向、数量、价格等信息在网络上进行传输，从而使生产、流通全过程的企业或部门分享由此带来的利益，充分对应可能发生的各种需求，进而调整不同企业间的经营行为和计划，这无疑从整体上控制了物流成本发生的可能性。也就是说，现代信息系统的构筑为实现物流成本的降低，而不是向其他企业或部门转嫁成本奠定了基础。

**4. 从效率化配送角度管理物流成本**

对应于用户的订货要求建立短时期、准确的物流系统，伴随配送产生的成本费用要尽可能降低，特别是多频度、小单位配送的发展，更要求企业采用效率化的配送方法。企业要实现效率化的配送，就必须重视提高装载率以及车辆运行管理。

所谓配送计划，是指与用户的订货相吻合，将生产或购入的商品按客户指定的时间进行配送。对于生产企业，如果不能按客户制定的时间进行生产，也就不可能在用户规定的时间配送商品，所以，生产商配送计划的制订必须与生产计划相联系起来进行。要做到配送计划与生产计划相匹配，就必须构筑最为有效的配送计划信息系统。这种系统不仅仅是处理配送业务，而是在订货信息的基础上，管理从生产到发货全过程的业务系统，特别是制造商为缩短对用户的商品配送，同时降低成本，必须通过这种信息系统制作配送计划，商品生产出来后装载在车辆中进行配送。

在提高装载率方面，先进的做法是将商品名称、容积、重量等数据输入到信息系统中，再根据用户的订货要求计算出最佳装载率。从总体上看，对于需求比较集中的地区，可以较容易地实现高装载率运输，而对于需求相对较小的地区，可以通过共同配送来提高装载率。

**5. 从物流外包角度管理物流成本**

物流外包，或称第三方物流或合同制物流是利用企业外部的分销公司、运输公司、仓库或第三方货运人执行本企业的物流管理或产品分销的全部或部分职能。其范围可以是对传统运输或仓储服务的有限的简单购买，或者是广泛的、包括对整个供应链管理的复杂的合同。它可以是常规的，即将先前内部开展的工作外包；或者是创新的，有选择地补充物流管理手段，以提高物流效益。一个物流外包服务提供者可以使一个企业从规模经济、更多门对门运输等方面实现运输费用的节约，并体现出利用这些专业人员与技术的优势。

## 8.2 第三方物流成本控制策略

### 8.2.1 第三方物流成本控制方法

物流成本能够真实地反映物流作业的实际状况，通过物流成本的计算，可以进行物流经济效益的分析，发现和找出企业在物流管理中存在的问题和差异。由于物流作业各要素成本间交替损益的状态，因此不能以某一环节作业的优劣和某一单项指标的高低去评价物流系统的合理性。物流各项作业成本之间的相互影响，最终将体现在物流总成本上。因此，物流总成本就成为衡量与评价物流综合经济效益和物流合理化的统一尺度。

物流成本控制是指对物流各环节发生的成本进行有计划有步骤的管理，以达到预期设定的成本目标。

**1. 绝对成本控制**

绝对成本控制是把成本支出控制在一个绝对金额以内的控制方法。绝对成本控制从节约各种成本支出、杜绝浪费出发，进行物流成本控制，要求把物流过程发生的一切成本支出划入成本控制范围。标准成本和预算控制是绝对成本控制的主要方法。

标准成本是指在一定假设条件下应该发生的成本。对标准宽严程度的看法不同，从而有多种不同的标准成本概念。

(1) 理想标准。理想标准是指在现有最理想、最有利的作业情况下，达到最优水平的成本指标。

(2) 正常标准。它是在目前的生产经营条件下，为提高生产效率，避免损失、耗费的情况下所应达到的水平。这一标准广泛应用于企业的标准成本控制之中。

(3) 过去业绩标准。依据前期成本实际水平制订的标准。

**2. 相对成本控制**

相对成本控制是通过成本与产值、利润、质量和服务等指标对比分析，寻求在一定制约因素下取得最优经济效益的一种控制技术。

相对成本控制扩大了物流成本控制领域，要求在降低物流成本的同时，注意与成本关系密切的因素，诸如产品结构、项目结构、服务质量水平、质量管理等方面的工作，目的在于提高控制成本支出的效益，减少单位产品成本投入，提高整体经济效益。

### 8.2.2 压缩物流成本策略

在考虑物流和销售间的相关成本问题时，可以提出实行物流合理化的两种方法：一是以改变客户服务水平为目标的物流合理化；二是在规定服务水平的前提下，改进物流活动效率的合理化。

就压缩物流成本的效果来看，以前一种方法为优，但采用这种方法，服务水平随之改变，与销售部门的关系需要做某些调整。后一种方法可在物流部门单独地完成，但这个方法所能实现的合理化有一定的限度。从企业物流合理化的步骤看，采用由后一个方法入手，向前一个方法过渡的较为有利，按这样的步骤过渡，所遇阻力小，可以说这种步骤是有实际意义的。

**1. 实施方法**

企业为降低物流成本而实施的方法有以下几种。

(1) 降低运输成本的措施。主要有：通过商流和物流的分离使物流途径简短化、扩大工厂直接运送、减少运输次数、提高车辆的装载效率、设定最低的接受订货量、实行计划运输、开展共同运输、选择最佳运送手段。

(2) 降低保管费的措施。主要有：减少库存点、切实管理好库存物资、维持合理的库存量、提高保管效率。

(3) 降低包装成本的措施。主要有：采用价格便宜的包装材料、包装简易化、包装作业机械化。

(4) 降低装卸成本的措施。主要有：减少装卸次数、引进集装箱和托盘、利用机械化。

**2. 完善物流途径**

就降低物流成本而言，完善物流途径，使之简短化、合理化有很大的效果。这不仅可降低运输费，而且还可降低保管费和装卸费等。

在实行物流途径简短化时，关键的问题是实行商流、物流分离，新设仓库及配送中心等物流节点。这里所说的商流、物流分离是从物流合理化着手，使商流途径和物流途径分离，这是试图将复杂的、多方面的商流途径，通过同一途径从物流途径中分离开，规定一个合理的物流途径。

这种物流途径的简短化的目的不单在于缩短运输距离以降低运费，还在于将分店和营业场所处理的物流业务移交配送中心，通过综合管理来达到规定的指标。物流途径的简短化还有如下的好处：用一处配送中心来承担几处营业场所和分公司物流业务，借此可以实现向配送中心运输的大批量化，以及配送中心向外配送的大批量化。

**3. 扩大运输量**

货物的批量化可根据以下方法进行：提高每次接受订货的单位，或者减少运输次数，或者与同行业的其他公司或其他行业等进行联合运输。这些都牵涉到为客户服务的水平，不能在物流部门单独进行。

如果提高每次接受订货的数量，那么，客户订货就要增大，因此必须得到客户的同意。此外，减少运送次数就意味着延长交货日期，这也必须征得客户的同意。配送共同化在很多情况下也是视改变交货日期为必要条件的。

可以预料，这样改变为客户服务的水平，将因市场竞争而给销售活动带来影响，所以不能在物流部门单独进行，必须事先取得销售部门的同意。在实施这一合理化措施时，必须预计物流成本的降低额与由此给销售带来的影响，对此进行比较分析。如能取得销售部门的同意，则比较容易实施，而且效果也好。

**4. 合理的库存**

库存具有调节生产和销售，或者采购和销售之间的时间间隔的职能。若从降低物流成本的角度看，则库存量越少越好。但是，库存是以对客户服务为前提而存在的。合理库存原则的中心是"合理"，要使商品库存的数量，既能保证销售业务的需要，又能避免积压保持商品周转的连续性。这种"合理"的界限，是对"勤进快销"原则的重要补充。因此，在进货的时候就要充分考虑库存结构的合理性，考虑商品周转的速度，把进货数量掌握的恰如其分，既不盲目加量，也不无限制缩小。对经营季节性强的商品，在进货时要掌握"迎季进货，季中补充，季末销光"的原则，以求库存商品结构和数量能保持合理。

合理货库存可依照库存周转天数和库存周转率来参考。例如，某个商品，1号至15号一共销售150台，现在库里有300台，就是说库里的机器还能够将近一个月来消化，可以根据周转天数来看库存是否合理，是过大还是过小。企业库存不能过大或过小，大了占压资金，不利于改善经营管理；小了品种不全，数量不足，容易造成缺货。在正常情况下，库存与销售(供应)总额大体有着一定的比例。按照这种比例确定的平均库存量，就是合理库存。合理库存就是库存量掌握在适度的定额和库存周转量。

### 8.2.3 设定物流成本控制标准

设定物流成本控制标准是物流成本管理、控制过程的首要环节。建立适当的物流成本控制标准可以为以后的差异分析、业绩考核及纠正差异提供良好的基础。

**1. 物流目标成本设定**

1) 物流目标成本的含义

物流目标成本是指根据预计可实现的物流产出或效益而计算出来的投入量，它是目标管理思想在成本管理工作中的应用产物。

由于目标成本是应该发生的成本，可以用作评价实际成本的尺度，从而成为督促员工去努力争取的目标，因此也被称为目标成本。

标准成本和目标成本虽然都可以作为成本预算和成本控制的基础，但是它们的含义、指导思想和制定方法并不相同。"标准成本"是20世纪初出现的，是科学管理的作业标准化思想和成本管理结合的产物，标准成本的制定从最基层的作业开始，分别规定数量标准和价格标准，逐级向上汇总，成为单位标准成本。制定标准成本时强调专业人员的作用，使用观测和计量等技术方法，建立客观标准，以"调和"劳资矛盾。

2) 目标成本管理要点

目标成本管理的要点如下。

(1) 初步在最高层设置目标。企业的领导应明确整个组织的总目标，并以此作为一切工作的中心，起到指导资源分配、激励员工努力工作和评价经营成效的作用。总目标包括根据企业宗旨和社会责任确定的本年度的关键指标，如销售额、利润、成本、质量、回报率、创新水平等。这些目标要转化为企业各层次、各部门和单位的目标。总目标是建立在分析和判断基础上的，要考虑面临的机会、威胁、优势、劣势等，它是试验性的，下级单位在制订可考核的子目标时要对总目标进行修正。

(2) 明确组织的任务。每个目标和子目标都应有一个责任中心和主要责任人，并明确其应完成的任务和应承担的责任。在分解目标时，常常会发现原有组织结构的责任含混不清，不适应新确立的目标，这就需要及时澄清责任或根据目标要求对原有组织做必要的、合理的改组。例如，推出一个新物流服务的目标涉及技术开发、服务和市场推广主管人员，要明确各工作环节主管人员的具体任务和责任，必要时还要设置一个新的主管层和主管人，集中领导并实现高层次协调效果，以保证能够顺利实现这一目标。

(3) 下属人员的目标设置。上级和下级要在一起研究下级目标。上级主管要了解下级的情况、想法和困难，给予建设性的指导。下级要在总目标的指导下，根据企业资金、设施和人力等资源状况，提出本单位的子目标。经过协商讨论，最后上级批准下级的目标。经过批准的、可考核的下级目标，要和上一级目标充分衔接、配合，要有一定程度的"紧张"性，需经过努力才能达到，要和其他部门的目标相协调，符合本部门和企业的长期目标和利益。

(4) 制定目标的反复循环过程。从最高层开始初步确定的目标如果直接分派给下属人员，通常是难以奏效的。制定目标若从基层开始，向上逐级汇总，通常是消极或盲目的，也不可取。目标管理要求一定程度的自上而下和自下而上的反复循环。通过循环，上级与下级之间、各部门之间相互作用，从而实现总体的协调。在循环中，上级会发现新的情况、问题和机会，吸收下级的经验、知识和建设性意见。下级会了解企业的目标、资源状况和困难等全局情况，接受上级的指导，并学会如何与有关部门协作。

① 目标管理的优势是：明确的目标可以起到激励的作用；迫使主管人员更好地计划自己的工作，选择更有效的实现目标的方法，更合理地组织人力和物质资源；迫使主管人员弄清楚组织的结构、任务和权责的关系；鼓励人们致力于实现他们的目标；有助于开展有效的控制工作。

② 目标管理在实施过程中经常遇到的问题是：目标管理建立在自我控制的基础上，各层次目标的主管人员必须向下属解释目标的制定原理及实施方法和职责。这就要求主管人员必须是管理的内行，并具有较高的业务水平，而现实情况往往与这样的要求有一定的距离：设置真正合理的、可考核的目标往往很困难，各级主管往往注重短期的考核目标，而忽视长期目标；在情况变化时，主管人员对改变目标不能果断决策，以致影响企业的应变能力；容易产生过分使用定量指标的倾向，对不宜使用定量指标的领域勉强量化，从而忽视了不能量化的重要目标。

目标成本管理的成败，很大程度上取决于企业最高领导是否真正了解目标成本管理的内容，是否有采用此种方法的强烈愿望。他们必须事先搞清楚：目标成本管理对企业的重要性是什么，如何发挥其作用，其优点和不足是什么；目标成本管理是否适合本企业，最高领导是否愿意花费时间和精力坚持下去；是否具备了推行目标成本管理的条件、适宜的管理气氛、合理的组织结构和有效的信息系统；现在是否是开始推行的适宜时机等。在没有认真考虑这些问题之前，草率起步，盲目推行，效果往往不好。推行目标管理必须由最高领导亲自做出如何实行的决策，并集中精力对成本管理进行一次全面彻底的分析，而不能由其他负责人代替。

3) 物流目标成本的确定

物流目标成本的初步测算。物流目标成本是根据预计物流服务产出和目标利润计算出来的，即

$$\text{物流目标成本} = \text{预计物流服务产出} - \text{目标利润}$$

① 目标利润率法。采用目标利润率法的理由是：本企业必须达到同类企业的平均报酬水平，才能在竞争中生存。有的企业使用同业先进水平的利润率预计目标成本，其理由是别人能办到的事情我们也应该能办到。

目标利润＝预计服务收入×同类企业平均服务利润率，或，目标利润＝本企业净资产×同类企业平均净资产利润率，或，目标利润＝本企业总资产×同类企业资产利润率

② 上年利润基数法。采用上年利润基数法的理由是：未来是历史的继续，应考虑现有基础（上年利润）；未来不会重复历史，要预计未来的变化（利润增长率），包括环境的改变和自身的进步。有时候，上级主管部门对利润增长率有明确要求，也促使企业采用上年利润基数法。

目标利润＝上年利润×利润增长率

按上述方法计算出的目标成本，只是初步设想，提供了一个分析问题的合乎需要的起点。它不一定完全符合实际，还需要对其可行性进行分析。

**2. 目标成本的可行性分析**

目标成本的可行性分析是指对初步测算得出的目标成本是否切实可行做出分析和判断。目标成本的可行性分析主要是根据本企业实际成本的变化趋势、同类企业的成本水平，充分考虑本企业成本节约的潜力，对某一时期的成本总水平做出预计，看其与目标成本的水平是否大体一致。经过测算，如果预计目标成本是可行的，则将其分解，下达有关部门和单位。如果经反复测算、挖潜，仍不能达到目标成本，就要考虑放弃该产品并设法安排剩余的生产能力，如果从全局看不宜停产该产品或该服务项目，也要限定产量，并确定亏损限额。

**3. 目标成本的分解**

所谓目标成本的分解，是指设立的目标成本通过可行性分析后，将其自上而下按照企业的组织结构逐级分解，落实到有关的责任中心。成本分解通常不是一次完成的，需要一定的循环，不断修订，有时甚至需要修改原来设立的目标。

目标成本分解的方法有以下几种，要根据企业物流组织结构和成本形成过程的具体状况选择采用。

(1) 按管理层次分解。将目标成本按总公司、分公司、部门、班组、个人进行分解。这是一种自上而下的过程。分解的内容包括物料、人工、费用三项。

(2) 按管理职能分解。将成本在同一管理层次按职能部门分解。例如，市场推广部门负责推广费用，配送部门负责配送费用，运输部门负责运输费用，人事部门负责工资成本，后勤部门负责燃料和动力费用，行政部门负责办公费等。

(3) 按服务结构分解。把服务成本分成各种材料消耗或成本和人工成本，分派给各责任中心。

(4) 按服务形成过程分解。把服务成本分成固定成本和变动成本，再把固定成本进一步分解为折旧、日常费、办公费、差旅费、修理费等项目，把年度目标成本分为季度或月份成本目标，甚至分解成周或日的成本目标，把变动成本分解为直接材料、直接人工、各项变动费用。

### 8.2.4　物流标准成本的种类

1. **按经营管理水平及技术分类**

物流标准成本按其制定所根据的技术和经营管理水平，分为理想标准成本和正常标准成本。

(1) 理想标准成本。它是指在最优的物流运作条件下，利用现有的物流能力和设备能够达到的最低成本。制定理想标准成本的依据是理论上的业绩标准、物流运作要素的理想价格和可能实现的最高经营能力利用水平。

理论业绩标准是指在物流运作过程中毫无技术浪费时物流运作要素消耗量，最熟练的员工全力以赴工作，不存在任何损失和停工时间等条件下可能实现的最优业绩。

最高物流运作经营能力利用水平是指理论上可能达到的设备利用程度，只扣除不可避免的机器修理、改换品种、调整设备等时间，而不考虑产品或服务销路不佳、物流运作技术故障等造成的影响。

理想价格是指原材料、劳动力等物流运作要素在计划期间最低的价格水平。

(2) 正常标准成本。它是指在效率良好的条件下，根据下期一般应该发生的物流运作要素消耗量、预计价格和预计物流运作经营能力利用程度制定出来的标准成本。在制定这种标准成本时，把物流运作经营活动中一般难以避免的损耗和低效率等情况也考虑在内，使之切合下期的实际情况，成为切实可行的控制标准。

2. **按适用期分类**

物流标准成本按其适用期，分为现行标准成本和基本标准成本。

(1) 现行标准成本。它指根据其适用期间应该发生的价格、效率和物流运作经营能力利用程度等预计的标准成本。在这些决定因素变化时，需要按照改变了的情况加以修订。这种标准成本可以成为评价实际成本的依据，也可以用来对库存和配送成本进行计算。

(2) 基本标准成本。它是指一经制定，只要物流运作的基本条件无重大变化，就不予变动的一种标准成本。所谓物流运作基本条件的重大变化，是指产品或服务的物理结构的变化、重要原材料的变化、技术和工艺的根本变化等。只有这些条件发生变化，基本标准成本才需要修订。

### 8.2.5　物流标准成本的制定

制定物流标准成本，通常先确定直接材料和直接人工的标准成本，其次确定物流服务费用的标准成本，最后确定单位物流服务的标准成本。在制定时，无论是哪一个成本项目，都需要分别确定其用量标准和价格标准，两者相乘后得出成本标准。

用量标准包括单位物流服务消耗量、单位物流服务直接人工工时等，主要由物流和技术部门主持制定，吸收执行标准的部门和员工参加。

无论是价格标准还是用量标准，都可以是理想状态的或正常状态的，据此得出理想的标准成本或正常的标准成本。

1. **直接耗材的标准成本**

直接耗材的标准成本是现有技术条件下提供某种服务所需的耗费材料费用，其中包括必不可少的消耗，以及各种难以避免的损失。直接耗材的标准消耗量是用统计方法、工业工程法或其他技术分析方法确定的。

直接耗材的价格标准是预计下一年度实际需要支付的进料单位成本，包括发票价格、运费、检验和正常损耗等成本，是取得耗材的完全成本。

2. 直接人工标准成本

直接人工的用量标准是提供某种服务的标准工时。确定提供某种服务所需的直接服务工时需要按服务的运作程序分别进行，然后加以汇总。标准工时是指在现有物流运作技术条件下提供某种服务所需要的时间，包括直接服务操作必不可少的时间，以及必要的间歇和停止，如工间休息、调整设备时间、不可避免的不良服务耗用工时等。标准工时应以作业研究和工时研究为基础，参考有关统计资料来确定。

直接人工的价格标准是指标准工资率。它可能是预定的工资率，也可能是正常的工资率。

如果采用计件工资制，标准工资率是预定的每项服务支付的：工资除以标准工时，或者是预定的小时工资；如果采用月工资制，则需要根据月工资总额和可用工时总量来计算标准工资率。

3. 服务费用标准成本

物流服务费用的标准成本是按服务的种类分别编制，然后将同一服务涉及的各班组服务费用标准加以汇总，得出整个服务费用标准成本。

各部门的服务费用标准成本分为变动服务费用标准成本和固定服务费用标准成本两部分。

(1) 变动服务费用标准成本。变动服务费用的数量标准通常采用单位服务直接人工工时标准，它在直接人工标准成本制定时已经确定。有的企业采用机器工时或其他用量标准，作为数量标准的计量单位，应尽可能与变动服务费保持较好的线性关系。

变动服务费用的价格标准是每一工时变动服务费用的标准分配率，它根据变动服务费用预算和直接人工总工时计算求得。

(2) 固定服务费用标准成本。如果企业采用变动成本计算服务费用，固定服务费用不计入服务成本，因此单位服务的标准成本中不包括固定服务费用的标准成本。在这种情况下，不需要制定固定服务费用的标准成本，固定服务费用的控制则通过预算管理来进行。如果采用完全成本计算，固定服务费用要计入服务成本，还需要确定其标准成本。

固定服务费用的用量标准与变动服务费用的用量标准相同，包括直接人工工时、机器工时、其他用量标准等，并且两者要保持一致，以便进行差异分析。这个标准的数量在制定直接人工用量标准时已经确定。

## 8.3 第三方物流成本核算

### 8.3.1 第三方物流成本核算的内容

1. 物流成本核算的基本内容

物流成本核算的目的是为了更好地进行物流成本管理。主要包括以下三方面的核算内容。

1）物流成本种类核算

物流成本种类核算要回答的问题是：在某一核算期内，企业发生了哪些成本？各是多少？总量是多少？在成本种类核算中，企业运行过程中所有价值损耗的收集是核心工作。成本种类核算所需的数据来自财务会计的辅助核算部门。成本种类核算中成本种类和财务会计中的科目是相对应的。

2）物流成本位置核算

物流成本位置核算要回答的问题是：在某一核算期内，各个成本位置发生了哪些成本？各是多少？成本位置核算是在成本种类核算的基础上完成的，通过企业核算的组织可将成本种类核算的结果分摊到相应的成本位置上，从而获得成本位置核算结果。通过成本位置核算，还可将不能直接计入最终产品的成本分摊到最终产品上去。企业中的每个成本位置都表明一个作业点和所包含的成本种类，这样可以很容易地核算出成本位置上的成本。一般而言，企业中的各个部门、各个作业环节都可以看成是成本位置，有关人员要对其责任区内所发生的成本负责。

3）物流成本承担者核算

成本承担者核算要回答的问题是：在某一核算期内，企业发生了哪些成本？为谁发生的？各是多少？成本承担者具有双重任务，一是要对每个核算单位的成本进行评价，二是对核算期内总生产成本进行评价。前者称为单位产品成本核算，后者称为企业经济效益核算。

一个企业可能有多种物流服务作业，每种都有自己的单位成本，通过与市场价格的比较，可以判断成本费用水平，但这并不能反映整个企业的盈亏状况。因此，还要进行企业经济效益核算，以便掌握在这一核算期内，企业是盈利、保本还是亏损。

**2. 物流成本核算的过程**

物流成本种类核算、成本位置核算和成本承担者核算在成本核算中构成了一个连续的物流成本过程。

成本种类核算是成本核算的第一步。它按成本种类，如工资、租金、折旧等对各种价值损耗进行收集和分类，并根据与成本承担者的关系将成本分为直接成本和间接成本。此外，对不能计入成本的所有价值损耗必须通过财务会计进行界定，以避免对成本的错算。

接下来是成本位置核算。成本位置核算需经三步才能完成。首先，将间接成本分配到其所发生的成本位置上去；然后，将所有与成本承担者没有直接关系的成本分摊到最终成本位置上；最后，为最终成本位置计算核算率，借助于核算率可将间接成本核算到成本承担者上。

企业核算组织是成本位置核算的基础，核算组织范围要包括企业的全部成本位置。最后是成本承担者核算，包括单位产品成本核算和企业经济效果核算。

单位产品成本核算是每个核算单位的成本，它从成本种类核算中获得直接成本，从成本位置核算中以核算率的形式获取间接成本，从而得出单位产品的完全成本。单位产品成本核算需借助于一定的技术消耗、数量关系分析来完成。

企业经济效果核算从成本种类核算中获得核算期内的成本总量，并与这一核算期所获得的效益相对比，以计算企业经济效果。这时的效益是从财务会计中获取的，包括营业收入和物流业务量的变化。企业经济效益核算可采取阶梯式或账户式来进行。

**3. 物流成本核算的基本步骤**

1）明确物流范围

物流范围作为物流成本的计算领域，是指物流的起点和终点的长短。通常所说的物流范围一般包括原材料物流或企业内部物流，即从工厂到仓库的物流、从仓库到顾客的物流这样一个广泛的领域。明确物流范围是进行物流成本计算的前提，因为物流领域从哪里开始到哪里停止，作为物流成本计算，对物流成本大小影响是不同的。以生产企业为例，可把物流范围划分为供应物流、销售物流、退货物流、废弃物物流等。

2）确定物流功能范围

物流功能范围是指在物流诸种功能中，把哪些功能作为物流成本的核算对象。物流功能可分为采购、运输、保管、装卸、流通加工、情报信息流通、物流管理等多种活动。作为会计核算项目，又可划分为运输开支、保管费开支等委托费和本企业物流活动中支付的内部物流费；内部物流费进而又可分为材料费、人工费、加工费、管理费和特别经费等，这些项目代表了物流成本的全部内容。

3）确定核算科目的范围

核算科目的范围是指在核算物流成本时，把会计科目中的哪些项列入核算对象的问题。在会计科目中，既有运费开支、保管费开支等企业外部开支，也有人工费、折旧费、修理费、燃料费等企业内部开支。这些开支项目把哪些列入物流成本核算科目，对物流成本的大小是有影响的。企业在核算某一物流成本时，既可实行部分科目核算，也可实行全部（总额）成本核算。另外，还可按费用发生的地点核算外部费用和内部费用，其中内部费用存在一个费用分解问题，即把物流费用从其他有关费用中分解出来。

这三个方面的范围选择决定着物流成本的大小。企业在核算物流成本费用时，应根据自己的实际情况，选择使上述三个方面趋于一致的成本核算方法。

## 8.3.2 物流成本核算的方法

**1. 物流成本核算的基本方法**

1）简单除法核算

采用这种方法不需要将总成本分解为直接成本和间接成本，可用某一时期的总成本除以物流业务量得出单位业务量的平均成本。这种简化的成本核算方法适用于业务量较大的物流系统。

2）等效系数核算

如果各种产品的流通加工技术相似，各种产品的成本之间存在一定的关系，可以计算等效系数。以某一产品作为标准，赋予其等效系数为 1，其他产品的等效系数可根据它们之间的关系计算出来。与简单除法核算类似，等效系数核算也分为一级、二级和多级核算。

3）联合作业核算

由于自然的或技术的原因，在其物流过程中，不可避免地会出现各种不同的物流作业。在具有联合作业的物流活动中，联合作业核算是除法核算的特殊形式。

**2. 物流成本位置核算法**

进行物流成本位置核算的前提条件是把整个物流分成若干成本位置。成本位置覆盖了企业的所有领域，这些领域作为独立核算单位或核算领域，互相之间的界定必须十分明确。从实际上看，成本位置是成本发生的地方；从功能上看，成本位置是成本归集的地方。

1）物流成本位置的构成

成本位置同时是企业的计划、控制和责任区。构造成本位置可按不同的原则来进行，包括功能原则、责任原则、空间原则和核算原则。

在实践中，上述四种原则都有应用，但最重要、最常用的是功能原则和责任原则。一个企业构造多少个成本位置，从原则上讲取决于物流规模和单位数量。其中，必须注意两个方面，一方面是实现尽可能广泛的分类，以使意义明确的规模单位在成本归集和成本控制中达到高精确性。按成本位置分类的深度可以在层次构造中区分为成本位置区域、成本位置组以及成本位置，多个成本位置构成一个成本位置组，多个成本位置组构成一个成本位置区域。另一方面，过度的细分会导致核算成本的提高，并且忽略成本核算的清晰度和现实性。

2）物流成本位置的种类

一个企业的成本位置可从两个方面进行分类，一方面考虑成本位置所产生的效果种类，另一方面考虑成本位置上所发生成本继续核算的类型。

（1）根据成本位置所产生的效益种类，将成本位置分为主要成本位置和辅助成本位置。主要成本位置是指所有与主要业务效益直接相关的核算区。从狭义上讲，物流作业，如加工和安装属于此类；从广义上讲，材料采购、运营管理和销售也都包括在内。辅助成本位置只对主要业务产生间接效益（辅助效益），间接效益又被称为企业内部效益。在这种意义上，在一般领域中的所有成本位置可归于此类。

如果一个成本位置产生的效益通常是为所有其他成本位置服务，如食堂，这种成本位置叫做普通成本位置或普通辅助成本位置。如果一个辅助成本位置，如工艺准备，只是为某个最终成本位置服务，一般称为附属成本位置或具体成本位置。

（2）根据成本继续核算的类型，将成本位置分为预备成本位置和最终成本位置。预备成本位置又叫非独立成本位置，最终成本位置又叫独立成本位置。非独立成本位置的成本要通过分摊，将其进一步核算到其他独立的成本位置上，这种核算将与需要相对应，如车辆成本需借助于所提供驾驶日志来分摊。在总的成本分摊结束后，所有非独立成本位置的成本全部被分摊，成本为零。所以从核算技术意义上看，所有预备成本位置的成本只能通过最终成本位置才能核算到成本承担者上，最终成本位置的成本可以直接加到成本承担者上，如加工位置的成本，需借助于核算率加到物流效益上。

### 8.3.3 物流成本位置核算的步骤

1. 成本分配

成本分配是进行成本位置核算的第一步。首先要把各个间接成本种类的总额分到企业核算里。有些间接成本可直接分配，而有些间接成本只能间接分配。

(1) 直接分配。直接分配是指所有的成本种类，其总值或某一部分值是直接为一个或几个成本位置发生的，而且这些成本是能指明的，如加工辅助工资。成本核算时必须注意，尽可能在出具凭证时就做相应的记录。只有当成本位置已知时，才能进行直接分配。

(2) 间接分配。如果出于组织、技术或经济原因，某些成本种类同时为多个成本位置发生，则只能进行间接分配。这些间接成本如租金、保险金等。这些成本的分配被称为成本位置间接成本，它不能直接分配在其所发生的成本位置上去。

要分配这样的成本，可以把分配关键要素作为辅助工具。分配关键要素为某一业务与其必要的成本之间提供了一种比例，因此，必须对每个不能直接分配的间接成本种类寻找一个关键要素。这样，如储存成本可以按平方米、立方米的数量进行分配。

2. 成本分摊

将某些成本位置向其他成本位置的核算称为成本分摊。考虑成本控制和成本继续核算的原因，成本分摊是必要的，这是成本位置核算的第二步。

(1) 物流内部效益的核算。对最终物流作业的形成只有间接作用的效益被称为物流内部效益，物流内部效益主要产生于一般成本位置和附属成本位置，有时也发生在主要成本位置。物流内部效益虽然与经营效益有关，然而是物流活动本身消耗的结果，这是由一个成本位置为一个或更多的其他成本位置产生的。由于经济、技术或社会原因，物流内部效益也可以是从企业物流系统外部得到的，如宏观物流环境促进了企业物流活动效率的提高。

(2) 成本向最终成本位置的归集。间接成本进一步向成本承担者核算是通过最终成本位置的归集实现的。预备成本位置的成本同样必须由销售的效益承担。因此，有必要在进行成本承担者核算之前把预备成本位置的成本分摊到最终成本位置上，以保证把间接成本完全分配到最终效益上去。

(3) 成本分摊的方法。根据实际情况，成本分摊方法可分为单向分摊法和双向分摊法。

① 单向分摊法是建立在"提供-接收"原则上的，即必须使后面的成本位置接收前面的成本位置的成本。单向分摊法忽略了成本位置之间互相提供效益(成本)的关系。

② 双向分摊法是建立在"相互提供"原则上的，即后面的成本位置与前面的成本位置相互提供效益(成本)。双向分摊法的运用有多种途径，最简单的途径是使用标准和理想核算价格，根据上期的情况或计划数字计算每个效益单位的价格。

3. 成本核算

成本位置核算的第三步包括确定间接成本进一步核算到成本承担者的核算率，确定实际发生的间接成本，以及核算间接成本之间的盈余和亏损。

(1) 间接成本核算率的确定。间接成本要集中到最终成本位置上，以使其能够进一步核算到成本承担者上。如果企业只生产一种产品，进一步核算是没有必要的，因为总成本与成本承担者具有直接关系。如果企业生产多种产品，就出现了总成本如何分配到成本承担者的问题。通过确定核算率可以解决这个问题。为此，必须在间接成本和成本承担者之间找到一个关联值，它具备这样的特点：如果关联值提高(降低)，所分配的间接成本也增加(减少)的话，间接成本和成本承担者之间同时存在因果关系。

(2) 成本盈余与亏损。实际发生的间接成本，即实际间接成本，只有到期末才能确定。市场形势变化会导致实际所有最终成本位置上的盈余或亏损，如果核算的间接成本超过了实际间接成本，则出现了盈余；反之则出现了亏损。

在把间接成本向成本承担者核算的过程中，盈余或亏损的出现是不可避免的。成本核算必须设法将这种差异保持到最小的程度。在市场价格波动较大的情况下，实际间接成本和核算间接成本的差异也会较大。为了减少这种偏差，可以采用各种各样的方法，如缩短核算期。

## 8.4　第三方物流作业成本管理

### 8.4.1　第三方物流作业成本概述

现代企业物流观把物流看作是为满足客户需要而设计的、具有密切联系的作业集合体，由设计、生产、销售等作业所构成，形成一个起始于企业供应商，经过企业内部，最后为客户提供产品或服务的由此及彼、由内到外的作业链。作业链也表现为“价值链”作业的推移，最终形成转移给企业外部客户的总价值。企业管理应深入到作业水平，尽可能消除非增值作业，提高增值作业的效率。

**1. 成本及成本对象**

成本是为取得可为某组织带来当期或未来利益的某种产品和服务而付出的现金或现金等价物。机会成本是指当选定某一方案而放弃其他方案时放弃或牺牲的利益。

成本对象是指需对其成本进行成本计量和分配的项目，如产品、顾客、部门、工程或作业等。能够容易、准确地归属于成本对象的成本称之为直接成本，不能容易、准确地归属于成本对象的成本称之为间接成本。当然这种划分只是相对的，随着成本对象的改变，直接成本可能变为间接成本，间接成本也可能变为直接成本。

**2. 作业**

作业是指企业为提供一定量的产品或劳务消耗的人力、技术、原材料、方法和环境资源等的集合体。财务会计上的作业是指基于一定目的，以人为主体，消耗了一定资源的特定范围的工作。

企业的制造费用可以看作是与产品数量相对独立的一系列作业的结果，这些作业消耗了资源，并确定了制造费用的成本水平，而不是由产品直接消耗资源。简而言之，是作业驱动了制造费用的成本水平。因此，要反映产品真实的资源消耗，制造费用就应当按照作业基础来分配，管理者以此来鉴别导致成本发生的真正原因并予以正确的控制。

3. 作业的内涵要点

(1) 作业是以人为主体的。人是各项经营、管理活动的主体。

(2) 作业消耗一定的资源。

(3) 区分不同作业的标志是作业目的。作业目的也即作业动因,企业的各项活动可以按每一部分工作的特定动因区分为不同的作业。

(4) 作业的范围可以确定。由于作业区分依据是作业动因,而作业动因是客观存在的,因而作业范围是可以确定的。

4. 作业消耗与产出之间的关系

(1) 增值作业。增值作业是指那些直接对企业创造价值行为做出贡献的作业,是企业希望加强的活动。

(2) 非增值作业。非增值作业是指那些不直接对创造价值行为起作用的作业,属于企业渴望消除或减少的作业。

(3) 专属作业。专属作业是指为某种特定产品或劳务提供专门服务的作业。专属作业资源耗费价值应直接由该特定的产品或服务负担。

(4) 共同消耗作业。共同消耗作业是指同时为多种产品或劳务提供服务的作业。

## 8.4.2 作业链与价值链

现代企业的活动可以理解为,企业为提供满足顾客需要的产品而采取的包括产品设计、开发、生产、销售、服务等环节的一系列作业的集合即作业链。

根据作业会计的基本思想,作业消耗资源,产品消耗作业,在每完成一项作业、消耗一定资源的同时,会有一定的价值量和产出转移到下一个作业,价值沿作业链在各项作业之间实现转移,构成一条价值链。因此,作业链的形成过程就是价值链的形成过程。

1. 成本的追溯

将直接成本分配至成本对象的实际分配过程称为追溯。成本追溯方法可分为直接追溯和动因追溯两种。

(1) 直接追溯是指将与某一成本对象有着特定或实物联系的成本直接确认分配至该成本对象的过程,并且这一过程可以通过实地观察来实现。

(2) 动因追溯使用资源动因和作业动因这两种动因类型来追溯成本。资源动因计量各项作业对资源的需要,用以将资源成本分配到各项作业上。而作业动因则是计量各成本对象对作业的需求,并被用来分配作业成本。

2. 成本的分摊

将间接成本分配至各成本对象的过程称为分摊。由于间接成本与成本对象之间不存在因果关系,分摊间接成本就建立在简便原则或假定联系的基础之上,这样就可能会降低整个成本分配的准确性。成本分配模型如图 8-1 所示。

在直接追溯、动因追溯和分摊这三种方法中,直接追溯法最准确,它依赖于可实际观察的因果联系;动因追溯法次之,它的准确性取决于动因对因果联系的表述质量;分摊法尽管具有操作简单、低成本等优点,但准确性较低。在现代企业管理中,提高成本分配的准确性所带来的收益在价值上超过了与动因追溯相关的额外计量成本。

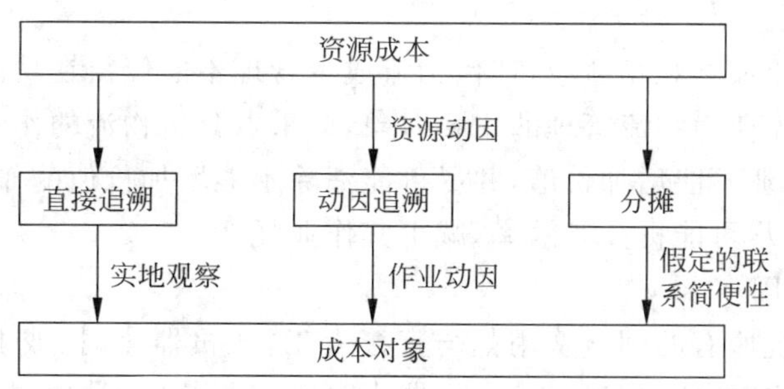


图 8-1　成本分配模型

### 8.4.3　第三方物流作业成本管理

企业物流作业成本管理包括物流作业成本计算和物流作业成本控制两方面内容，它是作业成本管理在物流管理中的具体应用。物流作业成本计算解决的是将物流成本按其发生的物流作业进一步追溯到产品、服务和顾客中；而物流作业成本控制则是以物流作业成本计算为基础，说明物流管理系统如何提供改善了的产品或服务和顾客信息，使管理者能够更好地制定关于产品定价、生产组合、产品设计及建立顾客联系等决策。要更好地认识物流作业成本管理，应从以下内容着手。

**1. 物流作业**

企业物流作业就是一个组织对物质资料实体的物理性移动所进行的活动集合，包括场所位置的转移和时间占用的实际操作过程。物流作业包括运输作业、储存与保管作业、包装作业、装卸搬运作业、流通加工作业、信息处理等。由这些作业构筑物流整体作业，从而实现物流功能。

**2. 物流作业链**

现代企业物流观认为，物流实质上是为满足客户需要而建立的一系列有序的作业集合体。在诸如产品设计、工作准备、市场营销、存货收发等作业之间，形成一个起始于企业供应商，经过企业内部，最后为客户提供产品的作业链，所以现代物流就是一个由此及彼、由内到外的作业链。

**3. 物流客户链**

物流各种作业之间，前一项作业为后一项作业提供服务，后一项作业是前一项作业的客户，彼此形成一个整体，所以现代企业物流还是一个客户链。

**4. 物流价值链**

物流活动中每进行一项作业，都要消耗一定的资源（如人力、物力和财力），而每完成一项物流作业也必然产生一定价值，并且随作业的转换而转移到下一个作业上去，最后到最终产品，提供给客户。所以现代企业又是一个作业链的形成过程，也就是价值链的形成过程。

作业的转换表现为价值的逐步积累和转移，最后形成提供给外部客户的总价值。从客户那里收到转移给他们的价值，形成企业的收入，收入补偿完成有关作业所消耗的资源的价值之和的余额，就是企业的盈利。所以企业为实现其经营目标，就必须努力提供作业产出，减少作业消耗。

与现代企业物流成本观相适应，现代物流成本管理不能停留在功能这一层次，而应深入到作业水平。以作业为物流管理的主要对象，应重点分析物流的作业，分析哪些作业能够增加价值，哪些作业不能增加价值，并尽可能消除不能增加价值的作业。即使是能够增加价值的作业，也应尽可能提高其效率，减少其作业耗费。

**5. 物流成本动因**

传统的成本系统所有的间接费用都与直接人工，或机器小时，或业务量是线性相关，所以在分配间接费用时，便以直接人工、机器小时等与业务量密切相关的标准来进行。但是在物流技术含量较高的情况下，许多物流间接费用的大小与直接人工、机器小时或业务量并不成比例，所以这种假定并没有真实地反映成本与资源消耗间的本质联系，因而造成信息失真。也可以说，传统的成本系统把产品产量当做唯一的成本动因。

为了克服这一缺陷，物流作业成本系统从成本对象与资源耗费间的因果关系着手，力图揭示资源耗费与成本对象间的本质联系。

资源的耗费、成本的发生取决于成本动因，间接费用的分配应以成本动因为衡量尺度。成本动因是决定作业的工作负担和作业所需资源的因素，是决定成本的结构及金额的根本因素，可以揭示实施作业的原因及作业消耗资源的多少。成本动因不仅是分配间接费用的恰当依据，它还揭示了成本的因果关系，揭示了消除浪费、改进作业管理的可能性。成本动因有两种形式。

(1) 资源动因。资源动因是决定一项作业所耗费资源的种类及数量的因素，它反映作业量与资源耗费间的因果关系。通过分析，可以揭示哪些资源需要减少、哪些资源需要重新配置，最终确定如何改进和降低作业成本。

(2) 作业动因。作业动因是决定成本对象所需作业的种类和数量的因素，它反映成本对象使用作业的频度和强度，通过实际分析，可以揭示哪些作业是多余的，应该减少，整体成本应该如何降低。

**6. 物流作业层次**

与传统的成本管理采用简单的数量成本动因不同，作业成本系统采用多个作业动因来分析企业成本，而且它们可能与产量没有直接的关联。作业成本系统对作业动因的确定体现了作业和作业成本的层次性。通常，作业成本系统将物流的作业和作业成本划分为单位作业层次。在物流单位层次上，物流活动均由一系列作业构成，因此作业成本与物流业务数量成比例关系，作业为每个物流活动而发生，因此作业成本取决于物流业务的数量。在物流功能层次上，作业是维持各种物流功能正常发挥的基础，因此作业成本取决于物流范围及其复杂程度等因素，而与经营业务量无直接关系。在物流系统层次上，作业是为了支持和管理物流经营活动，因此作业成本取决于组织规模和组织结构，与物流业务数量、批次和种类无直接关系。

许多作业成本与物流数量之间没有直接的相关关系，因此在分配作业成本时，不宜仅采用以业务量直接相关的作业动因，而且也不应仅使用单一的作业动因。

通过对作业成本层次的揭示，作业成本系统能够指出不同层次作业的动因、不同层次的作业的成本习性不同，因而它较准确地描述了成本发生的因果关系，区分不同层次的管理重点。

### 8.4.4 第三方物流作业成本分析

**1. 物流作业成本分析的概念**

物流作业成本分析是以作业成本计算为指导，将物流间接成本和辅助资源更准确地分配到物流作业、运作过程、产品、服务及顾客中的一种成本分析方法。许多资源的使用并不构成产品的实物形态，而是用于各种辅助作业活动，物流作业成本分析法主要是针对这些资源量和定价。

物流作业成本分析的目标体系如图8-2所示。

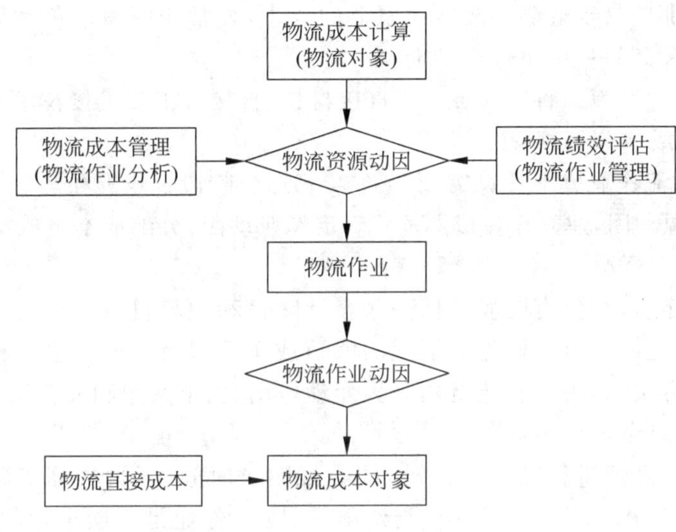


图8-2 物流作业成本分析目标

**2. 物流作业成本分析的要素**

1）物流资源

物流资源表明了物流作业所消耗的成本。如流通加工是一个加工车间的一个作业，特定的机器、工具、人员等即是使这个作业顺利进行的资源。当一项资源只服务于一种作业时，分配成本到作业形成一个作业成本库就比较简单。当一项资源服务于多个作业时，就必须通过成本动因分析把资源的消耗恰当地分配给相应的作业。

2）物流资源动因

物流作业引起资源的消耗，资源动因便是分配资源耗费给各个作业形成作业成本库的依据，它在资源的耗费和作业成本库间建立起一个因果联系。

3）物流作业和作业成本库

物流作业是一个物流企业使投入转变为产出的活动，它是一些紧密联系的业务的集合。依据物流资源动因将资源分配给作业后就形成了各个物流作业成本库。

4）物流作业动因

物流作业动因是将物流作业成本库中的成本分配到成本对象的依据，它在作业成本库和成本对象间建立起了因果联系。

5）物流成本对象

成本对象是作业成本分配的归属，常见的成本对象有产品、服务、批次、客户、销售渠道、销售地域等。

对于物流过程来说，作业成本常依据作业动因在三个层次上分配给成本对象：单位水平层、批量层、产品维持层。

由于不同层次上的作业成本随不同的因素变化，如单位水平作业的成本与生产和销售的数量成正比，而批量层作业的成本常取决于批数，因而，把不同层次的作业区分开来是必要的。

6）直接成本

直接成本是那些易于追溯到成本对象上的成本，如常用原料清单和原料内部领用单来将直接材料分配到每一个单位产品上。

一般情况下，存在着三种直接成本：直接材料、直接人工和直接技术（设备）。

**3．物流作业成本分析过程**

一般来说，物流作业成本计算需要经过以下几个阶段：分析和确定资源；分析和确定作业；确定资源动因，建立作业成本库；确定作业动因，分配成本至成本对象。

1）分析和确定资源

在分析和确定资源时，有时候需把一些会计账目和预算科目结合起来组合成一个资源库，有时候需要把一些有不同作业消耗的账目或预算科目分解开来。根据费用与有关业务量之间的依存关系，可将物流费用分为变动费用、固定费用和混合费用。

2）分析和确定作业

作业描述了企业所进行的一切活动，同时说明了时间、原材料等资源是如何被消耗的，作业的投入与产出各是什么。作业层级概念认为，作业是层层包含的，大作业中包含着若干小作业，每个小作业中又包含着若干更小的作业……如此深入分解下去，可将作业最终分解为员工或机器进行的每一个具体动作。

在实施作业成本计算时，必须在合理的范围内确认作业，作业范围太大，会影响作业成本计算的准确性和效果；作业划分过细，则加重了执行作业成本计算的负担，导致不必要的时间、人工等资源的浪费。确认作业时，必须对作业进行整合和分解。企业在进行作业的整合与分解时，应注意不同的人执行作业不能被整合；一个作业一般不超过15个密切相关的操作；如果一个作业只有一项操作，那么可能是将它分解得太细了；如果一个作业中包含了不相关的操作，应把它分解出去；如果一个作业中有一项投入和一项产出，那么它就不能再分解了。

3）确定资源动因，建立作业成本库

物流作业成本管理为每一项作业设置一套账户，成本按照作业流程结转。因此，必须明确作业与成本项目的关系。每个作业可能与一个或多个成本项目相联系。

4）确定作业动因，分配成本至成本对象

确定成本动因，应考虑其与成本计算对象之间的相关性、可计量性并考虑成本收益原则，在此前提下，选择适合企业实际运作情况的成本动因，将各作业成本分配至最终成本计算对象。由于分配和计算的最终目的是要获取物流成本的相关信息，因此在将作业成本分配至成本计算对象这一过程中，只需计算分配各物流作业，非物流作业不再做进一步的分配。

在实践中，成本计算对象的选择可以有很多种，既可以是不同产品，也可以是不同客户，还可以是不同物流范围，等等。企业可以根据物流成本管理的需要选择物流成本计算对象。

**4. 确定成本动因**

一旦将资源耗费分配给作业成本库后，就可以开始确定成本动因。确认成本动因是作业成本计算过程中非常重要的，也是难度最大的步骤。作业成本计算依据成本动因将费用分配到成本目标，突破了传统的成本核算方法简单地以直接人工小时或机器小时为分配基础的局限性。确定成本动因不仅需要会计部门的人员参加，而且应该有企业各个部门的人员的广泛参与。实施作业成本计算的人员还要深入到企业的各个工作现场，同员工进行直接的接触，充分了解企业的作业活动，以便确定合理的成本动因。确定及选择成本动因应当着重考虑以下方面。

(1) 确定成本动因数量时应考虑的要点。主要包括以下几项。

① 物流成本的精确度。所希望的物流成本的精确度越高，所需的成本动因数量越多。

② 物流组合复杂度。物流组合复杂度越高，所需的成本动因数量越多。物流服务种类少，可减少作业成本项目的数量，作业成本更易被追踪到具体作业，所需的成本动因减少。

③ 不同作业的相关成本。形成物流服务成本中的关键部分的作业种类越多，所需的成本动因数量越大；物流服务中的关键性作业往往是非同质作业，成本动因各不相同，关键性作业数量多，追踪物流成本所需的成本动因也多。

④ 物流作业批量复杂度。不同物流作业批量大小的差异越大，所需的成本动因越多。批量大小不同，生产、订货、运输批量大小自然不一样，则需要更多成本动因反映这种批量复杂度。

⑤ 不完全相关的成本动因。同一作业实际消耗的不同成本动因的相关性越低，所需的成本动因越多。不同成本动因的相关程度高，选择其中的关键成本动因就可以说明实际的资源消耗；反之，不同成本动因不能相互说明，独立性强，则必须对全部成本动因加以考虑。

(2) 选择成本动因应考虑的要点。主要包括以下几项。

① 计量成本动因的成本。即考虑有关成本动因的资料是否容易获得。若在现有的成本系统之内可获得，则成本不会太高；若要利用新的成本系统收集资料，则成本会大大地增加。此时必须做成本效益分析，计量成本低的成本动因被选中的可能性要比计量成本高的成本动因大。

② 成本动因与作业实际消耗的相关度。相关程度越高，产品成本的准确性就越高，则越有可能采用该成本动因。

③ 成本动因引发的人的行为。如果由于采用该成本动因可能引起的组织行为的变化与希望的一致，那么可选择该成本动因。

5. 分配成本至成本目标

将资源耗费分配至成本目标,依据成本动因计算物流作业成本的过程分两个阶段进行:第一阶段依据资源动因将资源耗费分配至作业,第二阶段依据作业动因将作业成本分配到成本目标。

对于直接成本,不需要经过"两阶段"的分配过程,可以将它们直接分配到成本目标。"两阶段"分配法是针对间接成本的分配设计的。在企业中,间接成本一般包括管理人员的工资、维修费用、福利费用、折旧等。下面以几个典型的间接成本为例说明如何进行分配。

(1) 工资的分配。根据员工性质的不同,工资类间接费用可以分为三类。

① 服务相关类。这些员工所从事的作业同某一产品紧密相连,如物流服务、作业监督、质量控制等。这类工资比较容易分配。在确定成本动因时应向员工们了解他们花在某项产品或服务上的时间占其工作时间的比例,根据时间比例把工资费用分配至作业。有时,这一时间比例不易量化,在实践中,可按每种产品或服务耗用的作业小时进行分配。

② 设备相关类。这类工资费用应首先被分配到作业或作业中心,然后,采用机器小时或装配次数,将其分配至作业。

③ 行政事务类。行政人员从事的作业属于维持性作业,应将其工资费用首先归集到维持性作业中心,与其他维持性作业发生的成本一起形成维持性作业成本库。然后按照人工小时或机器小时在全部产品范围内统一分配到各项作业。

(2) 津贴、福利的分配。分配津贴、福利费用的办法同工资费用基本相同。

(3) 维修费用。维修费用总是针对某一机器设备发生的。在实践中,应先了解该设备所从事的作业,把维修费用分配到设备所从事的作业,或作业所在的作业中心,然后再依作业动因分配到产品。

(4) 折旧费用。折旧费用包括三类:机器设备折旧、无形资产摊销、建筑物折旧。不同来源的折旧费用的分配方法也不相同。

① 与机器设备相关的折旧费用的分配同维修费用相同,先将折旧费用归属到企业管理或作业中心,然后根据作业小时等作业成本动因分配到作业。

② 无形资产摊销费用,由于这类费用同产品不直接相关,所以,可以不把它们分配到产品,而作为期间费用处理。

③ 对于建筑物折旧费用的处理尚无统一的做法。有些企业以"平方米"为成本动因,将其分配到作业或作业中心,但在实践中确认与厂房折旧费用相关的作业是非常困难的。

6. 计算作业成本

在确定了作业动因后,便可依据它计算每个作业或服务(或其他成本对象)所消耗的作业成本。这个过程通常是在作业清单上进行的,作业清单上列出了各项作业及各个成本对象所应分配的成本。

# 8.5 第三方物流成本控制

## 8.5.1 第三方物流成本控制概述

### 1. 概念

第三方物流成本控制是指在第三方物流管理过程中，按事先制定的成本控制标准，对影响成本的各种因素进行约束和调节，使各种费用开支控制在预算范围内，及时发现偏差，找出原因，采取有效措施，以实现企业的最终目标。

成本控制有狭义和广义之分。狭义的成本控制是指物流活动过程中的成本控制，也被称为“日常成本控制”，它是整个物流成本管理系统的核心；广义的成本控制除了狭义的物流活动过程成本控制之外，还包括事前、事后成本控制。

### 2. 成本控制的原则

要使成本控制达到预期的目标，应遵循如下原则。

1）责、权、利相结合原则

在成本控制中一要做到责、权相符，避免有责无权、有权无责、权大责小、责大权小等现象；二要做到奖惩结合，超支者罚，节约者奖。只有责、权、利关系明确，才能调动职工在成本控制中的积极性和主动性。

2）实用性原则

实用性原则很大程度上决定了我们应在重要领域中选择关键因素加以控制成本，纠正偏差，具有实用性。

3）例外管理原则

在日常成本管理中，为了提高成本控制的工作效率，成本控制主体对于发生在控制标准范围的可控成本，不必逐项过问，而是集中精力控制那些不正常的、不符合常规的关键性差异。

### 3. 成本控制的程序

成本控制的程序可以分四个阶段。

1）制定控制标准

对物流过程中料、工、费制定数量界限即目标成本。

2）执行控制标准

在物流管理中，按照制定的控制标准控制各物流环节的消耗与支出。

3）揭示成本差异

通过揭示成本差异，分析超支或节约原因，区分哪些是可控费用，哪些是不可控费用，进一步修改成本控制标准。对于例外情况应及时上报，并做进一步分析，找出出现差异的原因和责任者，从而进行处理。

4）进行成本反馈

成本控制中，成本差异的情况要及时反馈到有关部门并及时进行处理。

以上几个步骤相互联系，循环往复，构成成本控制的循环，在成本控制的各阶段都是如此。

### 8.5.2 常见的物流成本控制的方法

1. 标准成本法

标准成本法是通过将实际成本与事先制定的标准成本相比较，揭示成本差异，追踪差异产生的原因从而采取有效措施，以实现标准成本的一种成本控制方法。

标准成本法的特点是：融成本计划、成本核算、成本控制和成本分析于一体，突出了成本控制的核心地位，本质上它是一种成本管理方法。

成本控制的方法很多，主要解决怎样控制成本的问题。在成本控制工作中运用较多的是标准成本法。下面仅介绍标准成本法在成本控制工作中的运用。

1）标准成本法的种类

标准成本是通过精确的调整、分析与技术测定而制定的，用来衡量实际成本工作效率的一种目标成本。标准成本按其制定的基础，分为以下几种。

① 理想的标准成本。它是以现有生产技术和经营管理处于最佳状态为基础所确定的标准成本，这种标准很难成为现实，因为它排除了工作中的一切失误、浪费和耽搁（例如设备故障、工作停顿等），标准的要求太高，实际工作中不能作为考核的依据。

② 基本的标准成本。它是以某一年的成本为基础制定出来的标准成本。这种标准成本一经制定，多年保持不变，使各期成本有一个共同的比较基础。但随着时间的推移，它不能反映现在应达到的标准，成为一种过去的标准，所以在实际工作中很少采用。

③ 正常的标准成本。正常的标准成本是根据已经达到的生产技术水平，以有效地利用生产经营条件为基础，根据产品的各项标准消耗量（如材料、工时等）及标准费用率计算出来的标准成本。在制定这种标准时剔除了一些不可避免的不利因素，如机器故障、工作停顿等。要达到这种标准并非易事，但绝非高不可攀，经过努力是可以达到的，因而在实际工作中得到广泛的应用。

2）标准成本的制定

产品的标准成本，是由产品的直接材料、直接人工和制造费用组成的。制定标准成本时，根据事先收集的历史成本及相关资料，按成本项目分别确定单位产品的数量标准（耗用量标准）和价格标准（标准单价），两者相乘计算出相应的成本标准，经汇总后确定单位产品标准成本的过程。

无论是哪一个成本项目，在制定其标准成本时，都需要分别确定其数量标准和价格标准，两者相乘后得出成本标准。数量标准包括直接材料、直接人工和制造费用的耗用量标准；价格标准包括材料价格标准、工资率标准和制造费用分配率标准。

（1）直接材料的标准成本

直接材料的标准成本，是用统计方法、工业工程法或其他技术分析方法确定的。它是在现有技术条件下提供某种服务所需耗费的材料费用，其中包括必不可少的消耗，以及各种难以避免的损失。

直接耗材的价格标准是预计下一年度实际需要支付的进料单位成本，包括发票价格、运费、检验和正常损耗等成本，是取得耗材的完全成本。

① 直接材料的用量标准

直接材料的用量标准，由运输、仓管部门和使用原材料的员工根据使用过程中实际损耗制定。

② 材料的标准单价

材料的标准单价，包括材料的买价和运杂费、检验费、正常损耗等。通常由成本会计人员会同采购人员根据预计的市场价格及其变动趋势、各生产商报价和批量采购的优惠等相关因素共同制定。其计算公式为

直接材料标准成本＝单位产品的用料标准×材料的标准单价

直接耗材标准成本的实例见表 8-1。

**表 8-1　直接耗材标准成本**

| 标　　准 | 耗　材　甲 | 耗　材　乙 |
|---|---|---|
| 价格标准： | | |
| 发票单价 | 1.00 元 | 4.00 元 |
| 装卸检验费 | 0.07 元 | 0.28 元 |
| 每千克标准价格 | 1.07 元 | 4.28 元 |
| 用量标准： | | |
| 图纸用量 | 3.0 千克 | 2.0 千克 |
| 允许损耗量 | 0.3 千克 | |
| 单产标准用量 | 3.3 千克 | 2.0 千克 |
| 成本标准：（数量×单价） | | |
| 耗材甲(3.3×1.07) | 3.53 元 | |
| 耗材乙(2.0×4.28) | | 8.56 元 |
| 单位产品标准成本 | 12.09 元 | |

（2）直接人工的标准成本

制定直接人工的标准成本，就是要确定单位产品的标准工时和每一工时直接人工的价格标准(即标准工资率)。直接人工的标准成本计算公式如下：

单位产品直接人工的标准成本＝单位产品的标准工时×标准工资率

① 标准工时

标准工时是指在现有物流运作技术条件下，提供某种服务所需要的时间，包括直接服务操作必不可少的时间，以及必要的间歇和停止，如工间休息、调整设备时间、不可避免的不良服务耗用工时等。标准工时应以作业研究和工时研究为基础，参考有关统计资料来确定。

② 标准工资率

标准工资率＝预计直接人工工资总额÷标准工时总额

它可能是预定的工资率,也可能是正常的工资率。

如果采用计件工资制,标准工资率是预定的每项服务支付的工资除以标准工时,或者是预定的小时工资。

如果采用月工资制,需要根据月工资总额和可用工时总量来计算标准工资率。见表 8-2。

**表 8-2 直接人工标准成本**

| 小时工资率 | 第一工序 | 第二工序 |
|---|---|---|
| 基本生产工人人数/人 | 20 | 50 |
| 每人每月工时(25.5 天×8 小时/天) | 204 | 204 |
| 出勤率/% | 98 | 98 |
| 每人平均可用工时/小时 | 200 | 200 |
| 每月总工时/小时 | 4000 | 10 000 |
| 每月工资总额/元 | 3600 | 12 600 |
| 每小时工资/元 | 0.90 | 1.26 |
| 单位产品工时: | | |
| 理想作业时间/小时 | 1.5 | 0.8 |
| 调整设备时间/小时 | 0.3 | — |
| 工间休息/小时 | 0.1 | 0.1 |
| 其他/小时 | 0.1 | 0.1 |
| 单位产品工时合计/小时 | 2.0 | 1.0 |
| 直接人工标准成本/元 | 1.80 | 1.26 |
| 合计/元 | 3.06 | |

③ 服务费用标准成本

变动服务费用的数量标准通常采用单位服务直接人工工时标准,它在直接人工标准成本制定时已经确定。

变动服务费用的价格标准是每一工时变动服务费用的标准分配率,它根据变动服务费用预算和直接人工总工时计算求得(见表 8-3)。

3) 标准成本的差异计算与分析

标准成本差异是指产品的实际成本与产品的标准成本之间的差额。当实际成本超过标准成本时,是不利差异或称逆差,用(+)表示,当实际成本小于标准成本时,是有利差异或称顺差,用(-)表示。对于逆差,应及时找出原因,提出进一步改进措施,以便尽早消除;对于顺差,也应及时总结经验,巩固成绩。

由于实际成本是根据实际用量和实际价格计算的,而标准成本是根据标准用量和标准价格计算的,因此成本差异可以概括为"实际用量×实际价格"和"标准用量×标准价格"之差。

表 8-3　变动服务费用标准成本

| 部门变动服务费用预算/元 | 第一流通加工组 | 第二流通加工组 |
|---|---|---|
| 运　输 | 800 | 2100 |
| 电　力 | 400 | 2400 |
| 消耗材料 | 4000 | 1800 |
| 间接人工 | 2000 | 3900 |
| 燃　料 | 400 | 1400 |
| 其　他 | 200 | 408 |
| 合　计 | 7800 | 12 000 |
| 服务量标准(人工工时) | 6000 | 10 000 |
| 变动服务费用标准分配率/% | 1.3 | 1.20 |
| 直接人工用量标准(人工工时) | 2.0 | 1.0 |
| 变动服务费用标准成本/% | 2.60 | 1.20 |
| 单位变动服务费用标准成本/元 | 3.80 | |

标准成本差异＝实际成本－标准成本＝实际价格×实际数量－标准价格×标准数量＝实际价格×实际数量－标准价格×实际数量＋标准价格×实际数量×(实际数量－标准数量)＝价格差异＋数量差异

有关数据之间的关系如图 8-3 所示。

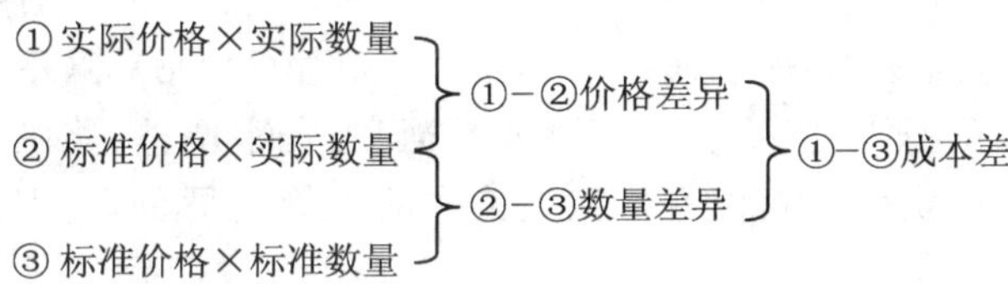


图 8-3　成本差异数据之间关系

2. 直接材料成本差异的分析

构成直接材料差异的因素有两个：价格差异和用量差异。

材料价格差异＝实际数量×(实际价格－标准价格)

材料用量差异＝标准价格×(实际数量－标准数量)

直接材料成本差异＝材料价格差异＋材料用量差异

**【难点例释 8-1】** 某企业本月流通加工产品 2000 件，实际耗用甲材料 102 000 千克，其标准用量是 50 千克/件，该材料的实际价格为 9.50 元/千克，标准价格为 10 元/千克。其标准成本差异的计算如下。

标准用量：2000×50＝100 000(千克)

材料价格差异＝102 000×(9.50－10)＝－51 000(元)　(有利差异)

材料用量差异＝10×(102 000－100 000)＝20 000(元)　(不利差异)

直接材料成本差异＝－51 000＋20 000＝－31 000(元)　(有利差异)

造成材料价格差异的责任一般应由采购部门负责，其原因主要有以下几方面：未按经济批量订货、远途采购、采用不适当的运输方式、未能及时订货造成紧急订货的额外采购成本、材料市场价格有变动等。但如果是由于市场价格变动导致的差异，则不应由采购部门负责。

造成材料数量差异的责任一般应由仓储部门负责，具体原因有很多，如操作不当造成废品、材料质量差造成废料、机器设备效率增进和减退造成用料减少和增加，或操作技术改进而节省材料等。

**3. 直接人工差异的分析**

构成直接人工差异的因素有价格差异（通常为工资率差异）和效率差异（通常为工时差异）。其计算公式如下：

工资率差异＝（实际工资率－标准工资率）×实际工时

人工效率差异＝标准工资率×（实际工时－标准工时）

直接人工成本差异＝工资率差异＋人工效率差异

**【难点例释 8-2】** 某物流公司仓库本月流通加工产品 2000 件，实际使用工时 19 000 小时，支付工资 152 000 元。直接人工的标准成本是 70 元/件（每件标准工时是 10 小时，标准工资率为 7 元/小时）。

标准工时＝2000×10＝20 000（小时）

实际工资率＝152 000÷19 000＝8（元/小时）

工资率差异：（8－7）×19 000＝19 000（元）　　（不利差异）

人工效率差异：7×（19 000－20 000）＝－7000（元）　　（有利差异）

直接人工成本差异＝19 000＋（－7000）＝12 000（元）　（不利差异）

工资率差异形成的原因，主要有工人调度不当、工资率调整、奖励制度未达到预期的效果等。工资率差异的责任一般由安排工人工作的主管人员负责，但差异的具体原因也会涉及生产部门或其他部门。

人工效率差异的形成原因包括工人劳动积极性低、工人经验不足、设备故障多、材料供应中断、工作准备时间长、工艺过程变更、作业计划安排不合理等。效率责任的差异一般应由仓管部门负责，但是由于工艺过程的变更、材料质量的不稳定等造成延长工时，则应由其他有关部门负责。

## 本章小结

本章介绍了第三方企业物流成本的概念、构成和特点及第三方企业成本管理模式。所谓第三方企业物流成本，是指企业产品空间位移（包括静止）过程中所耗费的各种资源的货币表现，是物品在实物运动过程中，如包装、装卸搬运、运输、储存、流通加工、物流信息等各个环节所支出的人力、物力、财力的总和。

第三方企业物流成本涵盖了第三方物流提供服务的全过程。包括了物品从生产源点的采购开始到最终顾客手中的仓储、搬运、装卸、包装、运输以及在消费领域发生的验收、分类、保管、配送、废品回收等过程发生的所有成本。

第三方企业物流成本管理：以企业物流成本信息的产生和利用为基础，按照物流成本最优化的要求有组织地进行计划、控制、分析和考核等一系列的科学管理的活动。

# 思考与练习

**一、名词解释**

物流成本　批量成本　库存持有成本

**二、填空**

1. (　　)是生产性成本在流通领域的继续，是为了使物品最终完成生产过程，便于消费而发生的成本。生产性流通成本要追加到产品的价值中去(　　)。
2. (　　)指物流成本中不随商品流转额的变动而变动的那一部分成本。
3. (　　)是指商品由供货单位到流通企业仓库所发生的运输费、装卸费、损耗费、包装费、入库验收费和中转单位收取的费用。
4. (　　)是指流通企业从商品出库到销售过程中所发生的包装费、手续费、管理费等。
5. 成本管理可以分为三个阶段：(　　)、(　　)、(　　)。

**三、单项选择题**

1. 物流成本之间存在(　　)的特点，在物流功能之间，一种功能成本的削减会使另一种功能的成本增多。

   A. 效益背反　　B. 机会效应　　C. 此消彼长　　D. 风险效应
2. (　　)很大程度上随业务量而变化，固定成本则不受业务量变化的影响。

   A. 变动成本　　B. 机会成本　　C. 相关成本　　D. 沉没成本
3. (　　)是指在一定假设条件下应该发生的成本。

   A. 业绩成本　　B. 正常成本　　C. 理想成本　　D. 标准成本
4. (　　)成本。它是指在最优的物流运作条件下，利用现有的物流能力和设备能够达到的最低成本。

   A. 业绩标准　　B. 正常标准　　C. 理想标准　　D. 标准
5. 将直接成本分配至成本对象的实际分配过程称为(　　)。

   A. 追溯　　B. 资源　　C. 动因　　D. 作业

**四、思考题**

1. 什么是企业物流成本？
2. 企业物流成本的构成内容有哪些？企业物流成本如何分类？
3. 什么是企业物流成本管理？
4. 企业物流成本管理的意义和作用是什么？
5. 简述企业物流总成本的构成。
6. 如何控制企业物流成本？成本控制的方法有哪些？
7. 物流标准成本是如何制定的？
8. 简述企业物流作业成本管理。
9. 物流作业成本分析的要素有哪些？

## 加拿大大都市公司食品配送中心成本管理

加拿大大都市公司(METRO-RICHEUEU)的食品杂货配送中心是加拿大魁北克省最大的商品配送中心，M-R配送中心坐落在一幢庞大的单层建筑里，总面积达5.5万平方米，层高近9米。M-R配送中心的固定配货对象有320家零售商、18家区域批发商。配送服务供应半径为300千米，每日配送发货量超过10万箱，从接到客户要货指令，到配送发货，再到商品到达客户，一般不超过8个小时，实现“日配”。

(1) 电脑管理

M-R配送中心对进货、存货、配送、发货进行全过程的电脑控制。进货、仓位、货架、配送运输线、发往何处、发多少货、库存等，都借助电脑有条不紊地进行。M-R配送中心还与部分零售商的POS系统联网，随时了解商店的销售动态，做到商店尚未提出要货，就已把缺货的商品主动送货上门。

(2) 条形码

进出M-R配送中心的商品，除了商品条形码标记以外，商品的包装箱外还贴有区位码和物流码。有的区位码是由电脑处理信息后，由配送中心通知供应商贴上的，所以货物由供应商送到配送中心后，可以很快送到指定的仓位、货架储存。物流码则主要用于配送过程中，一般在配送发货前贴上，部分在进货时就已贴上。借助于物流码，自动分拣系统可以方便地进行分拣配送商品。

(3) 自动分拣系统

自动分拣系统是M-R配送中心的关键设备，整个系统有控制室、现场监视器。操作员坐在控制室内，从监视器屏幕上，可以选择看到不同部位商品配送的情景。纵横交错的辊道运输线则将各个仓位、货架连成一体，便于进行自动配送。除了主运线外，M-R配送中心还设有12条分支线，直接通往12个发货出口。发往同一供货对象的不同商品，或者发往不同供货对象的同一商品，在主运送线上移动时，激光扫描仪会自动“阅读”商品箱的物流码，将信息传送到“道口”，商品箱移动到“道口”时，便会被自动传入到指定的分支线，送达指定的出口处打包发货。

(4) 自动打包机

M-R配送中心的12个出口处都装有一台大型自动打包机。发往同一供货对象的商品，由辊道运输线送到打包平台上，自动打包机便将小型分散的不同商品箱，组合打包成一个标准箱，送上卡车运往要货单位。

资料来源：http://kuaiji.5lyanxiu.com/changshi/gaoji/zhanlue/kuaiji_457273.html.

**讨论**

加拿大大都市公司是怎样控制配送成本的?

# 第 9 章

# 第三方物流项目管理

## 学习目标

通过本章的学习，了解第三方物流项目管理概念、种类及特性；熟悉第三方物流项目方案设计；熟悉第三方物流项目招标与投标；掌握第三方物流项目合同管理；了解第三方物流项目后评价。

## 关键术语

第三方物流项目管理　物流方案　第三方物流项目投标　合同管理　第三方物流项目监控

### 中化集团物流仓库管理项目

中化广东公司总部位于广州市，位于北京的集团总部大厦有部分机构和管理人员，保税中心仓库在上海，其二级仓库分布于其他地区。

中化广东公司要求在较短的时间内完成保税仓储物流管理信息系统上线投入使用，满足海关监管要求、满足不断增加新客户的要求、满足客户对保税备件物流管理的要求、满足货主的客户的快速服务的要求、满足繁杂物流计费自动处理的要求。根据货主的要求，中化广东公司计划在一期项目的基础上，将拓宽保税物流服务的区域，在多个区域中心建立区域保税仓库，通过配置和设定博科的第三方保税物流仓储管理信息系统，就可方便地将系统应用延伸到各新仓库，为货主提供全方位的最快捷物流服务。

2007 年 7 月中旬，中化广东公司与博科签订合作协议。在项目启动会上，双方成立了项目小组，讨论确立了项目的目标，制订了项目调研计划。会后，博科方面项目小组立即开展调研工作，通过与中化广东公司领导决策层、中间管理层的交谈，了解中化广东公司的发展规划、客户群体及其物流管理特点、业务流程、当前存在的困惑、对新系统的期望等内容；通过与物流业务操作人员的沟通，了解了中化广东公司保税仓库物流作业的实际操作流程、单据流程、配送流程、物流计费，以及各类客户的物流管理要求的细节、各客户单证样例、仓库分布和要求，并了解现有软件系统的实际运作。博科项目小组精确完成全部调研工作后，紧接着整理调研内容，完成《需求规格说明书》，递交中化广东公司项目组审核,同时开始前期的系统准备工作。经双方讨论和修正,调整了项目实施进度表,于9月初正式确认《需求规格说明书》,并开始着手维修备件特殊要求的内容和RF设备应用系统的规划、设计和代码编写,测试组同步准备测试脚本,按进度进行模块测试和联调测试(含RF应用系统)。其间,按项目管理规范,双方定期进行项目进展情况交流和确认项目变更内容,及时调整进度计划。博科按计划将系统交付中化广东公司,对员工进行培训,中化广东公司准备初始化数据、对系统进行测试和模拟运行,在通过测试和模拟运行后,第三方保税物流仓储管理信息系统正式上线运行。

**思考**

第三方物流项目设计过程分为多少步骤?

# 9.1 第三方物流项目概述

## 9.1.1 第三方物流项目管理定义及工作过程

### 1. 第三方物流项目管理定义

第三方物流项目管理是指第三方物流项目管理者为了实现其目标,按照客观规律的要求,运用系统工程的观点、理论和方法,对第三方物流项目发展周期中的各阶段工作进行计划、组织、控制、沟通和激励,以取得良好效益的各项活动的总称。

第三方物流项目管理概念的要点主要表现在以下几个方面。

1) 管理的客体

管理的客体是第三方物流项目发展周期中的全部工作。

2) 管理的主体

管理的主体是第三方物流项目管理者,他负责对第三方物流项目发展周期全过程的管理。

3) 管理的目的

管理的目的是实现第三方物流项目目标。管理的性质和功能决定了管理本身不是目的,而是实现一定目的的手段。第三方物流项目管理的目标是:在有限的资源条件下,保证第三方物流项目的时间、质量、成本达到最优化。

4) 管理的职能

管理的职能是计划、组织、控制、沟通和激励。离开这些职能,项目的运转是不可能的,管理的目标也无法实现。

5) 管理的依据

管理的依据是项目的客观规律。管理是人的主观行为,而主观行为必然要受到客观规律的制约。要实现管理目标,达到预期效果,就必须尊重第三方物流项目运行的客观规律。

### 2. 第三方物流项目管理工作过程

第三方物流项目的实现过程是由一系列项目阶段或工作过程构成的,工作过程是产生某种结果的活动序列。任何第三方物流项目都可以划分为多个不同的工作过程,它们都需要有一个相对应的项目管理过程。一般认为，第三方物流项目管理的过程由以下五个基本工作过程组成。

1）启动工作过程

定义一个第三方物流项目或阶段的工作与活动，决策其起始与否，并决定是否有意向后推进的过程。这是由一系列决策性的第三方物流项目管理工作与活动所构成的项目管理工作过程。

2）计划工作过程

拟订、编制并改进一个第三方物流项目或项目工作阶段的目标、工作计划方案、资源计划、成本预算等方面的工作，从各种备选方案中选择最好的方案，以实现所承担第三方物流项目目标的过程。这是由一系列计划性的第三方物流项目管理工作与活动所构成的项目管理工作过程。

3）执行工作过程

组织和协调各项任务与工作、人员和其他资源，激励第三方物流项目团队完成既定的工作计划，形成第三方物流项目可交付成果的过程。这是由一系列组织性的项目管理工作与活动所构成的项目管理工作过程。

4）控制工作过程

制定标准，定期监控和测量第三方物流项目进展，确定实际情况与计划存在的偏差，采取纠正措施等活动的过程。这是由一系列控制性的第三方物流项目管理工作与活动所构成的项目管理工作过程。

5）收尾工作过程

制定一个第三方物流项目或项目阶段移交的文件，对第三方物流项目或项目阶段正式移交，进而使第三方物流项目顺利结束的过程。这是由一系列文档化和移交性的第三方物流项目管理工作与活动所构成的项目管理工作过程。

第三方物流项目管理的这五个工作过程是相互交叠的，有时还是“双向”的。如启动工作过程最先开始，启动工作过程还未完全结束时，第三方物流项目计划工作过程就已经开始了。计划工作过程先为项目执行工作过程提供项目工作计划，执行工作过程反过来又为计划工作过程提供更新的信息和情况。因为控制工作过程的很大一部分工作属于事前控制，所以控制工作过程则是在计划工作过程开始后、执行工作过程开始前就进行了。在第三方物流项目管理中，控制是无处不在的，它贯穿于第三方物流项目的整个生命周期，以确保第三方物流项目生命周期的各个阶段能按预定的计划进行。收尾工作过程在执行工作过程结束之前也已经开始，因为收尾工作的很多文档可以提前开始准备，执行工作过程之后的收尾工作实际只是一些移交性工作。

## 9.1.2 第三方物流项目种类

由于项目发起的主体、解决问题的范围、对象的性质等要素的不同，物流项目的管理内容也不尽相同。按照不同的分类原则，第三方物流项目主要有以下几种分类形式。

**1. 按照项目的主要内容划分**

按照项目的主要内容可以将物流项目分为仓储项目、配送项目、物流信息系统项目和流通加工项目。通常物流项目都是综合性项目，但每个项目有其侧重点。

2. 按照客户的类型划分

按照客户的类型可分为企业物流项目和社会物流项目。企业物流项目是为一个或者几个企业服务的专门物流项目。目前大部分物流项目都是这类项目，其主动权在企业而不是物流供应商，社会物流是为社会公众提供服务的物流项目，主动权在物流供应商，如公共交通系统。

3. 按照涉及的区域划分

经济全球化，物流也趋于全球化。按照所服务的企业可分为全球物流项目、国内物流项目、城际物流项目和市内物流项目。

4. 按照物流的对象划分

按照物流的对象可分为一般货物物流项目、特殊货物物流项目、液态物流项目和散货货物物流项目。

5. 按照物流实施主体和物流项目的关系划分

按照物流实施主体和物流项目的关系可分为自营物流项目、第三方物流项目和咨询物流项目。

6. 按照物流项目是否具有项目群特征划分

按照物流项目是否具有项目群特征可分为综合性物流项目和单个物流项目。

对于综合性物流项目，常表现为项目群的特征，也即一个大物流项目中，由多个拓扑联系、互为作用的项目组成。这类项目一般实施时间长、投资规模大，实施难度也大。例如建设城市物流园区是一个巨型项目，往往占地数十或上百公顷，投资数亿元至十多亿元；涉及地方政府、企业、社区、交通网络等各个方面。对于这类项目，必须将其分解成多个项目，分阶段、逐步地推进。

### 9.1.3 项目管理步骤

1. 项目前期阶段

(1) 园区总体规划(包括土地、道路、基础平台、管理机构、投资政策、运作政策等)，公布园区可开发的项目种类、数量。

(2) 建立招商引资机构，进行园区整体开发的推进。

2. 开发与实施阶段

(1) 建立物流必要的平台，启动项目有：园区内外道路网络改善项目；信息与通信网络建立项目；必要的城市配套基础设施系统的改造项目和行政、金融、商务服务项目等。

(2) 通过各种融资方式，建设物流园区的功能区。比如，建设配送中心项目、海关监管仓库项目、物流展示项目和交易中心项目等。

3. 结束阶段

当整个园区开发完毕，需要对园区的开发经验与效果进行全面的总结与评估，为其他投资项目提供借鉴。

实际上，在园区的开发过程中，一些子项目可能也已完成，甚至部分已投入生产。因此，物流园区的综合项目是一个动态的管理过程，需要及时对一些结束的子项目进行评估、总结，建立规范的文档。到整个园区建成后，形成一个总体的评估报告，全面地反映物流园区建设的效果、经验和教训，真正达到项目优化管理的目标。

### 9.1.4　第三方物流项目管理的特性

由于第三方物流项目具有涉及面广（如运输、仓储、包装、流通加工甚至信息系统等）、不可再造性（即项目执行的时间、地点、人员常是变动的）、风险较大（物流系统建设成本较高）等特点，因此，第三方物流项目管理具有以下独特之处。

**1. 项目管理队伍专业化**

由于物流项目涉及范围广，除项目技术性内容外，在项目策划与设计中，还会用到经济、法律、商贸等多方面的专业知识。因此，项目团队中不仅需要有经验丰富的项目管理人员，还需要有熟悉业务的技术人员和具备相关财务和法律知识的专业人士。一专多能的复合型人才是物流项目管理最合适的人才。无论是对生产型企业或者商贸型企业，还是提供物流服务的物流供应商，为了保证物流项目的顺利展开，以达到预期的目标，必须拥有一支专业的项目管理队伍，这是物流项目管理必不可少的人力资源基础。

**2. 项目管理需求个性化**

物流项目一般都需要根据顾客的特殊要求进行设计和执行。由于物流项目要素组成的多样性，每一个物流项目都是以前不曾遇到过的问题，需要专门设计项目管理的程序或方法，因而充满着挑战。因此，物流项目管理一方面是对物流项目管理人员的考验，同时也吸引了许多有识之士加入到物流项目管理的行列之中。

**3. 项目管理结束人为化**

物流项目一般必须经过操作实践才能证明项目的效果。界定物流项目结束有时较为困难。特别是当项目执行中，项目组的成员以及外界环境条件已发生了较大的变化或者项目组无论做何努力，项目的成功也希望渺茫时，需要项目参与各方人为地界定项目结束的标志，以防止无休止的项目出现。

**4. 项目管理控制全程化**

由于物流项目结果存在着较大的不确定性，从而造成物流项目的投资风险较高。特别是有固定资产投入的物流中心、大型停车场、物流信息系统等项目，在追求物流高收益的同时，也伴随着项目失败的高风险。因此，需要加强项目的进度计划控制和监督，实现项目管理过程的全程控制，以保证项目按预定的目标推进。建立风险预警机制，当项目出现偏差时，及时提醒项目管理者，进行调整或结束此项目，以减少项目带来的损失。

综上所述，物流项目管理的关键在于物流项目管理的各方本着友好合作的精神，从实际出发，从落实项目、完成项目的目标出发，结合具体物流项目的特点，认真落实项目管理的每一项要求，才能保证物流项目目标的顺利实现。

### 9.1.5　第三方物流项目管理的作用

实践已经证明，项目管理是一种行之有效的管理变化的方法。随着作业日趋项目化的特点，越来越多的企业引入项目管理的思想和方法。不但对传统的项目型任务实行项目管理，而且还将一些传统的作业型业务当做项目对待，进而实行项目管理。对于第三方物流企业，将企业的各种任务“按项目进行管理”的优点和作用有以下几点。

1. 提高了组织的灵活性

传统的职能部门组织机构，是按专业或业务活动相似性将工人和管理人员分别组合在各个职能部门（如运营、生产、财务等部门）之内，采取面向职能的管理模式。当面对不确定性高、跨部门的任务时，企业通常难以胜任，组织缺乏灵活性。

对于一般的物流公司，在董事会（总经理）下，设有运营部、企划部、商务部、财务部、人力资源部等职能部门。然而，面对某个顾客需要提供专业的物流服务项目时，既关系到运营部的载运工具、仓库等资源的使用调配，又涉及企划部和财务部项目投资可行性的评估。各职能部门的沟通不畅，使得顾客的服务项目需求总得不到百分之百的满足，极容易造成项目“搁浅”。若该公司采用面向对象（即项目）的管理模式，将顾客的项目作为一个组织单元，打破传统的固定建制的组织形式，建立由运营部、企划部、财务部等人员组成的项目团队，围绕项目来组织企业内部的各项资源，根据项目生命周期各个阶段的具体需要适时地配备来自不同职能部门的专业人员，共同工作，为项目目标的实现而共同努力。项目团队不仅使客户具有项目固定的联系人，又可充分发挥出企业资源的最大优势。项目洽谈成功，则成为公司日常业务管理工作之一，转入作业阶段，该项目即告完成。该项目团队随即可解散，项目团队成员根据工作需要又可投入到另一个项目的工作或回原职能部门。此外，根据项目工作的需要及人员的限制，有的成员可以同时参加两个项目，组织具有较大的灵活性。

2. 实现了复杂问题的集中攻关

由于项目团队集中了与项目有关的来自不同职能部门的人员，他们具有不同的专业知识、专业经验。相同的使命，使他们能集中在一起共同为实现项目的整体目标而努力。比如某化工产品生产企业的产品配送运输，是一项复杂的物流项目。由于承运货物的特殊性，需要特种的运输工具、装卸作业程序和安全保障措施，常需要企业的生产经营部、质检部、运输部等部门的通力协作。其中生产经营部根据生产和市场的情况提出运输的时间、批量的要求，质检部对各类产品的运输安全提出具体原则与要求；运输部对产品的装卸与运输提出可靠的运输方案。各部门有关人员间经常进行开放、坦诚而及时的沟通，彼此交流信息及想法，相互做出和接受彼此的反馈及建议性的批评。基于这样的合作，有利于该复杂问题的快速解决，保证项目的完成质量和进度。

3. 有利于提高客户的满意度

列做项目管理的一般是指技术上比较复杂、工作量比较繁重、不确定性很多的任务或项目，比如某个第三方物流供应商为某厂商（即客户）提供综合物流服务。若通过传统的面向职能的管理模式来解决列做项目管理的问题，由于各职能部门间以各自利益为重，存在利益的冲突，难以形成企业的整体利益。客户服务中心所关注的是如何达到客户提出的“SR”需求，即“在合适的时间和条件下，将合适的物品（或产品），以合适的成本送到合适的地点”；而运输作业部门则从如何降低运输成本考虑物品（或产品）的运输方案；财务部则以企业资产保值与增值的目标，约束各部门对企业资源的使用。一旦交流沟通不及时，十分不利于项目实施过程中所遇问题的解决，从而影响到企业的信誉和顾客的利益。若采用企业项目管理形式，独立的项目组织对企业设定一个总体目标，并且在项目的实施过程中,时刻关注客户对项目实现程度的满意度,团队成员都能以项目目标的实现为动力,相互之间充分交流和合作,从而保证问题解决方案的质量和顾客的满意度。

**4. 实现了企业与个人的共同发展**

对企业而言,把任务当做项目加以实施,使其成为推动企业发展的直接动力。在一个项目完成过程中,渐进式实现企业的目标,促使企业不断上升到一个新的作业平台,保持企业不断地前进与发展。

对项目团队的个人,由于打破了传统的职能式管理模式下部门间的"壁垒",团队成员聚集在一起,相互交流不同方面、不同专业的知识,有利于个人获取综合性的知识。此外,项目成员经历了项目管理的整个过程,对与项目管理有关的问题有一个整体的把握,为今后独立处理整体性管理问题积累了经验,有利于员工发展为综合性的管理人才。可见,企业项目管理同时也为员工个人的发展提供了良好的机会。

## 9.2　第三方物流项目方案设计

### 9.2.1　服务项目实施方案概述

**1. 服务项目实施方案的含义**

物流方案是指从事物流活动的物流项目和物流运作的总称。它有两层含义：一是指某个具体物流活动形成的物流运作模式,如受客户委托,从事某产品具体物流活动而做出的规划和实施计划,或针对物流市场中的目标市场做出的面向社会的物流运作模式；二是指解决物流活动问题的方法和具体运作的描述而做出的标准业务操作流程(standard operator-program,SOP)和具体规划等。

第三方物流服务项目的实施方案是针对客户物流需求而做出的物流服务的承诺、方法、措施及建议,既是计划书,又是可行性报告,更是作业指导书,方案具有目的性、系统性、专业性等特点。

**2. 服务项目实施方案的种类**

第三方物流服务项目的实施方案主要有三种：一是由客户企业进行物流服务招标,第三方物流企业投标而形成的物流方案；二是客户企业提出具体的物流服务要求或者物流服务意向,第三方物流企业通过分析这些具体要求和意向,针对客户的物流实际情况进了策划和设计的物流方案；三是第三方物流企业在研究物流市场时,自己发现物流市场机会,经过充分论证和实际考察,逐步形成一个具体的社会物流方案。其形式主要有物流项目建议书、投标书与合同、物流方案设计报告、物流园规划方案等。

1）项目建议书

物流项目建议书是一种简单的物流方案,它是在客户的物流服务的框架要求之下所做出的关于基本上能满足物流服务要求的思想、初步的服务承诺、服务模式以及能达到承诺所具有的服务优势、初步的服务报价等。

2）投标书与合同

大型客户选择第三方物流服务供应商时,一般会采取物流服务项目招标的方式。在招标书中，客户企业会提出详细的服务要求，如服务水平、服务质量、服务价格、服务建议、物流企业资质等。参加投标的第三方物流企业在经过详细分析、研究和评估招标书的内容后，制作物流服务投标书，这种投标书以及中标后签署的合同，也是一种物流方案。

3）物流方案设计报告

物流方案设计报告是针对工商企业的物流需求而设计的解决方案。这种方案针对性强、富有个性，能满足具体企业的物流需求。我国的许多企业大多数都具有一定的物流资源，它们在需要物流服务时，往往寻找具有一定规模和水平的第三方物流企业，并向第三方物流企业详细说明物流服务要求，由第三方物流企业和客户企业联合组成物流方案设计小组。方案设计小组主要由第三方物流企业负责，客户企业负责全力配合、提供相关资料和数据，经过方案设计小组人员多次协商研究后，做出客户企业物流方案建议书。物流方案建议书经过客户企业认可后，物流方案设计小组再进行技术细节设计，最后完成客户企业物流方案。

4）物流园规划方案

物流园是一个地域概念，即选择某一地区，在此地区内规划各种物流基础设施，如集装箱堆场、仓库、保税仓、冷库等，吸引第三方物流企业进驻。物流园是多家第三方物流企业在某区域的集中布局的场所，由物流园的主办者进行经营管理。物流中心既是一个企业概念，又是一个地域概念；物流中心既可由一个物流企业经营管理，也可由数个物流企业经营管理，物流中心面向社会，为广大客户提供全面的综合物流服务。在第三方物流企业实力允许的情况下，也可以进行物流中心的规划设计。

**3. 服务项目实施方案的内容**

1）服务项目实施方案的基本内容

第三方物流服务项目实施方案是物流服务供应商提出的物流服务解决方案，客户提出的物流服务要求不尽相同，而且客户的产品或商品又千差万别，因此物流方案的形式和内容也不尽相同。为了满足客户物流服务个性化要求，为客户量身定做物流解决方案，提出的物流解决方案必然各有自己的特点。但从总体看，各种物流方案都是为提供合理的、低成本、高效率的物流服务而做出的，各种方案必有共性，即共同的基本内容。一般来说，其基本内容包括以下几个部分。

（1）方案的基本目标

所有的第三方物流服务项目实施方案都要以客户需求为中心，全心全意为客户服务，以与客户结成战略合作伙伴为宗旨。因此，在这一部分，应该把解决的具体目标阐述清楚，指明物流服务范围，做出物流服务承诺，并提出为达到承诺而采取的措施，使客户对方案的全貌有大致了解。

（2）资源与优势介绍

第三方物流企业给客户设计物流方案，必须把自己企业的资质、物流资源、物流服务优势等在方案中介绍清楚，使客户对第三方物流企业有深刻认识。比如，已有的车队、仓库类型、仓库数量、信息系统、管理团队、整合社会物流资源的能力、服务经验、已做过的成功案例等。这部分内容也是服务承诺实现的基本条件。

(3) 物流服务模式

物流解决方案的核心是物流服务模式设计，对物流服务两个主要环节即仓储与配送管理、运输方式及优化要进行详尽说明。一般可将物流服务模式分为几个主要环节，对这几个主要环节的业务流程、优化方法、控制手段、管理方式进行描述，使物流方案更加明确、更加细致、更加具有可操作性。在表达方式上，可以采用流程图加以说明，可以设计多种方式供客户选择。

(4) 物流信息服务模式

充分利用 IT 技术，建设物流信息网络，是提供高水平、低成本物流服务的基础。物流信息服务模式主要根据客户的物流需求而定，以实用、节约为设计原则。如果客户不要求高水平的动态实时监控，就没有必要设计 GPS、MIS 等高水平的信息系统，否则，可能会造成巨大投资，从而提高物流成本。

(5) 服务报价

服务价格在物流方案中占有十分重要的地位，要谨慎对待。对物流方案的每个环节，要给予详尽的服务价格说明。常见的报价方法有以下几种。

① 成本加利润。对每个环节的物流运作成本需要详细列出，分析要细致、准确，然后根据成本加上合理的利润给出服务报价。

② 根据市场行情给出报价。

③ 根据经验给出报价。

(6) 物流服务建议

好的物流服务项目实施方案，不但能满足客户提出的物流服务需求，而且能提出许多有益的建议，使物流服务成本进一步降低，服务效率进一步提高。第三方物流企业是专业的物流公司，在为客户提供物流服务时应有自己独特的技术和方法，这些内容可以以建议的形式提出，供客户选择。有些建议可能附加一些其他条件，有些客户不一定具备，需要客户加以斟酌。

(7) 结束语

简单的结束语可以概括物流服务理念，表示进一步真诚合作的思想。

2) 服务项目实施方案的基本格式

(1) 前言。介绍方案形成宗旨，服务承诺，本企业优势和成功的客户物流服务。

(2) 报价。按客户要求提出总体报价、分项报价以及特殊操作费率等。

(3) 分环节方案设计。如运输方案、仓储方案、物流信息方案等，这部分是方案设计重点。

(4) 服务组织。介绍服务方案的组织机构、各类人员素质水平等。

(5) 服务质量。设计的服务质量保障体系，应使客户感到放心。

(6) 附录。

### 9.2.2 服务项目实施方案的设计

#### 1. 服务项目实施方案的设计要求

一个具体的第三方物流服务项目实施方案应达到这样的要求：对客户服务质量做出

明确的承诺，对项目操作的技术经济可行性进行详细的分析论证；设定各业务环节的质量标准，形成标准化的业务流程，成为对具体业务环节操作的指导书；方案应成为与客户结成战略合作伙伴的基础。

2. 服务项目实施方案的设计过程

物流服务项目的一般设计过程包括以下几项。

(1) 物流需求企业与第三方物流服务公司达成物流项目的目标。

(2) 物流需求企业与第三方物流服务公司共同为物流设计提供基础信息，即制造或销售数据、零部件数据、包装信息、生产率数据、成本数据。

(3) 物流需求企业与第三方物流服务公司确认数据，并对用于设计过程的特殊变量达成共识。

(4) 物流需求企业的管理层根据上述数据与信息，用第三方物流服务公司的资源设计出几套方案。

(5) 物流需求企业与第三方物流服务公司审阅并修改设计，根据要求做出修改，例如，收货路线、收货顺序、时间计划(起始时间)、按千米计算的运费和运行距离、装货规则、货物堆放规则、现场外的储存需要、排序与计量、货架回收问题。

(6) 第三方物流服务公司做出系统报告，即挂车图、线路计划、设备使用表等。

(7) 物流需求企业与第三方物流服务公司对最初可选的物流设计进行评估，在生产控制、物流和采购方面得到认可。

(8) 第三方物流服务公司投入资源进行物流设计，即拖挂车、栏杆、司机安排、人员安排、购买服务等。

(9) 第三方物流服务公司做出详细的作业计划，即每一条线路的计划、交接计划、原材料物流与销售物流的集运中心、标准工作程序、标准转轨工作计划、挂车提供计划。

(10) 第三方物流服务公司提供各种方案的价格比较，包括资金需求。

(11) 第三方物流服务公司获得物流需求企业的认可，做出实施时间计划。

(12) 第三方物流服务公司通知所有参与物流系统实施的部门，组成工作组。

## 9.3 第三方物流项目招标

### 9.3.1 第三方物流项目招标的概念及方式

1. 第三方物流项目招标

所谓“第三方物流项目招标”，就是招标人(或第三方物流服务需求方)在购买第三方物流服务前，按照公布的招标条件，公开或书面邀请投标人(或第三方物流服务提供者)在接受招标文件要求的前提下前来投标，以便招标人从中择优选择的一种交易行为。

2. 第三方物流项目招标方式

1) 公开招标

公开招标又叫竞争性招标，即由招标人在报刊、电子网络或其他媒体上刊登招标公告，吸引众多投标人参加投标竞争，招标人从中择优选择中标人的招标方式。按照竞争激烈程度，公开招标可分为国际竞争性招标和国内竞争性招标。

(1) 国际竞争性招标

这是在世界范围内进行招标，国内外合格的投标商均可以投标。采用国际竞争性招标应采用完整的英文标书，在国际上通过各种宣传媒介刊登招标公告。

(2) 国内竞争性招标

这是在国内范围内进行招标，在国内的各种媒体上登出广告，可用本国语言编写标书，公开出售标书，公开开标。

在国内竞争性招标中应允许外国公司按照国内竞争性招标标准参加投标，不应人为设置障碍，妨碍其公平参加竞争。

2) 邀请招标

邀请招标也称有限竞争性招标或选择性招标，即由招标单位选择一定数目的第三方物流服务提供者，向其发出投标邀请书，邀请他们参加招标竞争。一般以选择 3～10 个投标人参加较为适宜，当然要视具体的招标项目的规模大小而定。虽然邀请招标的组织工作比公开招标简单一些，但采用这种形式的前提是对投标人有充分了解，而且，由于邀请招标限制了充分的竞争，因此招标投标法规一般都规定，招标人应尽量采用公开招标。

邀请招标的特点是：①招标不使用公开的公告形式；②接受邀请的单位才是合格投标人；③投标人的数量有限。

与公开招标相比，邀请招标具有如下优点：①缩短了招标有效期。由于不用在媒体上刊登公告，招标文件只送几家，减少了工作量。②节约了招标费用。例如减少了刊登公告的费用、招标文件的制作费用、投入的人力等。③提高了投标人的中标机会。但邀请招标也存在如下缺点：①由于接受邀请的单位才是合格的投标人，所以有可能排除了许多更有竞争实力的单位。②中标价格可能高于公开招标的价格。

## 9.3.2　第三方物流项目招标的程序

第三方物流项目招标的一般过程包括：发布招标公告、资格预审、编制和发放招标文件、接受投标文件、开标、评标、定标、签订合同。

### 1. 发布招标公告

公开招标应当发布招标公告。招标公告应当通过报刊或者其他媒介发布。招标公告应当载明下列事项：①招标人的名称和地址；②招标项目的性质、数量；③招标项目的地点和时间要求；④获取招标文件的办法、地点和时间；⑤对招标文件收取的费用；⑥需要公告的其他事项。对于公开的竞争性招标，一般要在投标开始前至少 45 天发布招标公告，即在国内外有影响的报刊上刊登招标广告或发布招标公告，邀请第三方物流服务提供者申请投标资格预审，或对不需资格预审的招标项目购买招标文件。

### 2. 资格预审

招标人或招标投标中介机构可以对有兴趣投标的法人或者其组织进行资格审查，此时应当通过报刊或者其他媒介发布资格预审通告。资格预审通告应当载明下列事项：①招标人的名称和地址；②招标项目的性质、数量；③招标项目的地点和时间要求；④获取资格预审文件的办法、地点和时间；⑤对资格预审文件收取的费用；⑥提交资格预审申请书的地点和截止日期；⑦资格预审的日程安排；⑧需要通告的其他事项。

资格预审的主要内容有：①投标人的基本情况。例如企业的性质、组织机构、法人地位、公司章程、主要领导成员等。若为联合投标，对合伙人也要审查。②项目经验及业绩。主要考核投标人是否承担过类似标的项目的经验，投标人以往取得的成绩、获得的荣誉等。③财务状况。一般要求投标人提交近几年经审计过的财务报表，例如资产负债表、利润表、现金流量表、过去五年的营业额、往来银行以及由银行提供的信用状况资料、保险公司提供的保险证明信、上一财政年度的平均营运资金、向银行抵押贷款的能力、对未来两年财务情况的预测等。④人员及设备能力。包括企业技术人员、高级专家和管理人员及其他人员，以及拟投入本项目的人员的基本情况，拥有的主要设备的类型、数量、能力等。⑤企业的信誉。主要审查已经履行及正在履行的合同情况和所完成项目的质量评定、企业的资质等级等。⑥其他方面。如招标人要求提供的其他方面的资料。

### 3. 编制和发放招标文件

招标人或者招标投标中介机构根据招标项目的要求编制招标文件。招标文件一般应当包括下列内容：①投标人须知；②招标项目的性质、数量；③技术规格；④投标价格的要求及其计算方式；⑤评标的标准和方法；⑥提供服务的时间；⑦投标人应当提供的有关资格和资信证明文件；⑧投标保证金的数额或其他形式的担保；⑨投标文件的编制要求；⑩提供投标文件的方式、地点和截止日期；⑪开标、评标、定标的日程安排；⑫合同格式及主要合同条款；⑬需要载明的其他事项。

### 物流外包招标书的撰写

物流外包的国内招标文件一般由投标须知、合同条款和附件三部分组成。

1）投标须知

在投标须知里应该写明招标人对授标人的所有实质性要求和条件，包括以下几个方面。

(1) 项目概况，主要包括物流项目实施的地区、物流项目主要运作的产品情况、物流项目运作的内容、物流项目运作的范围。

(2) 投标人资质要求，主要包括第三方物流注册资金要求；第三方物流质量体系认证要求；第三方物流业绩要求；因项目运作需要对第三方物流的其他要求，如危险品运输资质等。

(3) 投标文件的要求，主要包括投标文件的组成；投标文件的编制格式和内容范围；投标报价；投标文件的递交；对无效投标进行明确说明，使投标人投标时能够有所遵循。

(4) 评标原则和方法，这是招标文件编制中最重要的一项，主要包括：评标对象和依据；评标因素；评标程序以及评审的方法，《中华人民共和国招标投标法》规定，评标的方法只能根据招标文件的规定进行，所以对于这一项应该认真编制。

(5) 招标程序，主要是对整个物流项目招标过程所涉及的时间和地点做出规定。

2）合同条款

合同条款的拟订要尽可能详细、准确。物流外包合同通常包括以下几方面的条款：

定义、合同标的、供货范围、合同价格、付款、交货和运输、技术服务和联络、保证与索赔、保险、税费、分包与外购、合同的变更、中止和终止、不可抗力、合同争议的解决、合同生效、其他等。

3）附件

附件既是招标文件的组成部分，也是未来合同的重要组成部分。附件的内容有一部分是招标人实施本合同对承包人的要求，另一部分需要由投标人填写作为承诺文件。一般包括以下几方面的内容。

（1）物流外包项目运作的产品情况，包括产品的名称、性质、用途、规格、分类等，目的是使第三方物流充分了解所要操作产品的特性，使其在运输、储存等操作环节中注意到产品的这些特性。

（2）仓储管理要求，主要包括成品的出入库操作要求、不良品和保质期管理要求、库存产品准确率规定、仓库单据的管理要求以及成品的退货操作管理要求等。

（3）运输（配送）管理要求，包括物流运输操作要求、配送服务操作管理要求等。

（4）货物的装卸要求。

（5）物流运作费用报价单。

（6）保密协议。

投标须知、合同条款和附件这三部分内容构成一个整体，缺少任何一方面，都会影响到招标人真实意图的表达。如果表述不明或过于简单，将使投标人方向不明确，出现太多的变数，增加评标的难度，可能导致评标结果的不客观甚至外包合作的失败。

编制和发放招标文件时，应注意以下几个方面。

第一，投标人须知（instruction for bidders）。其目的是使投标者了解在投标活动中应遵循的规定和注意事项，内容包括：①承包方式，指明是总价承包合同方式还是单价承包合同方式等，以及对联合承包、采购的有关要求等；②投标的要求条件，指明投标所必需的手续和证明，包括保函、支付方式、投标所发生的费用等；③有关投标程序方面的说明，诸如现场勘察的组织、情况介绍或答疑的安排、投递标书和报价单、开标、评标与授标的日程及要求、撤换和修改投标文件的期限等；④投标者应遵循的规则及报价要求，指出对投标者填写投标书的要求、投标书递送的要求、合同条款的补充与建议的规定、废标的处理以及其他方面的规定等；⑤附加说明，主要包括投标书编制依据、各种文件（文件说明、设计方案说明、合同条款及报价表等）的相互关系及矛盾处理、招标单位的答询方式、文件解释权及期限等。

第二，招标文件规定的技术规格应当采用国际或者国内公认的法定标准。招标文件中规定的各项技术规格，不得要求或者标明某一特定的专利、商标、名称、设计、型号、原产地或生产厂家，不得有倾向于或排斥某一有兴趣投标的法人或者其他组织的内容。

第三，招标人或者招标投标中介机构应当按照招标公告或者投标邀请书规定的时间、地点出售招标文件。招标文件售出后不予退还。除不可抗力原因外，招标人或者招标投标中介机构在发布招标公告或者发出投标邀请书后不得终止招标。

第四，招标人或者招标投标中介机构需要对已售出的招标文件进行澄清或者非实质性修改的，一般应当在提交投标文件截止日期 15 天前以书面形式通知所有招标文件的购买者，该澄清或修改内容为招标文件的组成部分。

4. 接受投标文件

招标文件要明确规定投标文件的投送地点和期限，如从招标公告或投标邀请书发布之日到提交投标文件截止之日，一般不得少于30天。投标人送达投标文件的，招标单位应检验文件是否密封和送达时是否符合要求，合格者发给回执，否则拒绝或作为废标。投标书递交后，在投标截止期限前，仍允许投标者通过正式函件调整报价及做补充说明。

5. 开标

开标应当按照招标文件规定的时间、地点和程序以公开方式进行。开标由招标人或者招标投标中介机构主持，邀请评标委员会成员、投标人代表和有关单位代表参加。

投标人检查投标文件的密封情况，确认无误后，由有关工作人员当众拆封、验证投标资格，并宣读投标人名称、投标价格以及其他主要内容。

投标人可以对唱标做必要的解释，但所做的解释不能超过投标文件所记载的范围或改变投标文件的实质性内容。开标应做记录，存档备查。

6. 评标与定标

评标应当按照招标文件的规定进行。

招标人或者招标投标中介机构负责组建评标委员会。评标委员会由招标人的代表及其聘请的技术、经济、法律等方面的专家组成，总人数一般为5人以上的单数，其中受聘的专家不得少于2/3。与投标人有利害关系的人员不得进入评标委员会。评标委员会负责评标。评标委员会对所有投标文件进行审查，对与招标文件规定有实质性不符的投标文件，应当决定其无效。

评标委员会可以要求投标人对投标文件中含义不明确的地方进行必要的澄清，但澄清部分不得超过投标文件记载的范围或改变投标文件的实质性内容。

评标委员会应当按照招标文件的规定对投标文件进行评审和比较，并向招标人推荐1～3个中标候选人。招标人应当从评标委员会推荐的中标候选人中确定中标人。

中选的投标者应当符合下列条件之一：①能够最大限度地满足招标文件中规定的各项综合评价标准；②能够最大限度地满足招标文件的实质要求，并且经评审的投标价格最低(但是投标价格低于成本的除外)。

7. 签订合同

招标人或者招标投标中介机构应当将中标结果书面通知所有投标人。招标人与中标人应当按照招标文件的规定和中标结果经谈判后签订书面合同。

## 9.4 第三方物流项目投标

### 9.4.1 第三方物流项目投标概述

1. 第三方物流项目投标的含义

所谓“第三方物流项目投标”，就是投标人(或第三方物流服务提供者)在同意招标人拟订的招标文件的前提下，对招标项目提出自己的报价和相应的条件，通过竞争企图为招标人选中的一种交易方式。这种方式是投标人之间的直接竞争，而不通过中间人，在规定的期限内以比较合适的条件达到招标人所要达到的目的。

物流项目投标活动具有两大特点：首先是投标人之间的竞争比较直接。招标方在一定的期限内接受各种投标人提出的各种服务方案和报价，并进行比较，势必使投标人之间面临相对直接的竞争。其次是投标人之间的竞争比较综合。投标人要想被招标方选中，不仅要在物流技术、物流服务方案上具有竞争力，还要在企业资信、反应能力等方面具备优势。这样，投标人之间的竞争就体现出高度综合的竞争特点。

**2. 第三方物流项目投标的程序**

物流项目投标是第三方物流公司响应招标企业获得物流项目的必由之路，其程序如下。

1）制订工作计划

在投标小组的领导和计划下有步骤、有节奏地按照招标书的要求，参加投标活动。投标小组召开各种会议，明确目标，做好内部分工，制订详细的工作计划。

2）分析研究招标书

仔细分析研究招标书的内容是投标成功的基础。对招标书中不清楚、不明白或有问题的地方，全部认真记录下来，一一列明；然后有计划地与招标方进行讨论，讨论结果由招标方确认，作为招标过程的支持文件。

3）精心编写投标文件

投标文件是投标活动中最核心、最关键性的文件，投标书不但是一个完整的物流服务方案，而且是招标方是否中标的依据。投标书虽然有各种形式，但有基本的要求，即投标书主题清楚、观点明确、结构清楚、层次分明、语言精练、逻辑性强。

4）递送投标书

将投标书精心装订成册，在指定时间内，截止日前，派人亲自将投标书送到招标人手中。

5）征询招标方意见

有计划地向招标方介绍投标方的物流服务水平，根据招标方物流需求而选择改造计划并反复征求对方意见，按对方意见修正物流改造计划。

6）精心准备投标答辩

将招标方可能提出的问题做好回答准备。在答辩会上，进一步展示投标方的合理化建议，以及提高服务质量、降低物流服务成本的措施。

7）做好签订合同的准备

在接到“中标通知书”后，做好签订合同的准备，并就合同细节与招标方进行谈判。制作物流服务合同，为签订合同做各项准备工作。

8）提出具体物流服务实施计划

提出物流服务的具体实施计划，包括项目实施的时间表、实施的具体内容、人力和资源的调度、资金和费用的预算等，并与物流客户交流。

9）物流分包

提出采购社会物流资源计划，对外实行分包，选择分包商，与其签订分包合同。

10）组织物流运作团队

选择忠于职守、有一定物流运作经验的人组成物流项目运作团队。招聘新职工，进行岗位培训，购置必要设备。在接手对方物流服务之前，制定岗位手册、规章制度，建立现代企业管理模式。在与物流运作团队工作一段时间后，物流投标小组全部工作结束，投标小组解散，物流服务交给物流运作团队。

**3. 第三方物流项目投标报价**

投标人在购买了标书之后，立即做标，即按标书中所列项目，填上分项价格和总价，一般称为报价。报价是投标工作的中心环节，也是投标人中标的关键。无论哪一种项目的投标，报价时应共同注意的事项如下。

(1) 熟悉标书的内容。对各项具体规定都要弄清楚，对于不清楚、不理解的部分可以向招标单位询问，千万不要对招标文件感到烦琐、冗长而不认真研究，甚至违反规定自行其是。

(2) 标书的编制须严格按照文件规定进行，要建立在科学的分析和可靠计算的基础上，要能比较准确地反映项目的“标的”，高了不利于竞争，低了又难以取胜，力争做到恰如其分。

(3) 标书的编制是一项政策性、技术性、专业性很强的工作，除了投标要及时、计算要准确之外，还要注意大多数项目的投标程序和背景，在办理各项烦琐的投标手续的同时，还要研究该项目的复杂性，要视具体情况制定竞争策略(包括适当调整报价)。

(4) 组织一个投标报价的业务班子。在班子成员中，既要有驾驭全局的主要负责人，又要有懂技术、财务管理、商务以及法律的各方面人才。因为投标从资格预审直到签订合同是一个全过程。在这个过程中，保持各个阶段的连续性，全面周到地考虑各种问题，对维护投标人的切身利益具有相当重要的作用。对于企业承包的招标，这个班子也就是中标后的项目管理班子。

**第三方物流项目投标书的撰写**

第三方物流项目投标书是在分析招标企业的概况和物流需求后，投标方向招标方应标的一种文件。同时，投标书也是物流企业介绍自己服务能力的机会，对投标的成功与否起着决定性作用。物流项目投标书主要由如下部分组成。

(1) 总则。表示愿意投标，以本企业拥有的物流资源提供招标方所需的物流服务，以及与招标方共同发展的愿望。

(2) 本物流企业介绍。对本物流企业发展历程、企业的实力，尤其是取得的物流服务的突出业绩向招标方做出说明。

(3) 提出本企业物流服务优势。在投标书中提出本企业的服务优势，如具有经验丰富的物流运作团队，能为客户高质量地完成各项物流服务；具有先进的IT技术和物流信息网络技术，高效而实用的物流运作平台；具有足够的物流服务资源、先进的仓储设施和强大的运输网络等。

(4) 提出物流服务措施。针对招标方的物流需求，提出实施物流服务的具体办法。

(5) 提供报价。物流服务的种类和数量,结合市场实际,对提供的物流服务给出报价。

#### 4. 投标中应注意的问题

1) 明确投标目的

若投标是为创经济效益,投标前应详细计算成本、开支、利润等,对大的项目、时间拖长的项目,还应将风险计算进去,将不利的因素统统计算之后,看是否投这个标。若投标是为打开市场、创牌子,则可不注意利润。

2) 商务方面

(1) 应从多渠道获得信息,包括概算、第三方物流项目的主要指标等。

(2) 与项目单位、招标单位进行必要的接触,了解它们的需要(时间是在开标前)。

(3) 要正式购买招标书,并以购到的招标书中的指标来准备投标。

(4) 在开保函方面,开户行级别、金额、天数等应合格。

(5) 投标人应严格按照标书规定,制作出合格的投标书。

投标书由投标文件和资格文件组成。投标文件包括投标书格式函、投标保函、投标价格(若有折扣应在此注明,以便在开标时宣布,否则无效)、技术响应书(对应招标书的技术规格要求)、正式样本(指印刷的样本)及试验报告(如果要求的话)。资格文件包括关于(投标单位)资格的声明函、证书和申请人银行出具的资信函。

(6) 投标书正本一份,副本数份(如标书有规定)。投标书需签字并盖章,每页都需要签名。

3) 技术方面

(1) 应达到招标书中各项指标的要求。

(2) 争取邀请用户进行考察。

(3) 标书中的特殊要求应当得到满足。

(4) 应交代物流设施的情况。

(5) 对提供的物流解决方案做出必要的解释。

### 9.4.2 第三方物流项目投标策略

现代企业之间的竞争日益激烈,第三方物流企业之间同样也面临着激烈的竞争,要想在同其他对手的竞争中取胜,如何提高投标成功率显得尤为重要。

为了取得投标胜利,除了遵照正常的投标工作过程外,还应针对不同的物流服务内容和竞标对手采取不同的投标策略。

#### 1. 与招标方建立密切关系

与招标方建立密切关系,认真对待招投标中的每一次活动,最大限度地取得招标方的信任。

#### 2. 树立为客户服务的理念

树立全心全意为客户服务,一切以客户需求为中心的理念。在投标活动中,一定要站在招标方的立场上,看待自己的每一项方案和建议。尤其是当提高服务质量而降低物流服务成本的建议可能对自己不利的时候,提不提出这个建议,是检验投标方是否能真正为客户着想的具有新的物流服务理念的标准。

3. 提供多种物流服务方案

掌握招标方的物流服务需求特点，提供多种物流服务方案以满足招标方的特殊需要。如在运输配送物流服务中，可提出各种联运方案与之讨论，供招标方选择。

4. 分析竞标对手

分析竞标对手的优势和劣势，掌握竞争对手的投标动向，以自己的优势抗衡竞争对手的优势，以自己的长处对应竞争对手的劣势，或提前行动，使自己在竞标中占主动地位。

5. 高层领导的交流和沟通

在投标期间，应安排物流企业高层领导与招标方领导会谈，介绍本公司的实力和发展前景，从而在招标方高层中留下深刻的印象。

6. 提出灵活的报价方式

由于价格不同，服务质量也有所区别，在与对方交流价格时，提出几种价格方案。由客户选择既能满足服务质量需求，又较为合理的价格。同时，应该承诺每年以一定的百分比降低物流服务成本。因为，在刚开始的一年，由于服务技术不成熟和对产品不太熟悉，会产生额外的成本。随着时间的推移，对产品特性的熟悉以及服务技术的成熟，又加上客户的产量在不断增加，降低成本是理所当然的。由投标方主动提出，表示出合作伙伴的诚意，会使自己中标的概率加大。

**英和物流公司的投标策略**

由某地三九物流公司和英和物流公司找到某第三方物流公司，请该公司作为它们的“二级代理商”为其投标某化工有限公司的铁路、公路运输等物流业务。获此信息后，该公司认为此项目本公司就能胜任，不应坐失良机，应抓紧时间去投标。于是，该公司立即起草自荐信函，并通过邮政寄发给某化工有限公司，希望能直接为它们提供物流服务。然而此时，该化工公司的物流代理招标已经进入了第三轮。早在第一轮招标时就有13家国内外物流管理和物流实体公司参与竞标，其中有9家进入第二轮竞标；第二轮以后只剩3家企业闯入第三轮，英和物流公司则幸运过关。进入第三轮，英和物流公司为了取得此竞标的胜利，才找到该公司作为其合作的伙伴。

## 9.5 第三方物流项目合同管理

### 9.5.1 第三方物流合同概述

物流需求企业把原来属于自己处理的物流活动，委托给专业物流服务企业，同时通过信息系统与物流服务企业保持密切联系，以达到对物流全程的管理和控制。从实质上讲，它是物流活动的外包，将物流活动外包给第三方物流供应商。这种物流外包是以合同为约束，因此，第三方物流又称为契约式物流。经过招投标谈判，双方决定开始物流合作后，就需要签订物流服务合同。

1. **第三方物流服务合同概念**

第三方物流服务合同是指第三方物流服务合同的当事人之间为实现一定经济目的，明确权利和义务关系，依法对第三方物流服务合同的内容，经反复协商达成一致意见，明确相互之间的权利义务关系而订立的协议。签订合同的当事人，双方或一方必须是法人。

2. **第三方物流服务合同的基本内涵**

(1) 第三方物流服务合同的主体是物流服务需求方、第三方物流经营、物流合同的实际履行方，包括运输企业、仓储企业、加工企业、港口企业等。

(2) 第三方物流服务合同规范物流服务商与物流需求者之间的关系。第三方物流商根据合同规定的要求，提供多功能乃至全方位一体化的物流服务，并以合同来约束所有提供的物流服务活动及其过程。

(3) 第三方物流服务合同是双务合同、有偿合同。合同的双方当事人互负对待给付义务。第三方物流服务的主要义务是实现货物的运输、仓储、配送等。任何一方取得利益均须支付相应的对价。

## 9.5.2 第三方物流合同的法律特征

随着世界经济及对外贸易的发展，物流越来越受到重视，物流热在我国已经形成。现代物流业的发展与兴盛依赖于统一、透明、公平和高效率的法律制度。目前，我国并没有专门针对第三方物流合同的法律法规，结合我国目前的其他相关法律法规，可以看出第三方物流合同具有如下法律特征。

1. **第三方物流合同是战略联盟协议**

第三方物流合同是物流企业向他人提供物流服务为标的的合同，而不是传统意义上的劳务合同。提供劳务只是第三方物流企业经营范围的一部分，更重要的是要为客户选择供应商，提供采购、信息系统管理等服务。因此，第三方物流是委托、代理，甚至信托等功能的综合。第三方物流企业与大客户之间所发生的关系并非偶尔一次两次的市场交易，在交易维持了一段时间之后，客户将更加依赖第三方物流。第三方物流有现成的物流解决方案，这比客户自已去做显得更加专业，所以客户都非常愿意把物流外包出去，从而第三方物流和客户之间在经济上就构成了一种不可分割的供应链关系。为保持供应链关系的稳定，双方便有可能在法律层面上结成优势互补、风险共担、合作双赢的战略性物流联盟。

2. **第三方物流合同应为双务有偿合同**

第三方物流合同中一方提供物流服务，另一方付给报酬，双方当事人相互享有权利和义务，并且一方享有合同规定的权益，须向对方当事人提供相应服务。因此，第三方物流合同是典型的双务、有偿合同。

1) 物流需求企业的主要义务

(1) 支付报酬。支付报酬是物流需求企业的主要义务。物流需求企业支付报酬应按照第三方物流合同约定的数量、时间、地点履行。

(2) 如实申报货物事项，交付有关单证和资料，确保货物安全。第三方物流企业处理货物的时候为减少成本，通常会采取整合包装或拆零包装，这就要求客户真实说明货物的性质(易燃、易爆、易腐蚀、有毒等)，并提供相关资料，以免在整合包装或拆零包装过程中对其他货物造成影响。在第三方物流的实践中，与货物有关的单证和资料包括：产品合格证、产品说明书、检验单证、检疫单证、质量保证书、装箱单、保修单、危险物品防范措施说明书等。

(3) 提供货物的合法凭证，确保货物真实、合法。实际操作过程中，为防止在整合包装或拆零包装过程中混淆原货物性质，使货物由非法转化为合法，物流需求企业应提供货物相应的合法凭证，如发票、仓单等有效的原始证据。

2) 第三方物流企业的主要义务

(1) 验收货物，物流企业对其处理的货物进行检验、核查，如果是危险物，则要求客户提供有关资料。

(2) 审查货物。物流企业在处理客户的货物时，应对该物的来源和性质进行审查，要求客户提供原始凭证，并且办理备案入户手续。

(3) 保守商业秘密。物流行业的特性决定了信息资源须在第三方物流成员企业和客户之间共享，而共享信息说明第三方物流是一种具有公开性的行为。同时，第三方物流企业须协助客户解决系统的物流方案，解决方案的过程必然涉及客户的经营手段、经营方法以及经营经验等企业管理方面的深层次问题，这些经营管理问题往往就是客户所特有的商业秘密。因此，第三方物流企业必须严守商业秘密。

**3. 第三方物流合同应为诺成合同**

第三方物流合同的当事人各方意见一致，合同即成立。在物流标的物交付之前，物流服务需求方和物流服务企业可能已经为履行合同进行了准备，支出了成本，如物流企业腾空仓位、整理仓库、安排车辆，并且还可能因为物流企业自身规模原因而拒绝潜在的客户要约，如果以交付标的物为合同成立要件，不利于保护双方当事人的利益。所以，只要经过客户要约和物流企业承诺即宣告合同成立。这样，不仅对物流企业有利，而且也对客户有利，维护了双方交易的安全。

如果将第三方物流合同界定为实践性合同，那么，在客户未交付标的物之前，合同是不成立的。这就意味着客户只要不实际交付标的物就可以任意改变其先前的许诺，不受合同约束，这样就会使物流企业受损风险大大增加。即使追究客户缔约过失，其诉讼成本也会使物流企业精疲力竭，事实上物流企业往往会选择息事宁人。同样，实践性合同也会使客户的风险增加。客户与物流企业经过要约和承诺之后，客户耗费较大成本将易耗物收购到手，根据原来计划由物流企业为其提供包括设计方案等服务，经核算分销后是盈利的。但是如果物流企业在客户准备交付标的物的时候自行毁约，就会对客户造成易耗物不断摊销其价值的损失。所以，为了维护交易安全，减少交易风险，将第三方物流合同界定为诺成性合同更为合理，也更为科学。

**4. 第三方物流合同为要式合同**

物流合同中一般涉及运输、仓储、加工等内容，运输中可能包括远洋运输、公路运输、铁路运输、航空运输等，双方的权利、义务关系比较复杂，具备一定形式(如书面形式)不仅能使物流合同得到更好的履行，更好地保护合同当事人的合法权益，而且有利于整个物流行业市场的规范，防止和限制不正当竞争行为的发生。

诺成合同是意思表示一致即可成立的合同，相对应的是实践合同（要物合同），是指除当事人双方意思表示一致以外尚须交付标的物才能成立的合同。

要式合同，就是说合同的成立，以法律规定的某些要件为条件，如“采取书面形式”。如果不是按规定订立，则合同是不成立的。非要式合同就是只要双方当事人意思表示真实等满足合同成立的基本条件的，则合同成立。

## 9.5.3　第三方物流合同主体的法律关系

**1. 第三方物流合同中的主体**

第三方物流合同的主体包括以下几类。

(1) 物流服务需求方。一般作为物流合同的当事人之一，享有法律及物流合同规定的权利，履行相应的义务，是物流法律关系中主要的一方，主要包括各种工业企业、批发零售企业及贸易商等。

(2) 第三方物流经营人。它是物流合同的另一方，是与物流服务需求方签订物流服务合同的企业。

(3) 物流合同的实际履行方。物流服务需求方和第三方物流经营人是第三方物流法律关系中的重要主体，但一般还包括物流合同的其他实际履行方，包括运输企业、港口作业企业、仓储企业、加工企业等。第三方物流经营人通过实施代理权或分包权使这些企业参与物流合同的履行，成为第三方物流法律关系不可或缺的主体。

**2. 当事人之间的法律关系**

由于物流合同中经常包含海运、铁路、公路、河运、仓储、加工、装卸等内容，同时由于第三方物流经营人拥有的资源不同，第三方物流合同当事人之间的法律关系也变得复杂起来。总体来讲，主要包括以下几种法律关系。

(1) 第三方物流经营人自己完成物流合同所约定的内容。第三方物流企业依据客户的要求提供相关的物流服务，它属于初级业态，以处理委托人所委托的事务为目的，根据委托事项收取费用，则当事人双方形成相应的法律关系，如运输法律关系、仓储法律关系、加工法律关系等。这时，物流合同当事人之间的权利、义务关系就要受到《中华人民共和国海商法》、《中华人民共和国合同法》等不同法律的调整。

(2) 第三方物流企业根据客户要求，以自身名义向外寻求供应商、代理商、分销商。物流企业不可能拥有履行物流合同的所有资源，因此不可避免在第三方物流合同中约定物流经营人在一定权限内可以以物流需求方的名义委托第三人完成物流服务。这时第三方物流合同的当事人之间就形成了委托代理关系，包括直接代理关系和间接代理关系，即第三方物流经营人以物流需求方的名义同第三人签订分合同，履行物流合同部分内容。该分合同的权利、义务物流需求方也应享有和承担。实践中，多数生产企业与第三方物流企业在合同中约定，由第三方物流企业根据客户要求，以自己的名义，在委托人授权范围内与第三人订立合同进行货物加工、物流配送等活动。这种经营模式是第三方物流的高级经营业态。

(3) 居间法律关系。当第三方物流经营人只提供与物流有关的信息，促成物流需求方和实际履行企业签订合同,从中收取一定费用,而自己并未同任何一方签订委托代理合同时,第三方物流合同当事人之间就存在居间法律关系。第三方物流经营人处于居间人的法律地位,享有报酬请求权,并依法承担相应的诚信义务。

### 9.5.4 合同的订立

第三方物流服务合同是表明处于平等法律地位的第三方物流服务商与其客户的民事法律关系的协议书,只有在双方意思表达一致时才能成立。与其他合同订立一样,其订立过程是双方协商的过程。

**1. 要约**

要约也称订约提议,是主体一方向他方提出订立物流服务合同的建议。第三方物流服务商为了揽取物流服务项目,对自己企业、业务范围、服务价格、服务能力等做广告宣传,并用运价表、提单条款等形式公开说明。

**2. 承诺**

承诺也称接受订约提议,是主体一方完全同意要约方提出的主要内容和条件的答复。要约人收到承诺时,双方就要签订物流服务合同;如果收到承诺时已经具备了符合法律规定的合同形式,合同就成立了。

如果要约的接受方不完全同意要约而改变了其中的主要条款,就意味着对原来订约条件的拒绝,而且接受方提出了新的订约提议。订立合同的过程往往是一方提出要约,另一方又提出新的要约,反复多次,直到双方达成共识时才签订合同。

### 9.5.5 合同的履行、变更、解除和纠纷解决

**1. 合同的履行**

第三方物流服务合同的履行是指第三方物流服务合同的当事人按照合同的约定,完成承担的义务的行为。第三方物流服务合同的履行是以有效的合同为前提。因此,合同当事人应自觉重合同、守信用,严格按合同要求的服务标的、数量、质量、履行期限、履行地点、履行方式,完成规定的义务。

**2. 合同的变更和解除**

第三方物流服务合同签订后,任何一方不得擅自变更或解除。如果当事人因故不可能履行合同,就需要依法变更或解除合同。第三方物流服务合同的变更,是指当事人对合同没有履行或没有完全履行时,由当事人依照法律规定的条件和程序,对原合同进行补充或修改,经补充或修改的合同重新确立当事人的权利和义务。第三方物流服务合同的解除,是指当事人对合同没有履行或没有完全履行时,由当事人依照法律规定的条件和程序,终止原合同关系。合同终止后,原合同确定的当事人的权利、义务关系就不再存在。

**3. 合同变更和解除的条件**

(1) 当事人双方经协商同意,并且不因此损害国家利益和社会公共利益。

(2) 不可抗力。对当事人不能预见、不能克服的自然现象和社会现象,因导致的结果不同,由当事人确定解除或变更。

(3) 如果一方在合同约定的期限内没有履行合同,另一方有权决定变更或解除合同。

第三方物流服务合同的变更和解除要采用书面形式。

**4. 不允许变更或解除合同的规定**

(1) 当事人一方发生合并、分立时,要由变更后的当事人承担或分别承担履行合同的义务和享受应有的权利。

(2) 合同订立后,不得因承办人或法定代表人的变动而变更或解除合同。

**5. 合同纠纷的解决**

合同纠纷是指合同主体因合同的产生、履行、变更和解除等行为而引起的争议。合同签订后,其履行需要一个过程,各主体之间基于不同的局部利益,当事人之间在经济活动中可能会在权利、义务关系上发生分歧和矛盾。为了有效地解决纠纷,我国先后制定了经济纠纷处理的各种法律制度,通过依法处理经济纠纷,可以正确判定当事人的权利义务关系,明确他们各自的经济责任,保护他们的合法权益。解决合同纠纷的方式有四种,即协商、调解、仲裁和诉讼。

### 9.5.6 第三方物流项目合同的科学管理

随着管理的科学化、现代化,合同管理也应该实现科学化、现代化。运用计算机技术、网络技术、信息管理技术,实现合同的网上洽谈,合同文本的电子化、数字化传输、存储,合同签订中采用数字签名、认证等方式,提高合同的管理质量和速度。运用科学的方法,如全面质量管理,制定合同管理工作目标,针对合同执行中存在的问题,进行分析,拟订解决措施和计划,把合同管理提高到一个新水平。

**1. 建立有效的第三方物流项目合同管理的组织机构**

由于第三方物流项目本身的复杂性和施工周期较长的特点,第三方物流企业在项目实施过程中会涉及多种类型的合同,如施工承包合同、施工分包合同、物资采购合同、运输合同、保险合同等。只要有争端发生,就会涉及规定双方权利和义务的合同。因此,合同的科学管理在第三方物流项目管理中具有举足轻重的地位。

一般第三方物流项目应配备专门的合同管理人员,大型第三方物流项目应设立合同管理组或合同管理部。

1) 第三方物流项目公司总部的组织机构

公司总经理下设立财务部、经营销售部、工程部、合同管理部、行政管理部等职能部门。合同管理部主要负责公司所有项目合同的管理工作,主要内容包括以下几项。

(1) 参与投标报价,对招标文件进行审查和分析。

(2) 收集市场和工程信息。

(3) 参与合同谈判与合同签订,为报价、合同谈判和签约提出意见。

(4) 向第三方物流项目派遣合同管理人员。

(5) 对第三方物流项目的合同履行情况进行汇总、分析,对工程项目的进度、成本和质量进行总体计划和控制,协调各个项目的合同实施。

(6) 处理与招标方和与其他组织的重大合同关系。

(7) 具体地组织重大索赔。

(8) 对合同实施进行总的指导、分析和诊断。

2）项目现场的组织机构

项目经理下设立经营核算部、合同部、采购部、行政管理部等部门，选择经验丰富的人员任各部门负责人、项目工程师及施工队长等。

对小型物流服务项目，合同部可并入经营核算部，或设合同管理员，直接受项目经理的领导。对一些特大型项目，第三方物流企业必要时可聘请合同管理专家。

**2. 建立科学有效的第三方物流项目合同管理保证体系**

建立合同实施的保证体系，以保证日常工作的顺利进行。合同实施的保证体系包括如下内容。

（1）确定项目组人员的职责。在对合同进行详细分析的基础上，将合同责任落实到责任人和具体的工作上。在实施合同过程中，要定期进行检查，解释合同内容，同时以经济手段保证合同的完成。

（2）建立合同管理的工作程序。如各级别文件的审批、签字程序。

（3）建立严格的质量检查验收制度。包括每道工序结束后的检查验收、各专业队之间的交接检查、材料进场和使用的检测措施等。

（4）建立报告和行文制度。如合同文件和往来函件的内部、外部运行程序。

（5）建立合同文档管理系统。如各种文件资料的标准化管理，包括规定的格式、准确性要求和便于查询等。

（6）建立项目实施的跟踪监督制度。收集合同实施的各种信息和资料，并进行整理和分析，将实际情况与合同计划资料进行对比分析。在出现偏差时，分析产生偏差的原因，提出纠偏建议，将分析结果及时呈报项目经理审阅和决策。

## 9.5.7 第三方物流合同管理的原则

物流合同是物流需求企业与第三方物流供应商合作的基础。合同的每一个细节都需要双方考虑周全，任何一个条款在签订时考虑不周全，都会导致双方在今后的合作中出现问题。

**1. 全面性**

全面性指物流外包合同的管理工作能覆盖物流外包过程中可能发生的所有事情。从广义上说，物流外包服务项目的全部工作都可以纳入物流外包合同管理的范畴。物流外包合同管理是包含与物流服务相关的人员、资金、物资、质量、绩效考评的完整的管理系统。物流供应商与工商企业签订合同，是一个非常复杂的过程，任何一方如在签约前考虑不周或者准备不足，都有可能在未来执行合同中出现问题。此外，合同的执行标准及衡量标准，是工商企业与物流供应商在签约时首先应当协商解决的问题，但在实践中，大量的合同根本未对此做出规定，导致双方在执行合同或对所提供的服务方面产生争议。

**2. 严格性**

严格性指物流外包合同管理必须严格遵循签署的合同。外包合同是外包项目实施过程中的最高行为准则，企业与外包商在物流外包关系存续期间的一切交易活动都是为了履行合同责任。一切活动的基本指南是合同中的相关条款，不得随意更改，如果实在要进行改变，也必须先经过合同变更这一程序。

3. 灵活性

灵活性指物流外包合同的管理能适应外包过程中出现的意外变化，企业与外包商之间的关系必须能反映外包交易中的实际情况。所有的外包合同都是基于一些关键假设(如技术、商业条件、人员)而设计的。合同签署以后，这些假设条件可能发生改变，企业最初设计的服务需求和三年后的要求可能截然不同。物流供应商在签订合同时，要掌握好一种尺度，即达到何种水平。比较好的尺度是，将合同定为中间性的、可改进的方案，而非最终方案的程度上，以便为今后几年留出调整、改进的余地。物流外包合同管理要保证物流外包合同能适应这种不确定性，在严格履行合同的同时，能在不违背原合同宗旨的条件下进行一定的变动。实际上，某些合同中关于服务范围的界定"乙方应根据甲方的需要，提供甲方要求的有关运输服务，包括但不限于……"就为合同管理的灵活性提供了基础。

4. 合理性

合同中要考虑双方的利益，达到双赢的目标，这点很重要。如果只考虑一方赚钱，而使另一方无利可图，这样的合同即使签下来，履约中也会出现各种问题。实践证明只有双方的理念一致，所签合同的目标相同，履约中一般才不会产生什么问题，即使有问题也较容易解决。其中，在合同中需要写明服务收费项目，其合理性是第三方物流企业得以生存和发展的关键。

5. 可行性

对于专业性较强的物流供应商，签约前应向有关专家咨询，甚至请他们参与谈判，分析企业生产和管理的特殊性、特殊要求及特别需要注意的问题，避免留下难以弥补的后患。而对于经过努力仍无法做到的方面，千万不要轻易承诺。

6. 经济性

物流供应商接受和签订的合同将影响最终能产生效益的项目，而适当水平的物流成本开支必然与所期望的服务表现有关。要取得物流企业的领导地位，关键是要掌握使自己的能力与关键客户的期望和需求相匹配的艺术，对客户的承诺是形成物流战略的核心。一个完善战略的形成，需要具有对未实现所选方案的服务水平所需成本的估算能力。

### 9.5.8　我国合同法中有关物流合同的规定

《中华人民共和国合同法》(以下简称《合同法》)于 1999 年 3 月 15 日由第九届全国人民代表大会第二次会议通过，并于 1999 年 10 月 1 日起正式实施。作为一部调整市场交易的基本法律，它的颁布实施结束了我国《合同法》长期分立的局面。

1. 有关第三方运输的规定

新的《合同法》第二百八十八条至第二百九十二条是关于运输合同的一般规定，第三百零四条至第三百一十六条是货运合同规定，第三百一十七条至第三百二十一条是多式联运合同规定。

运输合同是承运人将旅客或者货物从起运地点运输到约定地点，旅客、托运人或者收货人支付票款或者运输费用的合同。运输合同的订立具有强制性，以保障旅客、托运人的利益和社会秩序。《合同法》规定，从事公共运输的承运人不得拒绝旅客、托运人通常合理的运输要求，拒绝订立运输合同。运输合同分为客运合同、货运合同和多式联运合同。运输合同一般均为格式合同。本教材重点介绍货运合同和多式联运合同。

(1) 货物运输合同。货物运输合同是指承运人将货物运送至约定的地点，托运人向承运人支付运费的合同。货物运输合同是由承运人开展运送业务的法律形式。货物运输合同可根据不同的标准进行不同的分类：以运输工具分类，可将货物运输合同分为铁路运输合同、公路运输合同、水路运输合同、航空运输合同以及管道运输合同等；以运送方式分类，可将货物运输合同分为单一运输合同和联合运输合同。其中，单一运输是以一种运送工具进行的运送；联合运输简称为联运，是指两种以上的运送工具进行的同一运输活动，它又可分为国内联运合同和国际联运合同。货物运输合同双方当事人涉及托运人和承运人，对于它们的权利、义务，法律有明确规定。

① 托运人的权利和义务。托运人办理货物运输，应当向承运人准确表明收货人的名称、货物的名称、性质、重量、数量、收货地点等有关货物运输的必要情况。托运人申报不实或者遗漏重要情况，造成承运人损失的，托运人应当承担损害赔偿责任。货物运输需要办理审批、检验等手续的，托运人应当将办理完有关手续的文件提交承运人。

托运人应当按照约定的方式包装货物。对包装方式没有约定或者约定不明确的，依照《合同法》有关规定仍不能确定的，应当按照通用的方式包装，没有通用方式的，应当采取足以保护标的物的包装方式。托运人违反此项规定的，承运人可以拒绝运输。

托运人托运危险物品的，应当按照国家有关危险物品运输的规定对危险物品妥善包装，做出危险物标志和标签，并将有关书面材料提交承运人。托运人违反此项规定的，承运人可以拒绝运输，也可以采取相应措施以避免损失的发生，因此产生的费用由托运人承担。

在承运人将货物交付收货人之前，托运人可以要求承运人中止运输、返还货物、变更到达地或者将货物交给其他收货人，但应当赔偿承运人因此受到的损失。

② 承运人的权利和义务。货物运输到达后，承运人知道收货人的，应当及时通知收货人，收货人应当及时提货。收货人逾期提货的，应当向承运人支付保管费等费用。

收货人提货时应当按照约定的期限检验货物。对检验货物的期限没有约定或者约定不明确的，依照《合同法》有关规定仍不能确定的，应当在合理期限内检验货物。收货人在约定的期限或者合理期限内对货物的数量、毁损等未提出异议的，视为承运人已经按照运输单证的记载交付货物的初步证据。但以后如收货人有证据证明货物的毁损、灭失发生在运输过程中，仍可向承运人索赔。

承运人对运输过程中货物的毁损、灭失承担损害赔偿责任，但承运人证明货物的毁损、灭失是因不可抗力、货物本身的自然性质或者合理损耗以及托运人、收货人的过错造成的，不承担损害赔偿责任。货物在运输过程中因不可抗力灭失，未收取运费的，承运人不得要求支付运费；已收取运费的，托运人可以要求返还。

货物的毁损、灭失的赔偿额，当事人有约定的，按照其约定；没有约定或者约定不明确的，依照《合同法》有关规定仍不能确定的，按照交付或者应当交付时货物到达地的市场价格计算。法律、行政法规对赔偿额的计算方法和赔偿限额另有规定的，依照其规定。

两个以上承运人以同一运输方式联运的，与托运人订立合同的承运人应当对全程运输承担责任。损失发生在某一运输区段的，与托运人订立合同的承运人和该区段的承运人承担连带责任。

托运人或者收货人不支付运费、保管费以及其他运输费用的，承运人对相应的运输货物享有留置权，但当事人另有约定的除外。

收货人不明或者收货人无正当理由拒绝收领货物的，承运人可以依法提存货物。

(2) 多式联运合同。所谓多式联运合同，是指多式联运经营人以两种以上的不同运输方式将货物从接收地运至目的地的合同。多式联运合同除具有一般运输合同的特征外，还具有以下特征。

① 多式联运合同的承运人一方为两人以上。联运合同的承运人若仅为一人，就不发生联运。联运合同的承运人虽为两人以上，但联运合同只是一个合同，而不是数个运送合同的组合。

② 多式联运合同的各承运人以相互衔接的不同的运送手段承运。承运人虽为两人以上，但各承运人是用同一种运送工具完成运送任务的，也不发生多式联运。多式联运的承运人一方须以不同运送手段承运。

③ 托运人一次交费并使用同一运送凭证。在多式联运中，货物由一个承运方转交另一承运人运送或者旅客由一种运送工具换乘另一运送工具时，不需另行交费和办理托运手续。因此，联运可以减少运送的中间环节，有利于加快运送速度，提高运送效率。

**2. 有关第三方仓储的规定**

《合同法》中第三百八十一条至第三百九十五条集中明示了仓储规定的条款。

(1) 仓储合同的概念和特征。仓储合同，又称仓储保管合同，是指当事人双方约定由仓库营业人(以前称仓管人)为存货人保管储存货物，存货人为此支付报酬的合同。

仓储合同的法律特征包括仓库营业人员须为有仓储设备并专事仓储保管业务的人；仓储保管合同的保管对象须为动产；仓储合同为诺成合同；仓储合同为双方有偿合同、要式合同。存货方主张货物已交付或行使返还请求权时以仓单为凭证。

(2) 仓储合同的效力。仓储合同的效力主要涉及仓储合同双方当事人，包括仓库营业人和存货人，在仓储合同中应该承担的义务。

仓库营业人员为保管货物的一方当事人。仓储合同一经有效成立，仓库营业人即负有以下义务：依存货人的要求，向存货人开具由其签名的仓单的义务；按合同的约定，承担接受存货人交付储存的货物并将其入库的义务；按照合同约定的储存条件和保管要求，妥善保管保管物的义务；在储存的货物出现危险时，仓库营业人及时通知存货人的义务；在合同约定的保管期限届满或因其他事由终止合同时，仓库营业人员应承担将储存的货物返还给存货人或存货人指定的第三人的义务。

存货人作为仓储合同的一方当事人，是物流的需求方，应该承担的义务主要有以下几项：按照合同的约定交存货物入库；支付保管费；偿付仓库营业人因堆藏、保管货物所支出的必要费用；按照合同的约定及时提取货物。

## 本章小结

第三方物流服务一般可分为基本物流服务和增值服务两类，其中增值服务分为两大类：基本的增值服务和特定的增值服务。

第三方物流服务项目的实施方案的形式主要有物流项目建议书、投标书、物流方案设计报告、物流规划书等。第三方物流服务项目实施方案的基本内容包括方案的基本目标、资源与优势介绍、物流服务模式、物流信息服务模式、服务报价、物流服务建议和结束语。第三方物流服务项目实施方案的设计必须按照一定的要求，并遵循一定的程序进行。

第三方物流参加投标的一般程序有九个步骤，在投标时还需注意一些问题。

第三方物流的合同管理包括合同的订立，合同履行、变更和解除以及合同纠纷的解决。

## 思考与练习

**一、名词解释**

第三方物流项目管理　物流方案　企业组织结构

**二、填空题**

1. 第三方物流项目管理概念的要点主要表现在以下几个方面：(　　)、(　　)、(　　)、(　　)、(　　)。
2. 第三方物流项目管理的目标是：(　　)、(　　)、(　　)、(　　)。
3. 管理的职能是(　　)、(　　)、(　　)和(　　)。
4. 第三方物流服务项目的实施方案是针对客户物流需求而做出的物流服务的(　　)、(　　)、(　　)及建议，既是(　　)，又是(　　)，更是(　　)，方案具有目的性、系统性、专业性等特点。
5. (　　)是针对工商企业的物流需求而设计的解决方案。

**三、选择题**

1. 第三方物流服务项目的实施方案主要有(　　)。

   A. 两种　　B. 三种　　C. 四种　　D. 五种

2. 物流项目(　　)是一种简单的物流方案，它是在客户的物流服务的框架要求之下所做出的关于基本上能满足物流服务要求的思想、初步的服务承诺、服务模式以及能达到承诺所具有的服务优势、初步的服务报价等。

   A. 建议书　　B. 合同　　C. 协议　　D. 设计报告

3. 第三方物流企业给客户设计(　　)，必须把自己企业的资质、物流资源、物流服务优势等在方案中介绍清楚，使客户对第三方物流企业有深刻认识。

   A. 系统　　B. 标书　　C. 物流方案　　D. 网络

4. 招标文件要明确规定投标文件的投送地点和期限，如从招标公告或投标邀请书发布之日到提交投标文件截止之日，一般不得少于(　　)天。

A. 10　　B. 20　　C. 30　　D. 40

5. 投标书正本(　　),副本数份(如标书有规定)。

A. 四份　　B. 三份　　C. 两份　　D. 一份

**四、思考题**

1. 项目管理步骤有哪些?
2. 第三方物流项目管理的特性有哪些?
3. 第三方物流常见的报价方法有哪些?
4. 简述服务项目实施方案的内容。
5. 第三方物流项目投标应注意什么问题?
6. 第三方物流服务合同的特征是什么?
7. 第三方物流服务合同签订时要注意哪些问题?
8. 第三方物流合同的当事人一般包括哪三种?
9. 合同实施的保证体系包括哪些内容?

## 万罗物流公司外包物流项目的过程

位于伊利诺斯州的美国万罗物流公司(Menol Logistics)是一家第三方物流供应商,拥有自己的车队和仓库。在长期的物流实践中,针对企业物流外包项目特点,总结出了四个阶段和10个环节的企业物流外包项目管理过程。

1. 业务规划阶段

业务规划阶段的主要环节为项目洽谈。第三方物流供应商的项目来源于市场的需要。一个项目能否谈判成功,取决于项目营销专家的知识、经验、技巧与沟通能力。作为项目经理(PM),其第一任务是"接单"。与产品销售不同,PM在该阶段的任务除了接单,还要尽可能地搜集顾客关键人物的资料并能与顾客单位各个阶层的负责人建立良好的客户关系,为日后项目实施时的资源调动打好基础。

2. 项目设计阶段

1) 组建项目组织

为了做好项目系统分析和计划工作,万罗公司需要与顾客组建一个项目协调组。在万罗公司总裁的授权下,项目组能支配足够的资源(包括车辆、仓库和人力),并设定工作目标,使组员同时承担明确的项目责任。

2) 制订操作流程计划

通过充分的沟通与调查,物流公司首先要了解顾客与其产品的生产流程、当前动态和操作要求。然后,制定出双方企业的物流操作流程图。针对万罗公司所经营的仓库和交通工具等资源,提出满足顾客物流服务反应时间要求的进度考核方法与指标。

3) 系统的联合

万罗公司与顾客举行"联合-应用-发展"联席会议,来自两家公司的信息技术人员想办法衔接两家公司的信息系统,解决两家业务信息的互通问题,满足物流信息电子化的要求。

4）研制项目计划和活动时间表

项目利用前几个步骤所得出的信息，分解项目的结构，利用 WBS 法研制出详细的工作计划和活动时间表。该活动计划，包括从宏观到微观层面的每一个步骤或活动。

3．项目实施阶段

1）经常沟通

在项目推进过程中，每一活动的进展与完成，都需要明晰地反映或通报至双方公司，经常性的沟通对项目实施的成功非常关键。可以说，没有良好的沟通，就不会有成功的项目。

2）寻找合适的地点

针对顾客的供应商、工厂和消费者的地点，需要分析与设计优化的配送业务网络。既可以由万罗公司和顾客共同确定合理的配送中心地点，也可以为本项目专门新建物流设施(如新的配送中心)。一切取决于整个物流系统日后的效率与效益。

3）生产准备

招募优秀的项目执行人员(可以是万罗公司内部人员，也可以从市场上招聘)，并对他们进行专业化的培训。在新设施启用前，万罗公司需要对新招聘员工进行所有必要的考核和背景调查。具有必要的物流知识与技能、较强的责任心、一定的营销头脑是衡量人才优秀与否的主要标准。一般在新设施启用前两周，万罗公司开始训练新员工。培训的内容包括：员工如何使用仓库管理系统；实习货物的接收、储存、分拣和发运等工作；普及顾客的产品特性知识、应急事件的处理和危险物料处理方法等。

4．项目交付阶段

1）项目试运转

这是项目管理的最后一个环节。在这一环节中，顾客会给万罗公司一些具体的指令和一些非正常的要求，考察万罗公司运用该项目能否圆满地完成指定的任务。在试运行中出现问题时，项目组及时组织有关人员加以解决，以提高项目的可靠性。

2）项目移交

一旦项目正式启动，项目组将在起初的 1～2 周密切监视项目运行情况，以确保系统的所有环节都能顺利运转。对一些薄弱环节，再强化人员的培训和管理制度的调整。要求操作人员每天早上都开会重温他们从昨天的运作中所学到的东西。随着项目运作的顺利开展，该项目并入企业的运行系统，项目组解散，项目管理周期宣告结束，由生产人员承担整个系统的控制工作。

资料来源：陈雅萍. 第三方物流[M]. 北京：清华大学出版社，2008.

**讨论**

1. 针对企业物流外包项目的特点，企业物流外包项目管理过程一般分为哪几个阶段？
2. 试分析万罗物流公司是如何成功取得客户企业的物流项目的。

# 第 10 章

# 第三方物流组织

## 学习目标

通过本章的学习,理解典型的第三方物流企业的组织结构,熟悉第三方组织基本类型,了掌握第三方组织设计方法,熟悉第三方物流的组织结构重组,熟悉第三方物流的并购策略。

## 关键术语

组织　物流管理组织　组织设计　组织结构　组织创新　并购策略

**北方纸品制造商物流组织结构设置**

围绕物流问题,北方纸品制造商遇到了典型的销售部门与生产部门之间的冲突,该公司生产和销售纸制品,如购物袋、商业包装纸、卫生纸和餐巾纸,销售量一般都很大,有的客户一次订30个车皮,公司的组织机构围绕营销和生产目标设置。

由于营销和生产部门之间缺乏协调,销售人员单方面向客户承诺在他们需要时候送货,而极少考虑生产计划安排。如果在重要的交货日不能交货,销售部门就会为订单向生产部门施加压力。其中的理由很简单:"使劲地挤葡萄,籽就会出来。"另一方面,有些订单到达生产部门手中时,已经超过了交货日期,生产计划经常性地调整,导致机器启动费用居高不下,催得不急的订单就会拖得更久。这些往往会使生产部门承受巨大的压力,由于供求之间缺乏协调,越来越多的客户表示不满,某些客户甚至威胁去寻求其他的货源。

思考

你认为如何从组织结构方面来解决这些问题?

## 10.1　第三方物流组织概述

### 10.1.1　物流管理组织的概念、功能及必要性

#### 1. 物流管理组织的概念

"组织"通常有两种含义:其一是指作为实体本身的组织,即按照一定的目标、任务和

形式建立起来的社会集体，如企业、政府、大学、医院等；其二是指管理的组织职能，即通过组织机构的建立运行和变革机制，以实现组织资源的优化配置，完成组织任务和实现组织目标。因此，组织是实现目标的重要保证。

所谓组织，是指为实现既定目标，通过人与人、人与物以及信息的有机结合所形成的社会系统。组织存在于社会生活的许多方面，如社会慈善机构以及各种经济组织等。

所谓物流管理组织，是指在企业或整个社会中为了进行物流管理，把责任和权限体系化的组织。物流管理组织作用的发挥，是通过建立一定的物流管理机构，确定与其相应的职位、职责和权力，合理传递信息等一系列活动，将物流各个要素合成一个有机的整体，最终实现物流管理乃至企业管理的总体目标。

**物流管理组织**

很久以前，在物流活动还包含在生产、销售活动中的时候，其管理部门也作为生产等部门的附属部门而存在，但其地位低，物流岗位也得不到承认。但是，随着物流一体化思想的发展，人们认识到物流的重要性，成立了独立的物流管理组织。现在，这些部门除了承担物流管理外，还期待其承担与信息部门、政府部门的联络职能。

**2. 第三方物流组织的功能**

1）凝聚功能

第三方物流组织的凝聚力的表现就是凝聚功能。凝聚力来自于目标的科学性与可行性。第三方物流组织要发挥其凝聚功能，必须做到：①明确第三方物流目标及任务；②良好的人际关系与群体意识；③第三方物流组织中领导的导向作用。

2）协调功能

第三方物流组织的协调功能是指正确地处理组织中复杂的分工协作关系。这种协作功能，包括两个方面：一是组织内部的纵向、横向关系的协调，使之密切协作，和谐一致；二是组织与环境关系的协调，第三方物流组织能够依据物流环境的变化，调整物流策略，以提高对市场环境变化的适应能力和应变能力。

3）制约功能

第三方物流组织是由一定的物流人员构成的，每一成员承担的职能，有相应的权利、义务和责任，通过这种权利、义务、责任组成的结构系统，对组织的每一成员的行为都有制约作用。

4）激励功能

第三方物流组织的激励功能是指在一个有效的物流组织中，应该创造一种良好的环境，充分激励每一个物流人员的积极性、创造性和主动性。因而，第三方物流组织应高度重视人员在物流中的作用，通过物质和精神的激励，使其潜能得到最大限度的发挥，以提高第三方物流组织的激励功能。

### 美国杜邦公司的组织结构

在美国，杜邦公司于 1903 年第一家建立起由集体领导的执行委员会，用集体来取代一个人进行决策。这也是杜邦公司创造奇迹的要诀之一。经过约 20 年的探索改革，逐步完善，形成了今天这样的经营管理集体执行机构。由 27 位董事组成的董事会作为公司的最高经营决策机构，每月的第三个星期一开会。董事会议闭会期间，由董事长、副董事长、总经理和 6 位副总经理组成执行委员会，行使其大部分权利，集体负责、分兵把口，承担日常的经营管理决策，推行董事会制订的营销策略。每星期三，执行委员会开会，先就日常业务进行审议，并决定处置办法。正式议程的主要内容是听取和审阅各部门经理业务报告，其内容包括：生产情况、业务进展、市场销售、效益、存在问题、建议等，并就进一步采取的措施和对策进行讨论，然后做出决议。执行委员会的最后决定，通常采取多数赞成的方式通过，复杂的问题经充分酝酿后协商决定。

除了执行委员会外，董事会还下设财务委员会，其委员多数由不参与日常企业经营的董事们担任。财务委员会决定总公司的财务政策，并对财务活动进行指导和监督，是掌握"杜邦钱柜"的掌柜。执行委员会在财务上有权使用 400 万美元限额内的款项，如超过，则须经公司的财务委员会同意。

#### 3. 有效组织对第三方物流管理的必要性

尽管所有的企业都有一定的物流活动，但物流管理对企业的重要性却各有不同。第三方企业中物流的属性决定了物流组织结构的重要程度。对于许多第三方企业，物流成本可能在销售收入和总成本中占很大部分，物流组织问题就显得非常重要。

1）协调和分工

传统的组织方式是把企业活动分为财务职能、生产职能和市场职能三个部分，如图 10-1 所示。所有的活动对于一个企业而言都是互相影响、相互关联的，把它们分归不同的部门虽然可以使管理幅度合理，促进工作效率，但是也造成了部门之间的冲突。从物流的角度看，这三种职能的基本目标与物流的目标有所差异，这种组织安排可能导致这几个职能部门与物流活动的冲突。比如说，运输职责可能是在生产职能下的，库存职责在三个职能部门中都有，订货过程与市场职能或财务职能都相关。但市场职能的基本职责是使销售收入最大化，采购职能的职责是追求最低采购成本，而财务职能则是以最小资本取得最大化投资收益。

这些目标间的冲突可能导致物流系统不能实现最优化运作，影响企业的总体效率。例如，市场部门需要快速送货来支持销售，而由运输部门制订路线计划时，却希望成本最低。销售人员可能承诺给客户本企业不可能做到的物流服务水平，另一方面，生产管理人员可能会要求以累积的方式进行订货，以降低生产准备成本，且有更多的时间来制订最经济的原材料需求量。尽管这些部门间相互妥协可能取得一些进展，但最佳的物流成本与服务间的均衡难以实现。为了便于分立的物流活动的决策之间相互协作，需要更为合理的组织结构。

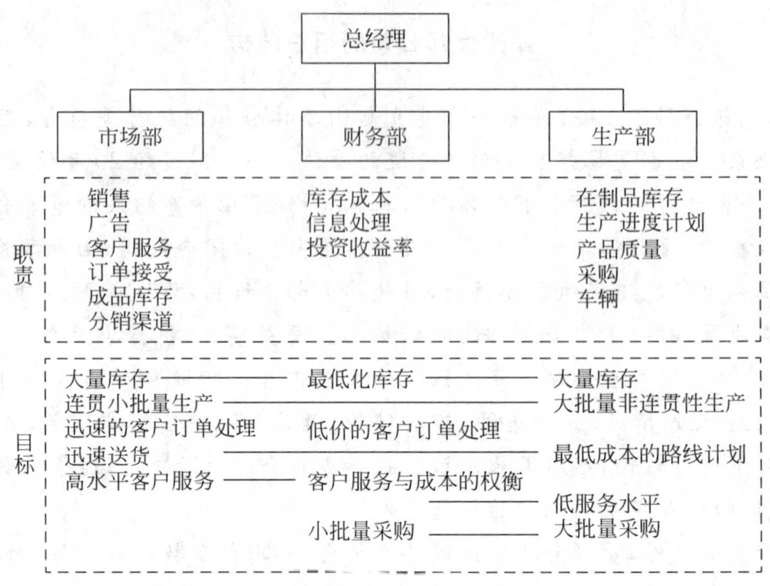


图 10-1 典型职能部门组织的物流活动

2）明确权责

传统企业中，物流管理的一些重要的环节，如运输和库存管理等是作为主要职能部门如市场部、生产部和财务部下面的分部门来单独运作的，这意味着物流活动的各管理人员分别负责部门活动，如运输经理负责运输方式选择、承运人选择及协商价格等，而不负责库存活动，在直线组织中，这些经理通常的上司是负责某一地区的经理；相类似，库存管理通常是作为工厂层次的运营管理的一部分或作为一个销售区域内市场管理的一部分来独自进行的，因此，库存要么是用来提高制造的效率，要么是用来支撑客户服务的。在这种安排下，各物流活动分别作为成本中心进行管理，主要目标就是控制支出，很难从系统的角度预计和成功地进行职能间的权衡。即使每一活动都达到最低的成本，整个企业的运营效率却难以达到最优化。

## 10.1.2 物流管理组织的构成要素

物流管理组织应该是多种要素有机结合的整体。这些要素主要是由物流管理人员、企业管理规章制度、企业物流信息及其管理方法和手段构成的。

**1. 物流管理组织的主体是物流管理人员**

物流管理人员的数量、素质和结合方式影响到整个组织的效率和其他各个方面。物流管理人员的主体作用主要通过三个方面来体现：其一，职务和人员素质的协调一致。物流管理职位是一个对管理者素质要求较高的职位，它要求管理者既要有现代物流管理知识，还要有相应的管理能力，以适应这个重要职位。其二，物流管理人员责、权、利的统一。这是物流管理人员发挥积极性的关键。其三，物流管理人员素质的培养和提高，可以通过组织科学的激励机制和各种有效的管理措施实现。

**2. 物流管理组织的行动准则是健全的规章制度**

在一个组织中，层次不同，环节不同，岗位职位不同，每一个成员的能力及行为方式各异，必须要有严格统一的规章制度来规范约束每一个个体的行为，只有这样组织系统才能够有序、协调地运行，物流企业也不例外。

**3. 物流管理组织的媒介是企业物流信息**

物流管理人员在组织中的管理活动，要以各种信息为基础，信息是物流管理组织的神经系统，物流管理活动离不开物流信息。

物流管理组织的各个要素缺一不可，必须使它们很好地结合起来，不断改善，才能发挥组织的功效，实现企业的目标。

**IBM 公司的跨职能组织**

IBM 公司因为 1992 年的巨大财务亏损，其采购职能被加以重组。IBM 的新采购结构采用了一个与供应商的单一联系点（商品小组），由这一商品小组为整个组织提供对全部部件需求的整合。合同的订立是在公司层次上集中进行的。然而，在所有的情况下采购业务活动都是分散的。采购部件和其他与生产相关的货物是通过分布在全球的采购经理组织的，这些经理对某些部件组合的采购、物料供应和供应商政策负责。他们向首席采购官和他们自己的经营单位经理汇报。经营单位经理在讨论采购和供应商问题以及制定决策的各种公司业务委员会上与 CPO 会晤。CPO 单独与每一个经营单位经理进行沟通，以使得公司的采购战略与单独的部门和经营单位的需要相匹配。这保证了组织中的采购和供应商政策得到彻底的整合。IBM 通过这种方法将其巨大的采购力量和最大的灵活性结合在一起。

对于与生产相关的物料的采购，IBM 追求的是全球范围内的统一采购程序，供应商的选择和挑选遵循统一的模式。他们越来越集中于对主要供应商的选择和与他们签订合同，这些供应商以世界级的水平提供产品和服务并且在全球存在。这实现了更低的价格和成本水平、更好的质量、更短的交货周期，并因此实现了更低的库存。这种方法还实现了更少的供应商和逐渐增加的相互联系，因为采购总额被分配给更少的供应商，因此可以更多地关注价值链中与单个供应商的关系，并可以发展以持续的绩效改善为基础的关系。

# 10.2　第三方物流组织模式

## 10.2.1　第三方物流企业组织模式含义

企业组织模式是指企业及其分支机构所构成的企业网络。企业组织结构既包括企业组织网络也包括业务网络，是企业业务运作模式的基础和保障。广义的组织结构也可以扩展到与企业关系密切的合作伙伴。

第三方物流业务的复杂性和多样化趋势促使物流服务企业必须做出新的战略决策，而战略的变化往往要求组织结构发生相应的变化。一个合适的组织结构是第三方物流企业可持续发展的有力保障，是企业运营的支撑架构。

在形态各异、规模不同的第三方物流企业中，并不存在着一种唯一正确或普遍适用的组织设计,每一个第三方物流企业必须围绕着它的使命和战略的主要活动来进行结构设计。因而,有机的组织结构对于每一个第三方物流企业都应该是独一无二的。

### 10.2.2 第三方物流企业组织结构模式类型

物流企业组织结构主要有三种：职能式组织(functional organization)结构、事业式组织(divisional organization)结构、矩阵式组织(matrix organization)结构。

**采购内部组织部门化**

采购内部组织部门化,就是将采购部门应负责的各项功能整合起来,并以分工方式建立部门来加以执行。一般来讲,在规模较大的采购组织中是按照其执行的专业功能来建立部门。

#### 1. 职能式组织结构模式

1) 职能式组织结构的含义

职能式(又叫垂直式)组织结构是企业最常见的组织结构形态,其本质是将企业的全部任务分解成分任务,并交与相应部门完成。组织的目标在于内部的效率和技术专门化。在职能型组织中,纵向控制大于横向协调,总经理对董事会和股东会负责,各部门经理对总经理负责,业务主管对其部门经理负责,一般员工对其主管负责。正式的权力和影响来自于职能部门的高层管理者,是集权式管理组织结构,如图 10-2 所示。

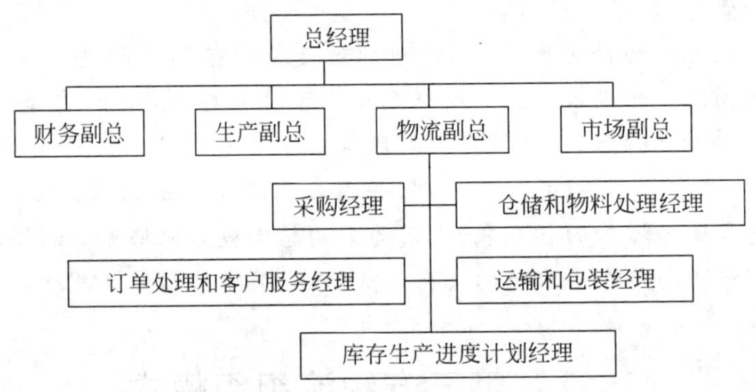


图 10-2 职能型组织结构

职能型组织是一种层次型的,主要适用于运营性企业或组织。这种组织是按照专业化分工和部门划分构建的。职能型组织结构的特点是组织内除直线主管外还相应地设立一些组织机构,分担某些职能管理的业务。这些职能机构有权在自己的业务范围内,向下级单位下达命令和指示,因此下级直线主管除了接受上级直线主管的领导外,还必须接受上级各职能机构的领导和指示。

2) 职能式组织结构的核心优势和劣势

职能式组织结构的核心优势是专业化分工,部门和岗位的设置是以业务种类和技术水平来划分的,这样的组织结构、部门岗位名称非常稳定,很少变动,有利于专业能力和专一技术水平的提高。让一组人专注于仓储，而另一组人专注于运输的效率，比大家两者兼做的效率要高很多。职能式结构的另外一个优势在于其鼓励职能部门的规模经济。规模经济是指组合在一起的员工可以共享一些设施和条件。当外界环境稳定，技术相对例行，而不同职能部门间的协调相对容易时，这种结构是最有效的。区域性中小物流企业采用这种组织结构的比较多。

职能式结构的主要劣势是对外界环境变化的反应太慢，这种反应需要跨部门的协调。如果环境变化快，或者技术是非例行、相互依存的，则会出现纵向决策信息超载，高层决策缓慢的现象。在这样的组织，大家习惯眼睛向上看，等待高层决策，而缺少横向联系和自主地解决问题的意识。职能式组织的其他缺点还有：由于协调少导致缺乏创新，每个职员对组织目标的认识有限。

**2．事业式组织结构模式**

美国现代管理学之父彼得·德鲁克(Peter Drucker)认为，“世上没有放之四海而皆准的设计：每一个企业机构的设计，都必须以配合其使命和策略的主要业务为中心”。早在20 世纪 80 年代，企业内外环境的变化，传统的等级森严的企业组织在网络经济时代显得臃肿、信息传递与决策缓慢、发展动力不足、对变化反应迟钝。欧美的物流企业纷纷实施战略转型，根据企业的业务运作来选择适当的企业组织模式。物流企业将传统的以业务领域纵向划分的产业组织结构(如仓储、保管、运输和包装等)，及时调整为横向的集约化水平的产业组织结构，实现资源和流程的优化组合。企业组织创新成为提高企业竞争力的重要措施之一。

1）事业式组织结构的含义

事业式(又叫扁平式)组织结构将各业务环节以产品、地区或客户为中心重新组合，每个事业部都有独立的运输、仓储等职能，在事业部内部，跨职能的协调增强了。此外，因为每个单元变得更小，所以事业部式结构更能适应环境的变化，是一种分权式管理组织结构，如图 10-3 所示。

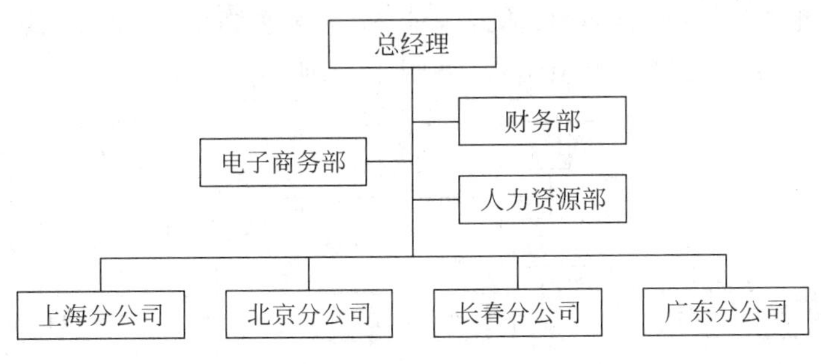


图 10-3　事业部型组织结构

不同于职能式结构，事业式结构中总部与各事业部的关系因企业的不同而不同，没有一个简单的模板可以照搬。两者关系主要体现在总部对事业部的战略决策控制及事业部的自主决策权力，有时还体现在总部的监控作用上。事业式结构打破了职能式结构对资源的划分方式，将资源重新组合，常见的组合方式有三种：按产品或服务组合、按客户组合和按地域组合。

2）事业式结构的优势和劣势

事业式组织可以很灵活地按产品或服务、按客户或按地域来划分，有迅速调节的功能以适应灵活多变的市场环境，使组织资源与外部环境的联系更加紧密。应用事业式的一个不足之处是组织失去了规模经济。事业式的另一个问题是如何协调各事业部与总部的关系。

实施事业式结构的企业应该具有一定的规模。只有当企业的管理层级过多，高层管理人员与市场的距离过大，无法及时做出正确决策时才可以考虑将职能式结构调整成事业式结构。另外，如果企业的客户过多，区域性或行业性分布明显，无法资源共享，也可以考虑实施事业式结构。事业式组织应保证每个事业部都可以自给自足，与总部和其他事业部没有过多的依存关系，这样事业部在决策上才具备真正的主动性，而不受其他环节的干扰。

**Yellow Freight 重组**

Yellow Freight 是美国最大的 LTL 汽车承运人。该公司按区域建立了五个业务部，并配备了直接向公司总裁汇报的部门副总裁。该公司在 1997 年通过让员工提前退休和裁员的方式减小规模。公司重组有三个目标。公司总裁说："首先是更接近客户。我们正在压缩我们的组织，使它更加扁平化……通过建立客户焦点团队，使客户更愿意与我们做生意。其次，提高我们的生产率。我们不仅精简了机构，而且得到了 30 亿美元的收益，能够为客户提供更个性化的解决方案。最后，重组使承运人能更好地利用其技术。"

资料来源：[美]詹姆士·斯托克，莉萨·埃拉姆. 物流管理[M]. 张文杰，叶龙，刘秉谦，译. 北京：电子工业出版社，2003：295.

**3. 矩阵式组织结构模式**

1）矩阵式组织结构的含义

矩阵式(又叫混合式)组织结构，体现为业务、职能的垂直管理和地域的横向支持，是一种集权—分权—集权式管理组织结构，如图 10-4 所示。

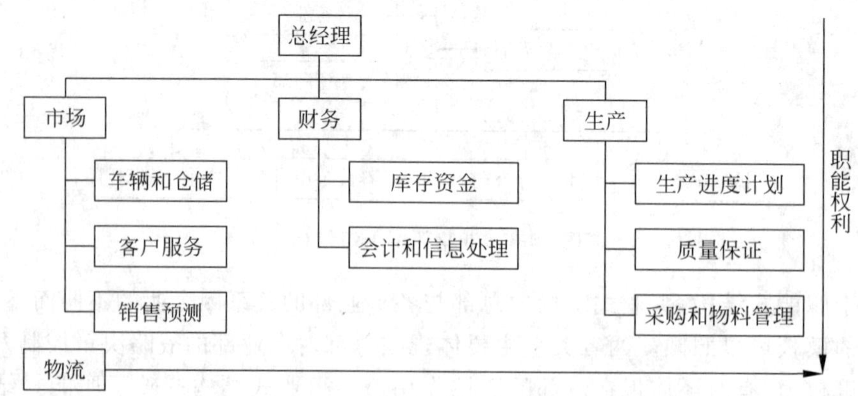


图 10-4 矩阵型组织结构

矩阵型组织结构是一种学习型、扁平化的组织结构。在该结构下，不再层层下达信息和命令，而是通过网络状的结构进行运作，权力更为分散，甚至出现员工共同决策的情况。一般只适应于规模较大、业务多，且结构也不太稳定的大中型企业，需要发挥职能机构的专业管理优势时才用。若用在小公司，不但无法体现职能机构专业管理的优势，反而会因为多头领导而损失业务部门应有的管理效率。

2）矩阵式结构的优势和劣势

采用这种体制的最大优势是公司资源集中管理，适合中国的物流管理现状，能够实现一套人马、多个法人实体的运作模式，但需要员工有较高素质，团队意识强，同时对管理水平，特别是财务管理水平要求高。目前世界大型物流公司大都采取总公司与分公司体制，总部采取集权式物流运作，按业务实行垂直管理。

对企业事业部门的划分，何时按客户划分？何时按产品划分？

答：应该比较不同产品之间的差异是否大过不同客户之间的差异，如果前者大于后者，应选择按产品划分；反之，则应选择按客户划分。

# 10.3　第三方物流组织结构分析与设计

## 10.3.1　典型的第三方物流企业组织结构分析

第三方物流企业组织结构设置的好坏，直接影响到第三方物流公司的经营业绩。不同的第三方物流企业所采用的组织结构形式也有所不同。根据第三方物流企业经营地点分布与运作方式的不同，存在着点式经营与网式经营的组织结构。

### 1. 点式经营的组织结构

所谓物流的点式经营，是指企业经营地集中在一个区域的物流公司运营模式。尽管现代物流讲究网络化运作，但从第三方物流公司的发展实践看，仍然存在大量的点式经营企业。尤其是我国第三方物流还处于发展的初级阶段，很多企业还没有形成网络化经营的能力。点式经营组织中的部门设置如下。

1）企业发展部

企业发展部承担市场开发、方案策划、项目实施、技术开发等工作。

2）市场营销部

市场营销部的主要功能包含客户关系维系和业务开发。这种模式中，业务员取得业务，维护客户，并从客户的物流服务营业收入中取得收益。值得注意的是，在企业发展部中体现的是市场功能，而在市场营销部中体现的是销售功能。

3）营运部

营运部功能强大，包括调度、营运跟踪、现场管理、采购和物流配送。应该说，在该组织结构设计中，营运部的设置是不合理的。尤其是其将采购放在营运部中，违反了第三方物流中公认的使用者和采购者分离的原则，容易造成灰色交易，不利于对供应商的管理。但其营运部中的营运跟踪功能，却显示了该公司对现代物流客户服务的理解，它们通过营运跟踪部门对客户的订单进行跟踪，保证信息的及时性和透明化。

4）客户服务部

客户服务部包含投诉处理、业务协助和运作监控三个主要的功能。其中的投诉处理反映了物流业务中对正常业务和突发事件采用不同沟通渠道的原则；业务协助主要在公司内部的营运部和客户之间形成一种协调机制，便于双方的协作；运作监控功能使客户服务部具备对内部运作进行监督的职能，从而形成一种内部的自我纠错能力。

5）管理部

将行政、人事和质量管理放在管理部，这种设置对于较小规模的公司是适用的，对于比较大的公司而言，还可以对以上功能进行细分。该公司设立了质量管理部门，这也是现代物流企业所必需的。

6）IT 部

IT 部门负责系统的开发和维护。

7）财务部

财务部成本会计的功能对于该公司完善客户管理、员工考核和成本控制都有重要意义。尤其是在第三方物流还很难提供大量增值服务的情况下，第三方物流企业必须重视自己的成本控制，以降低运作成本，为自己和客户创造效益。

8）对外关系部

对外关系部主要的功能不是处理同公众的关系，而是处理同政府相关部门和重要客户的关系。在我国目前的发展阶段，政府主管部门的管理还有很多不规范的地方，因此，同政府相关部门建立关系，既可以避免不必要的麻烦，又可以为企业赢得某些政策支持，同重要客户建立好的关系更加重要。

**2. 网式经营的组织结构**

在网式经营的组织结构设置中，根据管理权限的设置不同，可分为集权型组织结构和分权型组织结构。

1）集权型网式经营组织结构

集权型的网式经营，是指物流公司的总部掌握物流管理和运作的大部分权利，各个分公司或子公司构成的网络节点只是负责业务运作的管理和运作模式。采用集权型的网式经营，子公司或分公司一般采用成本中心模式，实行收支两条线，客户直接同总部结算，总部根据各个点的运作情况，下发运作经费。这种组织结构明显体现了集权的特点。

（1）总部的部门设置。公司总部的部门设置比较健全，包括行政部、财务部、运作部、业务部、客户服务部和 IT 部六个部门。其中的运作部实际上是运作管理部，本身一般不具备直接的运作功能，而是通过它直接领导的分公司和子公司完成物流的运作；业务部实际上应该是市场和营销功能的结合，负责客户的开发，开发的客户是面向整个物流网络的；客户服务部是对网络上的所有客户进行服务的。

（2）分公司的部门设置。分公司是在总公司运作部的直接领导下工作的，分公司的核心职能是完成物流业务的运作，本身不承担市场开发工作。

集权型网式经营组织结构的优点在于网络的协同效应比较好,便于控制。但这种结构也有很多弊端,如各个分公司不对经营利润负责,工作积极性会受到影响。同时,由于各地分公司没有自主的客户开发权限,也限制了市场的拓展能力。目前,新型的第三方物流企业大多数采用这种集权型网式经营组织结构。

2）分权型网式经营组织结构

分权型网式经营组织结构中,分公司是独立经营的实体,每个分公司的组织结构都相当于一个点式经营的组织结构。但这并不意味着总公司就无所作为。总公司尽管不从事具体的市场开拓和客户服务等工作,但在整个网络的发展规划、市场开发指导、技术支持等方面发挥重要的作用。

(1) 总公司的部门设置。总公司有一个项目管理部对各地的分公司进行直接领导;研发部是企业的技术开发部门,开发新的管理和运作体系,建立公司的标准化操作流程,在分公司进行客户开发的过程中,也可以提供技术支持;企划部负责公司的战略规划和网点的建立,进行新项目投资的可行性研究,是公司重要的决策支持部门。

(2) 分公司的部门设置。分公司实际上是一个功能健全的物流公司,拥有独立的客户开发和服务体系,只是在市场定位、大客户开发、投资等方面需要总公司的支持。

分权型网式经营组织结构中,各地分公司是利润中心,总公司通过预算来控制各地的财务。分权型网式经营组织结构最大的优点是可以充分调动各分公司的积极性,但财务管理困难,网络间的业务协调能力差,各分公司之间配合的积极性不高,在管理不力的情况下,会形成诸侯割据的局面。目前,这种管理模式在由传统的物流企业转型过来的第三方物流公司中有一定的应用。

**3. 两种新型的第三方物流组织结构**

1）矩阵型点式经营组织结构

所谓矩阵型点式经营组织结构,是将项目管理的思想引入到点式经营的组织结构中去。由于客户物流需求的个性化特点,特别适合项目管理的运营模式。

2）混合型网式经营组织结构

混合型网式经营组织结构综合了集权型和分权型网式经营组织结构的优点,在组织结构设计时,同时具备集权和分权的功能。具体做法是:在集权型网式结构的基础上,健全各分公司的职能,使各分公司具备一定的独立运作和管理体系,具有开发客户的能力。其经营组织结构的特点是:各分公司的客户分为两部分,一部分是来自总部的客户,按照成本中心的模式进行管理;另一部分是自己开发的客户,按照利润中心的模式来运营。混合型网式经营组织机构中,可以通过总部和各分公司的联合营销,大大提高整个公司的市场营销水平。

## 10.3.2　第三方物流企业组织设计

**1. 第三方物流企业组织设计的原则**

合理、高效、协调的企业组织结构,是企业赢得市场竞争的重要保证。第三方物流企业组织设计原则是进行企业组织设计的思考坐标,一个好的设计者,通常都要有一些能够打动客户的设计原则和设计思想。第三方物流企业在进行组织设计过程中应坚持以下原则，为实现企业管理目标提供良好的运行条件。

1）组织的有效性原则

建立组织的目的就是为了实现整体的高效率，因此，有效性及其有效程度是衡量第三方物流企业组织的重要指标。良好的组织设计使组织的各个层次、各个部门、各个成员都了解自己在实现组织目标中应该承担的工作职责。有分工就必须有协调，协调包括部门之间的协调和部门内部的协调。分工协调原理可以这样来表述：组织结构的设计和组织形式的选择越是能反映目标所必需的各种任务和工作的分工，以及彼此间的协调，委派的职务越是能适合于担任这一职务的人员的能力，委派的职务就越是有效。第三方物流企业组织设计的关键是要体现出组织结构中合理的管理层次的分工、部门的分工及企业员工职权的分工，使第三方物流企业的管理专业化程度和物流效率得到进一步的提高。

2）组织业务的标准化原则

科学管理大师泰勒要求通过动作研究和时间研究，制定出标准的操作方法、标准的操作流程和标准的作业环境等。业务程序的标准化就是要将合理的作业方法及作业程序制定成标准，加以明确化和具体化，使各方面的工作有章可循。

3）组织目标一致性原则

组织设计的目标统一性表明，组织结构的设计和组织形式的选择必须有利于组织目标的实现。第三方物流企业的组织是由其特定的物流目标决定的，第三方物流组织中的每一部分都应该与既定的组织目标有关系。第三方物流企业要设立自己的物流分目标，以支持物流总目标的实现，而这些分目标的实现又将成为第三方物流企业组织目标进一步细分的依据。为了更有效地实现组织目标以及设计和建立合理的组织结构，需要根据外部要素的变化适时地调整组织结构，这是第三方物流企业组织设计工作的核心。

**2. 第三方物流企业组织设计的流程**

第三方物流企业组织的设计，就是把为实现第三方物流企业组织目标所需完成的工作，不断划分为若干性质不同的业务工作，然后再把这些工作进行一定程度的整合，组成一定的部门，并确定各个物流部门的物流业务职责。

第三方物流企业组织设计的流程如下。

(1) 确定企业的组织目标。

(2) 对物流目标进行细化，拟订细化的物流组织目标。

(3) 明确为了实现目标所必须开展的各项业务工作或活动，并加以分类。

(4) 根据可利用的人力、物力以及利用它们的最佳途径来划分第三方物流的业务工作和活动。

(5) 给予执行各项第三方物流业务工作或活动的各类人员职权和职责。

(6) 通过职权关系和信息系统，把第三方物流企业各层次、各部门连接成为一个有机的整体。

**3. 第三方物流企业组织设计内容**

企业组织设计是将组织内的人力合理分配于不同的任务，并通过对人员的分组取得协调一致的行动。企业组织设计主要包括以下几方面内容。

1）劳动分工

将某项复杂的工作分解成许多简单的重复性活动，实施功能专业化。通过劳动分工，使每个员工都能发挥自己的专长，提高工作技能，也有利于促进工具和设备的专门化，从而使工作效率得以提高。

2）部门设计

将专业人员进行归类，形成组织内部相对独立的部门。部门设计主要有以下几种方式。

（1）职能部门化。按组织活动的职能划分为营销部、生产部、销售部、财务部、工程部和行政后勤部等。

（2）产品或服务部门化。按照组织的产品类型来划分部门。例如，某汽车企业原来一直按产品品牌划分为雪佛兰部、凯迪拉克部等，后来按产品外形划分为大型车部、小型车部和电子器件部。

（3）用户部门化。按组织所服务的对象特点来划分部门。

（4）地区部门化。按主要业务发生的地区来划分部门。

一些大型企业往往将以上几种方式结合起来，构成一个层次结构式的部门化组织形式。

3）确定责任和权力

确定组织中各类人员承担的责任范围，并赋予其使用组织资源所必需的权力。在组织中，往往是由上级对下级授予责任与权力；责任和权力必须明确，并相互适应；要避免双重隶属关系的授权。

4）管理幅度和管理层次设计

管理幅度是指一个管理人员能有效地直接领导和控制的下级人员数目。管理层次是指组织内纵向管理系统所划分的等级数。一般情况下，管理幅度与管理层次呈反比例关系。由于上层主要承担决策性、组织性工作，管理幅度较小，而下层主要承担执行性、日常性工作，管理幅度可以大一些。管理幅度的大小主要取决于领导者和被领导者的素质，以及管理业务的复杂程度等因素。

**4. 非正式物流组织**

物流组织的主要目标是计划不同的物流活动并使它们之间保持协调一致。这种协作可能靠一些非正式的组织方式达成，即不改变现有的组织结构，而是靠合作和建议等方式来达成负责这些活动的员工之间的协作，良好地协调各种物流活动。

1）建立激励机制

有的企业把运输、库存控制、订货处理等关键活动分归不同部门管理，为了协调它们之间的关系，常需要一些激励机制。原因如下。

（1）建立各种物流活动之间的转换成本。例如，假设为了大批量运输而减少运输成本和降低运输频率，这会使得库存超出合理水平，从库存管理目标看，由此导致库存成本的提高应该可以要求运输部门分摊。运输管理人员可以合理估计运输方式选择对物流成本的影响，然后基于此做一个成本权衡，从而合理地选择决策。

（2）共享物流成本的节约，在所有成本模式有冲突的物流活动之间进行再分配。这种方法可以很好地激励它们之间的合作，因为只有合作才能带来成本模式相冲突的活动之间的权衡，从而得到最低的成本。

(3) 高层管理者对物流决策和运作的关注也是激励协作的有效方式，对于职能部门间的协调和支持至关重要。

2) 协调委员会和工作小组

协调委员会也是一种非正式的物流组织。委员会的成员由各主要的物流环节的人员组成，委员会提供了沟通的方式，有利于各环节的合作，是解决协调问题的一种简单直接的方式。

与协调委员会类似的一种非正式物流组织是工作小组。工作小组的任务是对交叉职能的工作进行安排和管理。协调委员会和工作小组都可以解决特定状况下出现的问题，比如新的物流设施选址问题等。但委员会一般是为实施某些特定的任务而组建的，工作小组则是一个以完成基本工作为目标的相对固定的组织形式。

### 10.3.3 影响组织选择的因素

物流组织的选择不可能脱离实际的约束条件，进行理想化的设计。确定物流组织模式主要受下列因素约束。

**1. 分散化结构-集中化结构**

集权和分权是管理学中一个关于组织方式的争论不休的问题，物流活动应该集中管理还是分散到不同的部门分别运作也是这一问题的具体化。分散化结构和集中化结构最根本的区别在于分配到每一运作单位的权力和责任的大小。集中化的组织把所有的物流问题从企业总的层面来统一考虑，总部统一制订物流计划和实施，并控制每个单位所使用的承运人和供应商；分散化物流组织则是把物流职责分别分到各分部中去，在一个完全分散化结构中，每一分部都有自己的物流组织，自己制订物流计划并独立运作。

**2. 直线结构-职能结构**

传统的组织结构中，虽然在计划制订的过程中可能有员工参与，但是操作过程则是严格按照直线结构的命令和控制方式进行的。现在直线指挥和职能参谋这两者之间往往没有绝对的界限，例如许多企业对物料的移动和储存没有直接指挥的组织方式，而是在物流组织中建立一种协调机制，由专职员工负责，这种情况下物流作业人员对于其他职能部门(市场或生产等)主要起咨询作用。这是一种直线单位和职能部门结合应用的情况，适合于以下几种情况。

(1) 直线或职能组织在现有人员之间引起不必要的冲突。

(2) 物流活动相对于销售、生产以及其他活动不太重要。

(3) 计划相对于行政管理而言较为重要。

(4) 在产品分销中，物流是作为一种共享的服务。

在直线单位和职能部门结合应用中，物流人员起的是一种建议作用，所以在这种组织定位中，可以给予物流人员以更多间接的权力。

**3. 大型企业-小型企业**

从成本核算角度来说，小企业的物流活动反而更重要些，因为它不像大企业在采购和物料移动时容易产生批量经济，成本更难以降低。小企业一般采用集中化的组织方式，物流活动也不像大企业那样有明确的界定和清晰的结构。

## 10.4　第三方物流组织创新

### 10.4.1　第三方物流企业组织创新概述

#### 1. 第三方物流企业组织创新的原理

企业组织归根到底就是人们为了实现一定目标而结成的分工协作体系。企业在实施发展战略、提升企业竞争力的系统工程中，组织作为企业管理的一个子系统，是一个不可忽视的重要组成部分，企业的竞争力必须依赖其精干、高效的组织。这就要求企业在实施发展战略、提升企业竞争力的努力过程中，积极推进组织创新，以科学严密同时又充满活力的组织来支持企业获得强大的竞争力。

#### 2. 第三方物流企业组织创新的意义

古典经济学认为，无须增加劳动和技术的投入，分工协作本身就会产生新的生产力，显著提高劳动生产率水平。第三方物流企业通过组织创新所建立的科学合理的分工协作体系，能够大幅度提高企业生产力水平。第三方物流企业分工协作必须符合企业的生产技术特点与人员状况，适应外部环境发展变化的要求。有了高效的组织体系，企业各层次、各部门直至每个人才能各负其责、各展其能，各自的努力就能相互协调、彼此促进，最终汇聚成一股指向企业共同目标的巨大力量。因此，对企业运营来说，组织是提升企业竞争力的重要内容和基本手段。

#### 3. 第三方物流企业组织创新的作用

1）增强竞争优势

第三方物流企业通过组织创新去发展和完善企业间的组织联系，能够实现资源整合、优势互补，创造新的、强大的竞争力。组织创新的理论与实践发展到今天，其范围已不仅仅局限于企业内部的管理体制和组织机构，它突破了企业边界，扩展到了企业与企业之间的组织联系。例如，前面第6章中介绍的第四方物流、与使用方建立战略联盟关系等新的组织形式。组织创新之所以由企业内部扩展到企业之间，一方面是由于经济全球化、信息化和高新技术迅猛发展提出了客观要求，只有通过企业之间多种形式的联合与协作，包括那些规模巨大、实力雄厚的跨国公司在内，企业才有可能克服自己在技术、经济、经营管理等方面不可避免地存在的某些相对劣势。无论什么方面都是全世界第一，无论什么高难度的技术、经济和经营管理问题都能自己解决，这样的企业是根本不存在的。另一方面，现代信息技术为企业在全国乃至全球这样的广阔空间里发展企业与企业之间的组织联系提供了强有力的工具，使之变得极其方便、迅速，而且成本低廉。利用现代信息技术实现跨企业的组织联系的创新，既可以使企业集中资源，强化自己的核心业务与核心能力，又能够相互取长补短，在联合与协作之中产生任何一个单独的企业都不可能具有的竞争优势。

2）提高竞争力

通过适时的组织创新，能够使企业组织结构适应变化了的环境与条件，为企业战略提供强有力的组织保证。企业战略是企业的竞争纲领，它指明了企业进行竞争、谋求持续发展和稳步前进的根本方向与道路，因而是直接影响企业竞争力的决定性因素。企业根据外部环境和内部条件制定了什么样的战略，就要求有什么样的组织与之相适应，以便为战略任务和目标的实现提供保证。这就是组织变革与创新所必须遵循的一条基本原理：战略决定结构，结构为战略服务。需要注意的是，组织结构对战略的这种服务关系，不仅表现为依据战略而确定相应的体制与机构，即战略在先、组织在后，还体现在组织根据企业的环境、技术、人员、规模、文化以及成长阶段等其他影响因素的状况和变化进行改革，提高组织整体效能，从而为企业构思和设计新的战略创造前提条件，即组织在先、战略在后。组织与战略之间的这种辩证关系说明，组织创新对提升企业竞争力具有积极主动的、全局性的重要影响。

## 10.4.2 第三方物流企业组织创新的内容和方向

第三方物流组织创新的主要内容，就是要全面系统地解决第三方物流企业组织结构与运行以及企业间组织联系方面所存在的问题，使之适应企业发展的需要。具体内容包括：企业组织的职能结构、管理体制(组织体制)、机构设置、横向协调、以流程为中心的管理规范、运行机制和跨企业联系等方面的变革与创新。

由于各个企业的具体条件不同，其组织变革与创新的内容也各不相同。

**1. 职能结构的变革与创新**

因为组织设计的一个基本原理就是“战略决定结构”。但是，人们无法从战略直接推导出具体的组织结构，只有经过分析企业及其管理组织实现战略目标所必须具备的基本职能，并从这些基本职能中寻找确定对实现战略目标起着决定作用的关键职能，然后再进一步设计执行这些职能的机构，战略才能切实落实到组织中去。

就第三方物流企业而言，建立科学合理的职能结构所要解决的主要问题如下。

(1) 专业化。即分离辅助及附属机构等企业的非生产主体，发展专业化社会协作体系，精干企业生产经营主体，集中资源强化企业核心业务与核心能力。

(2) 适应市场经济的需要，优化基本职能结构。其重点一是加强生产过程之前的市场研究、技术开发、产品开发和生产过程之后的市场营销、用户服务等过去长期薄弱的环节；二是加强对信息、人力资源、资金与资本等重要生产要素的管理，不断壮大企业实力。

(3) 突出关键职能，建立富有企业特色的职能结构。关键职能应配置在组织结构的中心位置，其他职能予以配合，不能大家都争当主角。只有解决好了上述几个重要问题，企业才能真正实现精干、高效，具有强大竞争力。

**2. 管理体制(组织体制)的变革与创新**

所谓管理体制，就是指以集权和分权为中心的、全面处理企业纵向各层次特别是企业与二级单位之间的责权利关系的体系，也称为企业组织体制。管理体制关系到企业能否既保持必要的统一性，又具有高度的灵活性，因而是企业纵向结构设计的重大问题。

我国企业过去的主要倾向是不问企业具体条件如何，一律实行高度集权，这同高度集中的计划经济体制是一致的。现在，随着经济转型，不少企业又出现了过度分权、联合企业变成了企业联合的问题。这两种倾向其实都违背了现代组织设计的权变理论，没有从企业实际出发，根据企业的不同条件去正确处理集权与分权的关系。

管理体制的变革与创新有四个问题需要明确。

(1) 在企业的不同层次，正确设置不同的经济责任中心，包括投资责任中心、利润责任中心、成本责任中心，消除因经济责任中心设置不当而造成管理过死或管理失控的问题。

(2) 根据企业的具体条件，正确规定企业管理体制。适合集权程度高的企业，可以采用集权的职能制体制，统一经营、统负盈亏；适合分权程度高的企业，可以采用事业部制体制，统一政策、分散经营、自计盈亏，还可以采用母子公司体制，统一战略、自主经营、自负盈亏。不同的企业、同一企业的不同时期、同一企业的不同部分，管理体制应该有所不同。

(3) 突出生产经营部门(一线)的地位和作用，管理职能部门(二线)要面向一线，对一线实行既管理又服务，根本改变管理职能部门高高在上，对下管理、指挥、监督多而服务少的传统结构。

(4) 作业层(基层)实行管理重心下移。作业层承担着作业管理的任务。我国企业的传统做法是管理重心偏上，上层掌握着较大的权力，而全面完成生产任务的责任却在下面，生产现场发生的问题，层层上报，再层层下达，效率很低。应借鉴国外先进经验，调整基层的责权结构，将管理重心下移，使生产现场发生的问题，由最了解现场的人员在现场迅速解决，从组织上保证管理质量和效率的提高。

3. 组织机构的变革与创新

组织变革不仅要正确解决上述管理体制等企业纵向组织结构问题，还要同时考虑横向上每个层次应设置哪些部门，部门内部应设置哪些职务和岗位，怎样处理好它们之间的关系，以保证彼此间的协调配合，这些都属于企业横向组织结构范畴。我国企业横向结构普遍存在分工过细、过死，机构过多，人浮于事，矛盾多、扯皮多、效率低、效益差的现象，问题十分突出。

对于机构设置，改革的方向之一是贯彻“一贯管理”原则，推行机构综合化，即针对分工过细、分段管理的问题，适当简化专业分工，力求在管理方式上实现每个部门对其管理的业务流，能够做到从头到尾、连续一贯的管理，达到物流畅通、管理过程连续。具体做法就是把相关性强的职能科室归并到一起，做到一个基本职能设一个部门、一个完整流程设一个部门。我国一些企业学习国外经验，采取以上原则和办法设置机构，并形象地将其称为“大部制”，实践证明，这种做法是科学的，效果很好。

改革的方向之二是推行领导单职制，即企业高层领导尽量少设副职，中层和基层领导基本不设副职。这是国外企业的通常做法，我国也有越来越多的企业在朝着这个方向努力。副职人员过多，必然引起机构臃肿、人浮于事，容易出现多头领导、多头指挥，下级无所适从，发生问题互相推诿，难以建立社会化大生产所要求的严格的责任制，协调工作量很大，决策拖延，企业常常因此在瞬息万变、竞争激烈的市场上贻误良机。

4. 横向协调的变革与创新

组织变革除了要解决包括纵向结构和横向结构在内的组织结构问题以外，还要解决如何保证这一结构顺畅、高效运行的问题。

横向协调所要解决的问题是采取适当的组织形式和办法,使各个部门之间既有分工又能密切配合。

现代组织设计提供了三大类的多种协调方式,这就是制度性协调方式、结构性协调方式和人际关系协调方式。

针对企业横向协调存在的突出问题,应在以下三个方面有所突破,并采取行之有效的具体方式。

(1) 突破单纯依靠上级协调、权力服从,实行自我协调、工序服从制度。这就是在各项业务活动中,根据工序的地位与作用,实行相关工序之间的指挥和服从,即上道工序要服从并服务于下道工序,一般工序要服从并服务于核心工序,辅助作业要服从并服务于基本作业。

(2) 突破传统的责任制单纯强调划清责任的僵化倾向,实行主动协作、工作渗透的专业搭接制度。这一制度并不否定责任制,而是在设计各职能部门的责任制时,对专业管理的接合部和边界处,有意识地安排一些必要的重叠与交叉,有关科室分别享有决定、确认、协助、协商等不同责权,以保证同一业务流程中的各个部门能够彼此衔接和协作。

(3) 突破单纯凭个人经验办事、"一个将军一个令"的不统一、不协调的落后管理状态,对大量常规性管理业务,在总结先进经验的基础上制定标准,大力推行规范化管理制度。这些标准包括管理过程标准、管理成果标准和管理技能标准。实行规范化管理制度,对于巩固和发展成功的管理经验,提高队伍素质,提高组织效能,具有极为显著的作用。

**5. 管理流程的变革与创新**

管理流程是企业管理制度的核心部分,它是把各个管理业务环节,按照管理工作的程序连接起来而形成的管理工作网络。对管理流程进行设计与优化,实际上就是要建立健全以业务流程为中心的一整套管理制度,广义地说,就是管理规范。

业务流程的概念早已有之,但是,通过业务流程再造而实现组织变革,大幅度提高效率、缩短周期、降低成本,这种理论与方法却是20世纪90年代初才兴起的。近些年来,国外许多大企业进行了业务流程再造,尽管成功率不高,但确有明显效果,并且也符合21世纪经济向着信息化、网络化方向发展而对管理提出的要求。因此,从市场需要出发,以用户为中心,充分运用现代化信息、通信技术,积极探索业务流程再造的成功之路,并且使这一西方传来的先进理论与方法本土化,是当代我国企业组织创新的重要内容之一,应给予高度重视。

在流程再造过程中,需要着力解决的问题如下。

(1) 针对企业内部主要依靠纵向的"行政指挥链"来运转,各个部门只对上级负责,割裂了市场与用户信息的传递这一问题,建立横向的"市场链",确保市场与用户的需求等信息顺畅地传递到每一个管理部门和环节,让以用户为中心的经营思想和市场导向的原则真正获得组织保证。

(2) 针对规章制度一般只规定了本部门、本岗位的工作要求,忽视部门之间的协作要求与信息传递要求,造成一个一个"管理孤岛",使流程受阻、扯皮增多的问题,要明确规定各部门、各岗位之间的相互协作要求和信息传递关系,使"管理孤岛"变成上下左右相互衔接、流程畅通的管理网络，实现管理的高效率。

(3) 针对原有流程环节太多、程序复杂、周期过长、成本高、效益差的问题，真正从用户需求出发，运用取消、合并、简化、调序、一体化、自动化等方法与手段，对其进行彻底的改造，给用户带来更多的方便与利益，使企业赢得更多的商机和效益。

### 6. 运行机制的变革与创新

无论是组织结构，还是横向协调或业务流程，都是人在其中起决定性作用，因此，组织变革与创新还必须建立同市场经济相适应的、有利于充分发挥各个环节和全体员工积极性的、具有企业特色的动力机制与约束机制。

第一，同前述加强部门间横向协调以及市场信息传递的各项措施相结合，建立企业内部的“价值链”，不仅能传递市场和用户的信息与要求，而且使上下工序之间、服务与被服务的环节之间用一定的价值形式连接起来，从而相互制约，降低成本、节约费用，最终提高企业整体效益，克服那种对部门与岗位只有实物量或工作量标准，而没有同经济效益挂钩的缺陷。

第二，改革旧的劳动、人事、分配制度，引入竞争机制，实行按劳分配和按生产要素分配相结合，真正做到经营者能上能下、员工能进能出、收入能升能降，激发每一个人的积极性、主动性和创造性，留住人才、用好人才、促进人才成长，彻底解决干多干少、干好干坏一个样的问题。

第三，改革只有自上而下进行考核的旧制度，按照“市场链”和“价值链”的联系，实行上道工序干得好坏由下道工序评价、辅助部门干得好坏由主体部门评价、厂部科室干得好坏由基层单位评价的新体系，使之同企业经济效益取决于为用户服务好坏的市场经济规律相一致，从制度化的组织运行机制上增强企业市场竞争力。

### 7. 跨企业组织联系的变革与创新

上述组织创新的几项内容，均属于企业内部组织结构及其运行方面的内容，除此之外，还要进一步考虑企业外部企业相互之间的组织联系问题。在我国，这方面的企业组织创新任务还很重。过去那种具有功能完备、有形实体、集中布局、规模庞大、机构臃肿、高度集权等特征的“大而全”、“小而全”的传统企业组织结构，面对今天的信息社会、知识经济时代，越来越不适应科学技术突飞猛进、市场需求复杂多变的动荡环境，各种弊端日益明显，最突出的就是应变能力差，组织缺乏活力。企业经营结构调整特别是进入新领域、发展新事业时，大规模、专用和有形的资产势必存在转换成本极高的障碍，庞大的员工队伍和企业发展所需要的各类专门人才很难适应企业经营的变化而灵活增减、灵活配置；多层次、大规模的金字塔式结构也常常使决策显得十分迟缓甚至失效。如今，日新月异的现代信息技术的广泛应用，既为企业解决上述这些难题创造了条件，同时也向企业提出了积极解决上述问题的紧迫要求。这是因为，现代信息技术的应用，一方面能够使企业与企业之间因需要进行信息沟通、合作、谈判以及签订和履行契约等而发生的市场交易成本大大降低；另一方面，又能够使组织内部信息沟通、业务协调、监督控制等管理活动变得十分快捷、方便，费用也大大降低。因此，在企业发展战略指导之下，加快应用现代信息技术的步伐，重新调整企业与市场的边界，重新整合企业之间的优势资源，推进企业间组织联系的网络化，这是 21 世纪企业组织创新的一个重要方向。

企业间网络化组织结构的特点如下。

(1) 专长化。即企业只从事自己最具优势的业务和职能,非核心业务与职能可以通过市场由其他企业来完成。

(2) 合作化。即企业充分利用外部市场资源,同其他企业建立优势互补、风险共担、利益分享的合作关系。

(3) 离散化。即企业在空间上不是集中的、连续的,它的职能、资源可以分布在全国、全世界各个不同地区,通过信息网络连接成为一个整体。

我国企业在朝着网络化方向进行组织创新时应注意研究和解决以下几个问题。

(1) 为了抓住市场机遇,对市场变化做出快速反应,企业要善于根据具体条件发展虚拟经营和虚拟企业,特别是市场需求变化快的行业,更应进行积极探索。

(2) 积极推进大型企业集团的建设与发展,理顺以产权为基础的集团成员企业之间的关系,使集团内部的股权管理、重大决策管理、财务监督管理、业务关系管理和日常监督管理等运行通畅、高效率。

(3) 在竞争中实行多种形式的联合,谋求优势互补、共同发展的双赢局面。

### 10.4.3 第三方物流企业组织创新的策略

由上述企业组织变革与创新的内容及方向可以看出,企业组织创新是一项系统工程。同时,组织创新还涉及权力与利益的再调整,由于结构与运行的大变化还将在一定时期影响正常的生产与经营,因此,它必然是一项难度很大、阻力不小的改革,如不讲究创新策略与艺术,就很难顺利推进。

**1. 系统配套与整体推进**

由于组织本身就是一个系统,如果其中一个要素发生变化,其他要素就要进行相应的调整,整个组织系统才能正常运行。所以,组织创新必须注意系统配套,整体推进,不可只抓一点、不顾其余。

应该注意的是,组织创新的系统配套包括两个配套。一个是组织创新工作内容本身的配套。就是说,无论怎样搞组织变革与创新,都要全面解决前述职能结构、管理体制、机构设置、横向协调、管理流程、运行机制和跨企业组织联系等问题,不能搞“单打一”。另一个是组织创新工作同其他方面工作的配套,主要是人员招聘与培训、企业文化建设与改革以转变员工观念、投资运用以计算机和网络技术为主的现代化管理手段等。只有抓好这两个配套,组织创新才可能顺利进行,并取得较好的效果。

**2. 抓住主要矛盾与选准突破口**

虽然组织创新如前述必须配套,但多个方面的工作毕竟要有主有次、有先有后。这就要从企业实际出发,抓住主要矛盾,选准突破口,由一点切入,以此为中心,其他方面工作相配合。

目前,以不同的切入点为主要特征,组织变革与创新大体可分为三个流派:一是从职能分析和设计入手的结构创新流派,二是从流程再造入手的过程创新流派,三是从提高组织的学习能力入手的能力创新流派。这三个流派应该说各有千秋,在实际工作中可以依据企业具体条件,选择以某一流派为主线,兼容并蓄其他流派的有益思想和科学方法。但是必须强调指出，不管采用哪个流派，也不管从何处入手，最终都要全面解决前述组织变革与创新的各个方面的问题。

3. 化解和削弱改革阻力与增强改革动力

进行组织创新，常常会遇到来自各个方面的抵制和反对，这是一种国内外企业普遍存在的规律性现象，领导者不必因此而退缩，关键是要根据具体情况，事先就要研究对策，采取恰当的方式方法，排除变革的阻力。一般来说，主要措施有以下几项。

(1) 组织员工参加组织变革的诊断调研和计划工作，使他们通过亲身体验充分认识到变革的必要性和重要性，了解并理解改革的思路与正确性，看到企业的光明前途，从而减少抵触情绪。

(2) 大力推行与组织变革相适应的人员培训计划，通过培训增强员工的现代化管理意识，使其开阔眼界，并掌握新的管理方法和业务方法，增强其安全感和信心。许多企业的实践证明，经过培训，多数员工会成为改革的拥护者，有些还会变成组织创新的闯将与骨干。

(3) 大胆启用年富力强、具有开拓创新精神的经理人才，采取多种办法和过渡性措施合情合理地安排好老同志，还可以吸收部分老的经理人员参加组织变革工作，例如担任顾问、参加有关的委员会、充当智囊团等，化阻力为动力。

## 10.5　第三方物流企业组织优化与并购战略

### 10.5.1　第三方物流企业组织优化

第三方物流组织在不断地变化和发展，对一个企业而言，存在着许多种可能的组织模式。企业在初步确定了物流组织模式以后，仍需要为适应环境变化和企业自身的变化而不断修正完善自己的模式。在建立一个新的物流组织单位或者是在对当前组织进行改进的时候，一般有以下步骤。

1. 研究企业的战略和目标

企业总的战略和目标为物流活动提供了长期的发展方向，它们为企业的各职能部门奠定了基础并指明了方向。物流管理活动必须支持企业总的战略和目标，物流管理人员必须了解他们自身的活动在企业战略实施中所起的作用，物流组织结构必须与企业的基本目标相匹配。

2. 以与第三方企业组织结构相容的方式组织物流活动

整个企业的特定组织结构影响着物流活动的组织方式。以产品特性为例，很多生产消费品的企业，物流一般是由市场部门负责的；而一些生产的工业投资品的企业，物流一般是由生产部门负责的。物流组织方式的选择要符合企业业务性质和特点。

3. 确定第三方物流管理职能范围

明确地界定物流组织的职能范围是很困难的，尤其是对原本有着传统的职能划分的组织结构进行重构。很多企业在实践中将大部分物流职能划归到同一个部门下面，该部门有完全职能责任可以使得企业能够实施一体化物流管理及总成本权衡。

4. 了解第三方物流管理人员的风格

高级物流管理人员的风格与组织的正式结构同等重要。许多企业高层管理人员的变化带来了人力资源、员工士气和生产效率的重大变化。有些情况下,组织结构的重构倒并非必要。高级物流管理者的管理风格和人格可以极大地影响组织内各层次员工的态度、道德观和生产率。

管理风格是一种无形因素,可以使得有相同组织结构的两个企业的效率、生产率和利润完全不同。管理风格是成功完成企业物流目标的重要因素,也是许多组织结构效率差异的重要原因。

5. 构筑柔性的第三方物流组织

变化是无时不在的,物流组织应该可以针对变化进行调整。反应慢、适应性差的组织会随时间而丧失自身的效率。市场或企业未来的变化是很难预测的,物流组织结构应该可接受这些变化并以对企业有益的方式做出反应。

6. 识别可行的支持系统

物流活动的性质使得支持系统至关重要。物流组织自身并不能独立存在,必须由各种支持机制和支持专家来协助进行。管理信息系统就是有效物流网络的一个重要部分。其他的支持机制或系统还包括人力资源管理、投资管理、财务会计核算等。

成功的组织需要组织结构、计划过程、人以及管理风格的最佳组合。由于物流活动地理位置上分散的性质,以及通常跨越一个行业运作的事实,可以说没有绝对的对或错的组织结构存在。但是,哪一种物流组织方式能同时很好地满足内部过程整合和外部企业延伸的要求仍然没有答案。依靠理论原则不可能提供一种理想的物流组织结构,在组织方式的开发决策中,管理者应根据不同的情况进行创新。

## 10.5.2 物流企业兼并重组

物流企业兼并重组的趋势十分明显。这种趋势的背后是整个市场环境的变化以及由此变化带来的对物流服务的新的需求,在这种需求的推动下,整个物流行业正经历着史无前例的巨大变化。

1. 物流企业的横向并购

物流企业的横向并购是指供应链物流同一个环节的功能由物流企业共同承担或转移到其他专业物流企业承担,即生产同类产品或提供同类服务的物流企业之间的并购。两个物流企业之间的并购就是横向并购,例如,企业通过横向整合社会资源构建跨地区的产品流动网络系统,形成水平一体化物流,通过同一行业中多个企业在物流方面的合作而获得规模经济效益。

横向并购适用于并购后能实现规模经济的企业。横向并购容易生成规模经济,产生技术和管理上的协同效应,即“1+1>2”的效应,实现规模效益递增。横向并购带来规模经济的协同效应可以分为三类,即技术上的协同效应、管理上的协同效应和市场上的协同效应。

2. 物流企业的纵向并购

物流企业的纵向并购是指供应链中的物流企业把其承担的功能转移到供应链的上游

或下游，前者称为上游替代，后者称为下游替代。物流企业采用纵向并购的方式，可以降低交易费用。交易费用理论的权威罗纳德·科斯指出："市场运行是有成本的，通过形成一个组织，并允许某个权威（实力雄厚的企业）来支配资源，就能节约某些市场运行成本。"按照科斯的观点，企业并购，尤其是纵向并购，是在比较运作成本的基础上，某种企业组织对市场的替代，其目的是为了减少经营活动的交易费用。在物流业务外包、第三方物流业务发展迅速的今天，纵向并购成为当今物流企业并购的一种重要方式。

纵向并购适用于经营的产业比较多，包括有志建立和形成自己核心价值链的物流集团公司。纵向物流资源整合的结果是形成垂直一体化物流，要求企业将提供产品或物流服务的厂家（商家）和客户纳入管理范围，并作为物流管理的内容，实现从原材料到最终消费者的每个过程对物流进行一体化管理。另外，交易费用的高低是由资产的专用性、交易的不确定性和交易发生的频率这三个因素的不同组合所决定的。

### 10.5.3 第三方物流企业并购的动因

**1. 第三方物流规模化、网络化**

当前的物流市场，呈现出以下特点：一是客户需求不断升级。客户个性化、差异化、专业性的要求，迫使物流企业参与到客户的采购、生产、运输等活动中，成为客户供应链中不可分割的组成部分。二是经营风险不断增加。时间和质量以及降低物流成本的要求，促使物流企业既要追求优质服务，又要不断降低运作成本，双重压力使物流企业的经营风险系数增加。三是市场竞争日益加剧。随着外资的大规模进入，市场竞争已经不是局部的，而是整体的、综合的。四是营销方式不断革新。营销方式的改变使物流方式相应地发生变化，要求物流服务必须更快捷、更省钱，同时提供更多的增值服务。五是信息技术不断进步。信息技术是物流企业发展现代物流的基础之一，是企业满足客户需求的前提，智能业务、远程业务、全程业务早已广泛应用。这些特点决定了当前以及未来，能够适应客户需求的物流应该是一种多环节活动，提供服务的物流企业必须具有规模效益，必须具有网络化、规模化的特征。

**2. 物流是多环节活动**

传统的物流企业根据业务可以有以下分类：一是水上运输的企业。这些企业所提供的服务包括集装箱、干散货、石油等物资的水上运输，以及与水上运输相关的货运代理、租船经纪、外轮供应等业务，这类企业包括中远、中海、马士基、总统轮船等。二是空运企业。这些企业主要从事货物的空运以及与空运相关的揽货、订舱、仓储、中转、集装箱拼装拆箱、报关、报验、结算运杂费、保险和相关的短途运输等配套服务，各航空公司的货运公司和货运代理公司属于此类。三是储运企业。这些企业主要从事货物陆上运输、仓储、分拣、加工以及质押监管、现货市场等增值服务，这类企业包括中储以及地方各储运公司。四是基于管理的物流企业。这些企业通过自有或租用的方式，为客户提供快递、货物运输等服务。这类企业包括联邦快递、UPS、中外运空运、宝供等企业。在整个物流系统中，这些企业基本上只提供单一环节的服务，或涉足的环节较少，这在一定的历史条件下，适应了市场竞争的需求。但是随着竞争的加剧，市场分工更加明细，大量的制造企业把更多的资源用于增强其自身的核心业务，而要求其物流提供商能够提供有效的一体化综合物流服务。综合物流业务的开展需要实现海陆空等各种运输方式的一体化和各种物流功能的一体化，这就要求物流企业进入物流系统的多个环节和领域。

3. 物流企业必须有规模

从物流的特点来看，一方面物流业务要使用专门的物流设施，快速反应的信息系统，一般需要很高的固定资金投入，固定成本在总成本中占有很大的比例。这种状况决定只有随着规模的扩大，物流平均成本才会呈现出下降的趋势，具有规模经济性。从市场竞争的要求看，也只有拥有一定的规模才能确保价格大于其平均成本，才可能赢利。因而，一定的规模是物流企业生存的必要条件。另一方面，物流业务的服务范围一般来说是全国性的甚至涉足国际市场，这就要求物流企业必须拥有一个遍布全国的网络体系，才能顺利完成每一笔业务的收取、储存、分拣、运输和递送工作，而运转这样一个体系所需要的资金、人员、设备等是巨大的，只有达到一定规模的大企业才能维系得起。纵观国内外大型的物流企业，其利润率在各自服务的领域中基本上都处于较高的水平。日本邮船的利润率保持在3%左右的水平，UPS、FEDEX的利润率为6%左右，而中远航运2004年的利润率则达到了20%以上。

4. 物流企业必须网络化与国际化

现代物流的发展、物流效率的提高，最重要的条件是构建结构合理、布局优化、功能配套、运作高效的现代物流网络体系。物流网络包括物流设施网络、信息网络和经营网络。在物流企业的兼并重组中，经营网络往往被视为最有效的优势资源。

随着经济全球化进程逐渐加快，各国间经济发展的依赖程度日益加深，企业间的竞争也在全球范围内展开，而企业要获得竞争优势就必须在全球配置资源，这就使跨国公司在世界经济中的地位更加突出。跨国公司为了实现竞争优势和全球化范围内优化配置资源，根据比较成本优势的经济原则，将许多商品的原料生产、半成品生产、零部件加工、成品组装、标志、包装和发运销售，分别安排在国内外许多不同的地方进行，并同生产、流通、分配、消费过程交叉结合，从而改变了传统的生产经营方式。这要求其物流提供商也能提供国际化服务。而电子商务的产生和发展，对物流国际化提出了新的要求。国际化的电子商务需要有国际化的物流来支撑，而且对物流服务的时间性、准确性都提出了更高的要求。

### 10.5.4 物流企业并购的实现方式

物流企业可以根据特定的内外部环境通过收购、合资、战略联盟、托管、特许经营等方式实现企业间的兼并重组。通过综合使用上述手段，剥离物流企业的非核心资产，理顺企业的业务功能，物流企业定将取得快速发展，这也是我国物流企业应对竞争的有效途径。

1. 收购(acquisition)

企业的收购是现代市场经济中资源整合最重要的手段。收购能够促进生产经营要素和活动的集中，节省培养人才、开拓市场、开发技术等所需要的时间，迅速扩大企业规模，形成生产、营销、技术、资金、管理等方面的协同作用。进入21世纪以来的物流行业的两次大规模重组，主要方式就是收购。

在成熟的欧美市场，大型物流企业通过兼并，进行业务单位的选择性交换，重组公司的资产，增强了核心竞争力，使行业合并呈线性增长。在中国这样的新兴市场，它们则通过兼并进入市场或争取更大的市场份额。近年来我国物流企业的兼并重组也不乏其例。例如，20 世纪 90 年代中远对上海众城实业、2002 年上海实业物流控股有限公司对大通国际运输、2004 年中储对北京中储物流以及中远对中外理货等，到目前为止在上述诸方面都取得了很好的效果。

2. **合资**(joint venture)

合资可以是物流企业与上、下游企业的合资。通过合资，上游企业可以获得可靠的客户源，下游企业也可以获得长期高效的服务。例如，上汽集团上海汽车工业销售总公司与天地物流控股公司合资组建的安吉天地汽车物流有限公司，主要为上海大众、上海通用在整车物流、零部件入厂以及售后物流等方面提供一体化、网络化的物流管理方案；UPS 与普华永道、甲骨文等合资成立公司，向企业对企业的电子商务客户和企业对消费者的电子商务客户提供服务，联营公司的经营范围囊括了从技术咨询、金融管理到计算机技术、物资投递服务等所有的邮政类服务。

合资方式还可以是物流企业与物流企业的合资，通过这种合资，双方可以相互学习、共享资源和共享市场。例如，TNT 与土耳其科克集团通过资源共享，利用 TNT 的物流及 IT 经验、科克集团的客源及本土优势，共同开拓土耳其、独联体国家、中东和巴尔干地区的物流市场，与英国邮政局及新加坡邮政局合资，成立全球最大的商业邮递机构 SPRING 以提供涵盖 300 多个国家的跨国邮递业务等。

这种方式目前是外资进入我国物流市场的主要途径。通过合资，外国物流企业大多在市场进入、与政府关系、网络、客户关系等方面能迅速打开局面，而本土企业尤其是传统物流企业通过与跨国企业合资，也获得了企业发展急需的技术、管理理念和专业人才等，并且与跨国公司一起，通过充分挖掘自身的业务网络的潜力，实现了企业的跨越式发展。目前，许多大型的传统物流企业如中储、中外运等通过合资，已经取得整体发展。中储的合资项目以天津宝储菱和天津冈谷为代表，收效明显；随着物流业的全面开放，UPS、FEDEX、TNT 尽管不再与中外运联营，但这些项目无疑对中外运近年来的发展也起到了巨大作用。

3. **战略联盟**(strategic alliance)

战略联盟既包括非股权参与型的松散合作，也包括股权参与型的紧密合作，但不形成独立的法人实体。物流企业通过战略联盟可以实现资源共享、开拓新市场等特定的战略目标，可以分享约定的资源和能力。这样的协议可以任意取消，而不必受到严格的惩罚。通过战略结盟，物流企业可以在未进行大规模的资本投资的情况下，利用伙伴企业的物流服务资源，增加物流服务品种，扩大物流服务的地理覆盖面，为客户提供一体化物流服务，提升市场份额和竞争能力。相同的文化背景和彼此相互依赖、有效而积极的信息沟通、共同的企业经营目标和凝聚力、技术上的互补能力、双方高层管理人员在管理方面的共同努力等，是物流企业战略联盟成功的关键因素。

日本的物流企业主要就是通过建立战略联盟的方式来整合物流市场、强化与北美和欧洲的物流一体化运作的。例如，日本运输公司与辛克公司通过战略联盟，在全球供应链层面上展开合作；近铁快递公司与荷兰邮政集团通过战略联盟，为亚洲和欧洲的客户提供一体化的物流解决方案；伊藤忠商社与美国的GATX物流公司通过战略联盟，在北美和亚洲之间展开物流服务合作，以此作为进入对方物流市场的切入点。我国的一些大型物流企业也通过战略联盟，获得共同发展。例如，中储与中远，中储与中国邮政，中远与日中国际轮渡株式会社，中联理货与中远、中海、中外运等。

4. **托管**(trusteeship)

物流企业也可以通过托管的方式，对其他物流企业或物流资源进行经营和资产方面的委托管理工作，包括资产重组、资本运作、内外部资源整合和项目开发等。通过托管，物流企业也可以在不进行大规模投资的情况下，实现兼并重组从而延伸网络、做大规模。但与战略联盟不同的是，这种方式下，被托管的资源完全纳入物流企业，避免了因利益分配、商业机密和技能的保密问题等带来的控制力度有限的瓶颈。同时，被托管企业或资源由于先进的管理、技术、人力资源、客户资源和网络优势，可以获得较托管前更高的资产回报率。

托管对于中国的物流现状，具有很高的现实意义。一方面，受计划经济的影响，目前我国企业中“大而全”、“小而全”的现象仍普遍存在，这些企业拥有大量土地等物流设施，由于仅仅服务于本企业和客户资源匮乏，这些设施很多都处在半闲置状态，造成了巨大浪费；而另一方面，众多的物流企业却由于缺少发展所必需的资源而苦苦挣扎。托管是解决这一矛盾的行之有效的方法，通过托管可以在短时期内实现市场资源的优化配置，取得物流企业与工商企业的双赢。

## 10.5.5 第三方物流企业并购产生的效应

**1. 物流企业横向并购的效应分析**

1）技术上的协同效应

生产技术的不可分性存在着规模经济的潜能。只要边际收益大于边际成本，厂商扩大生产就有利可图。并购后企业可以实现生产要素的优化配置与专业化经营。比如在技术方面，物流企业之间的并购可以采用射频技术、全球定位系统等高新技术，扩大技术的适用范围可以降低企业成本。在运输方面，可以选择合理的运输方式、确定最短的运输路线，实现整车运输和混载运输等大批量运输，提高运输效率、减少运输成本。

2）管理上的协同效应

高效的管理作为一种资源同样具有规模经济的特性。并购企业通过裁减重复职能部门和人员，建立一个崭新的、统一的管理组织，达到高效管理资源的共享从而产生收益。另外，企业在并购后，可以对原来的供销网络进行整合，或利用对方的现成网络，建立统一的供销网络。例如，企业通过横向整合社会资源构建跨地区、跨行业的产品流动网络系统，促进物流效益的提高，带来物流成本的下降。

3）市场上的协同效应

横向并购的市场协同效应主要体现在两方面：①减少了物流行业内的企业数量，提高了市场集中度，形成潜在垄断力量，可以有效抵御国外物流巨头的竞争。②解决行业整体生产能力扩大速度和市场扩张速度不一致的矛盾，使资源配置更为集中合理，有效降低了竞争的激烈程度,保持了市场的供求平衡和行业内的利润率水平。

**2. 物流企业纵向并购的效应分析**

1) 资产的专用性

资产的专用性指为特定交易或服务而投入的资产。对物流企业而言,资产专用性指自身拥有的耐久性、专门性的投资,包括物流人力资本专用性、信息技术专用性、网络专用性、物质资产和专项资产专用性等。专用性越高,退出成本就越高,也就是说阻止其他物流企业进入同一经营领域的壁垒就越高。企业面临的是一旦与需求方发生矛盾,就可能陷入亏损甚至处于破产状态。通过以低于其平均成本的价格并购有专属资产生产的产品或服务可以将这种亏损或者破产的可能性降低。

2) 交易的不确定性

交易的不确定性主要指人的有限理性和交易双方信息的不对称性。交易双方很难准确预见有关价格、质量、品种、交易对手等情况。为了避免损失,交易者总是要尽可能多地了解有关信息,把能考虑到的因素都反映在合约中,这样对合同条款的要求就越来越复杂,必然增加了信息成本、谈判和签约成本。当交易成本变得越来越高时,生产者和采购商、销售商就势必会合并起来,以一体化组织替代市场合同交易。

3) 交易发生的频率

如果交易发生的次数很多,交易双方就值得花费资源做一个特殊的安排,尽管这种特殊的安排可能会耗去不少资源,但这种耗费可以分摊到大量不断进行的交易中去,这样,相对交易费用便下降了。当一家物流企业与它所服务的工商企业之间交易的频率很高,以致产生很高的交易费用,这时合并应该是最佳选择。

**3. 物流企业混合并购的效应分析**

物流企业的混合并购是指处于不同产业部门、不同市场,且这些产业部门之间没有特别的生产技术联系的企业之间的并购。混合并购可以降低一个企业长期从事一个行业所带来的经营风险,也可以使企业的技术、原材料、设备、管理经验等各种资源得到充分利用。

物流企业的混合并购适用于在其经营主业中实力很强,居产业龙头地位的企业,在原来主业已经实现了规模经济效益,同时有较好的管理能力和有剩余的资金、精力等资源的条件下,企业可以根据市场条件,通过混合并购,积极寻找新的行业增长点,实现多元化经营。例如,中国远洋运输(集团)公司通过并购上海众城实业股份有限公司,由其原来经营的航运业拓展到了房地产开发、餐饮、娱乐、商贸等多个领域,取得了良好的经营效果,成为我国企业混合并购的典型案例。

1) 资源的充分利用与共享

(1) 无形资产的协同效应。不相关行业间的企业并购是把管理资源有过剩能力的企业转移到另一家需求企业。除行业内的专属资产外,无形的管理经验同样是一个企业重要的资源。例如,一个有知名度的厂商与无知名度但拥有生产实力的厂商之间往往相互并购,采取多样化的经营,其结果是给消费者带来关于新产品和服务可靠性的准确信息,取得无形资产的协同效应。

(2) 财务资源的协同效应。一个需求增长低于整个经济增长的行业中的企业往往会意识到，在现有的经营领域中的投资机会是有限的，因此，通过收购另一个在需求高速增长行业中的企业，从而抓住被收购企业所在行业中可以获得的投资机会。如果被收购企业的现金流量较低，那么利用收购企业的现金流量的机会就会增加，于是财务资源从收购企业所在的需求增长缓慢的行业转移到被收购企业所在的需求高速增长的行业。通过混合并购的投资路径，企业可以实现财务资源的重新分配。我国的物流企业目前正处于高速增长的时期，大多企业资金比较短缺，可以考虑与较为成熟的行业中的企业合并，获得财务上的资源。

2）分散经营风险

混合并购把经营领域拓展到与原经营领域相关性较小的行业，即在一个企业里经营若干没有直接投入产出关系和技术经济联系的各自独立的产品或服务。这样，当其中的某个领域或行业不景气时，可以通过其他领域的成功经营得到补偿，使整个企业的收益率得到保证。因此，物流企业可以考虑通过混合并购的方式涉足其他新兴领域，如房地产、医药、生物科技等行业，进行多元化经营，分散经营风险。而与企业以直接投资方式进行多元化经营相比，通过混合并购方式实现多元化经营无疑是最直接、最快捷、低成本的最佳方式。

## 本章小结

本章主要论述了第三方物流企业的组织、组织设计、组织创新、组织创新的策略和并购战略。

组织是进行有效管理的手段，建立合理的物流管理组织是实现物流合理化的基础和保证。一个合适的组织结构是第三方物流企业可持续发展的有力保障，是企业运营的支撑架构。不同的第三方物流企业采用不同的组织结构，主要有职能型组织结构、事业部型组织结构、矩阵型组织结构。

第三方物流企业通过适时的组织创新，选择合适的创新方向和创新内容，可以建立起科学合理的分工协作体系，使第三方物流企业组织结构适应变化的环境与条件，为企业战略提供强有力的组织保证。但是由于组织创新是一项系统工程，涉及权力与利益的调整，因此需要讲究创新策略和艺术，以便顺利推进组织创新。在物流市场兼并重组的趋势下，第三方物流企业根据特定的内外部环境通过收购、合资、战略联盟、托管、特许经营等方式实现企业间的兼并重组，以增强其核心竞争力。对横向并购、纵向并购和混合并购等不同并购方式的效应分析，有利于第三方物流企业根据自身的内外部条件选择适合自身的并购方式。

## 思考与练习

**一、名词解释**

组织　物流管理组织　企业组织结构

## 二、填空题

1. 第三方物流组织要发挥其凝聚功能，必须做到：（ ）、（ ）、（ ）。
2. 第三方物流组织的（ ）是指在一个有效的物流组织中，应该创造一种良好的环境，充分激励每一个物流人员的积极性、创造性和主动性。
3. 物流管理组织应该是多种要素有机结合的整体。这些要素主要是（ ）、（ ）、（ ）及其（ ）和（ ）构成的。
4. 物流企业组织结构主要有三种：（ ）、（ ）、（ ）结构。
5. 两种新型的第三方物流组织结构：（ ）、（ ）。

## 三、选择题

1. 第三方物流组织的（ ）是指正确地处理组织中复杂的分工协作关系。
   A. 制约功能 B. 激励功能 C. 协调功能 D. 凝聚功能
2. （ ）组织结构，体现为业务、职能的垂直管理和地域的横向支持，是一种集权—分权—集权式管理组织结构。
   A. 矩阵式 B. 垂直式 C. 事业式 D. 直线式
3. 所谓物流的（ ）经营，是指企业经营地集中在一个区域的物流公司运营模式。
   A. 直线式 B. 水平式 C. 网式 D. 点式
4. （ ）所要解决的问题是采取适当的组织形式和办法，使各个部门之间既有分工又能密切配合。
   A. 纵向协调 B. 横向协调 C. 事业式 D. 直线式
5. 物流企业的（ ）并购是指供应链中的物流企业把其承担的功能转移到供应链的上游或下游，前者称为上游替代，后者称为下游替代。
   A. 纵向 B. 横向 C. 水平 D. 垂直

## 四、思考题

1. 第三方管理组织的功能有哪些？
2. 分析职能式组织结构的核心优势和劣势。
3. 什么是集权型网式经营组织结构？
4. 第三方物流企业组织设计的原则有哪些？
5. 简述第三方物流企业组织设计的流程。
6. 第三方物流企业组织创新的内容有哪些？
7. 企业间网络化组织结构的特点有哪些？
8. 第三方物流企业组织创新的策略有哪些？
9. 物流企业并购的实现方式有哪些？

### 明日制造公司的采购组织

1. 明日制造公司采购部设置

明日制造公司是一家国有大型企业，生产三种主要产品：异步电动机、电容器柜及电机车；设有总经理、行政副总经理、业务副总经理和生产副总经理。总经理负责全面工作，行政副总经理分管人力资源部、财务部和信息部；业务副总经理分管销售部、物流部和仓储部；生产副总经理分管采购部、质检部和生产部。其组织结构设置如图 10-5 所示。

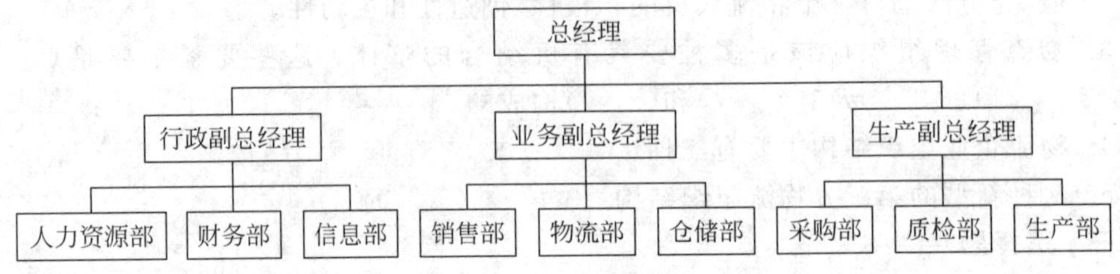


图 10-5 某制造公司组织结构图

根据工作需要，其采购部岗位设置如图 10-6 所示。

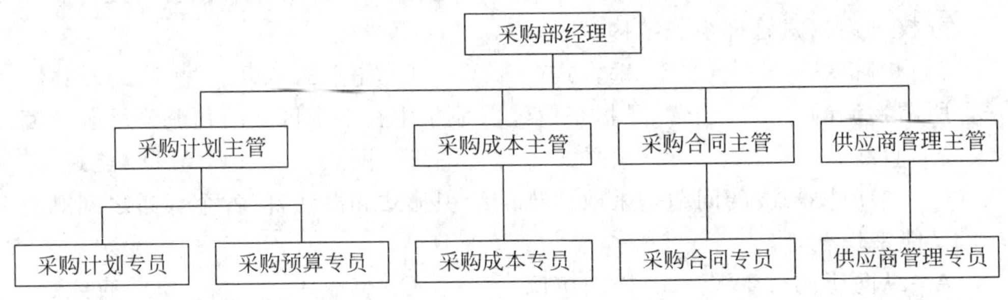


图 10-6 某制造公司采购部岗位设置

2. 明日制造公司采购管理

明日制造公司于三年前开始生产某型号异步电动机，定价为每台 3 500 元，主要材料为硅钢片、钢板和其他辅助零件，每台异步电动机成本大约 2 500 元。虽然存在价差空间，但是该企业总赚不了钱，原因在于市场竞争激烈，企业的生产受原材料供应和销售市场波动影响很大，生产数量无法控制，生产中有时会大量剩余原材料，加上物流成本不断增加，因此利润越来越少。后来明日制造公司通过市场调查调整了异步电动机所需原材料的采购方法，对公司生产的几种型号产品的原料供货根据需求统筹安排，并安排了市场人员跟踪销售信息进行预测，然后根据原材料清单进行采购。采购上也采取了多批次少批量的方法，企业的成本终于得到了有效控制。

明日制造公司目前正在进行一个新的项目，为此公司的采购部专门成立了一个采购小组负责采购项目中所需要的设备和物资。新项目是一条生产线，主机采购已经确定下来，但是配套辅助工作机器因供应商报价过高，公司决定自行采购配套。同时项目中所需要的一批电缆也到了要采购的时间。除了保证新项目顺利进行外，采购部还亟待解决一批计算机和办公设备采购的问题。

资料来源：许国君. 采购管理[M]. 福建：厦门大学出版社，2012.

**讨论**

请结合案例回答以下问题：

采购组织有何作用？

# 第 11 章

# 第三方物流绩效管理与监控

## 学习目标

通过本章学习能够正确理解配送绩效管理与监控的概念、地位与作用；能够正确理解第三方物流企业管理绩效；能够从内部和外部两个方面对第三方物流的绩效进行科学合理的评价；能够对第三方物流企业服务绩效进行监控。

## 关键术语

第三方物流绩效　绩效管理　绩效评价　评估指标　产销率　服务监控

### 方正电脑公司的绩效管理

方正电脑公司的全面考核体系已经发展到第三版了。第一套体系的贡献在于建立起绩效考核的观念；第二套考核体系则提高了绩效指标与工作的相关性，进一步提高了考核的有效性；在公司规模扩大与业务细分的情况下，单一的绩效评估已不能满足公司的发展需要，绩效管理作为连接企业战略和成果的一个重要环节，随着公司的发展，第三套版本开始建立起来。

方正电脑公司的绩效管理目的明确，首先是客观评价员工工作绩效，帮助员工提升自身工作水平，从而提升公司整体绩效。其次加强员工与管理人员就工作职责、工作期望、工作表现和未来发展方面持续的双向沟通。最后，给员工与其贡献相应的激励。

在这个体系中，公司全体成员都扮演着重要的角色：高层管理者是倡导者和核心；人力资源部是体系构架者、宣传者与维护者；部门经理是设计者和执行者；员工则是参与者与反馈者。

(1) 在这个体系中，工作表现考核表列出了公司的核心价值观的五个指标，即严格认真、主动高效、客户意识、团队协作、学习总结。这张表是员工的行动纲要，它体现的主要是引导职能。公司希望每个员工将价值观融入血液中，落实到行动中。

(2) 绩效计划考核表列出了季度主要工作项目、考核标准、权重及资源支持承诺。每个季度之初，员工依据本岗的《岗位说明书》、部门的工作目标，按照SMART的原则制定本季度个人的绩效计划。

例如销售人员、产品经理主要通过销售收入、客户的评价、库存、毛利等因素来评价，研发人员主要通过项目的时效性及创造性来评价。绩效计划将作为本季度的工作指导和考核依据。考核由员工自评及员工上级评价分别进行，通过面谈交流并达成一致。这张表实际就是一张目标设定和评估表，它体现的是监督职能。

(3) 季度末以部门为单位将员工的考核结果进行排序，按照一定的比例分布归入七个等级。绩效评估结果直接影响员工的绩效工资。为了加强激励作用，不同性质的岗位，绩效工资比例大小不同，而且加大了不同的等级的业绩表现奖惩间的力度。

资料来源：刘宏伟.现代物流概论[M].北京：中国财富出版社，2012.

思考

绩效管理在企业管理中有哪些作用？

# 11.1 第三方物流绩效概述

## 11.1.1 第三方物流绩效管理基本知识

1. 第三方物流绩效概念

第三方物流绩效是指从数量和质量上来评估第三方物流的职能部门和那里的工作人员达到规定目标和具体目标的程度。

2. 绩效管理

第三方物流绩效管理是指通过对第三方物流活动的有效管理，使第三方物流成本最小化、组织利润最大化和顾客服务水平最高三者达到最优平衡状态所进行的计划、组织和控制的过程及对获得的结果进行衡量的一项管理活动。

绩效管理，顾名思义是解决让无形资产有效地创造价值的问题，它针对的是知识、技能和人的管理。绩效管理既是企业典型的人力资源管理问题，又是企业战略管理(strategic management)的一个非常重要的有机组成部分。

3. 绩效管理特征

绩效管理强调的是对过程的监控，通过对行动过程中各项指标的观察与评估，保证战略目标的实现。它不是基于目标的管理，而是基于事实的管理。绩效管理的出现，使企业战略不再是企业决策层少数几个人的任务，而成为从CEO到每一位员工所有人的事。

第三方物流绩效管理作为绩效管理的一个具体运用，不仅具有绩效管理的一般特点，同时具有其自身不同于其他绩效管理的特点，绩效管理首先是管理，它的职能涵盖计划、组织、领导、协调、控制，因此，绩效管理本身就是管理者日常管理的一部分。

4. 第三方物流绩效管理与绩效评价的区别

首先，绩效管理关注过程，而绩效评价关注结果。绩效管理是一个复杂的系统，它强调事先的预见和过程中的引领与指导，它的根本目的在于组织与个人全面绩效的提升；然而，绩效评价只是绩效管理中的一个环节，更加关注最后的结果，并不重视对过程的控制，其着眼点是对过去绩效的总结。其次，绩效管理是一个紧密耦合的循环控制系统，为了从不同层次管理系统的绩效，通过部署战略和策略来获得回馈。而绩效评价是一个决定怎么使组织或个人获得实现他们目标和战略的过程。绩效评价系统是一个信息系统，是绩效管理过程的核心，是绩效管理系统最关键的子集。具体地说，绩效评价只负责建立绩效评价体系，选择评价指标集、评价模型、评价方法，最后得出评价报告；而绩效管理不仅包括所有的绩效评价的内容，还包括根据绩效评价的结果进行调整、优化业务流程、制订新的激励措施等内容，与第三方物流决策支持过程有功能交叉。

第三方物流绩效管理与绩效评价的区别在于以下几个方面。

(1) 第三方物流绩效管理是一个完整的系统，第三方物流绩效评价只是这个系统中的一部分。

(2) 第三方物流绩效管理是一个过程，其注重第三方物流过程的管理；第三方物流绩效评价是一个对第三方物流活动阶段性的总结。

(3) 第三方物流绩效管理具有前瞻性，有效规划各项物流活动；第三方物流绩效评价则是对过去物流活动的回顾，是一个阶段的成果，第三方物流绩效评价不具备前瞻性。

(4) 第三方物流绩效管理有完善的计划、监督和控制的手段和方法，第三方物流绩效评价只是提取第三方物流绩效信息的一个手段。

**5. 第三方物流绩效管理的目标**

绩效管理是为企业战略规划和远景目标的实现服务的，这是企业管理的大局，也是绩效管理所努力的方向。

(1) 达成企业的战略规划和远景目标。绩效管理是为企业战略规划和远景目标的实现服务的，这是企业管理的大局，也是绩效管理所努力的方向。

(2) 提高员工的绩效水平。与达成企业的战略规划和远景目标一致，提高员工的绩效水平也是绩效管理的努力方向。

(3) 提高员工的自我管理意识和能力。在不断的绩效管理沟通中，员工的绩效意识不断提高，管理自我绩效的能力也随之增长。

(4) 提高管理者的素质。绩效管理规范了管理者的行为，使管理趋于科学化、规范化。

(5) 规范管理行为，提升整体管理水平。

(6) 为职务变动、薪酬管理、培训发展等管理活动提供依据。通过绩效考核，员工的绩效目标达成得如何、绩效水平的高低，一目了然，关于职务变动、薪酬变动、培训发展等的管理决策顺理成章。

**6. 绩效管理的必要性**

企业若需要的不仅仅是生存，而是蓬勃发展，是实现其远大目标，是要成为成功长寿的企业，那么绩效管理必不可少。绩效管理对于企业的重要意义主要体现在以下几个方面。

(1) 绩效管理报告能完整清楚地反映企业的重要经营活动，部门和职责的关系、部门与绩效的关系变得清晰，计划与预测子程序从而得到加强。这样公司的管理重点就放到了重要问题上，公司的绩效水平和业绩将得到大幅度提高。

(2) 绩效管理把外部竞争环境和每个员工个人工作表现连接起来，每个在具体工作岗位上的员工看到了个人的付出对企业成功与失败的因果关系，这有助于提升员工工作成就感，开发员工潜能。

(3) 绩效管理体系可以起到沟通公司战略、指引员工奋斗方向、层层落实推进企业战略以实现组织目标的作用，这是有效的管理手段。

(4) 绩效管理可以发挥警报系统的作用，绩效管理可以发现公司潜在问题，通过及时的纠正改进，企业避免了矛盾的发生以及由此可能带来的一系列不利后果。

(5) 绩效管理是个人竞争能力和企业竞争能力提高的过程，绩效管理通过规范化的工作目标设定、沟通、绩效审查与反馈工作，改善及提高管理人员的管理能力和成效，促进被考核者工作方法和绩效的提升，最终实现组织整体工作方法和工作绩效的提升。

(6) 绩效管理可以作为物质激励(工资调整、奖金分配)、人员调整(人员晋升、降职调职)的依据和日常精神激励的依据与评判标准。

### 11.1.2 第三方物流绩效管理原则

在进行绩效管理时，应遵循以下原则。

**1. 将过程管理和结果管理有机结合**

绩效管理更加深刻的内涵在于过程，在于对行为的管理，而绩效评价的含义则相当局限，侧重于对结果的评价。在绩效管理工作中，如果仅仅实施和关注绩效评价这一个环节的工作，特别是仅关注结果，而不注重对过程的管理和评估，就容易使我们的关注点出现偏差。绩效管理不仅强调结果导向，而且重视达成目标的过程。

**2. 将短期目标与长远发展有机结合**

从绩效管理实践来看，仅关注和追求短期财务指标、追求短期产出的行为，会带来对组织战略的长远发展和核心能力建设关注的不足，如品牌建设、客户服务、人才培养等各个方面。同样，仅强调管理过程中的某一个方面或矛盾的某个侧面，如客户、质量或流程等，都可能会在整体上妨碍组织实现更为远大的目标。因此，绩效管理强调用一种全面、长远、平衡的管理观点来代替任何具体、短期、单一的衡量尺度。

**3. 将个体绩效与组织绩效有机结合**

绩效包括个体绩效和组织绩效。通常人们将个体绩效理解为职务绩效，即限定在岗位说明书规定的范围之内的活动的绩效。但对组织绩效而言，对团队合作和创新做出巨大贡献的除了个体绩效外，还应包括涉及职责范围外自愿从事的有利于组织和他人的活动的绩效，即周边绩效。绩效评价容易使员工过于单纯地关注个体绩效，使员工对考核范围外的工作不够关注，而对组织绩效漠不关心。绩效管理就是要突破绩效评价的误区，将个体绩效和组织绩效有机结合起来，实现个体和组织的双赢。

**配送效果**

配送效果是指通过特定的活动，实现预先确定的目标和标准额的程度。承认效果必然涉及人类活动的预期目标和实际效果之间的关系。

### 11.1.3　第三方物流绩效管理的内容与步骤

**1. 绩效管理的内容**

第三方物流绩效的提升需要通过一系列有效的物流管理活动来实现，具体包括以下几个方面。

(1) 人的管理。包括对第三方物流从业人员的选拔、考核等。

(2) 物的管理。对实体物品的管理。

(3) 财务管理。降低成本，提高经济效益。

(4) 设备管理。优化设备配置，合理使用设备并制订合理的更新计划。

(5) 信息管理。对信息及时处理和更新，提高信息系统的运作效率。

(6) 方法管理。选择适当的企业管理方式和评价系统，及时对配送活动做出最佳调整。

**2. 绩效管理的步骤**

绩效管理的过程通常被看作是一个循环。这个循环的周期通常分为四个步骤，即绩效计划、绩效实施与管理、绩效考评以及绩效反馈。

1) 绩效计划

绩效计划是绩效管理流程中的第一个环节，发生在新的绩效周期开始时。制订绩效计划的主要依据是工作目标和工作职责。在绩效计划阶段，管理者和被管理者之间需要在对被管理者绩效的期望问题上达成共识。在共识的基础上，被管理者对自己的工作目标做出承诺。在这个环节中，管理者有一项至关重要的工作就是要设定关键绩效指标，这是在未来进行绩效考核的重要依据。

管理者和被管理者共同的投入和参与是进行绩效管理的基础。绩效管理是一项协作性的活动，由工作执行者和管理者共同承担，并且绩效管理的过程是连续的过程，而不是在一年内只进行一两次的活动。

2) 绩效实施与管理

制订了绩效计划之后，被评估者就要开始按照绩效计划开展工作。在工作的过程中，管理者要对被评估者的工作进行指导和监督，对发现的问题及时予以解决，并对绩效计划进行调整。绩效计划并不是在制订了之后就一成不变，而是随着工作的开展根据实际情况不断调整。在整个绩效管理周期内，都需要管理者不断地对员工进行指导和反馈。

3) 绩效考评

在绩效管理周期结束时，依据预先制订好的计划，主管人员对下属的绩效目标完成情况进行考评。绩效评价的依据，就是在绩效管理周期开始时双方达成一致意见的关键绩效指标。同时，在绩效实施与管理过程中，所收集到的能够说明被考评者绩效表现的数据和事实，可以作为判断被考评者是否达到关键绩效指标要求的证据。

4) 绩效反馈

绩效管理的过程并不是到绩效考评打出一个分数、给出一个结论就结束了，主管人员还需要向下属进行反馈。通过反馈，使下属了解主管对自己的期望，了解自己的绩效，认识自己有待改进的方面；并且下属也可以提出自己在完成绩效目标中遇到的困难，请求主管人员给予指导。

### 11.1.4 第三方物流绩效管理的地位与作用

1. 第三方物流绩效管理的地位

(1) 第三方物流绩效管理在配送企业管理中居于中心环节。第三方物流相关活动的开展与其最终获得的结果都是通过绩效管理进行规划和控制的。

(2) 第三方物流绩效管理起到了协调整体的作用。诸多分散的物流环节通过绩效管理进行宏观的安排与协调,以达到整体最优。

(3) 第三方物流绩效管理是第三方物流企业战略的具体化。将抽象的目标转化为具有可操作性、可控性和可测评的具体任务,提高了第三方物流企业战略的可实现性。

(4) 第三方物流绩效管理可起到标杆作用。企业通过第三方物流绩效管理可找到与竞争对手的差距或与利益相关方的要求所存在的差距,从而改进第三方物流管理。

2. 第三方物流绩效管理的作用

(1) 第三方物流绩效管理能帮助组织实现快速反应。快速反应是关系到一个第三方物流企业能否及时满足客户服务需求的能力,第三方物流绩效管理通过对物流运作系统的整体把握,及时解决第三方物流活动中出现的各种问题,为企业或组织在最短的时间内完成第三方物流作业创造有利条件。

(2) 第三方物流绩效管理能帮助组织降低配送成本。第三方物流系统总成本与各作业环节成本间具有相互影响的关系,通过绩效管理,有助于发现不合理的成本与变动趋势,并通过协调第三方物流各作业环节的运作,引入新的第三方物流管理技术,选用更有效率的服务方式,从而控制和降低系统的总成本。

(3) 第三方物流绩效管理实现了第三方物流质量管理水平的提高。第三方物流质量管理要求企业或组织无论对产品质量还是第三方物流服务质量都做到最好,配送绩效管理就是基于配送质量管理,监督与管理配送活动,达到配送本身所需履行的质量标准,避免产品的缺陷或服务承诺未履行而导致企业或组织蒙受损失的管理行为。

### 11.1.5 第三方物流绩效管理系统

第三方物流绩效管理过程中的各个作业环节都应遵循系统论的相关原理,这样才能更加有效地完成既定目标。

首先,在绩效管理过程中,每个作业环节都会有各自的目标以及评价标准,而在这些标准制定过程以及指标的选择过程中一定要遵守整体效能最大化原则,即系统的整体性原理,不能因为局部利益而造成总体的福利损失。以送货绩效评价为例,作为第三方物流绩效的子系统,其评价内容一般包括送货成本、送货能力、服务质量、送货效率及客户满意度等。如果一味追求送货绩效提高,比如增加单次送货量等,虽然可以降低单位送货成本,但同时可能造成仓储成本增加以及货物滞销等机会损失,如果损失大于所节约的运费,这种绩效改进则是不合理的,也就是说单纯以单位送货成本为指标考察送货绩效,从整体角度看未必是经济的。因此,在选择配送绩效评价指标,以及评价过程中对这些指标进行计算时,都应该从整体考虑,不仅考虑该指标对本部门的影响,还要按一定权重计算其对整个供应链绩效的影响，形成科学评价配送绩效，乃至服务于公司整体绩效的指标框架。

其次，在制定了整体目标之后，还应该根据系统的层次性原理，逐级分解目标，才能保证其顺利执行。目标分解的原则是：分目标要保证总目标，总目标要指导分目标，从而形成前后衔接、上下贯通的目标体系。只有这样的目标体系，才能使配送绩效系统的各个目标由上而下层层具体、层层落实，由下而上层层负责、层层保证。在内容上，既要明确整个配送系统的基本任务，又能反映各分目标和总目标的关系，便于处理局部与整体矛盾。这一原理在配送绩效的层次分析法及多种评价方法中都得到了很好的体现。

再次，在具体操作执行过程中，还应该把握系统有序性，使系统各要素秩序合理，相互协调匹配，尽量减少内耗以求得统一的整体功能，这具体体现在以下几方面。第一是目标体系有序，一个系统的总目标和子系统的分目标必须构成合理的目标体系，使之具有系统的特性。也就是配送系统的第一级子系统进货、出货和送货等各自绩效目标必须相互配合，而不是相互抵触。第二，目标实施过程有序，目标的实施过程必须以有序的目标体系为基础，每个子系统必须在总目标的统领下实现各自的分目标，当然这要求各个分目标设定必须是合理的，在实施过程中，要求分目标相互协调并与总目标的要求一致，一切不利于总目标的行为都不是系统所需要的行为。第三，组织系统有序，这是实现配送绩效管理目标、建立正常工作秩序的组织保证。即使有很好的评价指标，如果层次混乱，组织无序，人员、岗位、责任、权利、信息混乱，则任何控制评价也都难以实现。

最后，把握系统相关性，从配送整体绩效着眼，配送绩效系统的各个要素都与其他要素相互作用，相互关联。进行配送绩效管理就是要促进它们的正相关，减少它们的负相关，以增强物流、商流、信息流的协同效应，使配送活动相互协调配合，达到整体效益最大化。

## 11.2　第三方物流服务绩效分析

### 11.2.1　第三方物流服务方式的选择

**1. 确定合适的物流服务水平**

1）了解客户的需求

第三方物流服务的内容很多，从规章的制定、货物的交付，到售后服务，涉及多个环节，可能的衡量指标有平均订货周期、订货周期偏差、发货准确率、订单信息的提供能力、投诉情况、产品回收政策以及紧急订单的处理能力等许多种。不同的客户对这些内容的要求有很大的差异。改进物流服务的努力应该首先从了解客户需求开始，要得到客户需求的具体、准确的信息，必须对客户群体进行市场调查，只有经过充分的市场调查，才能针对客户的具体要求因地制宜地确定合适的配送服务。

2）了解企业自身的表现

要确定合适的物流改进方案，仅仅了解客户的需求还不够，还要同时了解在客户的心目中企业自身表现如何，两者结合才能制订出有效的物流改进方案。企业只有通过市场调查才能得到客户对企业服务内容的认可程度和对企业服务状况的评价。调查中要求客户对每一指标的重要性和企业的表现打分,其中重要性分为不重要、重要和非常重要,企业表现分为差、中等和好三个档次。

3) 平衡成本与收益,选择最优服务水平

第三方物流服务水平的提高有利于创造需求、扩大市场,但要达到一定的第三方物流服务水平,一定的投入又是必不可少的,服务水平的提高必然推动经营成本的提升。第三方物流企业要平衡销售收入、物流成本和物流利润三者之间的关系,在此基础上,找到使利润最大化的最优服务水平。

**2. 配送服务方式选择的准则**

(1) 以市场需求为导向。一般来说,以产品为导向的第三方物流服务难以真正对应顾客的需求,容易出现第三方物流服务水准设定失误,也无法根据市场环境的变化和竞争格局及时加以调整。而以市场为导向的第三方物流服务是根据企业经营信息和竞争服务水准相应制定的,与顾客面谈、顾客需求调查等寻求顾客最强烈的需求愿望的方法是决定第三方物流服务水准的基本办法。

(2) 制定第三方物流服务多元组合。随着商品业种和业态的多样化发展,顾客的需求不可能千篇一律,因此,制定第三方物流服务多元组合十分必要。第三方物流服务也要考虑有限经营资源的合理配置,应根据顾客的不同类型采取相应的第三方物流服务。

(3) 发展特色第三方物流服务。企业在制定第三方物流服务要素和第三方物流服务水准的同时,应当保证第三方物流服务的差别化,形成第三方物流服务的鲜明特色,这是保证高质量第三方物流服务的基础,也是第三方物流服务战略的重要特征。

(4) 注重第三方物流服务灵活性。第三方物流服务的变化往往会产生新的配送服务需求,在第三方物流服务管理中,应当充分重视研究第三方物流服务的发展方向和趋势,根据发展变化的第三方物流需求提供高效的第三方物流服务。要在规范化、标准化第三方物流服务的基础上注重第三方物流服务的灵活性,以满足第三方物流服务经营竞争的需要。

(5) 建立能把握市场环境变化的第三方物流服务管理体制。第三方物流服务水准是根据市场形势、竞争企业的状况、商品特性以及季节的变化而变化的,第三方物流要收集第三方物流服务信息、把握市场环境变化,提出更优的服务措施,满足消费者需求。

(6) 强化第三方物流服务绩效评价。第三方物流服务绩效评价,其实质是对第三方物流服务能力、竞争能力、发展能力的评价。应从提高第三方物流服务水平的角度对第三方物流作业活动的总体绩效做出评价,在第三方物流基本业务分析的基础之上,对整个第三方物流系统进行投入产出分析,从而可以确认第三方物流系统总体的能力、水平和有效性。

## 11.2.2 第三方物流服务绩效分析与改进

**1. 第三方物流服务绩效指标分析**

第三方物流的顾客服务绩效主要受到产品质量、服务质量、产品价格、柔性、交货可靠性和信息沟通等因素的影响。但是从供应链的角度来看,产品质量和价格并不是由零售商决定的,它们从根本上取决于供应商的质量控制水平和成本控制水平。因此,构成顾客服务绩效的评价指标应当包括交货可靠性、柔性和服务质量三个方面。

1) 交货可靠性

反映了第三方物流企业交货的准时性、正确性和有效性,第三方物流企业要在正确的时间把正确的产品送达正确地点的顾客手中:因此,可靠性可以从交货时间、交货数量和交货质量三个方面进行衡量。

(1) 交货时间

交货时间反映了第三方物流企业能否在正确的时间把产品送交顾客,因此可以用准时交货比率,即准时交货次数(或者数量)占总交货次数(或者数量)的比率来表示。用次数来评价交货准时性具有操作简便、对数据采集的要求低、易处理等优点,用数量来评价则可以估计因未准时交货而增加的成本。

(2) 交货数量

交货数量反映了配送企业是否能够把正确数量的产品送交顾客,因而可以用正确交货比率,即正确数量的交货次数(正确的交货数量)占总交货次数(总交货数量)的比率来表示。这里的正确交货数量,是指实际交货数量大于等于顾客订货数量的产品量,之所以包括大于的情况,是因为配送企业可以把超过顾客需求数量的产品自己带过去。

(3) 交货质量

交货质量反映了配送企业能否把产品送交正确地点的正确顾客,因而可以采用准确交货比率,即满足正确地点、正确顾客的交货次数占总交货次数的百分比来表示。

2) 柔性

柔性反映了配送企业对顾客需求数量的变化、时间的变化和产品种类变化的适应能力,具体可以划分为数量柔性、时间柔性和产品柔性。

(1) 数量柔性

数量柔性主要是由顾客需求变动引起的,第三方物流企业要想满足不同数量的需求,就必须保持充分的柔性。数量柔性反映了由配送企业满足顾客需求占总需求的比率。

(2) 时间柔性

时间柔性主要是由交货时间的变化引起的。顾客在发出订单后,有时会提出缩短交货时间的请求,第三方物流企业要想满足这种要求,必须拥有足够的时间柔性,即应有充足的松弛时间来调整交货速度。因此,时间柔性可以采用能够缩短交货期的松弛时间占总的松弛时间的百分比来表示。

(3) 产品柔性

产品柔性反映了配送企业引进新产品的能力。尽管零配送企业本身并不直接参与新产品的开发和生产,但是由于配送企业往往处于不同的供应链中,因而它可以从不同的渠道引进新产品,新产品的频繁引入会不断提升第三方物流企业形象,在留住老顾客的同时吸引新顾客的加盟,从而进一步带动第三方物流企业产品的销售。产品柔性可以通过一段时间内新产品的数量占产品总数量的百分比来表示。

3) 服务质量

服务质量反映第三方物流服务水平。对第三方服务商来说,顾客服务贯穿于从接受委托开始到将商品送到客户手中的全部服务过程。服务质量好不仅可以留住老客户,保持和发展顾客的忠诚与满意,还可以通过良好的企业形象,赢得大量的新客户。

进行顾客服务质量绩效管理,主要是通过建立顾客服务绩效评价指标,制定顾客服务标准,提高顾客服务绩效。

(1) 顾客服务绩效评价指标

顾客服务绩效评价指标主要包括价格、质量、作用、形象、关系和信誉,建立绩效评价体系时应以顾客的需要为目标,通过深入访谈、电话访问、邮寄调查等方法进行定性、定量相结合的研究,设计出一套满足第三方物流公司考核服务需要的绩效指标。第三方物流公司通常使用的服务评价指标有:

① 顾客服务的一般评价指标。包括市场份额、顾客的忠诚度、顾客的满意度、获得顾客、从顾客处获取利润等。

② 对顾客价值重视程度的评价指标。包括产品和服务的特征、顾客关系、企业的形象和声誉。

③ 满足顾客需求的评价指标。包括提供服务的时间、服务的质量和价格等。

(2) 服务质量标准

客户对第三方物流公司的服务满意度主要来自与第三方物流公司的交易环节,包括在交易前、交易中和交易后所发生的各种具体交易行为。第三方物流公司可依据这些具体的交易行为制定各环节的服务标准,借此作为考核服务的具体内容。

提高服务质量,必须立足于掌握顾客需求。通过对市场的调查研究和第三方物流公司服务现状的分析,明确客户对服务的需求,制定合适的顾客服务战略,以实现企业长期盈利和收回投资的目标。

**2. 配送服务绩效改进**

成本的快速增长给第三方物流企业带来了巨大的压力,要求它们必须提高服务生产率,也就是加强服务管理。该项管理的具体措施有以下三种:提高服务人员素质、节约服务成本和引进新技术。

1) 提高服务人员素质

服务人员的素质问题,对第三方物流企业所能提供的服务质量和服务水平起到至关重要的作用,而且服务人员的水平和态度,更是影响客户满意程度的重要因素。因此对于配送企业来说,拥有一支素质过硬、态度良好、工作敬业的服务人员队伍,是一个极其重要的问题。解决这一难题,需要做到以下两点。

(1) 提高企业员工的整体素质

提高企业员工的整体素质,可以有两种途径:一是对现有人员进行整体培训,并选择其中极具潜力的业务骨干,送到专门培训机构或者大专院校进行系统性的培训,从而成为内部培训的优秀人才;二是从社会聘用工作更努力、技术水平更高的专业人才。

(2) 建立有效的竞争机制

第三方物流企业需要建立有效的竞争机制,彻底消除干多干少一个样、干好干坏一个样的大锅饭现象。对于优秀人才,应该提供更优厚的待遇、更好的升迁机会和深造机会;而对于表现不佳的员工,则应该在限期整改的条件下,实行减薪、降职甚至下岗等方式。

通过这种竞争上岗、优胜劣汰等激励手段，逐步淘汰一批跟不上配送企业发展步伐的人员，从而实现提高配送服务人员整体素质的目的。

2）节约服务成本

加强配送服务管理，应该重视的另一个方面，就是节约服务成本。据统计，国内第三方物流企业在提供同样的服务内容时所付出的成本要远远高于国外同行，因此节约成本的潜力十分巨大。而对于节约服务成本的方式，则可以采取服务标准化、增加设备减少人员、引进新技术新方法三种方式。服务标准化就是尽量将个性化的服务实现标准化，从而实现规模效应，节约成本；减少服务人员，则是使所提供的服务在时间和空间上尽量做到均衡，减少冗余的人员。这样一方面能够降低人员成本，另一方面由于服务人员减少，服务质量的差异性也会随之降低，从而避免服务质量出现大幅变化。

3）引进新技术

新技术可以帮助配送企业节约时间和资金，而且可以使服务人员的效率和积极性更高，从而提高服务效益。例如通过自动查询系统，客户可以自己将问题输入电脑，系统自动将答案输出。一方面可以使该项服务标准化，另一方面可以减轻服务人员的工作压力，但是配送企业必须防止过分强调生产率而降低了服务质量。一些提高生产率的方法能使服务质量标准化，从而增加客户对服务的满意度，但是另一些方法却会导致过度的标准化，从而减少客户化、人性化的服务。试图节约服务成本的做法会使企业在短期内提高效率，但也会削弱其提高服务质量或满足客户需求的长期能力。因此在有些情况下，服务提供者会降低生产率，以创造更多的服务差异或提供更高的服务质量。

## 11.3　第三方物流绩效评价方法和内容

### 11.3.1　第三方物流绩效评价的方法

大多数企业目前还是集中于部门的绩效评价上，随着供应链管理的出现，企业在评价绩效时也逐渐考虑整个供应链、考虑可扩展企业的目标，但同时也必须考虑各个个体自身的部门绩效。因此，这里提出以下几种绩效评价选择方法。

**1. 以功能型评价为基础**

大多数绩效评价系统所遇到的问题是指标偏重于部门化。在这些系统中，每个领域的部门的绩效评价又只用于其领域本身，以达到该领域所要达到的目标和任务。据此评价系统以改进自身的绩效的部门或组织个体经常是以牺牲或影响其他部门的绩效为代价的。当每个部门的绩效评价都孤立于其他部门时，会导致部门影响整个组织的目标。从整个供应链来看，单就功能型评价的使用，绩效的改进注重于单一目标，而可能会与供应链整体目标相抵触。但是反映在供应链节点企业的绩效评价则能用于系统的诊断，为供应链优化打好基础。将其纳入供应链的评价范畴就可以使之排除目标的不一致性，而成为绩效评价的基础性指标。

**2. 包含基于流程的企业级的绩效评价**

为实现第三方物流运作的集成，企业打破部门的孤立壁垒，按照业务流程进行组织评价。为实现这一点,或者建立一个全职负责整个业务流程的部门,或者成立一个跨部门的工作小组。这些流程包括:订单完成周期(订单现金回收)、新产品研发循环期(产品开发开始至初次上市)、总循环期(物料采购到客户付款的周期,现金周转时间)。为了支持业务流程的变动,需要为流程性指标补充功能型指标,用以强调整个流程的绩效并使用功能性指标提供影响整个供应链的绩效的诊断信息。

**3. 建立跨企业的评价指标**

用于评价第三方物流职能流程指标不但可以用于企业内部,也适用于企业外部的流程。第三方物流管理不但关注本企业的经营状况,同时必须关注客户的经营状况对供应链带来的影响,以及供应商在经营中的利润贡献率。但是没有一个公司能够控制整个第三方物流的绩效,第三方物流运作的增值流程往往会因为公司的组织界限而有所迟滞。传统企业其组织界限适度模糊化之后,交易成本得以下降。而这种"适度"也必须加以评估,确保其具有有效性,也就是外部流程的评价也成为第三方物流管理中不可缺少的一环。表 11-1 中给出了一些第三方物流可选的评价指标实例,其中包含了功能型指标和跨企业级指标。

**表 11-1 第三方物流可选指标实例**

| 类 别 | 指 标 |
|---|---|
| 客户服务 | 订单完成率、客户满意度、客户收益、订单执行准确性、订单运输与追踪绩效、客户抱怨 |
| 采购 | 物料库存、供应商交货绩效、物料/元件质量、物料缺货率、单位采购成本、物料采购时间及时率 |
| 流程、跨功能 | 预测准确性、完美订单率、新产品推出时间、循环期、生产进度变动 |
| 物流 | 完工产品库存、准时交货、库存准确率、物流成本、准时装货发运、交货时间、运输成本、仓储成本、在途库存 |
| 制造 | 产品质量、VIP 库存、产量、调整准备时间、物料利用度、生产循环期、生产能力、主生产计划稳定程度、采购制造循环期 |
| 跨企业 | 产品完成成本、消费点产品可用量、供应链整体库存量、销售渠道在途库存、供应商库存、现金周转周期、客户库存、客户库存量(VMI/CRP)、VMI/CRP 供求比例 |
| 财务评价 | 现金流、EVA、收益率 |
| 市场 | 市场占有率、新产品占销售总量比率 |

其中:VMI——供应商管理库存,CRP——持续供给计划,EVA——经济增加值。

## 11.3.2 第三方物流绩效评价的内容

实际进行绩效评价时,以节点企业为分界点,通常将具体评价内容分为三部分:内部绩效衡量、外部绩效衡量、第三方物流整体绩效衡量。以下简要阐述各部分内容。

**1. 内部绩效衡量**

内部绩效衡量主要是对第三方物流上的各个企业内部绩效进行评价,既有一般的企业绩效评价的共性,又有其独有的特性。主要评价内容包括以下几方面。

1）成本

绩效评价考虑的成本是完成特定运营目标所发生的成本。较有代表性的绩效成本是以金额表示的销售量的百分比或每单位数量的成本。

2）顾客服务

用以考察第三方物流企业满足用户或下游企业需要的相对能力。由于难以定量地衡量，一般通过订单处理、服务反馈周期等指标作为补充指标。

3）生产率

衡量第三方物流内部企业的组织绩效，一般用于评价生产某种产品的投入与产出之间的相对关系。通常可以分为静态生产率、动态生产率以及替代性生产率。静态生产率和动态生产率是根据是否考虑时间因素对生产率的影响来区分。严格地讲，替代性生产率实际上并不属于生产率范畴，通常是作为对静态和动态生产率的补充，使用与生产率关系密切的一些指标来衡量生产率水平，如顾客满意度等。

4）资产

衡量为实现第三方物流目标对企业设施和设备的资产及流动资本的使用情况。设施、设备、存货是一个企业资产的重要组成部分，主要注重对存货等流动资本的流转、固定资产的投资回报率，对于人力资源的衡量目前受限于成本、收益的货币化衡量，仍很少被纳入考虑范围。

5）质量

质量是内部绩效衡量的最主要内容，主要用以确定第三方物流企业所发生物流活动的效率。由于质量的范围非常大。因此对质量的衡量很难，目前作为折中的处理方法，通常根据“完美订货”来衡量物流运作的质量。完美订货关注的是总体的物流绩效，而非单一功能，它代表着理想的绩效。

6）学习与创新

企业的学习与创新能力反映了企业不断创新并保持其竞争能力与未来的发展势头，以及不断成长的能力。企业只有不断推出新的产品和服务，才能保持并有效地扩大市场。企业不断学习和创新能持续为顾客提供更多价值含量高的产品，减少运营成本，提高企业经营效率，扩大市场，找到新增附加值的机会，保持企业成长。

**2. 外部绩效衡量**

外部绩效衡量主要是对供应链上的企业之间运行状况的评价。主要评价内容包括以下几个方面。

1）用户满意程度

主要通过公司或行会组织调查或者系统的订货跟踪实现，由于难以精确地定量性衡量，一般从询问关于第三方物流企业与竞争者的绩效入手，以可靠性、订发货周期、信息可用性、问题的解决和产品的支撑等指标作为补充。

2）最佳实施基准

主要用于衡量整体绩效评价。最佳的实施基准集中在对比组织指标上的实施和程序。越来越多的供应链企业应用最佳实施基准，将它作为企业运行与相关行业或者非相关行业的竞争对手或最佳企业比较的一种技术，常在重要的战略领域将基准作为检验第三方物流运作的工具。

3. **第三方物流整体绩效衡量**

第三方物流之间的竞争日趋激烈引起人们对第三方物流总体绩效的日益重视，要求能够提供总体透视的衡量方法，并且这种透视方法必须是可以比较的，并且既能适用于机构的功能部门，又能适用于分销渠道。如果缺乏总体的绩效衡量，就可能出现制造商对用户服务的看法和决策与零售商的想法完全背道而驰的现象。主要评价内容包括以下几个方面。

1）成本

与内部绩效衡量中以完成特定运营目标所发生的成本所不同，第三方物流整体绩效衡量中的成本是总成本，显然第三方物流所发生的成本均应纳入考虑范围，一般包括：订货完成成本、原材料取得成本、总的库存运输成本，以及与物流有关的财务和管理、信息系统成本，制造劳动力和库存的间接成本等。

2）顾客服务

衡量供应链企业所能提供的总的客户满意程度，是内部绩效与外部绩效衡量的综合，主要包括完美订货、用户满意程度和产品质量，而此处的完美订货、用户满意程度、产品质量等指标均是对第三方物流而言，对各企业此类指标的衡量是实现总体评价的基础。

3）时间

衡量企业对用户要求的反应能力，即从顾客订货开始时间到顾客用到产品为止所需时间。一般包括装运时间、送达顾客的运输时间和顾客接收时间。一般认为，时间和成本、顾客服务的关系密切，时间与这两类衡量内容的目标通常矛盾，因此为保证第三方物流系统的绩效，需要实现的是各类指标的综合最优。

4）资产

衡量为实现第三方物流目标对企业设施和设备的资产及流动资本的使用情况，主要包括库存、设施及设备等相当大的资产负债，资产评价基本集中于在特定资产水平支持下的水平，一般测量资金周转时间、库存周转天数、销售额与总资产比率等资产绩效。

上述三个方面的第三方物流绩效比较系统地描述了第三方物流绩效评价所涉及的主要内容，一般进行供应链绩效评价时需要对上述三部分内容均进行衡量。同时，随着现代物流理念的发展，供应链整体绩效越来越为人所重视。

## 11.4　第三方物流绩效评价指标体系

### 11.4.1　指标体系构建思路

1. **概述**

评价指标是实施绩效评价的基础，任何评价行为都要运用一定的指标来进行。经营绩效取决于诸多因素，具有综合性特征，一般情况下，单一或较少的指标难以全面反映，实施绩效评价必须构建一个反映经营绩效各个侧面的由一系列相关指标组成的评价指标集。第三方物流的运作效果如何，最重要的评价标准应该是其整体绩效。

构建评价指标体系应遵循以下思路。

(1) 符合绩效评价目的和评价内容的要求。能够从不同侧面反映第三方物流绩效的实质，指标集从整体上能够涵盖绩效评价内容的所有方面。

(2) 各项指标相互间具有较高的独立性，否则必然造成指标内容所反映的信息重叠。

(3) 权衡成本与收益，选取关键指标。绩效评价将带来一定的收益，但是也要耗费一定的成本。如果无止境地要求绩效评价做到全面、准确，必然导致成本的上升；而一味追求低成本，构建过于简单的体系，就不能达到绩效评价反馈信息、修正问题的目的。所以一定要权衡评价的成本与收益，选取关键的指标。

(4) 通用体系，不同权重反映战略。不同战略导向的供应链，其绩效所对应的指标可能不尽相同，但是一些关键指标应该是一致的。具体评价时可通过对关键指标设置不同权重来体现供应链的战略导向。

(5) 分层次。层次的划分使整个评价体系兼顾事后评价与事中控制，同时关注供应链的长期发展。

(6) 区分不同主体。从所有者、经营者、消费者三个主体出发考虑关键指标。例如，每个主体都比较关注结果，但是关注的问题不大一样：最终顾客作为产品和服务的接收者，关注顾客服务水平；所有者和经营者则比较关注财务状况(当然作为所有者和经营者也关注顾客服务水平，但是可以认为这种关注是间接的)；所有者关心供应链的净资产盈利状况，而经营者则更关心供应链的财务收益状况、资产运营状况和发展能力。明确主体就可以有的放矢地进行关键指标的选取。

(7) 关注流程。传统的基于职能的评价基本上是一种事后评价，对实际工作的指导意义不大。而基于流程的评价是一种事中评价，通过对流程进行评价和改善，就能从根本上改善绩效。

**2. 第三方物流绩效评价指标体系的构建原则**

第三方物流绩效评价指标体系的设计是进行第三方物流绩效评价的基本前提，全面合理的指标体系是保证评价结果全面性和客观性的关键所在。根据业务性质和行业领域的不同，不同企业会使用不同的指标体系。第三方物流绩效评价指标体系的建立一般应遵循以下原则。

1) 系统全面性原则

第三方物流绩效受到内外部各种因素及其组合效果的影响。对供应链绩效的评价不能只考虑某一单项因素，必须遵循系统设计、系统评价的原则，才能全面、客观地做出评价。

2) 可操作性原则

坚持可操作性原则应注意以下三个方面：①指标设计应尽可能实现与现有统计资料、财务报表的兼容。②考虑指标的清晰度，应避免产生误解和歧义。③考虑指标数量的得当性，指标间不应出现交叉重复。

3) 经济性原则

经济性原则是指评价体系的构建应考虑到操作时的成本收益，不能以过高的操作成本来提高评价体系的全面性。因此，在建立指标时，体系大小应该适宜，指标数量应当适当。指标体系过小,则评价体系不够系统全面,若过大,则需要收集过多的数据,进行复杂的数据处理,这样容易造成评价成本的增加和操作的复杂性。因而,评价主体应根据自身特征和评价目标选择适当的评价体系规模。

4) 定量和定性结合的原则

由于第三方物流绩效涉及物流风险、企业形象和信誉等诸多问题,很多方面难以量化,所以评价指标体系的建立除了要对供应链管理的绩效进行量化外,有时还需要使用一些定性指标对定量指标进行修正和补充。

5) 实效性原则

第三方物流绩效评价指标应该是动态的,可以随时跟踪,以便于掌握实时的绩效状态。绩效评价体系应该有预警和反馈的功能,若实效性差,则不能对出现的问题进行及时处理。

6) 可比性原则

可比性原则指构成评价指标体系的各指标之间能够相互比较。从客观评价出发,可比性原则还要求合理确定指标体系的规模。指标少,虽然处理简单,但缺乏全面性和综合性。指标多,则使建模复杂,而且可能掩盖对象间的差异性。

### 11.4.2 第三方物流绩效指标体系的量化

为了客观、全面地评价第三方物流的运营情况,我们从以下两个方面来分析和讨论第三方物流绩效评价指标体系。

**1. 反映整个第三方物流业务流程的绩效评价指标**

整个第三方物流是指从最初供应商开始直至最终用户为止的整条第三方物流,反映整个第三方物流运营绩效的评价分指标有以下七个。

(1) 产销率指标。产销率是指在一定时间内已销售出去的产品与已生产的产品数量的比值:

$$产销率=\frac{一定时间内已销出去的产品数量}{一定时间内生产的产品数量}$$

该指标可以反映第三方物流资源(包括人、财、物、信息等)的有效利用程度,产销率越接近1,说明资源利用程度越高。同时,该指标也反映了供应链库存水平和产品质量,其值越接近1,说明第三方物流成品库存量越小。

第三方物流企业的产销率。该指标反映第三方物流企业在一定时间内的产销经营状况。

(2) 平均产销绝对偏差指标。平均产销绝对偏差是指在一定时间内,所有企业已生产产品的数量与其已销售的产品数量之差的绝对值之和的平均值。

$$平均产销绝对偏差 = \sum_{i=1}^{n} \mid P_i - S_i \mid /n$$

式中,$n$——第三方物流供应链节点企业的个数;

$P_i$——第 $i$ 个节点企业在一定时间内生产产品的数量;

$S_i$——第 $i$ 个节点企业在一定时间内已生产的产品中销售出去的数量。

该指标反映在一定时间内第三方物流供应链总体库存水平，其值越大，说明第三方物流成品库存量越大，库存费用越高。

(3) 产需率指标。产需率是指在一定时间内，节点企业已生产的产品数量与其上层节点企业(或用户)对该产品的需求量的比值，具体分为以下两个指标。

① 第三方物流企业产需率。该指标反映上、下层节点企业之间的供需关系。产需率越接近 1，说明上、下层节点企业之间的供需关系协调，准时交货率高，反之，则说明下层节点企业准时交货率低或者企业的综合管理水平较低。

$$第三方物流企业产需率=\frac{一定时间内节点企业已生产的产品数量}{一定时间内上层节点企业对该产品的需求量}$$

② 第三方物流核心企业产需率。该指标反映第三方物流整体生产能力和快速响应市场能力。若该指标数值大于或等于 1，说明第三方物流生产能力较强，能快速响应市场需求，具有较强的市场竞争能力；若该指标数值小于 1，则说明第三方物流生产能力不足，不能快速响应市场需求。

$$第三方物流核心企业产需率=\frac{一定时间内核心企业生产产品数}{一定时间内用户对该产品的需求量}$$

(4) 第三方物流产品出产(或投产)循环期(cycle time)或节拍指标。当第三方物流节点企业生产的产品为单一品种时，供应链产品出产循环期是指产品的出产节拍；当第三方物流节点企业生产的产品品种较多时，供应链产品出产循环期是指混流生产线上同一种产品的产出间隔。由于第三方物流管理是在市场需求多样化经营环境中产生的一种新的管理模式，其节点企业(包括核心企业)生产的产品品种较多，因此，第三方物流产品出产循环期一般是指节点企业混流生产线上同一种产品的出产间隔期。它可分为以下两个具体的指标。

① 第三方物流节点企业(或供应商)零部件出产循环期。该循环期指标反映了节点企业库存水平以及对其上层节点企业需求的响应程度。该循环期越短，说明了该节点企业对其上层节点企业需求的快速响应性越好。

② 第三方物流核心企业产品出产循环期。该循环期指标反映了整个第三方物流的在制品库存水平和成品库存水平，同时也反映了整个第三方物流对市场或用户需求的快速响应能力。核心企业产品出产循环期决定着各节点企业产品出产循环期，即各节点企业产品出产循环期必须与核心企业产品出产循环期合拍。该循环期越短，说明整个第三方物流的在制品库存量和成品库存量都比较少，总的库存费用都比较低，另一方面也说明第三方物流管理水平比较高，能快速响应市场需求，具有较强的市场竞争能力。

缩短核心企业产品出产循环期，应采取如下措施：使第三方物流各节点企业产品出产循环期与核心企业产品出产循环期合拍，而核心企业产品出产循环期与用户需求合拍；可采用优化产品投产计划或采用高效生产设备或加班加点来缩短核心企业(或节点企业)产品出产循环期。其中，优化产品投产顺序和计划来缩短核心企业(或节点企业)产品出产循环期是既不需要增加投资又不需要增加人力和物力的好方法，而且见效快，值得推广。

(5) 第三方物流总运营成本指标。第三方物流总运营成本包括供应链通信成本、第三方物流库存费用及各节点企业外部运输总费用。它反映供应链运营的效率。

(6) 第三方物流核心企业产品成本指标。第三方物流核心企业的产品成本是第三方物流管理水平的综合体现。根据核心企业产品在市场上的价格确定出该产品的目标成本,再向上游追溯到各第三方物流,确定出相应的原材料、配套件的目标成本。只有当目标成本小于市场价格时,各个企业才能获得利润,第三方物流才能得到发展。

(7) 第三方物流服务质量指标。第三方物流服务质量是指第三方物流各节点企业(包括核心企业)生产的产品或零部件的质量,主要包括合格率、废品率、退货率、破损率、破损物价值等指标。

**2. 反映第三方物流企业内外部的关系协调指标**

1) 第三方物流核心企业主计划的全局性指标

全局性是指第三方物流企业生产计划必须符合第三方物流整个业务流程的需要,而不是单一地满足某一方面的需要。为了便于评价,可利用功效系数法进行评价,将其指标分数化成 100 分制,计算公式如下:

$$\text{全局性评价指标分数}-60+\frac{\text{指标实际值}-\text{指标不允许值}}{\text{指标满意值}-\text{指标不允许值}}\times 40$$

指标不允许值和指标满意值均可由决策者经过长期的实际运作分析而定。对于某一时期的第三方物流生产计划绩效的评价,指标实际值由决策者根据这段时间内的计划进行分析而定。第三方物流计划全局性指标的值越大越好。

2) 第三方物流响应能力指标

第三方物流响应能力是指当外界条件发生变化时,其计划能够较快地做出调整以适应变化的要求。为此,可以采用功效系数法和比较尺度法进行评价,其指标值越大越好。第三方物流生产计划应变性的比较尺度表见表 11-2。

**表 11-2 第三方物流计划应变性的比较尺度表**

| 应变性难易程度 | 很不容易 | 较不容易 | 不容易 | 稍不容易 | 一般 | 稍微容易 | 容易 | 较容易 | 十分容易 |
|---|---|---|---|---|---|---|---|---|---|
| 分数 | 1/9 | 1/7 | 1/5 | 1/3 | 1 | 3 | 5 | 7 | 9 |

当认为计划的应变性为容易时,对其进行打分,取值 1~9:

$$\text{应变性评价指标分数}=60+(\text{指标值}/9)\times 40$$

当认为计划的应变性为不容易时,对其进行打分,取值 1/9~1:

$$\text{应变性评价指标分数}=60+(\text{指标值}/1)\times 40$$

3) 生产计划的效益性指标

效益性是第三方物流绩效评价的主要内容之一,第三方物流的主要目的在于体现其效益性。可以采用盈亏平衡分析法对一个第三方物流计划进行评价,具体计算公式如下:

$$\text{效益性评价指标分数}=60+(\varepsilon_i-1)\times 40$$

$$\eta_i=\frac{P_{\text{利}}}{C},\quad \varepsilon=\frac{\eta_1}{\eta_0}$$

式中,$\eta_1$——该计划的单位成本获利数;

$\eta_0$——企业长期统计的标准单位成本获利数;

$P_{利}$——该计划能够获得的利润；

$C$——该计划的总成本；

$\varepsilon_i$——该计划单位成本获利数与标准单位成本获利数的比值。

4）第三方物流作业流程的执行

（1）作业的速度性指标

可以采用第三方物流系统对客户服务需求的平均响应时间来衡量。设第三方物流系统共有Ⅳ种服务内容，对于第 $i$ 类客户服务，配送中心在从接到第 $j$ 个客户订单，到送到客户手中这一整体活动中所需的时间为 $t_{ij}$，那么第 $i$ 类客户服务的速度性指标可以利用该种服务需要的平均时间 $t_i$ 来衡量：

$$\bar{t}_i = \frac{\sum_{j=1}^{n_i} t_{ij}}{N_i}$$

式中，$N_i$——第 $i$ 类客户的总数。

（2）作业能力的综合利用率指标

作业能力是指某项作业在规定时间内（每小时、每天），员工进行正常作业程序时所能够完成的作业量。供应链运作中作业能力综合利用率是指企业进行运输配送活动时，其作业能力（包括运输能力、配货能力等）综合利用率情况。设企业进行配送运输活动包括Ⅳ项作业内容，对于第 $i$ 项作业，假定经过长期的观测，其作业能力为 $G_i$，某一时期内该作业工序的配送运输作业平均能力为 $G_i$，则该作业工序的配送运输作业能力的利用率为

$$\theta_i = \frac{\bar{G}_i}{G_i} \quad (i = 1, 2, \cdots, N)$$

综合Ⅳ项作业内容，配送运输作业能力综合利用率 $\theta$ 取所有工序能力利用率最小值，即

$$\theta = \min(\theta_1, \theta_2, \cdots, \theta_N)$$

（3）作业的一致性指标

作业的一致性指标，体现在供应链活动在一定时期内准时交货并保证质量的次数占总交货次数的百分比。设在一个时段 $t$ 内，准时保质交货的次数为 $N_i$，总交货次数为 $N_t$，作业一致性指标 $P_d$ 的计算公式如下：

$$P_d = \frac{N_d}{N_t}$$

（4）作业的灵活性指标

作业的灵活性指标主要体现在处理异常的客户服务要求的能力，以及当发生故障时恢复的可行性两个方面。其中，处理异常的客户服务要求的能力可以利用异常要求处理完毕数与异常要求需要处理数之比来衡量，故障处理能力可以用发生故障的标准恢复时间和实际恢复时间之间的关系来计算。配送作业的灵活性指标的计算公式如下：

$$k = \alpha k_1 + (1 - a) k_2$$

式中，$k$——作业灵活性指标值；

$k_1$——处理异常客户服务要求的能力指标值；

$k_2$——故障恢复的能力指标值；

$a$——处理异常客户服务要求与故障恢复的能力相比的重要程度，若 $\alpha=0.6$，表示异常客户服务要求在两者中占总的 60%，而故障恢复的能力则为 40%，$\alpha$ 的取值由决策者确定。

$$k_1 = \frac{\text{异常情况处理完毕数目}}{\text{异常情况总需要处理数}}$$

$$k_3 = \frac{\sum_{i=1}^{n} t_{i标} - \sum t_{i实}}{\sum_{i=1}^{n} t_{i标}}$$

$$k_2 = 0.6 + k_3 \times 0.4$$

式中，$t_{i标}$——第 $i$ 类故障标准恢复时间(由企业决策者定)；

$t_{i实}$——第 $i$ 类故障实际恢复时间；

$n$——故障总类数。

### 11.4.3 第三方物流关键业绩指标

关键业绩指标是通过对组织内部某一流程的输入端、输出端的关键参数进行设置、取样、计算、分析，衡量流程绩效的一种目标式量化管理指标。第三方物流企业物流项目运作相关关键业绩指标分为五大部分：运输计划、运输过程、库存过程、客户服务和财务指标。

**1. 运输计划指标**

运输计划指标是通过需求满足率来考核的。需求满足率是指客户的物流需求(包括一些额外的物流需求，如不常见路线的运输、零星的货物运输、增值服务要求等)能够及时满足的比率。

需求满足率＝需求得到满足的次数/总的需求次数

**2. 运输过程指标**

(1) 货物及时发送率。货物及时发送率可用一定时期内第三方物流企业接到客户订单后，及时将货物发送出去的次数与总订单次数的百分比来表示。设时段 $T$ 内，及时发货次数为 $N_i$，总的订单次数为 $N$，则及时发货率 $P_i$ 为

$$P_i = N_i / N_t$$

(2) 货物准时送达率。货物准时送达率可用一定时期内准时送到次数与总送货次数的百分比来表示。所谓准时送达，是指按照客户的要求在规定的时间内将产品安全准确地送达目的地。假设在时段 $T$ 内，准时送达次数为 $N_d$，总的订单次数为 $N_t$，则准时送达率 $P_d$ 为

$$P_d = N_d / N_t$$

(3) 货物完好送达率。货物完好送达率可用一定时期内货物无损坏地送到次数与总送货次数的百分比来表示。所谓完好送达，是指按照客户的要求在规定的时间内将客户订购的产品无损坏地送达客户手上。第三方物流企业和客户对这个指标的要求是很高

的，应该达到 100%。假设在时段 $T$ 内，完好送达的次数为 $N_w$，总的订单次数为 $N_t$，则完好送达率 $P_w$ 为

$$P_w = N_w / N_t$$

（4）运输信息及时跟踪率。运输信息及时跟踪率是指每一笔货物运输出去以后，第三方物流企业向客户反馈运输信息的比率。在物流服务中，对信息的跟踪以及反馈是很重要的，客户将物流业务交给了第三方物流企业，客户对物流信息的掌握很大程度上就是依靠第三方物流企业来提供的。这样，客户对运输信息反馈与跟踪的要求就会提高。假设在时段 $T$ 内，跟踪运输信息的次数为 $N_n$，总的订单次数为 $N_t$，则运输信息及时跟踪率 $P_n$ 为

$$P_n = N_n / N_t$$

第三方物流企业和客户对这个指标要求也比较高，应该是 100%。长途运输的物流信息跟踪应该是每天的上午、下午各一次；对短途和市内配送的物流信息跟踪应该发生在预计物流业务完成时间之后。

**3. 库存过程指标**

（1）库存完好率。库存完好率是指某段时间内仓库货物保存完好的比率。对库存完好率，客户要求是比较高的，一般为 100%。具体计算为时段 $T$ 内，完好库存为 $n$，总库存数为 $N$，那么库存完好率为

$$\text{库存完好率} = n / N \times 100\%$$

（2）库存周报表准确率。每周的库存报表的准确率也是物流服务绩效的指标之一。对这个指标的具体计算为在时段 $T$ 内，库存报告的准确次数除以总的库存报告次数。

（3）发货准确率。发货准确率也是库存过程的一个重要指标。发货准确率是指仓管人员根据订单准确发货的百分数。

发货准确率＝在时段 $T$ 内准确的发货次数/在时段 $T$ 内的发货总数×100%

**4. 客户服务指标**

（1）客户投诉率。客户投诉率是指在时段 $T$ 内，没有收到货物的客户向第三方物流企业投诉的比率。这是体现物流服务中客户服务的重要 KPI 指标，体现了第三方物流企业物流服务质量的好坏。

客户投诉率＝客户投诉次数/总的送货次数

（2）客户投诉处理时间。客户投诉处理时间是指每一次客户投诉后，第三方物流企业所能做出的及时反应时间，以处理客户的投诉，并且保证以后此类问题不再出现。该投诉时间一般为 2 小时，可以根据行业情形适当调节。但如果客户重复投诉，则此权重应该加大。

（3）回单返回及时率。回单返回及时率是指在完成每笔业务后，运输单据返回客户的比率。一般客户会每月收回一次运输单据以备审查。

**5. 财务指标**

（1）失去销售比率。该指标反映了客户未满足既定需求的情况。如果是由于第三方物流企业的原因导致客户的某些销售业务无法进行，就损害了客户的利益，这里用失去销售比率来表示。该指标可用失去销售额占总销售额的百分比来表示。

(2) 第三方物流企业利润率。第三方物流企业利润率是指在时段 $T$ 内,客户支付给第三方物流企业的物流费用减去第三方物流企业为完成这些物流业务所支出的成本的差,与时段 $T$ 内客户支付给第三方物流企业的物流费用间的比率。

第三方物流企业利润率=(收入-成本支出)/收入

(3) 运输或库存破损赔偿率。运输或库存破损赔偿率是指在时段 $T$ 内由于运输、仓储所造成的货物破损赔偿占相同时间内物流业务收入的比率。

运输或库存破损赔偿率=货物破损赔偿费用/业务收入

## 11.4.4 第三方物流效果的反馈

### 1. 反馈的含义

反馈是系统论和控制论中的一个重要概念,是任何控制过程的重要组成部分。起初,反馈主要应用于理工学科,如信号的反馈等,后来逐渐发展到管理学当中,成为控制理论中的重要组成部分。控制是管理的主要职能之一,包括事前控制、事中控制和事后控制。其中,事前控制又称为前馈,事后控制即为反馈。反馈中所出现的偏差,是指实际情况和预期之间的差距、结果和目标之间的差距等。

### 2. 第三方物流绩效反馈

第三方物流绩效反馈是将各节点作业的绩效结果反馈回系统,以便改进。作业的绩效结果是繁杂的,通过第三方物流绩效评价体系可以得到清晰的绩效评价报告。将实际供应链绩效和绩效目标之间的偏差反馈回绩效系统,不仅可以使系统成员了解绩效结果,同时还是管理者做出下一阶段改进的重要决策信息。绩效反馈可以分为四个环节:接收反馈、对反馈信息进行加工、使用反馈和最终改变行为以提高绩效。

第三方物流绩效反馈给各节点企业相应信息的主体(企业、管理者、员工),而这些主体往往并不是被动地等待和接收,在一个有绩效管理氛围的环境中,被反馈者会主动寻求反馈。被反馈者接收到反馈信息,需要对信息进行正确加工,正确理解信息,并对反馈信息选择信任或者不信任。这就对反馈过程提出了要求,即反馈者必须能够让被反馈者理解并且相信反馈信息,这样的反馈才是有效的,后续的改进才可能发生。根据绩效反馈信息,第三方物流运作可能需要重新设定目标或者修改已有的目标,调整执行措施,追踪进展,以期绩效的改进。有效的绩效反馈的结果将使得行为得以改变和绩效得以改善。

### 3. 客户满意度

满意度计算一般通过回访调查而得到,即满意数与总调查数之比。为了使满意度的计算更加合理,把很满意数、满意数、基本满意数等统一折算成满意数。在实际中,可以用如下公式来计算:

$$\text{客户满意度}=\frac{\text{很满意数}\times 1.1+\text{满意数}\times 1+\text{基本满意数}\times 0.6}{\text{样本总数}}\times 100\%$$

### 4. 客户的市场份额递增率

客户的市场份额递增率用来评价物流企业客户的市场份额递增的情况,通常采用如下公式计算:

$$\lambda_{12}=\frac{\beta_2-\beta_1}{\beta_1}$$

式中，$\beta_1$，$\beta_2$——相同时间段 $T$ 内的前期市场份额和本期市场份额；

$\lambda_{12}$——市场份额增长率。

5．从客户处获得利润的综合值

从客户处获得利润的综合值的供应链效果反馈中，要重视客户的交易利润。应当注意，有些客户尽管无利可图，但是它有很大的增长潜力，故不可忽视。如果同公司交易多年的客户仍然无利可图，应尽快摆脱这些客户。因此，将客户分为三类，分别是稳定的长期客户、有较大发展潜力的客户和无利可图的客户。从客户处获得利润的综合值的计算公式如下：

$$A = \left(\sum_{i=1}^{n} A_{1i}\right) \times 1 + \left(\sum A_{2j}\right) \times f_1 + \left(\sum A_{3K}\right) \times f_2$$

式中，$A$——从客户处获得利润的综合值；

$A_{1i}$，$A_{2j}$，$A_{3k}$——分别表示稳定的长期客户中第 $i$ 位客户的总利润值，有较大发展潜力的客户中第 $j$ 位客户的总利润值，无利可图的客户中第 $k$ 位客户的总利润值；

$n_1$，$n_2$，$n_3$——分别表示稳定的长期的客户总数，有较大发展潜力的客户总数，无利可图的客户总数；

$f_1$——有较大发展潜力的客户的利润折算系数，由决策人确定，$f_1>1$；

$f_2$——无利可图的客户的利润折算系数，由决策人确定，$0<f_2<1$。

6．第三方物流绩效反馈的实施

在第三方物流企业内部，由管理者向执行者（员工）进行绩效反馈，反馈的主要途径和方式是面谈和实时的信息交换，因为绩效反馈要求管理者与部门/员工进行双向交流，而不是简单地通过文件形式进行通知。

第一，绩效反馈前让每个部门/员工个人对自身的绩效进行自我评价，认真思考自己在本次绩效周期内所达到的绩效，并鼓励他们寻找自己的不足。

第二，鼓励部门和员工积极参与绩效反馈过程。在绩效反馈的过程中，当各部门和员工参与到绩效反馈过程之中时，员工通常都会对这一过程感到满意。参与的形式有很多种，包括发表对于绩效评价的看法以及参与制定绩效目标的讨论等。

第三，绩效反馈的重点在于解决问题。绩效反馈并不追究责任和进行批评教育，这样会强化抵触情绪，不利于配送绩效改善。为了改善不良的绩效，管理者首先必须努力找出造成不良绩效的原因，这包括共同寻找导致不良绩效的实际原因，然后就如何解决这些问题达成共识。

第四，反馈应尽可能具体。管理者应针对配送活动的具体过程或事实进行反馈，避免空泛陈述。模棱两可的反馈不仅起不到激励的作用，还有可能产生抑制效果。

第五，制定具体的绩效改善目标，确定检查改善进度日期。制定目标的重要性不能被过于夸大，它只是绩效最为有效的激励因素之一。研究表明，目标的制定有利于提高员工满意度，激发改善绩效的动力。但是，除了确定目标以外，管理者还应当确定对实现目标绩效要求的进展情况进行审查的具体时间。

**配送绩效指标设定**

配送绩效指标设定包括以下几个方面的内容。

一是要选择合适的衡量指标。

二是绩效指标的目标值要充分考虑。

三是确定绩效指标要符合有关原则。

# 11.5 第三方物流服务监控

## 11.5.1 第三方物流客户服务监控

对提供整合与管理型的第三方物流服务公司来说，它们对企业各物流环节（运输、仓储等）的协调负有基本责任，即应使物流系统有效地运作，达到以精确的时间、精确的地点把产品送给客户的目标。物流服务的目标是使客户满意，因此，客户服务监控系统需要衡量两大类变量。

**1. 产品交货过程中的客户满意度**

产品交货过程中的客户满意度，是一个“软”数据的领域，即并非很精确，且主观性较强的数据。然而，这个指标非常重要。

**2. 内部统计数据**

内部统计数据，是对客户满意度最具影响的度量。这些数据的内容随时间与行业不同而有所区别，客户最常关心的指标是产品的可得性、交货周期、信息和通信系统的反应速度等。这些方面的表现水平是可以衡量的。但必须注意，不同时间与不同行业对不同的指标有不同的重视程度。

因此，衡量客户服务水平的监控系统是相当复杂的。以下五个步骤可以保证对指标设计与应用的合理性。

第一步，进行客户调查。客户调查可以确定客户的需要、竞争对手的能力和表现水平以及由于当前服务水平的改变而引起的经济上的得失。

第二步，内部的审计。审计有助于确定当前的服务水平、取得当前服务水平的成本、需要改进的服务方面的问题及较好的（或较差的）服务的成本影响。

第三步，确定服务目标。每一个服务变量的目标都必须以客户需求、竞争对手的服务水平以及公司内部的能力和经济性为基础。

第四步，设计监控系统以衡量每一个服务变量。量度常以实时方式进行，它以交易行为过程系统中的统计数据积累为手段。在某些情况下，必须从分包方那里取得必要的信息，它可能是公路运输公司的送货时间和公共仓库的订单处理时间等。

第五步，设计报告系统。每一服务要素以定期的管理报告给出。通常报告按月制作并递交，而负责的部门应以天与周来检查详细的数据。

## 11.5.2 成本和生产效率的监控

**1. 物流配送成本的监控**

公司的成本管理体系一般是建立在每一成本发生的分类账户基础之上的。成本一般与产品、计算时期有关。一般情况下，劳动力或材料成本可分别计入一个特定的订单中，而有些成本，如租金或折旧，是与时间有关的，它们可计入同期所生产的产品中。

在成本计算系统中，这两大类费用被计入功能活动和设备之中，并在部门会计时期(一般为月度)中报告。虽然每一公司都有如何计入物流成本的不同习惯，然而，总成本是一致的。

为了监控成本还需要用一些成本的相对数。经常使用的两个成本比率如下。

(1) 成本占收入的比例。大部分公司预算是按销售额做出的，这样，仓库功能将根据历年货运成本与销售额的比例来分配费用。仓库费用额是很大的，可能占销售额的2%。

(2) 成本占重量的比例。这一比例常用于由第三方或公共仓库来进行储存与发运的货物。类似地，比例也可以根据订单处理数、处理箱数等来确定。

其他方面，如订单的下达、客户服务和配送网络管理等也可用类似的方法。

运输成本是会计期间的累积成本除以运输的重量或周期销售收入。

这些有用的比率数字形成了最基本的物流配送成本监控系统，一般需要有关软件来处理大量的数据。

**2. 物流配送系统生产率的监控**

任何生产率的监控都需要计算出一个比率，用以表明在给定的时间内的投入所产生的产出量。利用这些比率与成本发生时间的比率进行监控，就称为生产率监控。例如，在监控仓库时，成本对收益的比率，或与所发送货物重量的比率。生产率主要用来与历史的表现或竞争对手的表现对比。在评估生产成本时，需要更详细的信息，以便能对每一个具体操作评估。

**3. 生产率的衡量**

1) 列出所有需在仓库中进行的工作

需要列出的工作可以在管理人员会议上讨论确定，或通过研究决定。开始的工作类别可包括下列项目：接收、储存、补货、订单分拣、订单组合和打包、运输与装货、退货处理。

2) 工作分析

分析每一项工作，确定基本工作内容，对其表现建立一个衡量方法。这类分析可以通过一个详细的工程方法研究，也可以通过简单的管理人员讨论会对每一工作确立一系列的关键的、必须完成的事项以及最佳表现的衡量。

3) 按总时间、每日或每周计算的生产和生产率

生产率控制人员应完成计算和工作表格表示的所有的本周工作功能。采用计算机工作表软件可以计算出每个人的生产率和所有劳动力的平均生产率。

4) 确定工作标准

有关工作标准的问题，每个企业度量标准不一样，选择适合自己企业的标准。

### 11.5.3 仓库、运输和存货的监控

**1. 仓库的监控**

通过外包合同运作的第三方物流公司的监控与以资产为基础的公司自己运作设施相似，它们以收入和通过量为基础监控合同方的成本，即销售量的成本百分比或重量的成本百分比。

总数可以扩展至包括合同中规定的基本处理单位，通常以箱、件、订单等表示，因此，第三方物流对仓库的监控系统包括以下几项。

(1) 每时期的成本。包括装卸、储存、附加服务、特殊服务、总计等。

(2) 以订单、箱或重量表示的产出。包括进货、出货、存储等。

(3) 投入产出比率。

通常，第三方合同也规定服务水平和生产率目标，这与公司自己运作类似。显然，日常和每时每刻的控制由第三方负责，对被服务的公司来说，不需进行短期成本控制。公司物流部门的长期控制是通过合同条款和竞争性招标来进行的。

**2. 运输的监控**

从生产地到消费者之间的运输成本一般是很大的，发达国家典型的物流配送系统中运输成本平均占销售收入的 4%。因此，尽量减少运输开支并提供与费用相对应的服务水平是很重要的。

(1) 货物跟踪。现代的服务敏感性物流配送系统必须提供货物的实时信息，包括提供货物的位置与状态。这些信息提供给服务与销售人员和客户以确保有效率地运作。现代货物跟踪系统较为昂贵，但由于服务的改进，提供的竞争优势是显著的。

(2) 运费账单审计与以合同运价方式支付公共承运人的运费。运价考虑到了起始点的位置、货物类别、货物体积和重量、运输距离、包装形式和地域。运费账单必须审计后支付。运输账单处理系统通常接受审计、支付账单和提供控制系统的详细数据。

**3. 存货的监控**

储存和保持产品存货的成本是物流配送系统设计的一个重要的需要考虑的方面。

(1) 存货在一个公司资本投资中占有很大的比例。例如，在美国的制造业，货物平均每年周转 4 次，而存货成本通常占销售额的 50%。因此，每 100 单位的销售中，有 12.5 单位是投资于存货。

(2) 保持存货的成本是很大的。它不但包括利率成本，还包括产品老化、损坏、保险等成本。

大部分的存货存在于物流配送系统中，通常，配送订单是根据制造厂和基于对销售量和配送要求而产生的。监控投资和保证货物的安全是配送系统的主要功能。

从功能上说，对物流配送监控系统的要求是容易获得有关存货的数据。因此，必须能精确地知道有多少库存单位存在和目前存放在何处。

在较小的和老式仓库中，汇总的存货记录一般集中在存货文件中，而在仓库中的有效位置的记录则在另一个文件中。现在的做法是使用较为复杂的仓库管理系统，把两者(数量和位置)结合起来。

存货信息是以实时形式(即与交易同时发生)或根据批量每小时或每天更新。最新的方法是通过条码或电子标签和扫描系统准确地记录存货的产品和位置。

## 本章小结

绩效管理,顾名思义是解决让无形资产有效地创造价值的问题,它针对的是知识、技能和人的管理。绩效管理既是企业典型的人力资源管理问题,又是企业战略管理(strategic-management)的一个非常重要的有机组成部分。绩效管理强调的是对过程的监控,通过对行动过程中各项指标的观察与评估,保证战略目标的实现。

## 思考与练习

**一、名词解释**

绩效管理　绩效评价　　产销率

**二、填空题**

1. (　　)强调的是对过程的监控,通过对行动过程中各项指标的观察与评估,保证战略目标的实现。
2. 绩效管理不仅包括所有的绩效评价的内容,还包括根据绩效评价的结果进行(　　)、(　　)业务流程,制订新的激励措施等内容,与第三方物流决策支持过程有功能交叉。
3. 绩效管理体系可以起到沟通(　　)、(　　)、(　　)推进企业战略实现组织目标的作用,这是有效的管理手段。
4. 绩效包括(　　)和(　　)。
5. 第三方物流的顾客服务绩效主要受到(　　)、(　　)、(　　)、(　　)、(　　)和信息沟通等因素的影响。

**三、选择题**

1. (　　)是绩效管理流程中的第一个环节,发生在新的绩效周期开始时。
   A. 绩效计划　　B. 绩效考评　　C. 绩效实施　　D. 绩效反馈
2. 第三方物流绩效管理过程中的各个作业环节都应遵循(　　)的相关原理,这样才能更加有效地完成既定目标。
   A. 成本论　　B. 系统论　　C. 效益论　　D. 客户
3. (　　)可以从交货时间、交货数量和交货质量三个方面进行衡量。
   A. 快速性　　B. 敏捷性　　C. 质量　　D. 可靠性
4. (　　)主要是由交货时间的变化引起的。
   A. 时间柔性　　B. 产品柔性　　C. 订单柔性　　D. 数量柔性
5. (　　)衡量为实现第三方物流目标对企业设施和设备的资产及流动资本的使用情况。
   A. 成本　　B. 服务　　C. 资产　　D. 质量

## 四、思考题

1. 什么是绩效？
2. 第三方物流绩效管理有何特征？
3. 简述第三方物流绩效管理与评价的区别。
4. 第三方物流绩效管理的内容有哪些？
5. 第三方物流绩效管理的作用是什么？
6. 第三方物流绩效内部评价的内容有哪些？
7. 简述构建评价指标体系应遵循的思路。
8. 第三方物流绩效评价指标体系的构建原则有哪些？
9. 简述第三方物流绩效反馈。

### ××公司企业绩效管理

**企业背景**

××公司是一家名列全国连锁企业20强的大型商业企业，年销售收入接近100亿元。2000年开始，××公司全面介入资本市场，成功在A股上市。

××公司在致力于外部发展的过程中，也在不断提升内部管理水平，苦练内功。

**项目介绍**

1. 原××公司绩效的特色

优点：

(1) 企业拥有ERP系统，能够实时得到相关数据。

(2) 绩效管理的概念已经深入人心。

(3) 企业中有些部门的绩效管理水平比较好，已经有一套比较完善的绩效管理指标。

(4) 企业高层对绩效管理重视。

缺点：

(1) 只罚不奖，对员工的激励作用体现不足。

(2) 从整个公司来看，指标体系不系统，评价方式有待改善。

(3) 不重视绩效沟通，员工对自己的绩效常常不清楚。

(4) 员工的发展和调动比较频繁和随意，与绩效联系少。

(5) 由于企业发展快，各层管理者的管理水平与管理层级不符，绩效管理水平较差，意识不足。

2. 咨询公司的建议

针对××公司的以上特点，提出了以下改进建议。

(1) 按照价值链重新梳理公司级、部门级以及个人的绩效管理内容，建立分层、分类的指标体系。

① 从商品采购、配送、销售(包括卖场零售、网上销售、分销业务)、售后服务，××公司作为一个典型的连锁家电经营企业，有完整的价值链。其不同的业务形态，发展阶段也

不相同，其直营店、连锁店的终端销售，作为现阶段的核心业务，对于三联的业绩贡献最大，是其销售额和利润的支柱；而其分销业务正在做大规模，处于上规模的时期，属于企业发展中的业务；其物流、网上商城以及售后服务的市场化尚处于探索阶段，是在探索未来的发展机会。对于不同的业务，我们为其设计了不同的指标及其权重。

② 借用平衡计分卡的思想，将部门绩效指标分为财务指标、客户指标、内部运作指标三种类别。为了保证各个部门的指标都是服务于公司的总体战略，部门绩效指标的设计从两个方面进行汇合：一是从上往下的过程，公司的财务效果进行分解，得出其价值驱动因素、影响能力，最终落实到衡量指标以及承担这些指标的部门；二是从下往上的过程，由于公司战略的落实并不能涵盖公司平时基本经营活动，所以需要从价值链的角度考虑各部门关键的业务活动。将以上两个方面进行综合，最后得出各部门的绩效指标。

③ 针对于个人的绩效内容，考虑到管理成本的问题，根据其工作性质的可量化程度、在价值链中的位置（是属于直接增值环节还是间接增值环节），建议：选取不一样的考核和评价方式，有些职位如营业员、保管员、采购员等，可以采用 KPI＋行为表现的方式；对于职能人员，采用工作计划＋行为表现的方式；对于研发人员，建议采用项目制的方式。

(2) 为××公司设计员工发展通路，引入“H 型通道”。

一方面使员工能够看到自己未来的发展阶梯，各种类型的员工都可以选择技术或管理两种路线；同时使各层员工能够明了自己在这个职位上的优势与不足，并进行改进。能够起到增强激励、改进绩效的目的。

(3) 增强绩效过程管理，为××公司引入一套比较科学的绩效管理模式。

绩效管理的核心是沟通和过程管理，而往往企业绩效管理失败的原因也在于此。我们在以下方面给予企业建议。

① 绩效管理方案设计的过程也是我们和公司各层管理者、员工沟通的过程。在这个过程中，我们不断地向他们强调沟通和过程控制的重要性。

② 将绩效指标分为考核类和监控类指标两类。对于考核类指标，一般按照季度进行，为保证过程管理实施到位，也建议其有适当的监控频率，如周、旬、月。并在每次的办公会议中作为一项议题。

③ 高层管理人员需要定期完成述职报告。经过以上几个方面的努力，绩效指标、绩效管理的各种表格将不再是一套死程序，而将成为管理者手中的工具，员工的发展也将和绩效紧密挂钩。

(4) 提供培训，增强各层管理者的绩效意识和绩效管理水平。

好的工具一定要有合适的人来使用。为了增加各层管理者的绩效意识和绩效技巧，我们为各层管理者提供了相应的培训，包括方案介绍、绩效管理技巧培训、面谈技巧等各方面。

资料来源：花永剑.现代物流概论[M].北京：电子工业出版社，2012.

**讨论**

1. 绩效管理在人力资源管理中有哪些作用？
2. 绩效管理在企业管理中的作用有哪些？
3. 企业为什么要实施绩效管理？

# 参考文献

[1] 刘宏伟.现代物流概论[M].北京：中国财富出版社，2012.
[2] 花永剑.现代物流概论[M].北京：电子工业出版社，2012.
[3] [美]道格拉斯·兰伯特，詹姆士·斯托克，莉萨·埃拉姆.物流管理[M].北京：工业机械出版社，2006.
[4] 钮立新.现代物流概论[M].北京：北京大学出版社，2012.
[5] 陈雅萍.第三方物流[M].第2版.北京：清华大学出版社，2013.
[6] 周晓晔.第三方物流[M].北京：电子工业出版社，2010.
[7] 杨旭辉.第三方物流[M].北京：北京大学出版社，2010.
[8] 夏春玉.物流管理概论[M].北京：首都经济贸易大学出版社，2013.
[9] 李三赓.现代物流概论[M].北京：北京理工大学出版社，2012.
[10] 王健.现代物流概论[M].北京：北京大学出版社，2012.
[11] 谢翠梅.仓储与配送管理实务[M].北京：北京交通大学出版社，2013.
[12] 林慧丹.第三方物流[M].上海：上海财经大学出版社，2010.
[13] 金晓严.第三方物流[M].重庆：重庆大学出版社，2012.
[14] 张余华.现代物流管理[M].北京：清华大学出版社，2010.
[15] 李国峰.第三方物流[M].哈尔滨：哈尔滨工业大学出版社，2009.
[16] 刘胜春.第三方物流[M].大连：东北财经大学出版社，2012.
[17] 张文杰.电子商务下的物流管理[M].北京：清华大学出版社，2009.
[18] 李斌，解芳.第三方物流协同服务系统设计与实现[M].长沙：湖南师范大学出版社，2012.
[19] 刘亮.第三方物流企业运营管理案例[M].北京：人民交通出版社，2007.
[20] 张理.现代企业物流管理[M].北京：中国水利水电出版社，2005.
[21] 赵启兰.企业物流管理[M].北京：机械工业出版社，2006.
[22] 兰征.第三方物流运作实务[M].北京：机械工业出版社，2011.
[23] 刘亚峰.电子商务概论[M].北京：机械工业出版社，2006.
[24] 施学良.第三方物流综合运营[M].北京：北京大学出版社，2012.
[25] 唐渊.国际物流学[M].北京：中国物资出版社，2004.
[26] 沈文，邓爱民.国内外物流经典案例[M].北京：人民交通出版社，2002.
[27] 姜新荣.第三方物流协同服务关键技术及应用[M].长沙：湖南师范大学出版社，2012.
[28] 徐勇谋.国际物流[M].上海：上海财经大学出版社，2005.
[29] 钱芝网.第三方物流运营实务[M].北京：电子工业出版社，2011.
[30] 廖素绢.第三方物流管理[M].北京：科学出版社，2008.
[31] 赵钧峰.第三方物流运作实务[M].北京：机械工业出版社，2008.
[32] 郝大鹏.第三方物流实务[M].武汉：武理工大学出版社，2007.
[33] 骆温平.第三方物流教程[M].上海：复旦大学出版社，2006.
[34] [美]迈克尔·波特.竞争优势[M].陈小悦，译.北京：华夏出版社，2005.
[35] 王登清.第三方物流操作实务[M].福州：厦门大学出版社，2007.
[36] 傅莉萍.物流成本管理[M].北京：人民交通出版社，2008.
[37] 李军.第三方物流定价方法[M].北京：科学出版社，2010.
[38] 田宇.第三方物流服务分包管理[M].广州：中山大学出版社，2006.

# 教师服务

感谢您选用清华大学出版社的教材！为了更好地服务教学，我们为授课教师提供本书的教学辅助资源，以及本学科重点教材信息。请您扫码获取。

## 教辅获取

本书教辅资源，授课教师扫码获取

## 样书赠送

**物流与供应链管理类**重点教材，教师扫码获取样书

清华大学出版社

E-mail: tupfuwu@163.com
电话：010-83470332 / 83470142
地址：北京市海淀区双清路学研大厦 B 座 509

网址：http://www.tup.com.cn/
传真：8610-83470107
邮编：100084